G R A V I T A R E 万有引力

The Fortress
The Great Siege of Przemyśl

Alexander Watson

血色要塞

普热梅希尔之围与欧洲浩劫的降临

[英] 亚历山大 · 沃森 ——— 著
范儒天 ——— 译　张怀远 ——— 校

SPM 南方传媒 | 广东人民出版社
· 广州 ·

图书在版编目(CIP)数据

血色要塞：普热梅希尔之围与欧洲浩劫的降临 /（英）亚历山大 · 沃森著；范儒天译. — 广州：广东人民出版社，2022.6（2023.7 重印）

（万有引力书系）

书名原文：The Fortress：The Great Siege of Przemyśl

ISBN 978 - 7 - 218 - 15765 - 8

Ⅰ. ①血…　Ⅱ. ①亚…　②范…　Ⅲ. ①第一次世界大战战役—史料　Ⅳ. ①E194.3

中国版本图书馆 CIP 数据核字(2022)第 074493 号

XUESE YAOSAI：PUREMEIXIER ZHI WEI YU OUZHOU HAOJIE DE JIANGLIN

血色要塞：普热梅希尔之围与欧洲浩劫的降临

［英］亚历山大 · 沃森　著　范儒天　译

出 版 人：肖风华

丛书策划：施　勇
项目统筹：陈　晔　皮亚军
责任编辑：陈　晔　张崇静
责任校对：钱　丰
责任技编：吴彦斌　周星奎

出版发行：广东人民出版社
地　　址：广州市越秀区大沙头四马路 10 号（邮政编码：510199）
电　　话：（020）85716809（总编室）
传　　真：（020）83289585
网　　址：http://www.gdpph.com
印　　刷：广州市岭美文化科技有限公司
开　　本：889 毫米 ×1194 毫米　1/32
印　　张：13.125　　**彩　插**：8 页　　**字　数**：302 千字
版　　次：2022 年 6 月第 1 版
印　　次：2023 年 7 月第 3 次印刷
著作权合同登记号：19 - 2021 - 276 号
审 图 号：GS（2022）2047 号
定　　价：88.00 元

如发现印装质量问题，影响阅读，请与出版社（020 - 85716849）**联系调换。**
售书热线：（020）85716833

献给蒂姆（Tim）

任何战争，对于交战双方都是毁灭性的，最后只会以无政府状态结束，使人民陷入颠沛流离的境地。旧文明将被撕裂，梦想将被摧毁，生命将被视为草芥。

序

有时，我们认为那些本应如此、毋庸置疑、亘古不变的事，都有可能在一瞬间急转而下。1914 年夏天，整个欧洲顷刻间战火四起。每个人都感受到了那种“黑云压城城欲摧”的紧张感。然而，真正相信大国战争一触即发的人却没有几个。“进步”是那个时代的流行语。距离那时最近的一场大战几乎已是百年之前。尽管军队已经开始积极动员，但一些专家却声称在这个年代，人民比任何时候都要更加富足、自由，受教育程度更高，科技也达到前所未有的高度，在这种时候爆发战争是绝无可能的，欧洲国家相互依赖的程度很高，现代武器也太具有破坏性。专家们警告称：“任何战争，对于交战双方都是毁灭性的。最后只会以无政府状态结束，使人民陷入颠沛流离的境地。”在欧洲大陆的城镇和村庄里，人们生活得好像世界末日永远不会到来一样安逸、平和。他们积极工作、成家立业、养育子孙……然而到了 1914 年，所有的一切都将被卷入旋涡。旧文明将被撕裂，梦想将被摧毁，生命将被视为草芥。[1]

本书讲述了一个要塞城市的故事，在第一次世界大战初期的几个月里，灾难就降临到了这个城市，它在战争时期的经历便是整个中东欧地区的缩影。这座城市叫作普热梅希尔（Przemyśl），现在位于波兰的东南角，与乌克兰交界。然而，在 20 世纪之初，它属于哈布斯堡王朝的奥匈帝国。这是一个庞大的帝国，几个世纪以来一直统治着拥有欧洲中部大多数民族的庞大人口。有着4.6万波兰人、乌克兰人和犹太人及庞大驻军的普热梅希尔固若金汤，是帝国东部最重要的防御要塞。[2]

1914年9月，普热梅希尔突然爆发了一场军事灾难。尽管战争仅持续了一个月，但一支庞大的沙俄军队已经入侵了奥匈帝国并击溃了它的军队。守军被击溃，城市也变得残破不堪。俄军随即继续进攻，试图彻底击败奥匈帝国。沙皇希望能够开疆拓土，征服周边被他视为“小俄罗斯人”的斯拉夫人。而普热梅希尔的堡垒是唯一的拦路石。普热梅希尔羸弱的守军由来自中欧各个地区的奥地利德意志人、匈牙利人、罗马尼亚人、塞尔维亚人、斯洛伐克人、捷克人、意大利人、波兰人和乌克兰人组成。作为一支以无能著称的军队，这些老弱残兵装备过时，说着彼此之间都听不懂的语言，怀着绝望的心情与当时世界上最强大的军队战斗。

1914—1915年的普热梅希尔围城战改变了第一次世界大战的进程。1914年秋，同盟国在东西线遭遇惨败，这座要塞城市及其13万人的守军在阻止俄国入侵中欧方面扮演了至关重要的角色。在关键的9月和10月，要塞封锁了俄国人前进的路线，阻挡了他们使用通往奥匈帝国纵深的主要铁路和公路枢纽。坚定的防御减缓了俄军的前进速度，挽救了帝国及其军队。要塞赢得的时间在让奥匈帝国溃败的军队恢复元气并重返战场方面起了至关重要的作用。尽管俄军在11月重新发动攻势，但已经失去了尽早取得胜利的最好机会。

1914—1915年的冬天，普热梅希尔进行了艰苦的抵抗，这场围城战是第一次世界大战中为时最长的一次，尽管以失败告终，但其重要性却不容小觑。正如匈牙利战地记者费伦茨·莫尔纳

(Ferenc Molnár) 所敏锐地观察到的一样:“普热梅希尔是君主制的象征。几乎所有奥地利还有匈牙利的居民都曾为之奋起反抗。”[3] 1915 年 3 月,要塞最终投降,给奥匈帝国的威望造成沉重的打击,破坏了人民心目中的帝国形象,并对中立国家加入敌对阵营起到了推进作用。奥匈帝国军队为了解救这座城市而奋勇战斗,但一切都是徒劳,接近 80 万人的部队牺牲于此。在普热梅希尔战败的创伤中,同为君主制的盟国德意志帝国得出结论,认为其军队和国家都彻底“腐朽不堪”。德国驻奥匈帝国参谋本部全权代表曾警告道:“这片土地已经再无被援助的可能了。”[4]

普热梅希尔的故事影响之深远,传播之广泛,远远超越了第一次世界大战的范畴。这座城市还是 20 世纪权力更迭的风向标。它所属的土地——加利西亚省 (Galicia)①,或者更广义来说,其所处的欧洲中东部地区一直是文化的十字路口。在现代社会,该地区也成为冲突频发的地域,是民族主义和帝国主义相碰撞的地点。奥匈帝国、沙皇俄国、波兰、乌克兰,以及泛斯拉夫主义者都宣称这片土地属于自己。1918 年后,这一地区——如一些历史学家所说的那样——先是充斥着种族主义的暴力行为,然后又成为极权国家争夺的对象,成为了“撞击区”。第一次世界大战结束 20 年后,纳粹德国和苏联 (1914 年完全无法想象能够同时存在的两个政权) 将共同把这一地区变成巨大的战场、种族清洗的场所和种族灭绝的中心。[5]

对一些历史学家来说,这种暴行改变了整个中东欧的面貌。血腥的屠杀消灭了犹太人,把波兰人、乌克兰人和其他民族人为地割裂开来。另一些历史学家则把这种暴行追溯到 1917—1923 年,即

① 今波兰东南部。——译者注,下同。

沙俄、奥匈帝国崩溃过程中的革命斗争时期。但是，普热梅希尔的战争则起因于更早时候埋下的种子。第一次世界大战的爆发，瞬间让普热梅希尔充满了激进和暴力。残酷的战斗、致命的流行病、空袭、种族歧视引发的饥饿和迫害都是这座要塞城市战争初期未能幸免的经历。尤为不幸的是，后来俄军对这座城市及其周边地区实施了惨无人道的种族清洗。厄运降临到了中东欧。普热梅希尔之所以重要，是因为它作为个例，揭示了一段被遗忘的历史进程，更深刻地记录了极权主义的恐怖。要了解 20 世纪遭受破坏最严重的地区何以如此，仅凭 1928 年和 1933 年政治强人的崛起历程，甚至第一次世界大战的革命后果都是远远不够的。正如普热梅希尔这段充满警示意味的历史所展示给我们的那样，中东欧“流血冲突”的故事始于 1914 年。[6]

普热梅希尔一直都是一座要塞。编年史家、僧侣涅斯托尔（Nestor，1050—1116）第一次提到这座城镇时，就提到了与战争相关的话题：“公元 981 年，（基辅的）弗拉基米尔向利亚赫人进军，占领了他们的普热梅希尔、切尔文（Cherven）① 和其他据点。”[7] 接下来的几个世纪，这里一直动荡不断，各种各样的异国统治者接连统治着这个城市。在 1340 年之前的 300 多年里，普热梅希尔一直处于基辅罗斯及其诸侯国罗塞尼亚王国②的统治之下。随后，短暂地由匈牙利和波兰的国王拉约什一世（Lajos）统治，1387 年又被划入了波兰王国的版图。此后，这里暴力冲突不断。15 世纪到 17 世纪，令人畏惧的外族从四面八方不断涌来。鞑靼人、特兰西瓦尼亚人、弗拉其人、匈牙利人、哥萨克人和瑞典人

---

① 位于今保加利亚东北部。

② 即加利西亚－沃里尼亚王国，正式国号为罗斯王国，一般被西欧称为罗塞尼亚王国。

都在普热梅希尔的土地上烧杀掠抢、争夺不休。[8]

这座城是东西方交融之地，是基督教重要的宗教中心之一，两个主教区的所在地。东派教会（The Eastern Church）依靠君士坦丁堡的支持，在 1218 年首先建立了主教区。1340 年，一位罗马天主教主教在此被提名。17 世纪，反宗教改革运动掀起了新一轮宗教建筑的建设浪潮，到 17 世纪末，普热梅希尔的天际线由 17 座罗马天主教堂和希腊礼天主教①堂、约 10 座修道院，以及坚固的城墙、文艺复兴风格的市政厅和山丘上的一座城堡一同组成。中世纪时，讲波兰语和乌克兰语的人以及来自德意志地区的工匠混居于此。[9] 到了 14 世纪下半叶，犹太人也来到了这里。由于普热梅希尔是连接匈牙利和波罗的海、黑海，以及西欧之间主要商路的交汇点，蓬勃发展的贸易吸引了各路人等来到这里，老城东北部的犹太人社区在这里渐渐生根发芽。到 17 世纪，犹太人占据了普热梅希尔人口的十二分之一。城中一座石制的教堂就是他们曾在这里定居的证据。[10]

无论是普热梅希尔的现代史，还是它如何成为奥匈帝国东部要塞的故事，都始于 1772 年。第一次瓜分波兰之后，奥匈帝国吞并了加利西亚，这座城市也随之被吞并。新省面积辽阔，达 6.8 万平方公里，很难进行有效防御。它与俄国的漫长边境线缺乏天然屏障。更加严峻的挑战是，从奥地利内陆进入加利西亚的唯一适合行军的路线是从西向东。喀尔巴阡山脉挡住了从匈牙利向北的道路。1800 年后不久，帝国的高级将领们开始考虑将普热梅希尔打造成一个重要的防御据点。这座城市位于喀尔巴阡山脉的山麓，是桑河（The San River）沿岸的一处关键渡口。普热梅

---

① 希腊礼天主教（Eastern Catholie Church），是东方礼仪天主教会的分支。

希尔就在加利西亚的中心地带，其地理优势自然也被看作是利于防御的。军方认为加利西亚永远无法在边界实现有效防守。当其遭受攻击时，唯一可行的策略就是把军队集中在一个安全的地方，加固基地，然后以守为攻。[11]

然而数十年来，帝国都难以推动该计划展开。普热梅希尔并不是军方考虑设防的唯一地点。防御计划还涉及了其他的城镇，亚斯沃（Jasło）、斯特里（Stryj）、利沃夫（Lwów），还有后来的雅罗斯瓦夫（Jarosław），通往普热梅希尔北部的桑河渡口也在考虑范围之内。但国库空空如也。除此之外，即使在加利西亚中部建设成本高昂的大型防御据点，如果失去了对克拉科夫（Cracow）的控制，也将毫无意义。克拉科夫，位于普热梅希尔西面206公里处，是维斯图拉河（Vistula River）的主要渡口。直至1846年被奥匈帝国吞并之前，侵略者可以以此为突破口，立即切断加利西亚的主要补给线。到了19世纪中叶，堡垒的建造才仓促开始。直接动因就是克里米亚战争。奥匈帝国皇帝弗朗茨·约瑟夫倾力支持英法奥斯曼联盟（Anglo - French - Ottoman coalition）对抗沙皇俄国。奥匈帝国的军队被派往加利西亚靠近俄国的边境，在那里阻止沙俄军队前往克里米亚。克拉科夫的防御工事在当时被视为加利西亚防御的主要支柱，而1854—1855年，在普热梅希尔及其周边仓促修建的兵营和防御工事——后者大部分是土制的——还只完成了一半而已。

直到1871年，帝国才做出最终决定，要把普热梅希尔打造成一流的要塞城市。克里米亚战争后，奥匈帝国与沙皇俄国的关系有所缓和，这使得加利西亚的防御体系建设不再那么紧迫。同时，19世纪50年代末的意大利统一战争和19世纪60年代中期的普丹战争也分散了注意力。然而，在1868年，帝国防御委员会再次把目光投向了加利西亚。委员会的大多数成员都赞成加强普热梅希尔的防御力量，不过有些成员则更倾向于将雅罗斯瓦夫作为一个成本更低但防御能力较弱的替补选项。皇帝亲自做出裁决，优先加强普热梅希尔的防御。之所以最后选定这座城市是因为它的战略地位。首先，它位于与沙皇俄国接壤的最后一个高地上，距离俄国北部 70 公里。其次，它封锁了通往匈牙利、武普库夫（Łupków）和杜克拉（Dukla）垭口的喀尔巴阡山脉通道。这两者都是普热梅希尔独特而重要的地理优势。最后，也是最关键的一点，普热梅希尔当时已经是主要的铁路枢纽。从维也纳出发的铁路干线于 1859 年到达普热梅希尔，两年后一路修到了向东 90 公里处的省会利沃夫。另一条铁路，穿过匈牙利的武普库夫垭口，于 1872 年完工，终点则是普热梅希尔。因此，加利西亚南部的铁路线和主要的东西交通路线都处于这座城市的控制之下。[12]

1878 年，防御建设紧锣密鼓地展开。同此前一样，和沙皇俄国的关系是影响整个防御工程进展的主要因素。19 世纪 70 年代初期，两国的关系还十分亲密，奥匈帝国、德意志帝国以及沙皇俄国之间的“三皇同盟”（Three Emperors' League）① 正是在 1873 年签署的。因此，当时普热梅希尔的防御建设并没有被认为是当务之急。匈牙利议会以成本高为理由表示反对，阻碍了工程的推进。技术挑战也是原因之一。在 1872 年，公制被引入帝国，这就使得所有已准备好的计划都无法实现。[13]然而不久之后，帝国和东方强邻的关系就恶化了，预示着奥匈帝国和沙俄在巴尔干地

---

① 俄、奥匈、德三国皇帝结成的军事政治同盟。1873 年 6 月，俄、奥匈缔结《善布龙协定》，规定任何一方受到第三国进攻时，即应进行协商，协调行动，倘若采取军事行动则由特别的军事协定予以确定。10 月，德皇加入协定，故有“三皇同盟”之称。

区的地缘战争的到来。首先是1877—1878年沙皇俄国与奥斯曼帝国之间的俄土战争，以俄国的胜利告终，随之而来的就是1878年奥匈帝国对波黑的占领加剧了局势的紧张。奥匈帝国和德意志帝国的关系进一步紧密，并在1879年结盟共同抵抗沙皇俄国，该联盟到1914年都还存在。围绕普热梅希尔的建设工程也结束了三年的搁置再次展开。这一次，奥匈帝国不再犹豫。经过19世纪80年代和90年代的建设，普热梅希尔已成为一座现代要塞城市。[14]

普热梅希尔要塞是一个精密庞大的军事防御体系。在观感上，这座城市最为令人印象深刻的当然还是坚固的外围堡垒。到了1914年，经过30年的建设周期以及基于原计划的多次修改重造，要塞最终由17个主堡垒和18个附属堡垒组成，这些堡垒呈椭圆形排列，环绕形成了大约48公里长的防线。[15]在坚固的外围防线后面，还有一条较弱的内部防线，由同样复杂而重要的系统组成，其中包括城防支持、后勤和通信联系等，这些都是维持要塞所必需的保障。城中修路建桥，电话网也被架起，整个城市被打造成一座军事基地。到了1910年，城内和周边共建有7个军营、1个军用铁路站，还有众多仓库、炮兵阵地、军需品和食品仓库以及1所卫戍医院。[16]建造这些基础设施不仅是为其战时8.5万名士兵和3700匹马组成的守军服务，还要为普热梅希尔城一直担负的进攻任务服务。从一开始，要塞的设计就是为了支持奥匈帝国国防军的行动，并为其提供一个安全的补给基地和集结区，以此作为前进基地对沙皇俄国发起进攻。[17]

伟大的创意、周密的计划和丰富的想象力都被投入到了这座要塞的设计和建造之中，大量的资金也被投入其中。截至1914年，奥匈帝国在普热梅希尔要塞和军营的建设上共投入了3200万克朗，约合1.58亿英镑或2.08亿美金。[18]尽管如此，要塞的设计师们还是落后于当时武器装备的发展。19 世纪的最后 20 年，世界迎来了火炮技术的革命性发展。从 19 世纪 80 年代末开始，无烟火药、钢制炮弹和高爆炸药的发明和应用，使火炮的射程更远，射速更快，炮弹威力更大。从 1900 年左右开始，各国普遍采用缓冲炮架，这种装置使火炮在每次射击后都不需要重新瞄准，从而将射速提高到了前所未有的水平。[19]这些创新很快就使得以往的防御设施变得过时。1896 年，一次针对普热梅希尔 10 年前建造的一座堡垒的实弹演习，暴露出了这一令人担忧的问题。在演习中，当堡垒被实弹攻击时，堡垒部分出现倒塌的迹象。负责评估的官员一致认为，一旦有任何火炮向堡垒露天的顶层炮位射击，守军只能被动挨打，而无法还击。[20]

要塞的建筑师和工程师们努力应对攻城技术发展，建设于 19 世纪 90 年代的堡垒大多采用了新设计，使用更多石料和混凝土，安装了旋转式装甲炮塔。一些旧的堡垒也进行了改造。然而技术革新之快，使这样的弥补措施根本无法跟上时代的步伐。在世纪之交，要塞的防御概念已经完全过时了。在第一次世界大战爆发前的 10 年，奥匈帝国军方对新的防御理念和技术的忽视，进一步拉开了奥匈帝国在军事科技发展方面和其他国家之间的距离。1906 年被任命为奥匈帝国总参谋长的弗朗茨·康拉德·冯·贺岑道夫（Franz Conrad von Hötzendorf）将军与他的前任弗里德里希·贝克－勒日科夫斯基伯爵（Friedrich Count Beck－Rzikowsky）不同，他认为这两座位于加利西亚的要塞——克拉科夫和普热梅希尔的用处并不大。他向资金短缺的奥匈帝国政府申请的用于防御建设的资金都被用在了与意大利接壤的山区防御工程上。康拉德保卫帝国较为平坦的东北边境的战略依靠演习。在他看来，普热梅希尔是一座巨大的混凝土建筑，不过是国防军华而不实的仓库罢了。现代化升级工程又一次停摆。在 1914 年一战爆发之时，要塞防御体系还未彻底完工，且已过时。[21]

整个普热梅希尔城的变化，都是从奥匈帝国军方决定建造要塞开始的。1870 年，这里还是一座小城，人口仅为 15 185 人。在接下来的几十年里，因军队对劳动力的需求，大量工人和商人涌入。也因 1889 年这里成为奥匈帝国国防军第 10 军的常驻地，普热梅希尔的人口激增。1890 年，人口就达到 35 209 人。到第一次世界大战前夕，5.4 万余人居住在普热梅希尔，其中还包括一个由 8500 名士兵组成的和平时期的守备军。① 这座城市人口组成变得极其多样。波兰人没有占当时总人口的绝对多数。从 1910 年的人口普查情况来看，罗马天主教徒，其中大部分是波兰人，总计 25 306 人，占全市人口的 46.8%。有 12 018 名希腊礼天主教徒，占全市人口的 22.2%，绝大部分是讲乌克兰语的居民。犹太人共有 16 062 人，占全市总人口的 29.7%。[22]

如果有人漫步于战争前夕的普热梅希尔，映入眼中的是一个从中世纪迅速过渡到现代的城市。城中中世纪的痕迹依旧很明显：从山顶到城市西南部，波兰国王卡齐米日（Kazimierz）大帝建造的城堡隐约出现在古城上方；在同一块高地稍下一点的地方，矗立着 16 世纪的罗马天主教大教堂；再向东边一些，矗立着 17 世纪的希腊穹顶大教堂。两种教派的教堂、修道院和神学院在普热梅希尔城中星罗棋布。时间再向前两个世纪，尖顶和圆顶，以及它们后面的山丘，组成了城市的天际线。

如果从罗马天主教大教堂开始，穿过市场和不起眼的市政

① 有关交战双方（奥匈帝国和俄国）的军队组织架构详见书后附录一、二，可参照阅读。

厅，很快就能到达位于市场和桑河之间的普热梅希尔城的旧犹太区。来到这里，就好像回到了中世纪。伊尔卡·库尼格尔－爱伦堡（Ilka Künigl－Ehrenburg），博学多才的施蒂里亚伯爵夫人，她曾在1914至1915年围城期间作为一名辅助护士在此服役，阴暗狭窄的小巷和古老而高大的木屋构成了这座城市最贫穷的地方，她被深深迷住。从位于拱形地下室的商店里出来，她看到“苍白的犹太面孔闪耀着超凡脱俗的光芒”。通常，商店的后面是一个庭院，有一个开放式的楼梯可以通往所有楼层。居民们的泔水和垃圾就直接从阳台上倒下来，人还未进，就能听到喧嚣，闻到异味。白日里，这里车水马龙，人声鼎沸。基督教的农妇们仔细挑拣货物、讨价还价、争论不休，“犹太人，”伯爵夫人激动地写道，“用只有犹太人才能做到的所有耐心和技巧，夸赞着自己的货物，诡辩并讨价还价。”[23]

尽管如此，从另一个角度看，普热梅希尔还是一座具有一定意义的现代帝国城市。奥匈帝国的军事在这里留下了众多的印记。城里、城外有60多座军事设施，从军营和弹药库到游泳学校再到军官俱乐部，一应俱全。最重要的是，第10军总部、要塞卫戍司令部和要塞工程局都位于城市东部名叫密茨凯维奇街（Mickiewicz Street）的繁华大道上。这里还有邮局和奥匈帝国银行的分行。舍恩布伦黄（Schönbrunn yellow）装点着这些建筑物，这是哈布斯堡皇室的颜色。普热梅希尔还设置了国家行政司法办事处，包括一个地区办事处、一个税务局以及地区法院。陈设讲究的火车站在1895年以新巴洛克风格进行了翻新和重建。在它的后面，横跨桑河的钢制铁路桥每天都提醒着居民，他们脚下之地正是欧洲最大的帝国之一。[24]

普热梅希尔市政当局热衷于强调他们城市的波兰身份。这也是现代性的标志之一。因为民族主义是19世纪末兴起的意识形态潮流，展望着恢复真实的和想象中的辉煌往昔，迎接一个更美好、高效的未来。这一切听起来是那么激动人心。19世纪60年代的改革将加利西亚置于波兰保守派的控制下，并赋予市政当局相当大的自治权。和加利西亚的其他城市一样，远比现今“民主党派”更为开明、更精英化的波兰民主党人在1914年之前的几十年里一直控制着普热梅希尔。[25]在两任市长亚历山大·德沃尔斯基（Aleksander Dworski，1882—1901）和弗朗齐歇克·多林斯基（Franciszek Doliński，1901—1914）的领导下，这座不断扩张的城市不仅完善了基础设施，修建了水井和排水沟、一座国有屠宰场、一所医院和一座发电站，还在公共空间添置了几笔波兰色彩。在新建或重建的主要街道中，最令人印象深刻的一些街道以最受尊敬的波兰诗人亚当·密茨凯维奇（Adam Mickiewicz）①、尤利乌什·斯沃瓦茨基（Juliusz Słowacki）以及齐格蒙特·克拉辛斯基（Zygmunt Krasiński），或是以波兰历史上的里程碑事件命名，例如1791年5月3日通过的宪法，又例如中世纪时格伦瓦尔德战役战胜条顿骑士团的胜利。密茨凯维奇和波兰勇士之王扬·索别斯基三世（Jan Sobieski Ⅲ）的雕像建造是由居民捐款资助，在老市场广场（Market Square）边上建造起来的。[26]

普热梅希尔的其他民族也被19世纪末的新精神所鼓舞。占少数的希腊礼天主教，除了历史悠久的教堂之外，一般很少有机会用砖石在城市中留下多少印记。不过也有例外，那就是开设学校。对于乌克兰人还有罗塞尼亚人来说，语言问题，以及用母语

① 密茨凯维奇（1798—1855），波兰诗人，革命家。鲁迅称他为“在异族压迫之下的时代的诗人，所鼓吹的是复仇，所希求的是解放”。

教育孩子的权利，正渐渐成为奥匈帝国身份认同和政治纠纷的核心。到了 19 世纪末，教授乌克兰语的男子中学和女子中学接连成立，扩大了招生范围，吸引了城内外的年轻学生前来求学。[27] 罗塞尼亚人对于身份认知存在严重的分歧，这反映在他们的交往方式和报刊上。“乌克兰语”在这个时期代表着一种政治立场。大多数小文员和知识分子精英都坚信说乌克兰语的人是一个独立的民族。少数派群体，即所谓的亲俄知识分子，不同意这样的观点，他们认为自己在文化上，有时也在政治上，是作为俄罗斯民族的分支而存在的。虽然很难一一枚举，但相当一部分的罗塞尼亚下层阶级对民族概念漠不关心，坚持把希腊礼天主教信仰作为他们身份的标志。[28]

普热梅希尔的犹太社区也逐渐出现了这样的分歧。信仰东正教的犹太人群体长期占据主导地位，虽然在 20 世纪初仍然如此，但现代化的进程还是带来了分裂和变革。到了 1914 年，普热梅希尔城中有四座犹太教教堂。最古老的教堂坐落在犹太区，周边还分布着其他八个较小的祈祷室，经常有像伊尔卡·库尼格尔－爱伦堡一样讲意第绪语的传统哈西德派犹太人前往。这些人很容易被分辨出来：他们都是留着卷发、胡子，穿戴黑帽子和黑色长袍的男人。和他们去犹太教堂是一种十分深刻的精神体验。在一个安息日，库尼格尔－爱伦堡躲在旧犹太教堂的门口向里张望。教堂的每一寸土地都充满信仰。有些人坐着、有些人站着，但他们每个人都紧紧挨着彼此。一束光从上向下穿过黑暗，照射在祭坛旁的银色图拉卷轴上。信徒们裹着白色条纹的祈祷披肩，来回摇晃，低声轻吟着神圣的经文。对这位施蒂里亚伯爵夫人来说，那感觉很奇怪，充满“东方”的色彩，同时又十分感人。“所有的一切都很有气氛，也很和谐。”[29]

然而，时间的车轮从不止步。从 1901 年开始，基希拉（kehilah），也就是普热梅希尔的犹太社区委员会，放弃使用意第绪语，转而开始用波兰语主持会议。这座城市的另外三个犹太教堂都是在 19 世纪 80 年代建造的，为受过教育的犹太富人阶级提供服务。由于普热梅希尔的迅速扩张，一些犹太人很快就富足了起来。城中的信贷机构几乎都掌握在犹太人手中，大多数新的制造业以及几乎所有的贸易和服务业也是如此。在最后 30 年的和平时期里，老城区的东部和桑河以北的扎萨尼（Zasanie）郊区发展迅速。在这些区域，到处是新建的房屋，那些有钱的犹太人都搬来了。他们买下了最漂亮的街道上的房产。有点讽刺的是，在以波兰国家诗人命名的密茨凯维奇街上，139 栋建筑中有 74 栋属于犹太人。[30] 为这些社区服务的犹太教堂，就像去这些教堂做礼拜的人们一样，从现代自由主义和民族主义中汲取了灵感。旧城的“教堂”（Tempel）则是渴望融入波兰文化的犹太进步者的家园。这里的教堂，外裹红墙，就像帝国西部的犹太教堂一样，庆祝波兰节日，同时用波兰语进行布道和祈祷。其中扎萨尼犹太教堂深受犹太复国主义青年的欢迎。[31]

到了 1914 年，普热梅希尔成为加利西亚省的第三大城市，从人口上来看，也成了奥匈帝国的第二十大城市。《旅行者圣经》（*The Baedeker Guide*）一书中有一个条目专门介绍这里，这足以证明这座城市的重要性。就算是维也纳最挑剔的游客来到普热梅希尔，即使他不被眼前所见到的一切所震撼，起码也会感到满意和舒适。这个城市有五家高档酒店。城市酒店（Hotel City）是其中档次最高的，提供中央供暖，每个房间都配有全天候的冷热水供应和电力照明，以及欧洲文明进步的卓越标志——电梯。当然，它也有一些东方的特点。由于没有现代化的自来水工程，城市酒店不得不订购水泵装置。直到 1914 年，政府才开始建造自来水工厂，这意味着在此之前城市中的水源卫生情况堪忧。如果有游客是在星期五晚上或星期六到达普热梅希尔的，他就得自己带行李去旅馆，因为在火车站等着接客的马车都是犹太人运营的，而那时他们都去参加安息日的活动了。[32]

不过，等游客一切安置妥当，普热梅希尔还是有许多地方值得参观，许多当地的活动值得体验的。在这里，游客可以漫步老城，度过一个阳光明媚的早晨，参观历史悠久的教堂和波兰纪念碑，然后爬上风景优美的城堡公园，这是一种十分愉悦的游览方式，游客可以观赏极好的城市全景，以及四面环绕的青山景致。对精力不那么充沛的人来说，沿着弗朗茨·约瑟夫堤岸（Franz Joseph Embankment）在河边悠闲漫步，停下来看看沐浴者在桑河浅浅的岸边溅水嬉戏也是不错的选择。游客可以从那里穿过五三大桥（3rd May Bridge）去到扎萨尼享受午餐。三座城市桥梁，一条铁路桥和两条公路桥，都横跨桑河。对这里的居民来说，五三大桥具有更为重要的意义。20 年前曾被翻新，具有现代铁梁结构的五三大桥，被认为是连接旧城区与郊区最重要的动脉之一。对观光客来说，这座桥值得驻足，欣赏绝美的城市风光。[33]

早午餐后，人们可以参观当地著名的地标——鞑靼冢（The Tartar's Barrow）。再次过河，沿着斯沃瓦茨基街道（Słowacki Street）漫步南下，经过新的沙因巴赫犹太教堂（Scheinbach synagogue）和卫戍医院，然后沿着满是沙石的道路蜿蜒而上，到达海拔 350 米的小山顶，打卡地标。有一个传说称，这座冢是 7 世纪这座城市神话般的勇士，也是建城者普热梅斯瓦夫王子（Prince Przemysław）的安息地。也有人说，它是为中世纪时一位在普热梅希尔城围攻战中战死的鞑靼汗建造的。对一个生活在 20 世纪早期和平年代的游客

来说，过去的血腥历史一定非常、非常遥远……[34]

普热梅希尔的夜晚也充满魅力。对有思乡之情的游客来说，沿着新建成的利沃夫斯基（Lwowskie）和扎萨尼中的主干道漫步是不错的选择，在两三层的新巴洛克式建筑群中，可以在任何一个角落找到奥匈帝国的缩影。[35]多亏了普热梅希尔的驻军，现代娱乐业在这里逐渐成长起来，最好的餐馆和维也纳风格的咖啡馆聚集在密茨凯维奇街周围，旁边是火车站、要塞及第 10 军司令部。在这里，可以看到卫戍区的军官们身着蓝色、灰色或巧克力色的华丽服装，或是休闲放松或是认真讨论一些军事问题。施蒂贝尔大咖啡馆（Grand Café Stieber）是当地最好的餐厅，他们还提供现场演奏。当然，这里的服务员都会说德语。想要试试自己波兰语水平的游客还可以观看这里举行的夏季戏剧演出。城里还建有三家电影院。普热梅希尔城内各行各业的学徒以及驻扎于此的成千上万的士兵，大多都来自周边地区。他们在和平时期接受了两年的义务训练，训练的内容是每时每刻地喝啤酒，纵欢享乐。这样说来，普热梅希尔的市政收入有一半是酒税贡献的。[36]

当然，普热梅希尔城也有自己的问题，城内充斥着冲突和嫉妒的影子。奥匈帝国晚期政治上的民族问题一直存在。1867 年，帝国经历了一次根本性的政治重组。皇帝（在匈牙利被称为国王）弗朗茨·约瑟夫一世仍然掌管着这个帝国，并保留了帝国外交大臣，还有陆军大臣和财政大臣，但是匈牙利当时已经从奥地利分离出来，奥地利和匈牙利都分别拥有相对独立的实权政府和议会，以处理国内事务。随后几年，加利西亚也实现了自治。尽管弗朗茨·约瑟夫的所有子民都享有宪法自由，包括在学校、行政和公共生活中享有平等的语言权利，但在各民族中，有人受益也有人受损，罗塞尼亚人显然属于后者。[37]

罗塞尼亚人抱怨自己遭受到不公的待遇是有依据的，他们称管理加利西亚政府的波兰官员们对他们恶语相向，还故意扣留他们的教育经费。在普热梅希尔，紧张的气氛在 1908 年 4 月达到顶峰，在当时的利沃夫，一个在普热梅希尔乌克兰语中学就读过的学生米罗斯拉夫·西钦斯基（Miroslav Sichynsky），枪杀了加利西亚的省长安杰伊·波托茨基伯爵（Count Andrzej Potocki），事件轰动一时。[38]随后，普热梅希尔政府立刻逮捕了这名年轻的罗塞尼亚激进分子。地方性的反犹主义也是一个问题。1898 年 5 月，在加利西亚西部发生了反犹骚乱，犹太人的商店遭到打砸和抢劫。1903 年，各种小规模的骚乱接踵而至，在后来的几年里，一些波兰神职人员和罗塞尼亚报纸都开始呼吁抵制犹太商人。[39]

然而，在第一次世界大战来临之前，普热梅希尔城中的居民还无法想象即将到来的是如何艰难的时期。显然居民对种族隔阂已习以为常。波兰人、罗塞尼亚人还有犹太人都有自己的图书馆、剧院，甚至还有独立的体育俱乐部。[40]然而不同基督教分支的信徒之间依然会频繁通婚。[41]所有不同信仰和语言的居民还是可以合作往来的。在 1907 年首次落实男性平等选举权的奥地利议会选举中，罗塞尼亚、犹太和波兰学工联合起来，让一位波兰民族主义者落选，而一位讲波兰语的犹太社会主义者由此获得一个席位。这提醒我们，即使是在像普热梅希尔这样没有工业的城市，除了对教会和皇帝的忠诚，现代的阶级观念与民族认同一道，塑造着人们的身份和忠诚。[42]

普热梅希尔所面临的真正威胁从来都不是内部矛盾，而是国际的。几十年来，整个帝国都保持着和平发展的状态。在 1914 年之前，最后一次战争发生在 1878—1882 年，是在遥远的波斯尼亚（Bosnia）进行的一次平叛行动。然而，由于巴尔干半岛纷争不断，奥匈帝国与沙皇俄国发生战争的风险从 1908 年开始迅速上升。沙皇俄国的好战性在逐步增强。在加利西亚，奥匈帝国军方担心并怀疑沙俄的情报组织正在招募罗塞尼亚间谍来刺探其防御体系，尤其是普热梅希尔要塞。间谍罪也由 1908 年的 4 项增加到 1913 年的 51 项。[43] 1912 年秋，在第一次巴尔干战争期间，奥匈帝国的统治摇摇欲坠。沙皇俄国军队在边境附近进行了一次“试验性”动员，以迫使奥匈帝国政府承认塞尔维亚人的胜利。作为回应，弗朗茨·约瑟夫一世也在加利西亚部署了部队。普热梅希尔的第 10 军是一支整装满员的部队，他们在那里一直待命到 1913 年 3 月。[44]尽管这次战争威胁最终以和平收场，但事实证明，这只是暂时的。1914 年夏天，奥匈帝国王储在萨拉热窝遭到暗杀，这次臭名昭著的事件引发了战争，并使普热梅希尔城和整个中东欧地区走上了一条可怕的道路。

今天有关第一次世界大战的记忆都来自当时的青年人。战争结束后，1914 年刚成年的士兵们的牺牲立即被赋予了深刻而又矛盾的政治含义。对法西斯分子来说，1914—1918 年，年轻人在战场上表现出的英雄主义和顽强精神，是国家精神强而有力的充分证明，也是这个国家在经历了失望和失败后再次崛起的有力证据。对他们的对手来说，基本上“迷失一代”的说法更为大众所认同。这些年轻人象征着在大屠杀中失去的未来希望。[45]关于第一次世界大战的代表作品《西线无战事》，作者埃里希·玛利亚·雷马克（Erich Maria Remarque）生于 1898 年，是那一代饱受战争摧残的年轻人的特殊表述者，没有人比他的作品更具说服力，并能展露出更多的悲哀。“战争带走了我们的一切”是雷马克书中的句子，这本书的原型是一名叫作保罗的出身中产阶级的德国士兵。“对我们这些 20 岁的孩子来说，战争尤其令人困惑，对克罗普、米勒、莱尔和我来说，我们的老师孔托拉克称我们为‘钢铁青年’。年长一辈的男人仍然过着他们先前的生活——财产、妻子、孩子、工作和利益，这些都是坚不可摧的，就连战争也无法改变。”[46]

普热梅希尔的故事提供了一个不同的战争寓言，甚至在某些方面令人毛骨悚然。那 13 万名在 1914—1915 年为了守卫普热梅希尔而浴血奋战的奥匈帝国士兵大多不是雷马克所说的那一代年轻人。战争时代驻守堡垒的中流砥柱是一群默默无名的“乡土突击队”——国民军（Landsturm）①，成员大多都在 37 岁到 42 岁。中年一代也在征召之列，为这场可怕的战争献身，虽说他们的阵亡率远低于年轻的士兵，但这不代表他们的阵亡就不值一提。事实上，每 8 个阵亡的奥匈帝国士兵中就有一个是超过 35 岁的。[47]对这些人来说，这场战争更是一场特别的灾难，因为他们不同于那些年轻人——在 1914 年前，这个世界对他们而言充满了羁绊。更糟糕的是，他们的情感和物质纽带比雷马克笔下年轻天真的保罗要脆弱得多。在整个欧洲中东部，双方的军队往来征战厮杀，任何地方都是前线。战争着实拥有令人敬畏的力量。所有这些最珍贵的东西，所有这些男人身份的象征——财产、工作、妻子和孩子，甚至是他们生活的社会——都可能随时被夺走。虽然中年人有更多的生存机会，但战争还是没能让他们全身而退。他们才是真正的“迷失一代”，深受其害，还要在残酷的战后世界漂泊。

这本书中出现的一些中年人的生活片段就说明了这一点。生于 1879 年的扬·维特（Jan Vit）是一名捷克人，来自布拉格附近的多布曤维采（Dobřichovice）小镇，是战争中被征召的众多人

① 奥匈帝国的三线部队，相当于民兵，和平时期负责治安管理。

中的一员，他的遭遇令人难以想象。在和平时期，他是一名在专业桥梁建设事务所工作的工程师。1907 年，维特和他的妻子玛丽亚结婚。他们有三个孩子，一个男孩和两个女孩。战争爆发，维特应征入伍，在他去往 700 公里外的普热梅希尔要塞担任陆军中尉时，他的长子只有七岁，最小的孩子才一岁大。他当然不想抛下妻儿。但后来他明白了，战争的到来，对他平静的家庭生活来说本就是致命的。[48]

维特于普热梅希尔围城战期间都在军队服役，最终在残酷和艰苦的战争中得以生还。在要塞沦陷后，他先是被囚禁在伏尔加河，俄国革命爆发后，他最终被安置在距多布曜维采约 4300 公里的西伯利亚城市鄂木斯克（Omsk）附近的一个营地。1918 年，他入伍捷克斯洛伐克军团，随之前往符拉迪沃斯托克（Vladivostok），并于 1920 年 6 月 8 日离开，登上一艘开往加拿大的船。他和他的战友们越过北美大陆，然后登上了另一艘船，这艘船带他们横跨大西洋，并穿过地中海到达了刚刚被意大利占领的、曾属于奥匈帝国的的里雅斯特港（Port of Trieste）。在环行了整个世界之后，维特回到了多布曜维采，回到了他已经六年未见的孩子们身边。他的妻子玛丽亚已经不在人世了。1917 年，玛丽亚死于肺结核——战争后期在奥匈帝国饱受饥荒的城市中肆虐的可怕疾病。[49]

生于 1881 年的扬·雅各布·施托克（Jan Jakub Stock）博士和生于 1874 年的斯坦尼斯瓦夫·马尔切利·盖察克（Stanisław Marceli Gayczak）都是加利西亚人，他们的经历讲述了相似的资产阶级生活被战争破坏的故事。施托克出生在普热梅希尔以南 25 公里处的多布罗米尔（Dobromil，今位于乌克兰），在那里的波兰语中学就读。一战前，他在利沃夫大学物理系任职，专攻电学和流体力学研究。当时他已经成家，膝下有两个孩子。1914 年 8 月，他被征召为要塞驻军士兵。考虑到专业知识，他希望被派往要塞电台任职；然而，军队却认为让他当后勤书记员才是最合适的。由于被困于普热梅希尔，他大概对自己的妻子已有身孕，很快就会迎来第三个孩子的事毫不知情。1915 年 3 月 28 日，就在要塞沦陷的六天之后，这名男婴呱呱落地。在哈萨克斯坦和乌兹别克斯坦数年的囚禁生活让施托克受尽苦楚。更糟糕的是，1918 年秋天，当回到多布罗米尔的家中时，他被迫立即再次出逃，因为奥匈帝国正分崩离析，波兰人和乌克兰人之间爆发了暴力冲突。1925 年，施托克因服役和被囚而虚弱不堪，在克拉科夫去世，享年 44 岁，身后留下了一个年轻的家庭。[50]

盖察克是个典型的奥匈帝国人，因为他曾在维也纳和克拉科夫的大学学习，并娶了一个说德语的摩拉维亚（Moravia）① 女孩。他们一起养育了四名子女。在和平时期，盖察克是一名中学教师，同时还是几本拉丁语、希腊语和德语教科书的作者，也是利沃夫学校委员会的成员之一。1914 年 9 月 2 日，在战争爆发时，他作为一名国民军军官被征召，当他的部队撤退经过家乡利沃夫市以躲避进攻的沙俄军队时，他最后一次见到了他的家人。六天后，盖察克作为要塞守军的一员来到普热梅希尔。围城结束后，俄国人将他囚禁在距离伏尔加河畔东部近 2000 公里的萨拉托夫（Saratov）的营地中。他在战争结束前回到利沃夫，尽管沙皇俄国长期占领该市，粮食严重短缺，但他获知他所有的家人都还活着，在这点上，他比扬 · 维特要幸运得多。尽管如此，雷马克想象中的应该在战后归于平静的生活很快就被打破了。盖察克

① 今捷克共和国东部。

很快卷入了席卷崩溃中的奥匈帝国的恶性种族冲突。1918 年 11 月，当乌克兰民族主义武装攻占他的家乡时，这位学者再次入伍。44 岁时，他加入了波兰民兵组织，作为一名区长，与叛乱分子作战，帮助波兰控制了这座城市。[51]

这场战争，对任何已步入中年的人来说，都是沉重的创伤。1914 年前相较稳定的世界被接下来的颠沛流离和残酷所替代。生于 1881 年的施蒂里亚伯爵夫人伊尔卡·库尼格尔-爱伦堡，生动地描述了普热梅希尔的犹太人的生活场景，充满好奇心的她为世人提供了一幅令人不安的景象。她出生在施蒂里亚的马尔堡［Marburg，今斯洛文尼亚的马里博尔（Maribor）］，是一名中学教师的女儿。她嫁给埃米尔·库尼格尔-爱伦堡伯爵（Count Emil Künigl-Ehrenburg）后，在维也纳定居。她到达要塞时已经 32 岁，1915 年底出版的关于围攻普热梅希尔的回忆录让她成为了一名作家兼作曲人。然而，她在战后的生活也十分艰难。她丈夫在南蒂罗尔（South Tyrol）的世袭领地战后被意大利吞并，虽然这对夫妇最初试图留在领地上，但在 1926 年，他们还是移民到了位于奥地利边陲的格拉茨（Graz）。到了 20 世纪 30 年代，伊尔卡·库尼格尔-爱伦堡的健康状况急转直下，到了 1937 年，她住进因斯布鲁克郊外的一家精神病院接受治疗。在那里，根据纳粹对精神和身体残疾者的“T-4 安乐死”计划（T4 ‘Euthanasia’ Programme）①，她被列入清除名单。还没等到她被处决，1940 年 9 月18 日，由于糟糕的身体状况，伊尔卡·库尼格尔-爱伦堡去

① 二战期间，希特勒下令要消灭“没有生存价值”的精神病人和重残病人，很多信奉纳粹主义的医生和护士执行了这惨无人道的计划，杀害了很多残疾儿童，由于该计划是在柏林市动物园大街（Strasse Tiengarden）4 号的一座别墅中拟订的，为保密起见，该计划的代号简称为 T-4 计划，具体执行该计划的护士们被称为 T-4 护士组。

世了。[52]

1879 年出生于摩拉维亚的布鲁诺·普罗哈斯卡（Bruno Prochaska）博士，经历的是另一种截然不同的人生。这位才华横溢的作家在战后找到了自己的职业方向，但却失去了道德底线。普罗哈斯卡受过良好教育，并于 1903 年获得维也纳大学法学博士学位。在和平时期，他在奥地利烟草专卖局担任普通官员。在空闲时间，他会为一些享誉德语界的期刊供稿，其中最著名的是讽刺周刊《呆瓜》（*Simplicissimus*）。战争爆发时，他和扬·维特曾一起在普热梅希尔担任国民军第 18 步兵团的副官。国民军由来自不同民族的民兵组成，为保卫一个多民族的帝国而战。然而，在 1918 年后的世界里，这种经历似乎毫无价值。1938 年 3 月纳粹吞并奥地利时，普罗哈斯卡参与了《奥地利作家的信仰宣言》（*Bekenntnisbuch österreichischer Dichter*）一书的撰稿，这本书因吹捧希特勒而臭名昭著。他在 5 月加入了纳粹党，定期为该党的报纸《人民观察家报》（*Völkischer Beobachter*）撰稿。到了 1942 年，普罗哈斯卡成为了一位有影响力的纳粹文学人物，领导着宣传部长约瑟夫·戈培尔的帝国作家协会（Reich Chamber of Writers）的多瑙河下游分部。[53]

身处普热梅希尔的士兵和平民以及他们在第一次世界大战开始时所经历的那些可怕磨难是本书的核心内容。在他们战前的生活中，这些男男女女，无论是城里人，还是军人、军官，对于围城战几乎都没有做好准备。在一个人员流动性远高于以往的时代，被困在一个被包围城市的幽闭恐惧的禁锢中，是极其可怕的。被围困的那些人与世隔绝，在饥饿中慢慢死去。敌人是冷酷的，怀着种族主义和地域歧视的心理，准备彻底清洗这一地区。他们在 1914 年发动的战争最终将以暴力摧毁奥匈帝国和沙俄帝国。

最可怕的是，尽管帝国解体了，但暴力仍在持续、变异并进一步激化。尽管 1914 年以前的时代充满喧闹和争议，但人们现在再也找不回那时的安全和宽容了。在普热梅希尔战斗的那一代人的回忆满是安全感的丧失，地域性的仇恨、恶意和流血。普热梅希尔就是最好的见证。在俄军占领城市后，普热梅希尔的犹太人一度被驱逐，此后的战争年代，犹太裔社区内的种族紧张局势逐步升级，并于 1918 年爆发暴力冲突。激烈的族裔冲突使整个独立战争时期的波兰的生存都受到影响。

1939 年，纳粹和苏联进军波兰。战争肆虐，普热梅希尔不再是东西方文化的十字路口。相反，这里的分裂愈发严重。两国之间戒备森严的边界——莫洛托夫防线（The Molotov Line），直接贯穿了整座城市。到 1945 年，饱受战争蹂躏的普热梅希尔的人口仅为 31 年前的一半。曾经繁荣的犹太社区在大屠杀中惨遭毁灭；普热梅希尔的老城区成了一片废墟。战后不久，波兰政府就驱逐了所有乌克兰人。这座城市以及周边地区的血腥之路开启于 1914 年，道路的尽头是种族灭绝、驱逐和东部新边界的形成。因战争所失去的一切令人震惊。

东线战场，1914年8月

审图号：GS（2022）2047 号

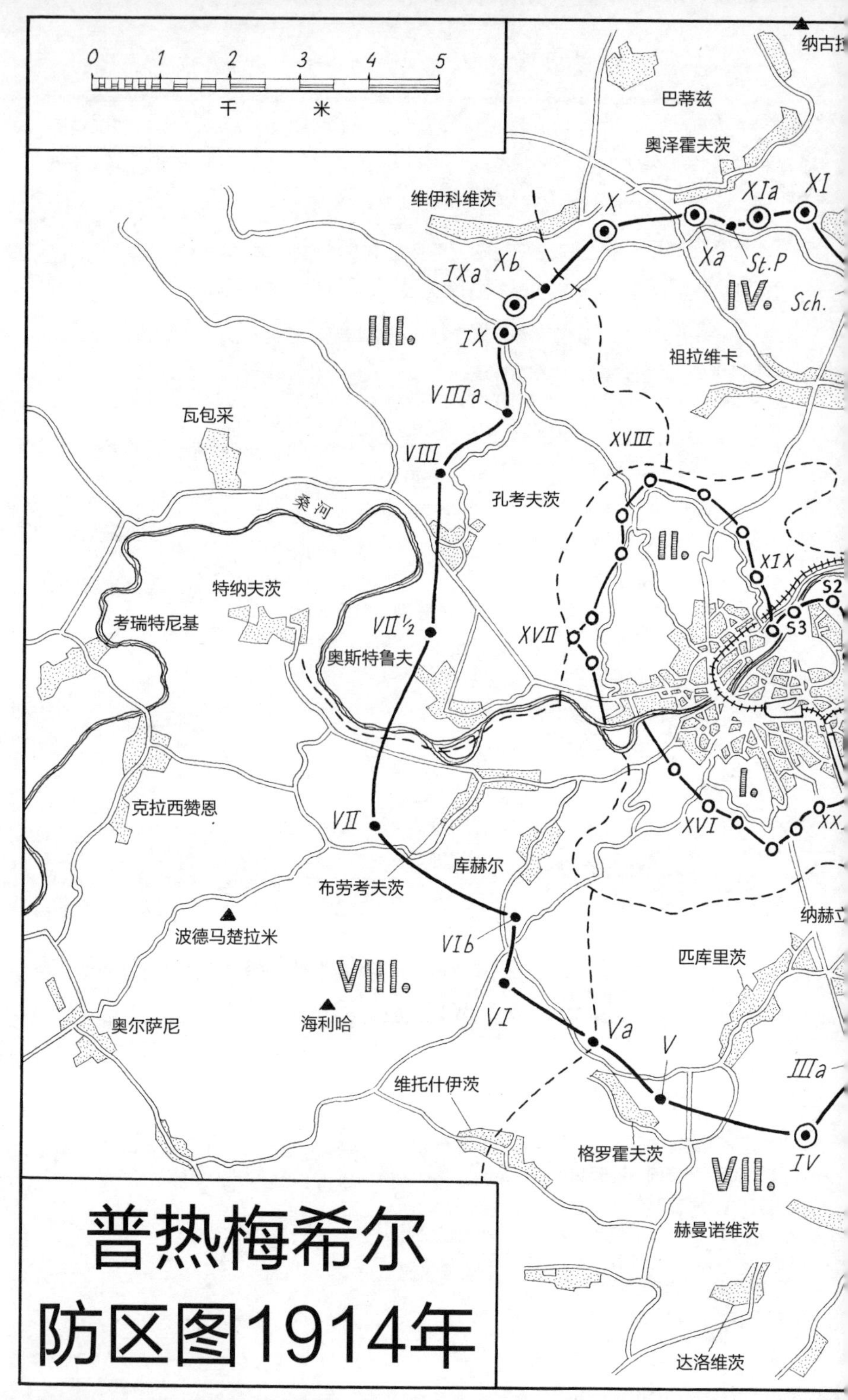

审图号：GS（2022）2047 号

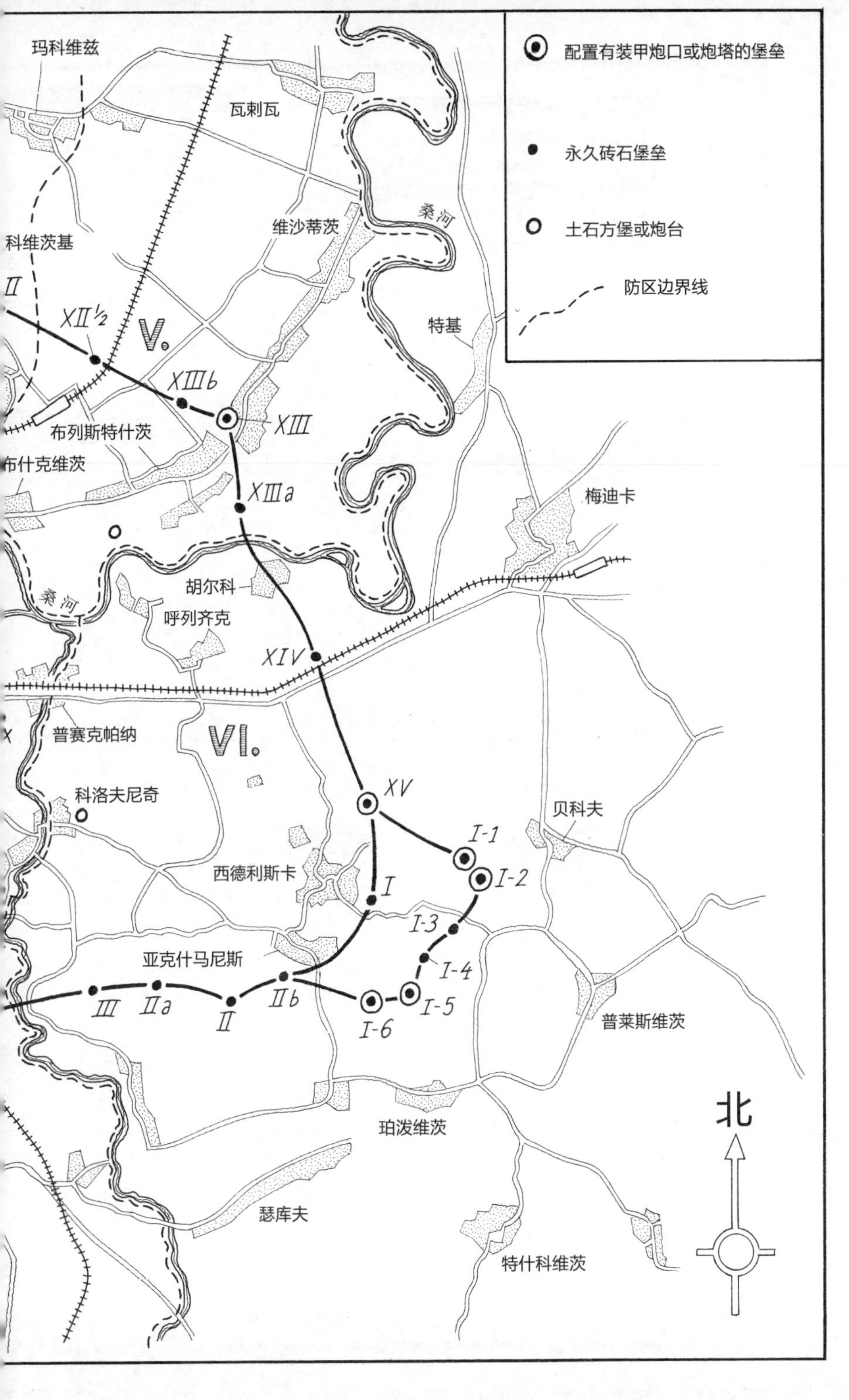

配置有装甲炮口或炮塔的堡垒
永久砖石堡垒
土石方堡或炮台
防区边界线
玛科维兹
瓦刺瓦
维沙蒂茨
桑河
科维茨基
特基
V.
XII½
XIIIb
XIII
布列斯特什茨
布什克维茨
XIIIa
梅迪卡
胡尔科
桑河
呼列齐克
XIV
普赛克帕纳
VI.
XV
科洛夫尼奇
贝科夫
I-1
I-2
西德利斯卡
I
I-3
I-4
亚克什马尼斯
III
IIa
II
IIb
I-6
I-5
普莱斯维茨
北
珀泼维茨
瑟库夫
特什科维茨

普热梅希尔要塞卫戍部队兵员来源地分布图

审图号：GS（2022）2047 号

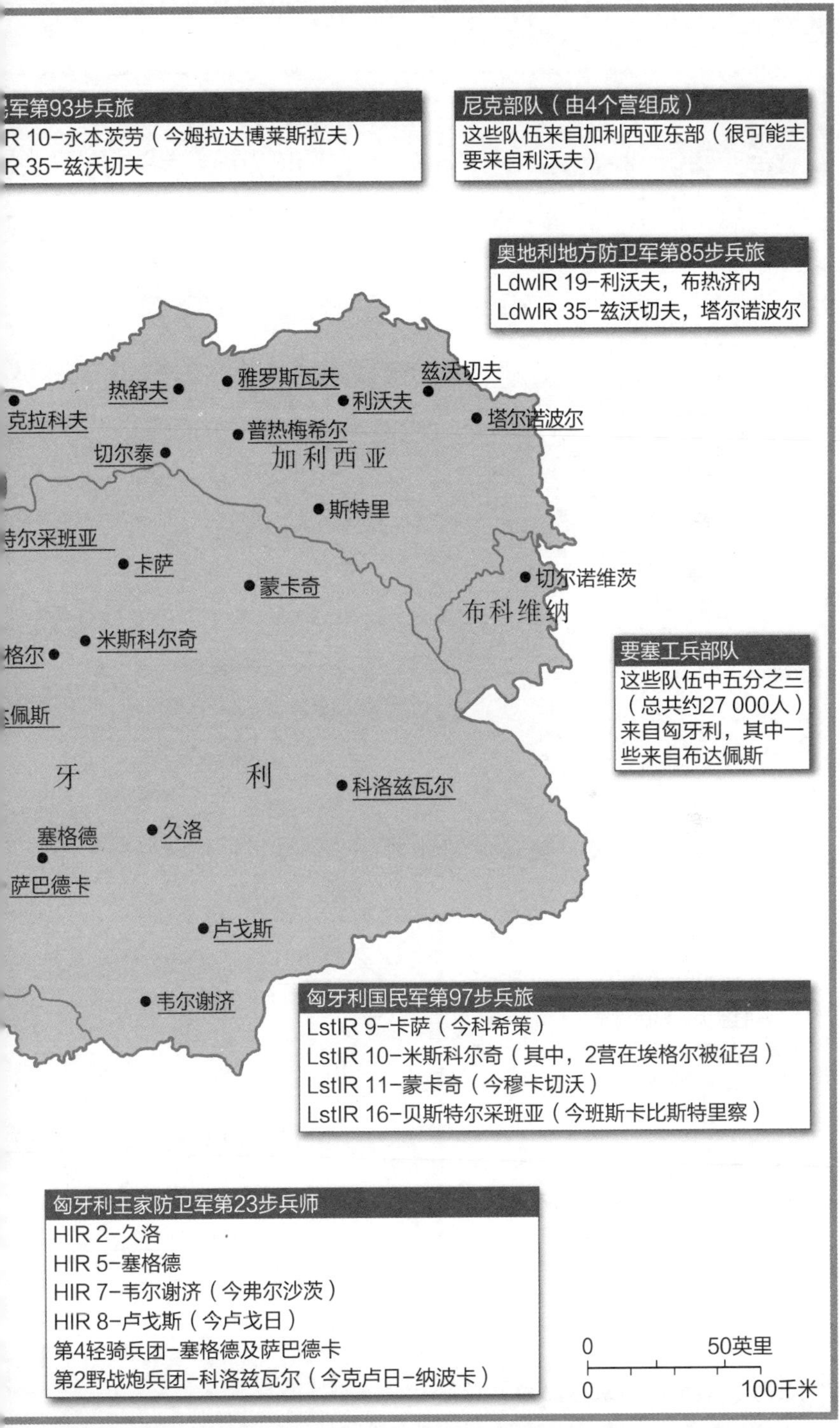

军第93步兵旅

R 10-永本茨劳（今姆拉达博莱斯拉夫）

R 35-兹沃切夫

尼克部队（由4个营组成）

这些队伍来自加利西亚东部（很可能主要来自利沃夫）

奥地利地方防卫军第85步兵旅

LdwIR 19-利沃夫，布热济内

LdwIR 35-兹沃切夫，塔尔诺波尔

热舒夫

雅罗斯瓦夫

兹沃切夫

利沃夫

克拉科夫

塔尔诺波尔

普热梅希尔

切尔泰

加 利 西 亚

斯特里

特尔采班亚

卡萨

蒙卡奇

切尔诺维茨

布 科 维 纳

米斯科尔奇

格尔

佩斯

要塞工兵部队

这些队伍中五分之三（总共约27 000人）来自匈牙利，其中一些来自布达佩斯

牙

利

科洛兹瓦尔

塞格德

久洛

萨巴德卡

卢戈斯

韦尔谢济

匈牙利国民军第97步兵旅

LstIR 9-卡萨（今科希策）

LstIR 10-米斯科尔奇（其中，2营在埃格尔被征召）

LstIR 11-蒙卡奇（今穆卡切沃）

LstIR 16-贝斯特尔采班亚（今班斯卡比斯特里察）

匈牙利王家防卫军第23步兵师

HIR 2-久洛

HIR 5-塞格德

HIR 7-韦尔谢济（今弗尔沙茨）

HIR 8-卢戈斯（今卢戈日）

第4轻骑兵团-塞格德及萨巴德卡

第2野战炮兵团-科洛兹瓦尔（今克卢日-纳波卡）

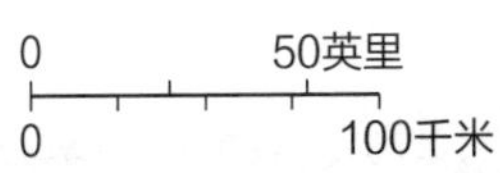

加利西亚战场

审图号：GS（2022）2047 号

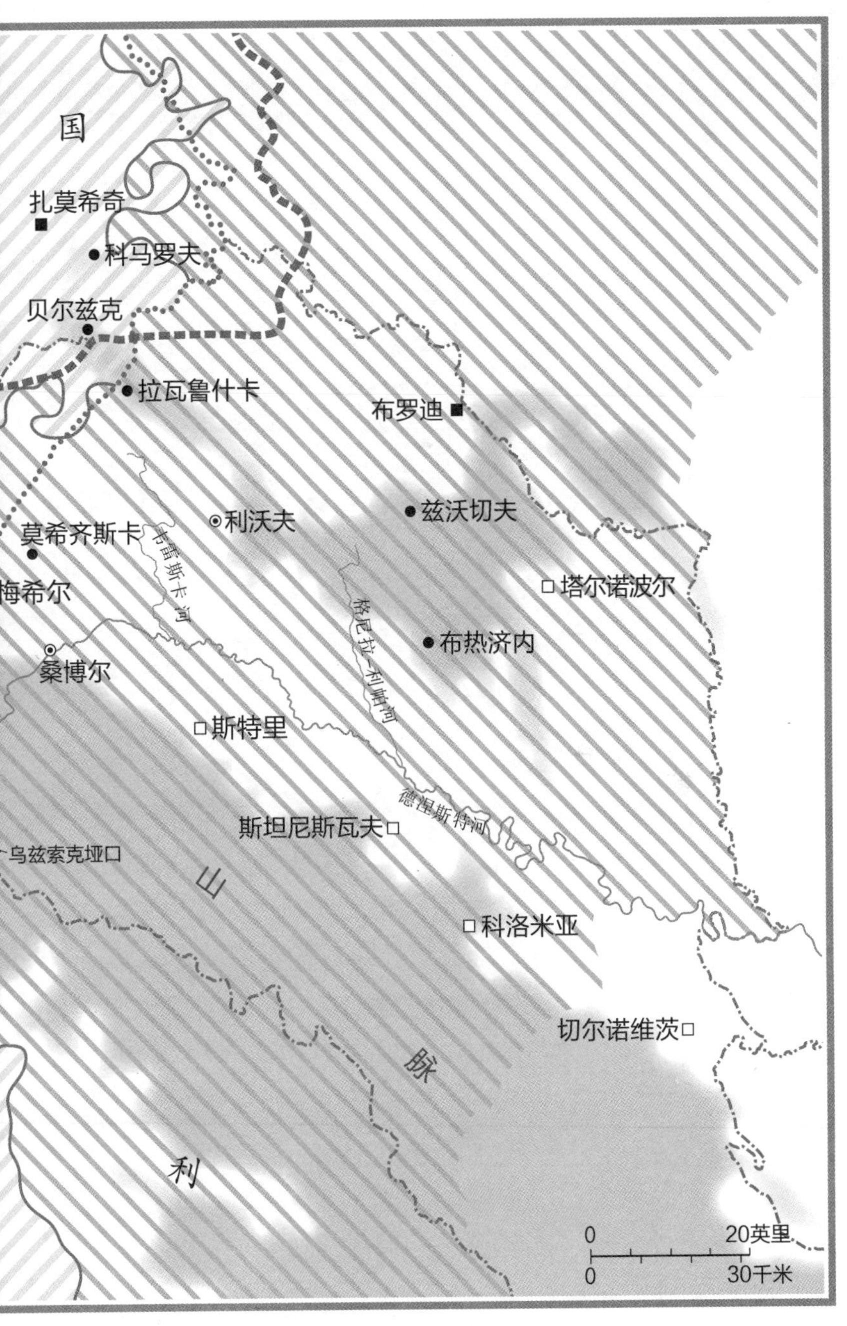
国
扎莫希奇
科马罗夫
贝尔兹克
拉瓦鲁什卡
布罗迪
兹沃切夫
利沃夫
莫希齐斯卡
梅希尔
塔尔诺波尔
布热济内
桑博尔
斯特里
斯坦尼斯瓦夫
德涅斯特河
乌兹索克垭口
山
科洛米亚
切尔诺维茨
脉
利
0
20英里
0
30千米

目 录
contents

第一章

溃不成军

在普热梅希尔旧城区的中心，耸立着一座 40 米高的 18 世纪钟楼。1914 年 9 月 14 日上午，站在这座和平时代的巴洛克风格建筑上，映入眼帘的却是一番可怕景象。沿着从利沃夫到东边的主路，一大群人和牲畜跌跌撞撞地向城里走去。军用货车成四辆并排行驶，一排接一排地驶过潮湿、泥泞的道路。他们之间夹杂着曾经骄傲的残兵败将。官兵们个个都低着头，眼眶凹陷，呆滞的目光诉说着几周以来的失眠和心中所承受的巨大恐惧。败退的队伍蹒跚前进，不时有疲惫的马匹倒下，颠簸的马车掉进路边的沟槽中，后面紧随着的队伍都摇晃着停了下来。官兵们骂骂咧咧，把绊脚石踢到一边，然后继续痛苦地向前行进。同样悲惨的队伍，一直延伸到远方，占据了普热梅希尔东部、北部和南部的所有其他道路。衣衫褴褛的士兵，扔掉了装备，就此当了逃兵，在乡野间四散奔逃，以求庇护。黑压压的人群汇聚到城市之后，就躺倒在沟渠或灌木丛中，留下一队队被斑疹、伤寒或霍乱击倒的垂死之人。这，就是溃不成军的奥匈帝国军队。[1]

普热梅希尔的民众就如其他所有生活在奥匈帝国的民众一样，从没有想过欧洲会爆发战争。当然，在 6 月底时，帝国的皇储和他的妻子在萨拉热窝被谋杀一事曾在帝国境内被大肆报道。当地媒体谴责这“卑鄙的罪行”的同时也暗暗地思考着沙皇俄国是否参与其中。[2]但是，没有人能想到一个人的死亡能够终结欧洲半个世纪以来的和平，就算这个人是像弗朗茨·斐迪南大公这样重要的人。在巴尔干半岛发生危机并不是什么新鲜事，就连新闻报道也很快把注意力转到了别处。何况，事情发生的时候还是夏天。城中的情报组织正在休假，享受着夏日的暖阳。在城市周围的乡野农夫也正为秋天的丰收忙着做准备，谁会有心思理会“大人物”之间的是是非非呢。[3]

城中的一位居民记得，7 月 31 日那天宣布全面动员的消息时，“像一声响雷落下，让我们震惊不已”。[4]告示贴满了大街小巷，要求 42 岁以下的成年男性都到部队报到。在要塞中一直举足轻重的军队现在无处不在。8 月 6 日，也就是奥匈帝国对沙皇俄国宣战的那天前，各个学校就被强制征用为军事医院。普热梅希尔当地活跃的新闻媒体上写满了期望和平之类的与国家决策相悖的文章，这些报纸因此停刊。取而代之的是对国家决策的一致赞同之声。整个新闻界充斥着这样的统一口径的声音。渐渐地，整个城市进入了备战状态。[5]敏锐的观察家意识到，战争即将到来。利沃夫大学的物理学家扬·施托克博士被征召入伍，驻扎在普热梅希尔，他对这些准备工作感到震惊不已。他说道：“每一个活着的人不仅被战争所裹挟，而且还积极地投入到战争中去。若不是亲眼所见，我不会相信，一切自称生命的东西都会像这样统一服从于一种意志，还会为之战斗。电报和电话一类的通信系统，铁路、海运还有公路交通，这一切都为这场战争所用。”[6]

那些日子的状态造成了集体幻觉。“行动、狂呼还有噪声”就是当时普热梅希尔全民动员的样子。[7]街道上满是这样的光景。预备役人员急匆匆地赶到自己所在的部队。他们的妻子或是一动不动地站在原地，或是在银行外排队取出存款，或者在商店前等着买食物。有些不幸的人因为有间谍罪或是叛国罪的嫌疑，在紧张焦虑或闷闷不乐中被羁押着匆匆走过街道。士兵们昂首高歌，大步向前。运输车队轰隆作响。驻扎普热梅希尔的第 24 师离开时，士兵们在军乐队的音乐声中轻快地行进着，头上戴着鲜花和橡树叶，这都是奥匈帝国军队的传统战地标志。有人注意到，“如果没有许多悲叹和哭泣的妇女作为背景，这一切就是一派欢乐的景象”。[8]

这座城市的主要火车站，熙熙攘攘、热闹非凡。在这里，人们也可以清晰地感受到，普热梅希尔的动员不过是一个巨大的帝国为战争所做的努力的一部分。8 月，奥匈帝国军方将它三分之二的兵力，大约 120 万人的军队部署在加利西亚省。这些兵力都是从帝国各处抽调的，他们中许多人都曾途经普热梅希尔。维也纳人高喊着“高啊”（Hoch），紧随其后的斯洛文尼亚人喊着“活着”（Zivi），接着又传来波兰语的“万岁”（Niech żyje），匈牙利人也乘着他们国家白绿装饰的马车欢歌而来。其他部队还运来了带有敌国君主的粉笔漫画和好战的笑话，由此也反映了在这场战争中，奥匈帝国将在广袤的战线上与为数众多的敌国作战，正如这首当时的民谣所展现的：

每枪打死一个俄国佬，
每拳击中一个法国佬，
每脚踢倒一个英国佬，
还要把塞尔维亚小崽子撕个粉碎！[9]

普热梅希尔的命运和这个多文化融合的帝国息息相关。8 月 25 日，奥匈帝国在距离沙俄统治的波兰北部 150 公里的克拉希尼克（Kraśnik）首次战胜俄国人，人们似乎忽视了当地防卫军也参加了战斗一事。市议会在各处张贴海报，宣布这个好消息，还专门举行了烟火庆典庆祝胜利。[10]

紧接着，到了8月底，前线传来的消息便不再那么鼓舞人心了。跟消息一起被送回后方的还有大批的伤员。这些受难的场景实在是触目惊心，一名当地的女服务员在车站端着手中的热饮这样说道："有的人肺部和心脏都被直接射穿；有的人腹部伤势严重，四处都是伤口、血液、呕吐物还有排泄物……没有一句叹息，大家也都对此麻木了。"那些尚能张口说话的人讲述着与官方声明完全不同的前线故事。奥匈帝国的炮兵向自己的步兵开火。所谓的伪装"派克灰"（pike grey）制服事实上是淡蓝色的，它太亮了，使部队很容易成为目标。事实证明，所谓的"胜利"其实只是"重大损失"的委婉说法。东方的前线再一次收缩。背叛无处不在。军队里的士兵们用谴责性的语气说道，是那些说乌克兰语的人背信弃义。旗子、镜子、烟雾……这些暴露了军队的位置。人们认为，在一个村庄中，民众大胆地举行了游行，在奥匈帝国的火炮阵地祈祷，从而引起敌方的注意，使俄国人知道将炮弹瞄准何处。[11]

似乎是专门为了证明这些传闻的真实性一般，在8月30日，人们第一次在普热梅希尔的东部听到了炮弹沉闷的响声。[12]为了让要塞做好作战准备而采取的行动使得这里的住户更加惴惴不安。晚上，军队烧毁堡垒前的村庄，一圈火焰包围了城市。从利沃夫出发疏散全员的列车也证实了这场灾难的存在。绝望的居民为了能够逃离这里，甚至坐在火车顶上。就在距离普热梅希尔以东90公里的地方，加利西亚省的省会城市出现了自16世纪鞑靼人入侵以来从未出现过的混乱场面。城市的市长、省部军官都跑了，银行也关了门。城市的治安系统和食物供给都瘫痪了。身心受创的难民们讲述着街道上伤兵撤退的场景，挤满了人的医院，还有躺在城市公园里受伤和死亡士兵的惨状。[13]

普热梅希尔的居民们听了这些报道后都惊恐不已。更糟糕的是，9 月 1 日之后，难民列车不再抵达这里。传言四起，普热梅希尔已经成为新的前线。利沃夫已经沦陷。这些非官方的消息开启了后来民众口中的“恐慌时代”（the times of panic）[14]。只要有一点钱或是有关系的人，都跌跌撞撞地逃出了城。要塞司令部宣布 9 月 4 日开始强制撤离。有 6000 人被要求撤离，其中大多数是罗塞尼亚人和犹太人，以及那些食物储备无法撑过 3 个月的人。[15]军方统计的撤离人数达到了 2 万人。然而，自 8 月初以来，政府就一再告诫民众囤积粮食或准备在 24 小时内撤离。甚至穷人也囤积了物资，因为无处可去，他们拒绝登上疏散的列车。9 月11 日，官方又发布了一份公告，公布了未来两天内将会有更多的免费列车。这则通告和之前的动员相比，言辞严厉了许多：“任何不愿服从这一安排的人，都将被军队以最残酷的手段驱逐。”[16]

9 月 13 日、14 日，当驻扎要塞的国防军也开始撤离时，军方统计报告当时仍有 1.8 万左右平民留在普热梅希尔。事实上，当时留下的人应该更多，他们只是因为局势混乱而没有被统计在内。[17]这些居民看到的是一批溃不成军的队伍。对一些人来说，印象最深刻的是撤退的规模，撤离的马车在城市广场上似乎没完没了地嘎嘎作响。最让人痛心的是筋疲力尽的士兵们，身上穿着破布，“脸上满是悲伤”。[18]尽管这些景象都令人不安，但一想到不久的将来普热梅希尔将面临什么，就更让人坐立不安。其中一些居民已经有了预感。几天前，载有俄国俘虏的火车缓缓驶过城市车站。其中一名俘虏，一个为沙皇效命的波兰人，把头伸过马车的栏杆，向旁观者尖叫："哦！你们这些可怜鬼。强大的军队正向你们进攻。他们会把你们都杀掉的！"[19]

对这场灾难负有最大责任的，是奥匈帝国总参谋长弗朗茨·康拉德·冯·贺岑道夫。自1906年11月以来，他就一直担任陆军总参谋长和训练总监。康拉德身上散发着男性最危险的信号——他是一个认为自己信奉现实主义的浪漫主义者。他信奉社会达尔文主义，坚信战争是必然的，对奥匈帝国前景的态度并不乐观。维持帝国生存的政治妥协在他看来是十分可鄙的。他眼看着，在过去几十年的和平中，帝国的国际地位下降，军事力量僵化，而潜在的敌人却越来越强大。康拉德认为，只有立即采取果断的预防性战争，才能扭转颓势，迫使国家进行内部改革，保证帝国的大国地位。这位61岁的老将军之所以赞成战争，还有许多私人原因。在这10年的大部分时间里，他对一个已婚女人的迷恋已经达到了无法自拔的程度，她便是美丽的吉娜·冯·赖宁豪斯（Gina von Reininghaus），年龄比他小了差不多一半。就在欧洲紧急事件即将失控的危机时刻，他还花了惊人的时间给她写了一封又一封长信，言辞热情洋溢。康拉德相信，只要自己浪漫地以战争英雄的身份回到故土，他就有十分微小的可能改变奥地利僵硬的离婚法，改变吉娜心中的犹豫，从而抱得美人归。[20]

为让弗朗茨·约瑟夫皇帝做好战争的准备，康拉德所面临的挑战无疑是巨大的，但这些挑战并不是他引发的。这位将军本人，以及在接下来的几十年中为他辩驳的人都认为，帝国的失败都是因为政府和议会，是他们拒绝向军队提供充沛的资金和人力。[21]这样的看法也不是全无道理，有一定的真实性。1912年，奥匈帝国的军事预算只不过是沙俄军队支出的三分之一，约为法国军事预算的三分之二。帝国军队年度支出仍停留在1889年的水平。德国每年征召占总人口 0.49% 的公民入伍，俄国由于拥有 1.7 亿人口而不需要征募，但入伍人数还是达到了总人口的 0.35%，而拥有 5100 万公民的奥匈帝国却每年只征召总人口的 0.27% 服兵役。匈牙利议会中的马扎尔绅士们不断要求增加自己的地方防卫军，但一直到战争前两年才不再阻拦整个帝国的军需增长。也正是因此，奥匈帝国拥有的防御力量没有与现代化的进程同步，其中大部分的火炮都已过时，国防军的规模也很小。在 1914 年大肆扩充军队之后，面对俄国 340 万大军和 25 万塞尔维亚部队，奥匈帝国却只能派出 168.7 万人应战。[22]

早在 1914 年之前，明眼人都已经看清了欧洲各国的军事实力，在提出任何有关战争的提议时都十分谨慎。但康拉德一直表现得非常好战。这位总参谋长曾多次要求帝国进行预防性战争，先发制人。这些建议使他与皇帝的外交大臣阿洛伊斯·莱克萨·埃伦塔尔（Alois Lexa Aehrenthal）伯爵在理念上发生冲突，并最终导致他在 1911 年 11 月被解职。不过短短一年后，由于巴尔干半岛冲突，康拉德就官复原职。康拉德的怒火尤其集中在两个对手身上，两国都对奥匈帝国的领土虎视眈眈，康拉德认为与他们的战争是不可避免的。意大利虽然是奥匈帝国的盟友，但也是让康拉德最头疼的敌人之一，他将稀缺的资源用于加强西南边境的防御工事，并购置了新的山地炮来与意大利抗衡。1906 年，康拉德刚刚上任不久就主张对这个盟国发动突然袭击。尽管外交大臣和皇帝都不赞成这样做，接下来的五年，他仍然在不断鼓吹这个不合理的观点。1912 年春天①，他主张对意大利出兵，结果导致长达一年的免职。[23]

① 原文如此，应为 1911 年。

另外便是康拉德对塞尔维亚的执着。尽管相较于“宿敌”意大利，塞尔维亚带来的威胁要小得多，但很快这个小国就让总参谋长越来越不放心。早在 1907 年，康拉德就幻想把这个小国纳入帝国的版图。1908 年，奥匈帝国先后吞并了波斯尼亚和黑塞哥维那，从此，两国之间本就糟糕的关系进一步恶化，这时的康拉德才开始认真思考战争所带来的影响。塞尔维亚与俄国之间的关系密切，如果没有奥匈帝国亲密而强大的盟友——德意志帝国的支持，紧张的局势有可能随时引发更大范围且难以想象的战争。德军总参谋长小毛奇（Helmuth von Moltke）在与康拉德的会谈中保证：如果俄国进行干预，德国将诉诸战争。1912 年至 1913 年，塞尔维亚在两次巴尔干战争期间的军事成功和向南扩张的行为，对奥匈帝国的地缘政治利益构成了真正的威胁。从 1913 年 1 月 1 日到 1914 年 1 月 1 日，康拉德至少 25 次公开主张发动对塞战争。[24]半年后，萨拉热窝弑君案发生后，他的全部主张变成了一句话：“战争！战争！战争！”[25]

康拉德肆无忌惮地大力鼓吹战争，却没有为即将来临的战争做好准备。当然，匈牙利王国分走了部分资源，但总参谋长也没有充分利用好现有的资源。他的动员计划暴露了对奥匈战略诉求的根本误解。康拉德在准备工作中很重视灵活性。他对意大利、塞尔维亚还有俄国都有战争计划，同时对这些国家的联合也有所准备。尽管理论上是可行的，但既然要灵活度，就要牺牲速度，而一旦和俄国发生冲突，速度将至关重要。康拉德的计划存在巨大的漏洞，因为随着俄国从 1904—1905 年日俄战争的失败中恢复过来，将注意力都集中在了巴尔干半岛上，如果奥地利攻击塞尔维亚，那么俄国干预的可能性肯定会增加。1912—1913 年冬天，沙俄在加利西亚边境进行了挑衅性的局部动员，其目的就是恐吓奥匈帝国接受塞尔维亚于第一次巴尔干战争中在奥斯曼帝国的利益，这同时也标志着俄国当时新燃起的自信。

为了应付动员期间所有可能发生的意外，康拉德把军队分成三个梯队。最大的主力梯队（A－Echelon），由48个师中的27个师组成，负责保卫加利西亚省。每一个师都有1.8万人左右。第二梯队（Balkan Minimal Group）是由9个师组成的规模较小的“巴尔干方面军”，将保护奥匈帝国的南部边境，免受塞尔维亚和黑山的入侵。第三梯队即后备队（B－Echelon）是由12个师组成的机动力量。在对抗塞尔维亚和俄国的战争中，这个梯队的任务是加强加利西亚省的防御能力。仅从针对塞尔维亚的角度来讲，这支军队会被当作主力向南行动。为了保持战略灵活性，在后备队原地待命的情况下，其他两队被运到前线，这一调动推迟了对俄国的防御部署。如果把速度当作优先考虑条件的话，那么驻扎在远离加利西亚但靠近铁路系统的后备队应当首先行动。可糟糕的是，奥匈帝国的军用列车堪称龟速，每小时只能前进18公里。所带来的后果是严重的，俄国情报部门预测奥匈帝国的部署将在15天内完成，但实际上却花费了24天。甚至在战争开始之前，任何取得早期局部优势从而大量消灭动员迟缓的沙俄军队的机会都被浪费了。[26]

1914年的夏天，康拉德长期期望的战争终于拉开了序幕。康拉德的无能程度实属惊人，这样的无能让计划固有的缺陷更加无法补救。由于他的犹豫不决以及不愿面对两线作战的现实，康拉德把帝国的东北边境暴露在俄国源源不断的可怕攻势之中。他的首个严重错误是只下令对塞尔维亚（他想与之作战的国家）进行局部动员，并且在俄国的干涉意图变得十分明显之后，康拉德依然一厢情愿地坚持这一做法。7月底，心存忧虑的皇帝要求康拉德派遣后备队前往加利西亚省，但当时铁路的技术人员坚称，一切为时已晚。现实则如同一场闹剧，军队继续向南进军，在巴尔干地区整整行进了 1000 公里。三个师的部队留在原地迎战塞尔维亚人，另外两个师又迟迟不能部署到位，其余所谓“准时”的部队（按照已严重拖延的总动员时间表来看），也只是堪堪赶到加利西亚省东部，随后便与该地力量薄弱的守备部队一并溃退逃跑。

康拉德还搞砸了主力梯队的部署，而主力梯队拥有他在加利西亚省部署的绝大多数兵力。在开战前的数十年中，俄国军方的间谍活动在奥匈军队中比比皆是。最高级别的机密文件都曾被盗。其中就包括 1∶42 000 比例尺的普热梅希尔要塞防线布局及其各个堡垒的详细技术说明文件。[27] 1912 年至 1913 年对俄战争的进攻性部署计划也被泄露。这是奥匈帝国军事情报局前副局长阿尔弗雷德·雷德尔（Alfred Redl）上校对帝国的无耻背叛。1913 年 5 月，东窗事发，雷德尔畏罪自杀，军方的损失随之被发现。康拉德及时改变了主力梯队的部署，在与俄国发生战争的情况下，选择将部队布防在桑河和德涅斯特河（Dniester River）南边的加利西亚省腹地。这样的布置更有利于防御，但同时也意味着一开始就放弃了三分之一的加利西亚省，其中就包括省会利沃夫市。

1914 年 7 月中旬，与塞尔维亚的战争迫在眉睫，康拉德和铁路方面的官员确认了部署计划。他的初衷可能是希望即使在俄国干预的情况下，在加利西亚腹地构建防御阵地，也能争取时间来击败较为薄弱的巴尔干地区的敌人。到了 7 月 31 日晚，在俄国军事动员的威胁和帝国皇帝的逼迫下，他将后备队调遣到北方带来的压力已经达到无法忽视的地步。康拉德还是决定恢复在加利西亚省的进攻态势，并沿加利西亚省边境开始部署军队。由于军方铁路技术人员坚持说，他们的时间表现在已经无法改变，所以奥匈帝国的部队已经不能再乘坐火车前往这些新的集结地区了。接下来更加疯狂的事情发生了：按照放弃加利西亚省中部的防御计划，一些部队中途下车，然后徒步行军。许多部队行军的距离非常长。第3军——隶属守卫加利西亚东部的第2集团军，就是一个很好的例子。这些部队从8月10日起离开格拉茨附近的驻地，花了一周的时间才到达900公里外的德涅斯特旁的斯特里（Stryj）镇。在那里，他们下了火车，又接到继续向前行军80公里的命令，从利沃夫东边的下车地点前往加利西亚省最大的铁路终点站。[28]

由于康拉德的不切实际和战略失误，使得战役尚未开始败局就已注定。到8月底，一支由53个师组成的庞大的俄国军队在东线与仅由34个师组成的奥匈帝国军队正面交战。如果奥匈帝国军方总参谋长执行了他最初的计划，那么加利西亚省将有39个师的兵力，但是将后备队派往南部的决定使得整个军团永久地失去了三个师的兵力，同时还间接延误了其他部队的行动。[29]他的错误决策完全浪费了军队通过在加利西亚省的快速部署暂时获得局部优势的所有机会。不仅如此，主力梯队在错误的地点下车进一步造成延误，漫长的行军过程使得整个部队还没开一枪就已经精疲力竭。康拉德的所作所为饱受诟病，在此之前康拉德就知道自己犯了大错。当战役开始出现严重失误时，他懊悔地说：“如果王位继承人弗朗茨·斐迪南大公还活着的话，他会一枪毙了我的。”[30]若真有惩罚，也是康拉德罪有应得。

8月17日下午晚些时候，奥匈帝国最高统帅部（AOK）抵达普热梅希尔，准备指挥作战。统帅部总司令是奥匈帝国的弗里德里希大公（Archduke Friedrich），他能担任如此重要的职务的原因有三：一来他是1809年在阿斯彭（Aspern）击败了拿破仑的一位将军的孙辈；二来由于他身材敦实，留着络腮胡，有军人的气势，很容易虚张声势；三来他缺乏质疑康拉德决定的信心和能力。[31]与他一起下火车的是新的帝国继承人，27岁的卡尔大公（Archduke Karl）。卡尔大公一直跟随他学习如何指挥，当然同行的还有总参谋长康拉德本人，这场战役的真正导演。他们将总部设在城市河流以北扎萨尼区的空置营房中。作战室内，桌上平摊着1∶400 000比例的作战地图。上面涂有红色和蓝色标识，标明敌我双方的态势。战役的序幕正式拉开。[32]

保卫加利西亚省的难度相当大。该地区的东北边境毗邻俄国，边境线长达750公里，地域辽阔。康拉德的应对策略是调集4支集团军。第1和第4集团军被部署在加利西亚省的东部和中部，实施主攻。两支集团军共聚集7个军的力量，向东北方向发起进攻，攻入俄国。第3集团军由2个军组成，被部署在加利西亚东部，为主攻方向提供掩护。第2集团军由4个军组成，本应该支援南部防线，但整个第2集团军不知所踪了一阵子，其指挥部和所辖部队此时仍滞留在巴尔干半岛。取而代之的是弱得多的由两个军组成的“克韦什集团军群”（Army Group Kövess）。在这些部队进行准备的同时，康拉德派出10个骑兵师深入俄国境内100公里执行侦察任务。这次任务可谓灾难。为了能让士兵们在阅兵式上坐得笔直，军队配备了一种新的马鞍，结果却把战马背部的皮肤磨破了。许多骑兵不得不下马前行。在与俄军步兵作战时，俄军可以轻而易举地将他们从马背上击落。关于敌人部署情况的侦察收获甚微，但这次行动康拉德以一己之力成功毁掉了曾作为帝国骄傲的奥匈帝国骑兵的威名。[33]

康拉德计划的向东北方发出进攻的策略纯属无稽之谈。早在战前几年，康拉德和小毛奇就曾试探性地讨论从加利西亚和东普鲁士发动联合攻势，包围俄军。1914 年 8 月 3 日，随着德国军队在比利时和法国大规模行动，小毛奇排除了这一可能性。[34] 没有了德军的配合，康拉德的进攻计划便失去了可行性。8 月 22 日，他发布的指令因缺乏详细的作战目标而无法实施，第 4 集团军的总司令莫里茨·冯·奥芬贝格（Moritz von Auffenberg）记录道："命令包含了十分详尽的日程表，唯独没有描述我们该做到什么……"[35] 即便如此，最初，第 1 集团军和第 4 集团军在向卢布林（Lublin）和扎莫希奇（Zamość）进发时都还取得了一些战果。两支军队的表现势均力敌。8 月 24 日在克拉希尼克发生的第一次重大战役波及了第 1 集团军，奥地利人伤亡惨重。短短两天后，第 4 集团军开始猛攻俄国第 5 集团军的侧翼，并在边界以北约 30 公里处的科马罗夫（Komarów）展开包围战。俄军虽然最终得以突出重围，但还是损失惨重，大约损失了 2 万人，还有 100 门火炮。[36]

在加利西亚东部，奥匈帝国军队的战线被拉得极长，布防简直到了不堪一击的地步。与其交战的俄国第 3 和第 8 集团军约有 35 万人，是奥匈帝国防御力量的两倍以上。北方传来的胜利无济于事。事实上，康拉德试图巩固奥芬贝格在科马罗夫的作战成果，暂时为他调集了第 3 集团军下辖的一个军兵力。第 3 集团军自然没有为即将面临的磨难做好充分的心理准备。8 月 11 日走马上任的鲁道夫·冯·布鲁德曼（Rudolf von Brudermann）将军，和奥匈帝国的其他所有高级指挥官一样，与俄国军官形成鲜明对比（他们其中一些人曾在 1905 年日俄战争中担任高级军官），这些人完全没有现代战争的经验。[37] 布鲁德曼在这时采取的虚张声势的策略完全不合时宜。所谓的前线情报流传甚广，声称俄国军队已经无力发起进攻，他们的大炮“迄今为止什么也没击中”，他们的部队不敢发动进攻。[38]这些情报内容全是胡说八道。奥军指挥部这样命令前线部队：如果没有进攻的机会，就稳固住当前的防线，如果弹药耗光，就进行白刃战。不幸的是，他们被要求“哪怕牺牲再多的士兵，也要取得胜利”。[39]

8月24日，第3集团军在克韦什集团军群第3军的增援下开始进军。康拉德设想让军队在格尼拉－利帕（Gniła Lipa）河南面的高地上驻扎。格尼拉－利帕河是德涅斯特河的一条支流，位于利沃夫以东40公里的地方。这个地方易守难攻。下面的山谷满是泥泞，要用重型运输车辆把弹药补给运到几座大桥上，对任何进攻者来说都是一个挑战。然而，布鲁德曼将军却持有不同的想法。他气势汹汹，对交战俄军的情况一无所知，急于立即发起进攻。他命令军队加速进军，越过支流，向兹沃切夫（Złoczów）镇进发。26日的清晨阳光明媚，布鲁德曼的部队便遭到占有优势的俄军第3集团军的迎面攻击。[40]

时任利沃夫第30野战炮兵团团长的扬·罗默（Jan Romer）上校是这么描述这次战斗的：他的部队于凌晨4点出发，6个小时后抵达战场北部的布斯科（Busko）村，在那里开始布设火炮阵地。上级指挥官下发的情报表明，前方只有零星的敌军步兵和一些哥萨克①中队。中队俄军从隐蔽处全面开火的那一刻，表明了低估俄军是多么可笑的一件事。浓雾和弹片顿时深深地淹没了罗默所在的位置，他估计起码有30到40支枪在对他开火。而他指挥的野战炮兵团（共有16门火炮），是部署在步兵后方对其进行近

① 哥萨克以英勇善战的骑兵闻名。在俄罗斯历史上，哥萨克骑兵是重要的武装力量。他们骁勇善战，但对百姓冷酷无情，以至于在欧洲大陆，无论是敌是友都对他们十分痛恨。

距离支援的。

令上校非常满意的是，他的炮兵们没有因为突然遇袭而惊慌失措。正如罗默本人一样，这些士兵都是本地人，他们为了保卫自己的家园而战。大多数人要么是现役，要么是新近加入的预备役，参加训练的时间并不长。罗默回忆道："在最猛烈的炮火之中，装填炮弹、开火，这一切都有条不紊地进行着，根本不需要发出任何命令。"确实，一次次炮击支持着奥匈帝国步兵向前冲锋，火炮齐射的速度如此之快，以至于罗默担心炮弹会供应不足。在第一次进攻中，整个团伤亡惨重，短短 3 个小时，士兵的伤亡率就达到了五分之一。罗默自己被冲力已尽的子弹击中了胸口，膝盖也受了伤，但是在简单的包扎之后，他就立即重回战场了。[41]

在整场战斗的初期，奥匈帝国所有士兵都展现出了超人的毅力，但可惜寡不敌众，还是无法抵御俄军猛烈的进攻。俄国方面部署了 60 门野战炮，而奥匈帝国只有 48 门，同时俄军的炮手也更有经验。沙俄军队在 1904—1905 年的日俄战争中遭受了惨痛的打击，也汲取了许多经验，俄军从这场战争中意识到了步炮协同的重要性。俄军的野战条例强调了火力优势的重要性，要求在进攻中，必须注意步炮协同。[42]相反，正如罗默坦承的一样，奥匈帝国的炮兵和步兵之间几无协调。炮兵都是自己选择射击目标的，很多时候都是只知道敌人的大概位置就进行炮击。就这样，很多弹药都被浪费了。[43]俄军火炮战术似乎可随处提供精准打击和强火力覆盖，这种火炮优势令对手绝望。正如一名第 11 师参谋在第 3 集团军右翼作战时所观察到的那样，敌人的炮火"瞬间造成了一种我们的防御形同虚设的感觉，每一场战役之中都有这样的感觉"。[44]

奥匈帝国军方过时的战术理论进一步加剧了事态的严重性。

在和平时期，康拉德是人们眼中的战术天才。然而，他关于如何平衡火力和机动性的论调，作为这一时期最为重要的军事论题，自 1890 年首次出版以来，就几乎再也没有发展。[45] 像当时大多数指挥官一样，康拉德是主动进攻的坚定支持者，他坚信自己征服火炮覆盖的战场的强大意志力能使他战胜敌军。在康拉德的构想中，前进的道路根本不需要大炮来扫清。在他 1911 年发布的条例中，他坚定地认为，身强体壮、意志坚定、勇猛果敢的步兵，就可以决定一场战争的胜负。[46] 在军官团中，他的下属完全被这种思想洗脑。在所有命令中，几乎所有指挥官都被几近疯魔地告诫要做到无视伤亡的“冷酷”和无所保留的“投入”。因此，在一开始，士兵伤亡的数量并不是一个问题，而是军队“杰出的战斗功绩”的有力证明。[47]

1914 年秋，在战场上，火力薄弱和漠视伤亡的荒谬战术原则，直接造成惨重的人员伤亡。军官们因为自己是前线指挥官，在战斗中身先士卒，因此也遭受了巨大伤亡。尤其是职业军人，他们决心表现得无所畏惧，拒绝使用伪装，正如批评家们观察到的那样，这让人误以为，他们面对射击精确的远程狙击步枪时可以毫发无损。俄军狙击手得到命令击杀所有穿着奥匈军官独有的黄色绑腿的目标，所获甚多。冒进的心态造成奥匈军官们对挖掘隐蔽战壕不屑一顾，就这样，几个团的士兵很快被全歼。[48] 8 月 26 日，即战斗打响的第一天，第 3“钢铁”军团在罗默作战地区的南边与俄军发生战斗，仅一场战斗就损失了约四分之一到三分之一的士兵。第 47 步兵团是一支主要由来自奥地利的德裔士兵组成的部队，当天有 48 名军官和 1287 名士兵阵亡、受伤或失踪。第 87 步兵团，主要由斯洛文尼亚人组成，在一次徒劳无功的进攻中丧生 350 人，受伤 1050 人。[49]

第3集团军，以及支援的克韦什集团军群下辖的小分队在28日被击退。布鲁德曼下令向格尼拉－利帕河后方撤退，但俄军势不可挡的进攻，已经让他的部队受到十分惨重的损失。8月29日，第3集团军南线被俄军突破。加利西亚的省会利沃夫受到威胁。城里一片混乱。利沃夫不像普热梅希尔，也不像更西边的克拉科夫，尽管它并不具备永久性的防御体系，但这座城市还是被当作要塞城市。绝望的布鲁德曼不知该如何用他残破的军队保卫利沃夫。8月30日，他下令部队撤离。第二天，由于康拉德的介入，撤退的命令被撤销。指挥官不得不亲自赶到火车站阻止撤退行动。重机枪被卸下火车，匆忙运回城外的阵地。利沃夫现在是一座“不惜一切代价也要守住的城市”。[50]

德国将军埃里希·鲁登道夫(Erich Ludendorff)曾这样形容康拉德：“一个思维异常活跃的战略家。”这当然是一句带有讽刺意味的奉承。[51]随着灾难的临近，奥匈帝国总参谋长认为他发现了机会。如果此时在对俄边境地区向北发动进攻的第4集团军能够迅速掉头，转而向东南挺进，就有可能粉碎入侵东加利西亚的沙俄军队的侧翼。康拉德立即雄心勃勃地把这个新计划付诸行动。布鲁德曼则被要求在利沃夫南部方向守住一条较短的战线。第2集团军终于和耽搁在塞尔维亚的剩余部队会合，向南进发执行南线防御任务。第4集团军仍然在科马罗夫战役中无法脱身，直到9月1日晚上，才击败了俄军。最高统帅部发出指令，命令第4集团军司令冯·奥芬贝格将军将尽可能多的兵力转向南方，并于9月3日向利沃夫方向进攻。[52]

康拉德在普热梅希尔稳坐钓鱼台，运筹帷幄，但布鲁德曼位于利沃夫的指挥部则几乎停摆。从格尼拉－利帕河撤军的行动十分失败。处于第3集团军右翼的赫尔曼·冯·克韦什将军认为，该集团军的指挥官和参谋部已经失去了对局势的控制。8 月 30 日，他得到保证，他的第 12 特兰西瓦尼亚军的南部侧翼已受到掩护，而实际上，本应保护其侧翼的部队正在全速撤退。俄军抓住这一机会，发动进攻，制造混乱，也迫使第 12 军团匆忙撤退。克韦什发现自己的部队正处于崩溃之中。他被炮弹击中，骑的马被打死……虽然伤痕累累，衣衫褴褛，但他并没有受致命伤。一番仔细检查后，他才缓缓站起来，周围满是惊慌失措的轻骑兵，向后方疾驰而去。刚刚还和他在一起的参谋，现在已经被打成了筛子。这位将军在头脑清醒的情况下骑上一匹没人骑的战马返回，试图重新集结部队。一周后，他向康拉德发出了书面投诉。他怒气冲冲地说，现在需要的是真正的军人。他写道："穿着制服的老年妇女和神经衰弱症患者正在杀死我们。"[53]

布鲁德曼剩下的日子屈指可数。尽管在 9 月 1 日，最高统帅部重申了要守住利沃夫的命令，但第 3 集团军已疲惫不堪，士气全无。当晚，在利沃夫以北地区，两支匈牙利部队（国民军第 97 旅和匈牙利王家防卫军第 23 步兵师）被击溃，让这支军队的脆弱性一览无余。稍后这两支部队都将在普热梅希尔的要塞驻守。第 97 旅的崩溃是分崩离析的开始，作为从普热梅希尔调来的增援部队，第 97 旅 8 月 30 日才开始行动，实际遭受的损失比第 3 集团军的大多数部队都要小。但是，这支部队缺少必要的武器，尤其是机枪。在年龄上这支部队的士兵也比国防军更为年长，身体素质更差，更不用说他们才刚刚经历了漫长而疲惫的行军，也遭受了十分惨重的非战斗减员。9 月 1 日，该旅的 4 个团中，第 10 步兵团两次遭到袭击，到傍晚时，该团损失了三分之一后勤补给物资，26 名军官和 1200 名士兵失踪。[54]

精疲力竭、风尘仆仆的第 10 步兵团就这样被派往距离利沃夫以北 18 公里的库利科夫（Kulików）小镇驻守。在这里，第 3 集团军司令部运转不灵的问题被暴露得淋漓尽致。镇上到处都是士兵。试图向前线进发的炮兵和步兵与撤离的部队交错行进。运输车辆数量过多，挡住了道路，拥堵不堪。第 10 步兵团的指挥官埃默里希·冯·洛基（Emerich von Laky）中尉用一个非常形象的比喻描述了这一场景：每个人都“像桶里的鲱鱼一样”挤在一起。[55]在这种人人自危的情况下，部队突然听到穿透黑暗的枪声都会感到惊慌不已。在每个人侧耳之时，喧闹声戛然而止。军队派出了一支巡逻队进行调查。洛基描述了接下来发生的事：

> 几分钟后，一部分（巡逻队）出现在散乱的人群中，从（镇子的）出口处逃离。他们在那里停下来，转过身来，疯狂又盲目地向着一个看不见的敌人开火。另一组人没有停下来，直接向拥挤的人群跑去。
>
> 仿佛魔鬼跑了出来，人们不安地发出惊恐的嘶喊：
>
> “哥萨克！哥萨克！”
>
> 一时间，所有人都开始相互推搡着逃窜起来。枪声四起，步枪射击的噼啪声和灯光下匆忙固定刺刀的反光让人更是心惊胆战。战马嘶嚎，在人群中横冲直撞，马蹄直接踏过不小心跌倒的人的身体。伤员的尖叫声仿佛能震碎空气。无人理睬试图恢复秩序的军官。士兵们心中只有一个念头：逃到安全的地方去。

洛基中尉以为他自己也在劫难逃了。呼啸的子弹就从耳边擦过。当一群惊慌失措的士兵从他身边冲过时，他才成功地找到机会躲进一处门廊。为了躲避拥挤，其他军官爬上了墙壁和栅栏，像石像一样蜷缩在高处，从摇摇欲坠的栖木上向下窥视。那一刻，两个军号手从洛基身边跑过，他赶忙追了过去，抓住了他们，他死死揪住军号手的衣领，对着他们的耳朵尖叫："吹响军号，否则我一枪崩了你们!"终于，一声孱弱的军号在混乱中响起："停火!"

号手们吹响军号的那一刻，恐慌结束的速度之快令人惊讶，这一切洛基都看在眼里。那里根本就没有什么哥萨克骑兵。事实上，距离最近的俄军也在 20 公里开外的地方。一切都是幻觉。慢慢地，部队重新集结起来。洛基和他的同伴们没有接到命令，也不知道团里的其他人在哪里，于是在清晨的几个小时里，他们带着两个连队沿着大路返回利沃夫。恐慌的阴霾依旧笼罩着他们：

> 一看到被怯懦、卑下的士兵扔掉的步枪，我们的心就紧了一紧……翻倒的货车被司机和护送者遗弃在路边，车上的麻袋、葡萄酒、朗姆酒和烈酒桶，几盒硬麻布，数千条面包，都堆在地上，仿佛沉船后被海浪随意地抛在一旁。中间还夹杂着许多牛皮背包……马匹和人的尸体躺在路边的沟渠里……猛禽尚未嗅到这场盛宴，恶棍、亵渎者、盗尸者就已经赶来，像掠食者一样翻捡着死者的财物。我们在途经的许多地方，用剑和刺刀赶走了这群盗贼。谢天谢地，（洛基，一个骄傲的马扎尔人）感叹道，这些人，都是波兰步兵或罗塞尼亚补充兵，没有一个是德国人或匈牙利人。

这场混乱带来了严重的后果。国民军第 97 旅和匈牙利王家防卫军第 23 步兵师逃跑，留下毫无守卫的利沃夫独自面对来自北方的进攻。9 月 2 日上午 7 时，第 3 集团军司令部愁闷地通知最高统帅部，必须再向西撤退 25 公里，退到韦雷希茨卡河（Wereszyca River）后面。加利西亚的省会被抛弃了。康拉德勉强同意了，但他对布鲁德曼的耐心现在已消失殆尽。和以往一样，那天从利沃夫的撤军，依旧执行得十分不顺利。数以千计的步枪都被抛之身后。当撤退的部队正需要口粮时，干粮上却被浇上汽油付之一炬。第四天，“穿制服的神经衰弱症患者”布鲁德曼就被开除了。第 3 集团军终于迎来了能干的指挥官——一个面色灰白的克罗地亚人，富有经验的斯韦托扎尔·博罗埃维奇（Svetozar Boroević）将军。[56]

东加利西亚保卫战的最后阶段终于开始了。康拉德用第 2 和第 3 集团军把俄国人牵制住，用奥芬贝格的第 4 集团军威胁俄军的侧翼，从而形成包围。这样的妄想注定要失败。在他 1∶400 000 比例尺的普热梅希尔地图上，他的计划看起来绝妙至极，但就像这位总参谋长大多数不切实际的想法一样，无非是纸上谈兵。如康拉德所料，本应被奥芬贝格从侧翼击溃的俄军第 3 集团军，已经改变了进军方向，转向北进军。这两股力量，与计划相反，将会遭遇血腥的对攻战。此外，奥匈帝国第 4 集团军的力量在科马罗夫攻势后消耗殆尽。奥芬贝格估计，最初 30 万人的兵力，至少有 4 万人伤亡。[57]此外，运输士兵和火炮的马匹也严重短缺。连他自己的手下都对这次行动毫无信心。“我们的部队损失惨重，每个人神经都紧张到了极致，”第 4 集团军情报局长特奥多尔·冯·泽伊内克（Theodor von Zeynek）中校回忆道：“当时的心情很绝望，因为我们能预见到我们的一切努力是徒劳的。”[58]

尽管如此，奥芬贝格还是遵从了康拉德的指令。第 4 集团军留下了两个军的兵力面对东北方向的敌人，另外三个军则掉转方向前进。9 月 6 日，沙俄第 3 集团军也加入了这场战役。同时，在奥芬贝格的右方，奥匈帝国的第 2 和第 3 集团军驻扎在韦雷希茨卡河的河畔。这次俄军的追击十分缓慢，让奥匈帝国的部队在濒临崩溃的时候有了喘息之机，并建构了防御工事。对博罗埃维奇的任命也产生了正面的激励作用。新任指挥官一方面斥责下属军官指挥不力，另一方面想尽办法鼓舞士兵的士气。即使在一条难以轻易逾越的河流后方，奥匈帝国的军队也不只是一味地防守。相反，第 3 集团军的任务是支持奥芬贝格的进攻。为了防止疲惫不堪的部队在进攻中动摇，博罗埃维奇在后方派出了1600 名佩戴显眼的白色臂章的宪兵组成督战队。懦弱和抗命是不能被容忍的。[59]

伦贝格（Lemberg）第二次战役（德国称利沃夫为伦贝格）是第一次世界大战中奥匈帝国军队规模最大的战役。康拉德的 4 支集团军，共有 40.5 个师，约 60 万作战部队，全部投入了这场战斗。[60]来自匈牙利西部城市维斯普雷姆（Veszprém）的匈牙利王家防卫军第 31 步兵团预备役军官贝拉·莫尔多万（Béla Moldován）的回忆录传达出这样一种情感——这场拼尽全力保卫东加利西亚的最后一战是多么可怕和混乱。莫尔多万曾在部队中的第 4 行军营服役，这个营是康拉德为填补战线而特别组建的单位之一。这支部队缺乏能够教授新兵战斗技能的老兵。临时组建使得这支部队不仅装备奇缺，而且也缺乏足够的凝聚力。因此，行军营在战斗中表现很糟糕，伤亡惨重。[61]

9 月 7 日，第 4 行军营抵达拉瓦鲁什卡（Rawa Ruska）战场。[62]战场满目疮痍，同时也是通往一个可怕新世界的入口。镇上的车站被烧毁，站名也被拆除，所有的房子都被炸毁了，整个地方荒无人烟。所有人都逃走了。就连鸟都看不见。

突然，阵阵的炮声让这些新兵僵在了原地。“炮声！听起来我们离他们越来越近了。”有人说道。“也许是他们离我们越来越近了。”黑暗之中传来一声回复。第 4 集团军的士兵们都心知肚明，这是一次大行动。还没有人告诉他们，这场战役中，他们扮演着怎样的角色。有人下令，派出哨卫，其余人好好休息一下。变天了，空气阴冷湿润。为了避免引起敌人警觉，生火取暖被禁止，士兵携带的只有夏季轻薄斗篷。浓雾弥漫，到了黎明时分，所有人都湿透了，冻得直发抖。

第二天，部队继续出发前往前线，武器准备就绪。刚走到城外开阔地，就地动山摇，地面上的泥土翻滚涌动，士兵被大风带上了天。“快进树林，找掩护！”军官们大喊着，其他的士兵四散逃窜。东北方向传来枪声，子弹打进树里，树枝折断掉在地上。莫尔多万平日里是一名画家，当他所在排的士兵战战兢兢地蜷缩在树后或试图相互掩护时，他以几乎超然的视角观察着所有的细枝末节。“恐惧驱使着我们的一切行动，真是难以置信。”

不久，这个营就从后方调到了前线。士兵们形成小规模的战斗队形，然后试图悄悄地穿过灌木丛。很快，交战的痕迹逐渐明显。树上的麻子（弹孔）越来越多，枝干也越来越凋零。树林里的地上到处都是被遗弃的武器。跌跌撞撞的士兵们发现了第一个死者——另一支匈牙利王家防卫军的士兵。最引人注目的还是地上成百上千支被废弃的曼利夏步枪。战场弥漫的沙土堵塞了枪击结构，这些武器便无法继续使用了。“这里发生了什么事？”莫尔多万紧张地想着，“看来我们是被派来填补兵败留下的缺口的。”

莫尔多万所在的营一抵达前线，就得到了一些答案。那里，没有好消息。前一天，也就是战斗的第一天，俄军又在该地区击退了一支匈牙利部队。俄军所占地势十分有利，从山坡上就可以俯瞰第 4 行军营所在的森林。俄军的火炮数量比奥匈帝国部队多出两倍，而且可以覆盖整个营队驻地。预计俄军第二天将会发动进攻。

那一夜前线的士兵过得十分不安。当一轮略带红色的月亮从他们头顶升起时，一些人开始惊慌失措，认为这是俄军进攻的信号，每个人的神经都绷得很紧。有消息说，他们的上校，一个“和平时期的英雄”，禁止挖散兵坑，因为它“会让人懦弱并破坏纪律”。莫尔多万明智地没有服从这条命令，并敦促他的士兵抓紧一切时间挖坑。他手上没有铁锹，所以费了几个小时的时间用铁罐盖给自己刮一个浅洞，作为一个临时的射击位置，这个洞最后也可能会是他的坟墓。

第一场灾难发生在凌晨。在前方的某个地方可以听到有人在说斯拉夫语。第 4 集团军的士兵们被严令只有在听到命令时才能开火，但每个人还是很紧张。偶然间，一名士兵再也无法忍受这紧张而压抑的气氛，走火了。紧接着是另一声枪响；接下来整条战线的士兵都按捺不住心中的紧张，开始向黑暗处疯狂扫射。很快他们就意识到，他们误伤了友军——来自匈牙利北部的一个由斯洛伐克人组成的团——第 34 卡萨（Kássa）团的一个先遣队成了牺牲品。[63]

凌晨 5 点左右，俄军开始进行火力准备。“前方有一道闪光，”莫尔多万记录道，“我们头上传来响亮的嘶吼声，天空都被撕裂开了。破片榴弹！”炮弹首先落到了后方，然后慢慢向前移动到第 4 行军营的阵地。“这样就没人能够逃脱了。”莫尔多万意识到。这时才证明，和平时期的那些训练要求都是错误的。军官本应指挥和激励士兵，但在子弹和弹片、弹丸的侵袭下，莫尔多万发现自己根本动弹不得，更不用说指挥他的排。战线足有 50 米长。他喊出的命令都被爆炸声和炮声所淹没。甚至连他自己都几乎听不到自己的声音。

旅里的炮兵为被围困的匈牙利步兵提供了一些零星的支援，但还是无法和俄军的炮火抗衡。区区几个小时后，火炮支援就停止了，莫尔多万的部队被完全压制。虽然没有被击中，但莫尔多万已经完全无能为力了。“连续的震耳欲聋的爆炸声，纷飞的弹片的轰鸣声，几乎把我惊呆了。”一枚炮弹落得如此之近，他几乎被溅起的泥土掩埋，惊慌失措中几乎窒息。营中的其他士兵在中午时分开始撤退，他的排驻扎在左翼，负责掩护撤退行动，却没有收到任何命令。当这一天的战斗结束时，他不知道他的排里还有谁活着，也不知道有谁逃走了。他无比震惊，却也麻木了。

一个士兵经过，让莫尔多万从麻木中清醒过来。“长官，我看到前方有动静，”这名士兵警告道，“您不觉得我们该撤退吗？那些人可是俄国人。如果他们在这里发现我们，我们一个都活不了。”莫尔多万闷头喝了一大口匈牙利烈酒帕林卡（pálinka）后，发出了撤退的命令。他跳出浅坑，转身逃离这座地狱。从爆炸中幸存的人也紧随其后，他们跑过满是废墟的战场，越过成堆的弹壳和废弃的装备，从死人堆中开出一条生路。在后方紧紧追赶他们的是俄方的子弹。

伦贝格的第二次战役是奥匈帝国军队遭遇的又一次灾难；也是整场战役的高潮，这高潮自然是建立在无能、刚愎，以及奥匈帝国士兵的鲜血之上的。康拉德试图包围入侵加利西亚东部的俄国军队，他将此计划描述为一场豪赌。9 月 9 日，他向集团军指挥部的政治顾问解释说：“可以说，一切都是赌一张牌。如果一支部队失败，很有可能全盘皆输。”[64]但问题的关键是，奥匈帝国军队在数量上的劣势和康拉德的性格缺陷直接导致了这场战役的失败。通过转移第 4 集团军的大部分兵力和第 2 集团军的后期补编，康拉德实现了加利西亚东部地区力量的大致平衡。从北部的拉瓦鲁什卡到南部的德涅斯特河，在124个骑兵中队和1232门大炮的支援下，454个奥匈帝国步兵营与俄军第3和第8集团军的352个营、267个中队和1262门大炮对峙。然而，对峙的代价是北部边界兵力的虚弱。在那里，作为后卫的奥匈帝国第1集团军和第4集团军，很快就感受到了难以承受的压力。[65]

战败始于维克托·丹克尔（Viktor Dankl）将军指挥的第1集团军。在克拉希尼克取得胜利后，第1集团军向卢布林方向继续进军。俄军曾派出增援部队以阻止该城沦陷。9月初，沙俄两个集团军和另一个集团军的一部分，组成总共22个师的兵力，向丹克尔的13个师发动了反击。俄国第4集团军从中路进攻，同时新组建的第9集团军则试图进攻丹克尔左翼。最危险的是右翼，在科马罗夫本应被奥芬贝格歼灭的俄军第5集团军，现在却又开始了进攻。奥芬贝格第4集团军东南部大部分部队撤离，使他在北方留守的两个军团和丹克尔的部队之间拉开了40公里的距离，俄国第5集团军乘虚而入。到了9月9日晚，丹克尔由于弹药不足，无法继续坚守阵地。他命令部队向后撤退15公里，并给最高统帅部打电报，请求允许他们撤退60公里至桑河后方重新整备部队。[66]

俄国第5集团军的攻势不仅对奥匈帝国第1集团军来说是十分危险的，而且对康拉德的其他部队也构成了致命的威胁。当丹克尔撤退时，被俄军利用的奥匈帝国防线缺口进一步扩大，其他在东部作战的奥匈帝国军队后方被暴露在俄国的攻势下。奥芬贝格留在北方的两个军团本身就受到被包围的威胁，无法抽身，第4集团军其余的3个军，即东南方向包围俄军的3个军，也被困在拉瓦鲁什卡周围，动弹不得。奥匈帝国军队非但没有像康拉德设想的那样包围敌人，反而有可能陷入俄军的包围。康拉德的豪赌迅速输光了手中的所有筹码，集团军指挥部开始就是否应该中止计划展开了辩论。总参谋长本人却倔强地要坚持到底。康拉德之所以会如此刚愎自用，不断提出要坚持计划的意见，是因为他在意的并不是部队的伤亡，更不是加利西亚东部失守和与之而来的生灵涂炭，而是如果失败，他同吉娜之间的计划就将无法实现。“如果我失败了，”康拉德坦白道，“那我就将失去这个女人。对我来说，这才是我无法承受的。这样一来，我将孤独终生。”[67]

为了能够让这场豪赌继续，康拉德抓住了最后一根稻草。尽管第 4 集团军中的 3 个军被困在东部防线抵御俄军，奥匈帝国第 2集团军和第 3 集团军还是在 9 月 8 日越过韦雷希茨卡河继续前进。令人吃惊的是，考虑到他们经历的一切，这些军队仍然表现得非常勇猛。毫无经验的第 2 集团军刚刚从巴尔干地区赶来，便在第 4 集团军右翼取得了巨大的战果，这让康拉德燃起了也许可以抵御俄军南翼的希望。10 日，康拉德匆匆赶往博罗埃维奇的总部，然后前往战场，为了坚定决心，他在整个战争期间只去了三次前线，这是第一次。在回总部普热梅希尔的路上，总参谋长发出了特殊的命令，敦促他的部队要“不计伤亡、不计代价、勇猛奋战”，向前进攻。[68]

到了最后，显然一切都是徒劳的。9 月 10 日，韦雷希茨卡前线的进攻陷入困境。更糟糕的是，11 日上午，奥匈帝国国防军设在普热梅希尔的无线电情报科截获了一条电报，这条电报是明码拍发的，内容一目了然。电报显示，俄国第 5 集团军当天已命两个军穿过奥芬贝格第 4 集团军后方的缺口，向切沙努夫（Cieszanów）和布鲁斯诺（Brusno）进发。如果俄军实现了这些目标，他们就会抄了第 4 集团军的后路。现在所有人对此都无计可施；在连续战斗 18 天之后，奥芬贝格的后卫部队，也就是他留在北方的两个军，失去了五分之四的兵力，只剩下区区 1 万人。这就是战役的关键所在。虽然康拉德耽搁了许久，但是奥芬贝格明智地选择了撤退，从陷阱中逃脱。如果第 4 集团军撤退，那么接下来第 3 集团军和第 2 集团军就必须跟着撤退。那天下午，康拉德不情愿地承认，加利西亚东部已经失守。下午 5 时 30 分，命令下达，所有军队向桑河方向撤退。[69]

第 4 集团军不到一个月前在加利西亚结集时有 90 万人的初始兵力，撤退数十公里至普热梅希尔时兵力大为折损，其中有 25 万人伤亡，另有 10 万人被俄军俘虏。[70]幸存者们觉得自己几乎不再是人类。来自波希米亚（Bohemia）① 的鲁道夫·弗莱舍尔（Rudolf Fleischer）上尉——隶属奥芬贝格第 4 集团军的奥地利地方防卫军第 30 团的一位连长，或许可以证明这场战役的失败。两个星期的战斗使他所在的团损失了 92% 的军官和 68% 的士兵。这名上尉是个幸存者，跟随他的两名勤务兵牺牲，他的大衣和装备也丢失了。那时的他脏兮兮的，胡子很长，没有可替换的干净衣服。和大多数军人一样，他也因胃痉挛和腹泻而无比虚弱。但他还记得，在经历了如此多的流血之后，撤退的命令让他“一时语塞，恼怒不已”。[71]

撤退就如同一场噩梦。大雨滂沱中，绵延约 30 公里的队伍和重型运输车、大炮的轮子把道路搅得泥泞不堪，所有的士兵车马全都挣扎着向西前进。由于撤退安排和指挥混乱不堪，队伍常因道路堵塞而不得不停下来。然而，撤退中的士兵还是没有时间休息和吃饭；来自上面的命令和敌军随时可能追来的感觉驱使着

---

① 今捷克共和国中西部。

这群饥饿的、昏昏欲睡的士兵不断向前。对弗莱舍尔上尉来说，让他意识焦灼的不是那些景象，而是那些绝望的日夜行军的声音：

> 车轮在沙地里嘎吱作响，马匹呼噜阵阵，牛群吼叫不停……货车司机和补充兵的叫喊声，鞭子的噼啪声，指挥官和士兵的骂声，人们骚动的、碰撞的吵闹声，混合成了一种说不清道不明的噪音，一种嘈杂、低沉的咆哮，这……铺满了每个角落。这是呼吸，是撤退的声音。[72]

一支战败的军队是危险的。在恐惧和自尊心的驱使下，所有的军官都在找寻替罪羊。在加利西亚东部，讲乌克兰语的士兵首当其冲。从战役一开始，这些罗塞尼亚人就一直是被怀疑的对象。那些高级指挥官知道，当地少数知识分子认为自己是俄国人，信仰的转变和间谍丑闻等一系列事件，让他们记忆犹深。[73]尽管几乎没有确凿的叛国证据，尽管后来的官方调查得出了“大多数罗塞尼亚人要么是奥匈帝国的忠实拥护者，要么是对战争漠不关心的无知农民”的结论，但这些急于逃避责任的军官还是抓住机会，传播平民背叛的庸俗谣言：在任何重大战斗之前，俄军都命令当地的俄国平民去伏击奥匈军队或充当间谍。军队立即制定了严厉的对策，并参考了陆军“战争中的防卫权”（Kriegsnotwehrrecht）执行。康拉德对这种暴行心知肚明，甚至表示赞同。他宣称：“我们在自己的领土上作战，就像在敌人的土地上作战一样。在任何地方，都将根据戒严令处决罗塞尼亚人。”[74]

奥匈帝国军队本应保护讲乌克兰语的种族，而对其的大屠杀可能永远不会为人所知。不过据俄军估计，康拉德的手下处决了

1500 人。乌克兰当地官员提供的数字则要高得多，估计有超过 3 万人被枪杀或绞死。[75]虽然战地临时法庭和惩罚性屠杀留下了鲜血和痛苦的痕迹，却很少有文件保留下来，无法确定具体的被害人数。然而可以确定的是，战败和撤退都不同程度地煽动了这种暴力行径。每支队伍都有关于背叛和复仇的故事。因为涉嫌间谍行为、发信号、为敌军挖战壕，或仅仅因为在自己的村庄发现俄国士兵而被捕的罗塞尼亚人，夹杂在撤离的奥匈帝国部队和逃离的犹太人中间。9 月 8 日至 9 日晚，光是利沃夫城外惊慌失措的国民军第 10 步兵团就绞死了 61 名平民。另一支将驻守普热梅希尔要塞的部队，国民军第 21 团的一名士兵，目睹了整个罗塞尼亚村庄的居民被驱赶出来。士兵们停了下来，把拥有“大力神般身材”的村长抵在墙壁然后开枪射杀。其他村民则被绞死了。树上的尸体在风中摇曳，挂满奥匈帝国军队撤退的路线的两侧。[76]

一支支离破碎的军队向普热梅希尔集结。第 2 集团军本应该向南撤退。第 3 和第 4 集团军应该从要塞穿过桑河，但由于他们的后援补给部队太过于混乱，撤退的士兵也没有得到有效的组织，这两个编队的士兵最后不是挤在城里就是散落在城市周边。[77]卫戍区的军官们受命去收拢四散的士兵，维持秩序，可是没有人真正做好大批败军和车辆涌入要塞外围防御工事的心理准备，没人能够应付如此混乱的场面。“时至今日，我仍然能感受到那种恐惧。”一位要塞工程官员评论道。50 年后，他还记得那一刻的情景。9 月 13 日至 14 日，守军所面对的不再是一支军队，而是一群受惊的人和马。纪律早已荡然无存。一同消失的还有希望。为了更容易理解这个场景，这位军官决定用一个历史类比：“我看到过描绘拿破仑从俄国撤退的情景，而这样的景象在我眼前再次显现。”[78]

国防军没有在普热梅希尔逗留。早在9月14日晚上，当博罗埃维奇的部队蹒跚着经过城外的工事时，康拉德就决定再让他们到140公里外的比亚瓦（Biała）和杜纳耶茨河（Dunajec River）去。在要塞城墙外，士兵们得到休息和食物，然后，在17日，再次向西进军。在西北方向，俄军已经向第1集团军的外围挺进了。尽管行动谨慎而迟缓，俄军还是追赶上了从加利西亚东部撤退的队伍。当然如果留在桑河，他们很快就会被强大的俄军包围。[79]

奥匈帝国军队在康拉德首战的失败中蒙受了不可挽回的损失。虽然损失惨重，但士兵可以再度补充；在战争的早期阶段，少不了炮灰。然而，训练有素的军官却越来越少了。到了年底，伤亡人数接近一半，每15个人中，就有1个军官战死。[80]此外，军队在精神上也因战败和撤退的挫败受到创伤。多年后，根据官方历史记载，“哥萨克来了”的叫声仍能引起许多人的恐慌。[81]这对他们的指挥官也是如此。对康拉德来说，1914年秋天加利西亚省东部战役的失败不仅是他职业生涯上的耻辱，对他个人来说也是一场悲剧。9月8日，他最喜爱的小儿子赫伯特（Herbert）——第15骑兵中队的中尉，在拉瓦鲁什卡附近阵亡。他是在一次徒劳无功的进攻中战死的，而这次进攻曾被他父亲视为胜利的关键。[82]

1914年9月中旬，奥匈帝国和帝国军队的生存都陷入困境。如果康拉德能将军队畅通无阻地带回比亚瓦－杜纳耶茨防线，那么他那支离破碎的军队仍有很大的机会重新焕发活力。新的战略制定了出来，军队得到了弹药补给和充分的休整。德军刚刚在东普鲁士打败了俄军，并承诺要在克拉科夫部署空军，以便进行联合反攻。要想这一切成真，时间是最不可或缺的。不知为何，俄军追击的速度慢了下来。控制着整个西部主要后勤动脉的要塞城市普热梅希尔突然间意外地成为帝国命运的枢纽。康拉德以前从来没有对静态防御抱有太大的信心，他认为静态防御是机动战的累赘，只有机动战才是决胜的手段。然而现在，他却加强了驻军力量，咬紧牙关，希望能够诸事顺利。9 月 16 日，在国防军最后准备离开时，总参谋长发布了第 2096 号命令："此刻，普热梅希尔要塞将凭借自己的力量守住防线，不惜一切代价。"[83]

第二章

“英雄豪杰”

1914 年的秋天，普热梅希尔要塞成了奥匈帝国最后的希望。至少，它看上去拥有强大的防御体系。48 公里长的外围防线拥有 17 个主堡垒，18 个较小的副堡垒和两条战壕。大多数的堡垒设计都已过时，因为资金匮乏，现代化改造也十分有限，几乎三分之一的弹药存储的入库时间都可以追溯到 1861 年。但堡垒低矮的正面、陡峭的悬崖和宽阔的沟渠依然散发着凛然的气息。不过同样的话可不能用来形容这里的卫戍部队。来自奥地利西部、匈牙利北部和加利西亚的 4 个国民军（预备役）旅组成防御的骨干力量。任何不甘堕落的职业军官都不会想在这些单位任职。相反，预备役中的军官大都是些学者、商人和储备金委员会的中层国家官员。正如有人直言不讳地描述的那样——“一群老肥猪”。[1] 他们的士兵是人种学家研究的对象，尽管对大多数观察家来说，他们没什么区别，不过是受过教育的农民罢了。所有的士兵都在 30—40 岁，处于兵役年龄边缘。奥地利媒体在大围城期间，把这些士兵吹上了天，但这些士兵心里明白自己到底有几斤几两。不过讽刺的是，他们欣然接受了新闻媒体对自己的鼓吹，还开始称自己是一群“英雄豪杰”。

8 月 13 日，第一批驻防部队抵达要塞，他们隶属于中加利西亚国民军第 111 步兵旅和匈牙利国民军第 97 步兵旅。[2] 那些匈牙利人利用铁路进行运输，他们需要守卫的防线足有几百公里长。而距离更远的加利西亚人，则需要徒步行军。士兵普遍年纪偏大，制服也不统一。有些人身着现代版派克灰的制服，有些人则穿着过时的深蓝色制服。所有士兵的负重很大，每名士兵要携带一个牛皮背包、毯子、备用内裤、大衣、皮制刺刀护套、面包袋和水瓶、120 发弹药和一支曼利夏栓式步枪，所有装备重量加起来在 30 千克左右。[3]对这些仅仅在两周前才刚刚应征入伍的中年人来说，这样的重量对他们来说简直是千钧重负，因为他们之前根本没有进行过任何体能训练。

加利西亚 8 月炎热的天气里，国民军第 18 步兵团第 3 营在尘土飞扬的道路上疲惫地行军。[4]11 日一早，部队在普热梅希尔西南方向 80 公里处的切尔泰（Czerteż）集结，经过 3 天的行军，终于到达要塞。这支部队集合了大多数军队的问题人物。唯一的职业军官就是指挥官文岑茨·齐普泽（Vinzenz Zipser）少校。像大多数职业军官一样，他是一个狂热的奥匈帝国拥趸。他的部下曾开玩笑说，他的血都是"黑金"色的，帝国的标准颜色。虽然被派来指挥这样一支部队，实在说不上是件幸运的事，但他还是决心把这群毫无士气的残兵败将训练成一支令人畏惧的强力部队。他要求部队中的所有士兵统一使用德语，即使是私下里交谈也要说德语——他认为这应当是唯一通用语言，但并无效果。他还对手下们施以恐吓，把队伍中那些衣冠不整的士兵都揪出来。就算是丢了一个束腰外衣的扣子或皮带扣，他都会严厉惩罚这个人，将他视为罪无可恕的恶棍。因为在他眼里，这样草率的行为是对战争的致命威胁。

这样死板的指挥风格让其他民族的预备役军官十分反感。他们接受军事训练已经是 10 年前的事儿了。这些军官中地位最高的是来自波兰的贵族、利沃夫市议会的副主席耶日·沃齐克（Jerzy Wodzicki）伯爵。这些军官中还有一位来自布尔诺（Brno）的大学教授、两位法官、两位建筑师和一位几何学家。还有两位拥有工厂、一位拥有家具仓库的商人。其余的预备役军官共15人，都是中产阶级出身，大多都是专家、行政人员或官员。作为绅士俱乐部晚宴的嘉宾名单上面的成员，第3营的军官本应是迷人晚宴的座上宾。以誓死捍卫奥匈帝国的英勇战士的标准论，这些军官不太能威慑到敌人。在这场兵凶战危的战争中，士兵们接连牺牲。最先战死的是来自布拉格捷克国家博物馆的图书管理员沃尔夫博士（Dr. Wolf）。在一位战友的记忆中，这位英雄是位“心宽体胖的绅士。在前往普热梅希尔的途中他已经精疲力竭，累倒之后在布拉格的医院待了几个小时，然后便继续前往普热梅希尔。我从此之后再也没有见过他了”。[5]

这支部队几乎可以说毫无军事素养，除此之外，第3营的军官与士兵之间的差别之大也令人震惊。当然，在1914年的军队中，军官和士兵之间存在阶级差别是十分普遍的，这甚至被看作是一种优势：指挥官们在整场战争中一直坚持的自信、自律和教育背景是军事领导最好的基石。[6]不过，该营的军官选择驻扎的地点非常偏僻。其中大多数军官之前都居住在距离切尔泰500—600公里的地方。其中8人来自维也纳，5人来自布尔诺，9个人来自摩拉维亚或是波希米亚等地区。只有一个波兰人和一个乌克兰人（后者只是一位学员而不是正式军官）是真正来自加利西亚省的。这些来自奥匈帝国经济最发达的西部地区大城市的军官和来自加利西亚的士兵存在巨大的文化代沟。在这些老实巴交的农民眼中，指挥他们的军官无异于外太空来的火星人。

第3营军官和士兵之间的地区差异同时还导致语言交流不

畅。除了那两位来自加利西亚本地的军官之外，军营中其他军官的母语是捷克语或者德语。而他们指挥的士兵们则说波兰语或者乌克兰语。时不时他们还会碰上一个说意第绪语的犹太人。[7] 理论上讲，鉴于奥匈帝国军方在管理多文化背景军队方面有着十分丰富的经验，这并不应该造成任何困难。军队方面通用 3 种不同的语言。在大多数的军队中，“服役语言”是德语，但在匈牙利王家防卫军和来自匈牙利的国民军一定规模以上（80—100 人）的部队中，上述所有语言都会出现。对这些官兵来说，最重要的还是“指令语言”，其中列出了 80 个德语或匈牙利语的基本军事词汇和短语，比如“前进!”“稍息!”还有“开火!”。为了加深官兵之间的关系，各单位也都有一种或多种“团队语言”。只要一支部队中有五分之一以上的人员说这种语言，那么这种语言就会被指定为“军团通用语”，军官们都有义务学习本军团中所有的“军团通用语”，以便能够与下属进行交流。[8]

和大多数的战时编制一样，对第 3 营来说，这样复杂的安排方式无非是不切实际的幻想罢了。对军官们来说，适当掌握德语是与要塞司令部各级和其他单位之间正常沟通的保证。在这支混乱的部队中，德语也被广泛使用，不过为了激怒齐普泽少校，捷克军官特别强调彼此之间要说母语。就算往好了说，这支部队之间的正常交流也是种挑战。一些军官甚至可能已经学会了“陆军斯拉夫语”，这是一种将斯拉夫语语法与德国军事术语融合在一起的奇特的军事语言。举个例子，这支部队的波兰人可能会收到“antretować”的命令，这是德语“antreten”演变而来的，意为“列队”；然后收到“narugować”的命令，这句话则是由德语“nachrücken”演变而来，意为“前进”；然后组成一条“szwarmlinia”，源于德语“Schwarmlinie”，“火线”之意。[9] 其他一些只说德语的人，则依靠营队里为数不多的犹太人翻译行事。尽管彼此之间都有善意、仔细的倾听和丰富的想象力，但作为部队前线指挥官，指挥作战依旧是一桩难事。营队中的副官，中尉布鲁诺·普罗哈斯卡记忆中的场景是这样的：

> 指挥国民军巡逻队并不是一件易事。士兵们都有一副好心肠，尽职尽责又英勇向前，但他们确实反应慢、手脚笨又始终无法教会……没有一个人会说德语。只有士官才会说一点奥地利军事德语。要是有人匆匆忙忙跑来，嘴里叽里咕噜说他乡下的土话时，军官就知道几处波兰的领地又丢了。要是士官当时没有空的话，那军官就得自己赶紧找士官了解士兵到底说了些什么，即使有时候只是些无关紧要的废话。[10]

第3营中，官兵之间唯一共同点就是他们的年龄。国民军中士兵都来自奥匈帝国征兵制度中最后征召的那部分人群，他们的年龄普遍在37— 42岁之间。军官们可能会稍为年轻一些，比如普罗哈斯卡就是35岁。[11]这些人的身体素质都算不上好，因此他们也就很难在频繁的战斗中生存下来，所以这些兵团都被分配到堡垒驻守。随年龄问题而来的，就是另一个问题：缺乏好战的精神。国民军，基本上可以被称为“父亲兵团”① 了；而有家庭责任感的男人很少会那么鲁莽冲动。在即将到来的围城战中，他们会展示出自己的勇敢。与此同时，在面对巨大压力时，他们也会展示出非同常人的韧性。尽管如此，比起冲锋，这些士兵更有可能会选

① 战时由于人员不足，很多上了年纪的男性也被派往前线。这些人便被称为“父亲兵团”（dad’s army）。

择躲在战壕里祈祷。在围城战期间，一部讽刺性的《英雄传奇》(*Saga of Heroism*）以一种非正式的方式写成，用风趣文雅的笔调描述了这些士兵们的精神状态。这些“国民军服役的官兵们（大家都知道他们是十分勇敢的），无论何时上前线，他们都会心存期许，向上帝祈祷：‘无论远近，敌人都不会出现在视野中’”。[12]

选择赫尔曼·库斯马内克·冯·布尔格诺伊施塔特恩（Hermann Kusmanek von Burgneustädten）中将担任要塞指挥官是十分明智的选择。在战争中管理一个像普热梅希尔一样复杂的要塞，需要在指挥和管理方面有丰富的专业知识，而库斯马内克已经证明了自己足以胜任。早在1879年，他便开启了自己的军事生涯，并很快就在参谋本部谋得了一个职位，并在该职位上磨炼自己的领导才能。1914年5月，他升任师长，而后被调到普热梅希尔。最为关键的是，在1908年之前的10年里，库斯马内克一直管理着帝国战争部的总部办公室，深谙帝国的官僚体制，也熟悉如何与基层打交道，这些经验使他几乎成为唯一一个适合领导这座要塞城市的官员。[13]

这也让库斯马内克在战争爆发时担负了巨大的责任。普热梅希尔需要立即做好防卫，以免受俄军的突袭，必须要维护好城内的秩序，在搜捕间谍的同时也要让这座要塞做好战斗的准备。集团军指挥部将总部设在普热梅希尔，总部官兵8月17日到达，这给他增加了不小的压力。要塞的防卫装备计划将于8月2日开始执行，计划用时42天。由于这里的防卫工程建设并未在和平时期完成，以及军方对开战时间预期错误，这些都意味着，需要做的事情多得令人难以置信。在8月14日至8月18日之间，一支由2.7万名劳工组成的庞大队伍与普热梅希尔2200人的专业技术部队和300名军官一道开始这项大工程。[14]

建设工作在一片匆忙中拉开了帷幕。军营、野战厨房、马厩、弹药和食品库很快完工，以容纳不断扩大的驻军。为提高普热梅希尔的防御能力，劳工们铺设了铁路，并在桑河上架设了两座新桥。在工程进行中，投入最大精力的是增强要塞防御的设计建设工作。8 月中旬，有消息称，德国步兵渗透到比利时要塞城市列日（Liège）的两个堡垒之间，进而攻占了该城市。于是，大部分劳工被调到要塞外围，修筑环城战壕，并在战壕外架设了100 万米长的电网，铺设雷区，还建造了大约 200 个临时火炮阵地。在经过 6 个月艰苦的建设后，要塞现在拥有了 3 条防御带，核心区（Noyau）由一圈炮台和火力支撑点所保护，又进一步构建了一些分散在防御带中间的临时炮台，称之为“二线”。到目前为止，最强大的也是唯一重要的，能在包围战中发挥作用的就只有长达 48 公里的外围防御带。大部分的外围防御带距离平均为 6—7 公里，最大距离为 11 公里，位于城市的东南部，其中包括了普热梅希尔的永久堡垒。[15]

整个防御体系的神经中枢就是要塞司令部，位于普热梅希尔城主干道密茨凯维奇大街 24 号，一座漂亮的三层角楼。这里能够通往铁道工程局和主要的军需仓库，都位于同一条街稍远一些靠近铁路的地方。库斯马内克和他的下属会通过电话进行联系。[16]整个要塞被分成了 8 个防区，每个防区都有自己的指挥官、炮兵和工程专家。第 1 防区和第 2 防区分布在桑河的南北两岸，共同保卫内部核心区域。其他 6 个防区编号从 3 到 8，从核心区域向外辐射，就像橘子瓣一样，每个防区分别防守城市的一部分。各自分区内所有设施和部队的战备工作都相对独立进行，并由堡垒指挥部统一调配。防区的指挥官不仅要负责区域内的日常管理，还要负责进行战时防御的协调。[17]

普热梅希尔防御系统的基础就是堡垒。自 19 世纪 80 年代初第一座炮塔建成以来，火炮技术惊人的发展速度，使得堡垒的设计师们焦头烂额。1887 年之前建造的 8 个主要外围堡垒都是高架梯形平台，火炮架设在开放平台的顶端，目的是在一定距离范围内压制敌军的火炮并能够抵挡步兵的攻击。到了 1890 年，不过才短短 3 年时间，由于高爆弹和迫击炮的发展，这种设计就已过时。在接下来的 10 年中，第二波建筑以所谓的封闭式堡垒作为回应，布局和之前相似，但外层覆盖更厚的混凝土，还安装了装甲炮塔。在世纪之交，大量新式火炮又一次迫使堡垒设计者进行彻底的战术反思。此时，敌人的火炮已经能够进行超视距射击，堡垒显然在长距离炮战中不占优势了。正如 1900 年左右，在普热梅希尔东南地区建造的前方工事中所表现的那样，重点转移到构建交叉火力网的防御体系。[18]

1 号堡垒“萨利斯 - 索利奥”堡（Salis - Soglio），很好地体现了这些防御设施的设计初衷。[19] 1 号堡垒位于距离市中心 9 公里的西德利斯卡（Siedliska）村外的山地制高点上，是第 6（东南）防区的分区总部之一。这座堡垒的命名是为了纪念丹尼尔·萨利斯 - 索利奥将军。萨利斯 - 索利奥将军是一名军事工程师，曾发起修建普热梅希尔防御工事，但在军队中，这座堡垒被戏称为“萨利斯阿姨”。[20] 萨利斯 - 索利奥亲自负责 1 号堡垒的建造，工程从 1882 年开始，直到 1886 年才结束。与此时建造的其他火炮堡垒一样，它的形状大致呈梯形，入口位于后侧，并建有圆形周壁、沟渠。原本的计划中，这些 19 世纪 80 年代的堡垒本应该是一种超前的防御工事，因此准备配备两座巨大的装甲炮塔，每个炮塔都配有两门 120mm 火炮。拮据的预算迫使他们取消了原本的计划，完工时建筑的正中仍然有一座外形独特的高层炮台被安装在原本应该是圆形穹顶的地方，这使它格外引人注目。那些曾在1914年驻守“萨利斯阿姨”的军官都认为这座堡垒已经完全过时。一名满腹怨言的士兵曾经写道：“这座堡垒和驻扎在这里的国民军简直是绝配，对他们而言，这座堡垒的主要功能似乎是吸引敌军的炮火。”[21]

对1号堡垒的参观者来说，首先映入眼帘的是一个位于高地堤岸之间的金属格栅门。穿过这里，堡垒的正门就在正前方，正门是一扇又高又重的铁制双开门，嵌在红砖砌成的门房上，周围环绕着门洞和沟渠。当人们跨过沟渠上的短桥，穿过那扇门时，就会自然而然感到些许不安，随之踏足进入1号堡垒的后院，这种压迫感势必会加重。在这里，被杂草覆盖着的棱角构件隐隐约约地出现在访客的头顶，两边都是残垣断壁，墙后面仿佛站着隐形的哨兵，准备随时攻击任何入侵者。再往前是砖和混凝土砌成的窗户，中间是一扇结实的木门。

那扇坚固的门后，是堡垒的内部。就算是盛夏时节，人们跨过这扇连接里外的门时也会寒颤不已，堡垒内外温差很大，进门之后就能感受到温度的骤降。访客接着会进入一条倾斜的通道。左边是警卫室，旁边有一个没有窗户的牢房，所有违反纪律的士兵都会被送到这里。与其他所有军队一样，奥匈帝国军方颁布了一系列的惩罚措施，其中还包含一项独特的惩罚措施——铁烙拍背，一项18世纪遗留下来的惩罚措施，也只有在战时才允许使用该惩罚。十有八九这座牢房里还有手铐脚镣，那些失职的士兵会被带到这个牢房，精神紧张地被拷在这里好几个小时。[22]在通道的另一旁是两间小宿舍，再往前走，通过左右两边的楼梯就是军官的宿舍了。只有指挥官才会有独立寝室。堡垒中剩下的七名军官还有医生则两人或三人共用一个房间。这些房间都是厚壁的

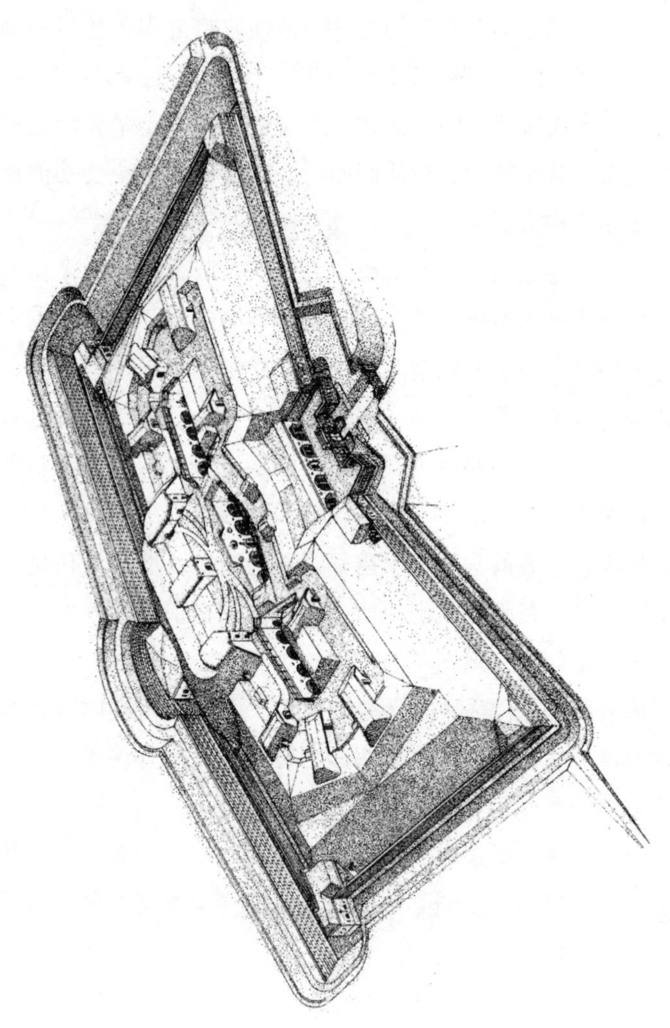

1 号堡垒“萨利斯 - 索利奥”堡。1 号堡垒建造于 1882—1886 年，是一座高大的梯形“火炮堡垒”，专为独立的远程防御所设计。与这 10 年间建造的其他堡垒一样，由砖、混凝土和泥土建造而成，屋顶有开放的炮台拱形房间，能够承受来自上方的攻击。每间寝室都配有火炉和窗户，以便这些军官俯瞰堡垒中心的三个小内院。

堡垒的驻军包括 1 名指挥官，3 名步兵军官，3 名炮兵军官，1 名工程官，1 名医生以及 400 名士官和士兵。走过通道，访客将进入堡垒的中央庭院。中央庭院以及位于左右两侧的两个内部庭院前半部分是普通官兵居住的宿舍。这里的居住条件十分简陋。士兵们居住的房间仅仅比军官居住的房间稍大一点，但每一个房间里都挤进了 20—22 名士兵。规定的每人 2. 52 平方米的个人空间在这里并不能保证。鉴于三分之一的驻军一直在值班状态，所以堡垒只预设了 266 个床位，轮休制也应运而生。至于厕所更是紧张。军官的自尊是需要维护的，他们住在独立的两栋楼房里，每栋楼里都有 3 间中世纪风格的私人厕所。多亏了这一设计，理论上来说，整个堡垒中所有的军官都可以同时如厕。而其他 400 名士兵，则只能共享区区 12 个厕所。

1 号堡垒的设计目标是能够抵御持续的围攻战。食品仓库位于左右两侧院子里的营房对面，其中储存了可供食用两周的口粮。堡垒中还有两个厨房以及几口淡水井。在左边的院子里是医务室，设有 28 张病床，右边配备的是一个非常重要的设施——可以直通指挥部的通信中心。[23] 如果说简陋的居住环境还能够勉强让人接受的话，那么真正令人寝食难安的就是在装满弹药的军火库环绕的地方生活。这些弹药库里储存着超过 1 万枚的炸药和炮弹。堡垒的每门大炮都有 500 发炮弹的配额储备。同时根据规定，每支枪必须配有 100 发子弹，并确保能够即刻使用。也就是说，有 26. 9 万发步枪子弹保存在堡垒驻军住所周围的军火库里。

站在中央庭院，访客面前有两条岔路。一条是经过楼梯，通向炮台。在绿草掩映的炮台上，士兵们享有开阔的视野，能够看

1 号堡垒“萨利

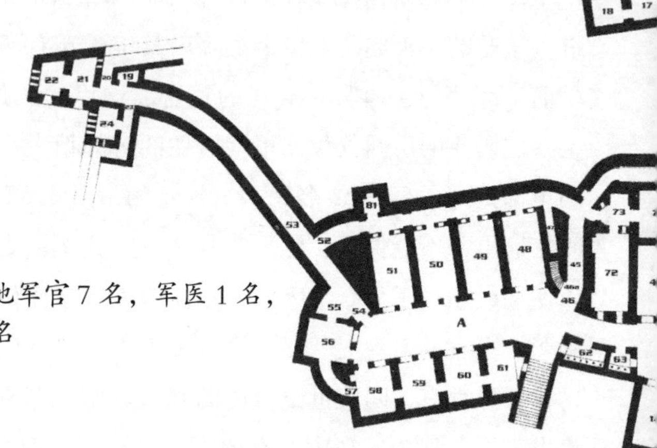

卫戍部队

指挥官 1 名，其他军官 7 名，军医 1 名，士官和士兵 400 名

主要建筑

1：入口
2：容纳 11 名士兵的宿舍
3、8：容纳 5 名士兵的宿舍
4—6、9—11：环状射孔步枪阵地
7：警卫室
7a：牢房
12、15：通往军官宿舍的走廊
13、14、16：容纳 4—5 名军官的宿舍
17：要塞指挥官司令部
18、63：军官厕所（总计 6 个）
19、62：士兵厕所（总计 12 个）
20：通信中心（电话和电报）
21—23 和 58：食品储藏库
24、27、29、35—37、44—46、52、54、57：走廊
25、56：厨房

刂奥”堡平面图

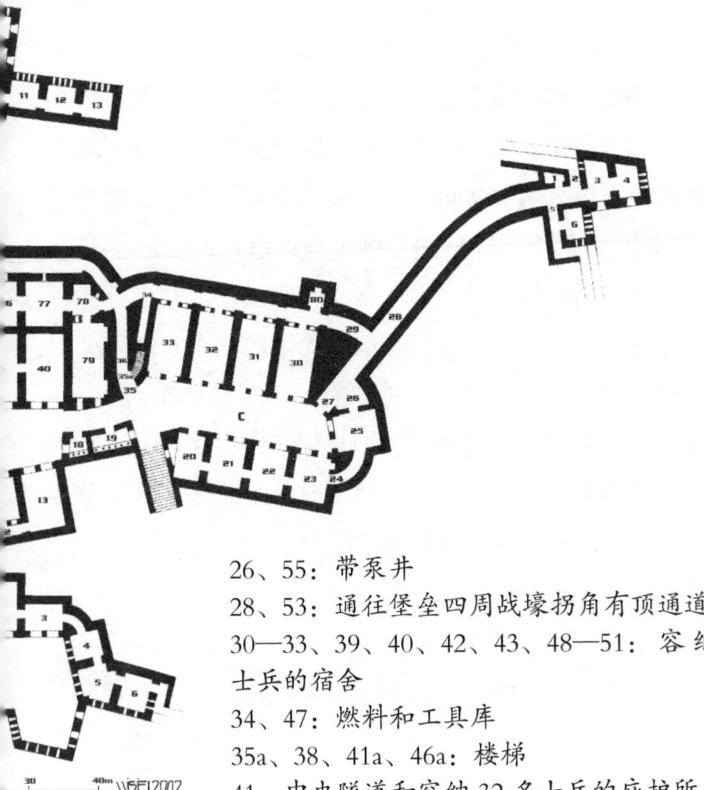

26、55：带泵井

28、53：通往堡垒四周战壕拐角有顶通道的隧道

30—33、39、40、42、43、48—51：容纳19—22名士兵的宿舍

34、47：燃料和工具库

35a、38、41a、46a：楼梯

41：中央隧道和容纳32名士兵的庇护所

59—61：医务室（共有28张病床）

72—79：炮兵弹药库

80、81：弹药升降机

A、B、C、D：露天天井、泄水渠

1、8、15、19：弹药库

2、5、7、14、20、23：走廊

3、4、9、10、21、22：150mm M59轻型加农炮炮台

6、11—13、16—18、24：环状射孔步枪阵地

到周围的乡村。大部机枪部署在堡垒的前方，有 6 部升降机可以将弹药从弹药库提升到预备射击的位置。带有混凝土掩体的通道，将炮台连接起来，士兵们可以将炮弹从这里运到火炮平台。这个精心设计的系统，却没有合适的火炮与之匹配。在堡垒列装的火炮种类里，没有一种火炮能够与俄军野战炮的射程相抗衡。除了 4 门经过改装但不堪大用的 90mm M75/96 野战炮之外，主要的武器还包括 4 门150mm和 6 门120mm的 1861 型火炮。这些 50 多年前设计的火炮射速非常缓慢，后坐力非常大，所以每次射击后都必须重新定位瞄准，3 公里的射程只有俄军火炮的一半。每一次发射，炮弹上的黑色火药都会产生一股浓烟，暴露火炮的位置，尽管炮台本身就是一处容易被击中的大型目标，但相比之下，这一点都不重要。炮弹沿着飞行轨迹到达尽头时产生的爆炸更是令人失望的量小力微。其中许多炮弹都是哑炮。[24]

1 号堡垒过时的火炮使得步兵阵地变得极为重要。另一条岔路是从中央庭院沿着一条被称为“波特恩”（Poterne）的隧道一直向前。隧道里空气湿冷，墙面上也布满霉斑。隧道从堡垒中间穿过，直达“卡波尼尔”（caponier）① ——一处有射击口的碉堡，将 17 米宽、3. 5 米深的壕沟一分为二。[25] 还有两条位于堡垒前角的较小的卡波尼尔，也与隧道相连。对 273 名堡垒步兵来说，主要阵地是一排沿着堡垒壕沟前缘的开放式的火阶②。火阶前是一条长达 12 米的铁丝网，如果这个步兵阵地失守，那么这些卡波尼尔将是最后的防线。在卡波尼尔里面，装备步枪和步兵炮的士兵可以攻击前面和侧面沟渠之间的敌人。任何一个跳进卡波尼尔

① 要塞的壕沟渠里或连接壕沟渠的有顶通道。

② 挖入军事战壕正面的台阶或平台，以便士兵站在上面并向外射击。

射界的敌人都没有生还的可能。

在当时几周的前期工程中，库斯马内克和他的工程师们遇到的最大困难是如何厘清堡垒前的地形。问题有两个：茂密的树木和周边的居民。在防线周围的大部分地区，茂密的森林为接近的敌军提供了伪装和掩护。在 8 月温暖而干燥的几周时间里，这片密林很容易用火烧掉，但劳工部队在 8 月中旬才到达要塞，紧接着又被调配到其他重要的紧急任务上去了。到了 9 月，当要塞工程局终于把注意力转向这片森林时，天气由晴变雨，火烧已无可能。于是，士兵们被派去砍树。堡垒其中一个防区动用了四分之一的人力去砍树，结果其他重要的工事建设便遭耽搁。最后，大约有 1000 公顷的树木被砍伐，但只有位于防线南部的 4 号堡垒周围的树木被全部清除。即便是在那里，残留的树墩也为进攻的俄军提供了有效的掩护。[26]

相比之下，驱逐防线周边的居民倒是一点也不复杂。库斯马内克之所以会坚持这么做，不单单是为了清空射界，同时也是为了清除当地罗塞尼亚人。这些罗塞尼亚村庄由于和俄国人之间的历史渊源，也被视作阻碍。至少有 14 座村庄被炸平或是烧毁。9 月下旬，另有 14 个村庄遭到惩罚式拆迁，当时有报道称，那里的居民可能被胁迫协助俄国军队运输。[27]

奥匈帝国军队在执行这些行动时的残忍和对平民的漠视令人不忍。匈牙利部队在行动中的残暴表现使其声名狼藉。一些来自加利西亚的士兵被迫把自己的亲人赶出家园，他们虽然不愿如此，但也只能执行命令。[28]驱逐行动往往很突然，很少会提前告知，村民们一般只有几个小时收拾家当。宪兵会突然出现并宣布他们必须立即撤离。这些受害者根本无力保护自己，因为年轻人已经被征召入伍，剩下的都是些老弱妇孺。即使他们有异议，一般也只能抱怨几句，就会被军队召集过去。在刺刀的威胁下，村民们也只能匆匆收拾好家当，然后默默离开。装满行李的农用车上挤满了病幼，两边是背着包袱的成年人、哭泣的孩子和牲畜，他们悲凉地一路向西。[29]

奥匈帝国军方驱逐了这些村民，剥夺了他们繁衍生息的地方，但却没有任何安置和补偿措施。其中的一些人来到加利西亚省其他大城市，在那里他们加入其他 60 万颠沛流离的难民行列，被安置在疏散的列车上。在随后的几年里，许多人在简陋的难民营里不断死去，在那里，冬季的流行病肆虐，导致多达三分之一的难民死亡。[30]然而，让库斯马内克头疼不已的是，部分村民去而复返。附近社区在没有接纳贫困难民的情况下就已经出现很多问题，数以百计的家庭被拒之门外，这些无处可去的难民别无他法，只能回到已经破损不堪的昔日家园。普热梅希尔的守军拒绝接纳这些难民。这些可怜人只能在军队和要塞之间的夹缝中求生存。因为对当地地形了如指掌，这些“流浪的游魂”有时会为表现友善的敌军指示附近雷区的位置并提供一些简易的装备。要塞司令官最初的担心不幸地成为了现实。[31]

战争初期，库斯马内克最先的两项任务是使要塞免受突然袭击，并为围攻做好准备。随后，他的第三项任务是维持内部秩序。库斯马内克手握实现这一目标的巨大权力。1914 年 7 月 31 日，官方宣布加利西亚省实行军事管制，在该地区，行政事务由军方接管。8 月 2 日，整个地区实行了戒严。此后，谋反或叛乱、叛国罪、间谍罪、叛逆罪和其他一系列不利于顺利动员的罪行罪犯都将被送到军事法庭。由库斯马内克主持的堡垒指挥法庭受理了周边地区一连串的民事案件。[32]

要塞司令部和加利西亚的其他军事和民事当局一样，迅速采取行动，先发制人地肃清可能的内部威胁。地方官员悄然拟定了潜在的叛徒名单，在战争爆发的第一天，全省就有4000多人被捕。亲俄的知识分子是首要目标，由于偏见和歧视，以及某些波兰官员的别有用心，许多曾在沙俄统治下的乌克兰民族主义者大难临头。他们遭遇卡夫卡式（Kafkaesque）① 的“预防性拘留”。[33]大多数罗塞尼亚人信奉希腊礼天主教，相关教职人员遭遇更为悲惨。因为仪式与俄国东正教相似，而且牧师中有一小部分是俄国人，这些都引起了当局的怀疑。有谣言称，普热梅希尔周围的希腊礼天主教堂都是用俄国的资金建造的，是帮助俄军确定方向的标志性建筑。在普热梅希尔教区有873名牧师，超过三分之一的牧师（总共314人）被拘留。[34]

在距离普热梅希尔南部约60公里的贝雷西·多尔尼（Berehy Dolne）村，希腊礼天主教牧师米海洛·祖布里茨基神父（Father Mykhailo Zubrytsky）就是众多被逮捕的无辜者之一。作为一名乌克兰的爱国者，祖布里茨基敌视俄国，同时也憎恶加利西亚的波兰保守派政府。不管怎样，对当局的不满也没有让他背叛奥匈帝国。9月7日，他被当地的波兰宪兵逮捕。祖布里茨基询问自己到底被指控犯了什么罪行，而他被告知有流言称他曾公开表示：“俄国人就要打到这里了，这对我们而言会更好。”尴尬的是，所谓的唯一证人否认自己曾听过这样的话，但宪兵仍然认为应将祖布里茨基羁押。两天后，这名牧师才知道自己被关在货舱里，正向着普热梅希尔的方向驶去。他和狱友们从其他人的经历中得知，当火车到站时，等待他们的是什么：“我们在路上听说，那

---

① 用来描述一种令人困惑和恐惧的情况，特别是涉及复杂的官方规则和系统的情况，而这些规则和系统通常毫无意义。

些被警卫带走的人受到当地人极不人道的对待：人们把沙子扔到他们的眼睛里，打他们的头和脸，向他们身上吐痰……而那些士兵和宪兵们则和‘人民’站在一边，对这些视若无睹。”[35]

在库斯马内克的眼中，叛国的罪行和不忠的行为一定十分猖獗。在普热梅希尔的广场上，站着一排排的政治犯，他们的目的地是帝国的腹地。包括祖布里茨基在内，大多数被指控亲俄的知识分子，最后都来到格拉茨附近的塔勒尔霍夫（Thalerhof）集中营，这个集中营很快就会令人闻风丧胆。9 月中旬，已有 3267 人被监禁在那里，其中大多数人都未经审判。不久，这个数字将会翻倍。公开处决、随意施暴和异常艰难的生存环境让 1767 人在那里丧命。[36]

许多被指控犯有叛国罪的人公开谴责要塞法院。库斯马内克仔细地审查了每一个案件。这其中不乏一些像尤利安·波洛什齐诺维茨神父（Father Julian Połoszynowicz）一样所谓的亲俄知识分子，逮捕他的宪兵声称（尽管没有人能够证实该宪兵所言属实）神父告诉他的信众：“我们对俄国人没有任何恐惧，因为我们属于他们，他们也只会向波兰人和犹太人发起冲锋。”也有人对这样的政治迫害感到愤怒，比如萨诺克（Sanok）的卡塔尔日纳·伊尔科夫（Katarzyna Ilków），他认为“如果俄国人来到这里，迫使政府为逮捕政治上可疑的人负责就好了”。[37]在那个人人自危的时代，如果对君主有所冒犯，就算只是无心之过，也会被送到军事法庭。来自要塞防御工事东北部的波莱斯特劳斯兹（Bolestraszyce）村的阿涅什卡·什琴斯纳（Agnieszka Szczęsna）顺口说出“你们的皇帝见鬼去吧”这样的话后，发现自己深陷惨境。[38]随之而来的惩罚十分残忍。早在 8 月中旬，宛如惊弓之鸟的普热梅希尔民众就开始意识到：“处决越来越频繁了。现在他们已经不再开枪，而是开始实施绞刑了。”[39]

在后来的几年里，库斯马内克曾宣称：“哪怕只有一个罗塞尼亚漏网之鱼留在了普热梅希尔城中，我也不能保证这座要塞固若金汤!”这个故事仍在乌克兰人之间流传。[40]不管是真是假，随着军队一次又一次的失败和叛国的故事广为流传，要塞指挥官越来越偏执多疑，“错杀一千也不能放过一个”，这场大战的第一次种族清洗开始了。9月4日，在利沃夫沦陷两天后，指挥官下令“必须清除要塞地区所有罗塞尼亚人和不能完全确定他们政治可靠性的其他族裔的人”。[41]普热梅希尔警察和民政当局都增派了人手参与这次行动，这次行动覆盖整个普热梅希尔城和周边的村庄。在军事档案的记录中，措辞发生了明显的变化，例如，在本月中旬，组织火车从普热梅希尔疏散6000名符合兵役条件的“罗塞尼亚”工人的部分很快变成“亲俄”工人。政治上的忠诚被等同于道德，而“罗塞尼亚”和“亲俄”在军队指挥官的心目中已经画上了等号。[42]

在城市以外，这种危险的概念混淆，再加上军事法律体系允许即时又极端的惩罚措施，使得暴力行径肆意横行。参与行动的奥匈帝国军队可以援引“战争中的防卫权”的说法，为自己烧杀抢掠的行为做辩护。[43]库斯马内克却一再敦促他的驻军充分行使这一权利。9月9日他告诫所有的官兵：“所有指挥官有义务尽可能严厉地执行此项任务。”[44]两周后，当俄国军队包围了普热梅希尔时，他再次警告道：“只有采用无情的严厉手段，特别是针对有影响的人，才有可能扼杀目前民众中的叛逆运动。”[45]随着围城战的开始，把嫌疑人送上要塞军事法庭的做法停止了，与此同时，被认为是正义的行为反而被要塞的防区指挥官草率地取消了。人们批评审判过程极为缓慢，并且充满了官僚主义作风。

就像一位分区指挥官所解释的那样，比起逮捕一群不必要的人，让要塞里充满了无用的囚犯相比，不如将其就地处决。[46]

防区指挥官和军官们非常勤勉地执行着库斯马内克的命令。支援东部战线而抽调的部队，或是那些撤退到此的部队，其大规模镇压的经验十分丰富。国民军第10步兵团第2营，这支来自匈牙利的部队在撤退到普热梅希尔的途中，已经把数十个罗塞尼亚人村庄搅得天翻地覆，现在他们的专长在普热梅希尔及其周边地区有了用武之地。如其中一个排长埃默里希·冯·洛基中尉所回忆的那样："（这里）有些村庄的全体居民都必须被绞死，因为我们从他们的藏身之处搜出了俄式步枪和弹夹，这些人还向我们开火了。"[47]防区指挥官不断在下属的脑海中强化这种可怕的想法，以进一步激化针对平民的暴力行径。例如，在（南部）第7防区的奥古斯特·马丁内克（August Martinek）上校就批准了部下的屠杀许可令。10月初，他十分严肃地要求："正如经常得到证实的那样，所有留在前沿阵地之间的居民都是叛徒。无论在哪里遇到这些人，就算一时没有什么错责，也要毫不顾忌、心无怜悯地立即处死他们。"[48]

种族主义、歧视，以及对杀掠的纵容，让守军毫无军纪，同时也让这座城市血流成河。9月15日，普热梅希尔沦为屠杀场。那天下午，一队嫌疑犯沿着破烂的公路从鲍孔奇兹（Bakończyce）火车站（位于普热梅希尔的东南部）来到市中心的警察局总部。这46个罗塞尼亚人都来自附近的多布罗米尔地区。他们之中，有些人甚至不知道自己缘何被捕。据其中一个人的遗孀所说，她的丈夫当时正在休假，当宪兵到他们家的时候，他还以为是自己被部队召回了。当火车开进普热梅希尔时，这些人才得知，他们都被指控宣传亲俄言论。他们中大多数人都是贫民，尽管也有一些人受过良好教育，比如一些铁路工人。这些人中还有两个女人，其中一位玛丽亚·伊格纳特叶夫娜·莫赫纳茨卡亚（Mariya Ignatyevna Mokhnatskaya)，是一位教区牧师的女儿，一名年仅 17 岁的学生。[49]

这是普热梅希尔人心惶惶的时期。两天前，奥匈帝国国防军借道要塞地区撤退。那些总是在政治犯下火车时与他们相遇的军队暴徒，尤其恶毒，报复心很强。这些人与政治犯们正面交锋的场景特别难以入目。被愤怒和仇恨扭曲的人海向他们咆哮、尖叫。一声大喊划破天际：“叛徒们！绞死他们！”[50]人们推搡着这些政治犯，向他们脸上吐口水。一面推推搡搡，一面拳脚相加。也有人把石头扔向他们。护卫队是由 1 名国民军下士和 5 名士兵组成的，他们勉强地前进，带领这一群政治犯沿着德沃尔斯基大街（Dworski Street）向前走，一路到普热梅希尔的市中心。

步行到警察局总部应该只用 15 分钟，实际却是一段走向坟墓的艰难行军。政治犯们一路被骚扰、被驱赶着经过普热梅希尔的奥地利地方防卫军兵营。还没走到一半，在以波兰艺术界杰出人物命名的西米拉茨基街（Siemiradzki Street）拐角处，他们遇到了一群奥匈帝国士兵。一个匈牙利士兵走上前来问这些犯人要去哪里。护卫只用了一个姿势回答——把头歪向一边，舌头伸得老长，另一只手抓着想象中的绳子来表示绞刑。

其他士兵则无声地怒视着这些犯人。这群士兵大多数都是从加利西亚东部撤退的骑兵。[51]突然，这些“英雄豪杰”中有一个人大喊他认出了其中一些犯人。这些犯人伏击了一个骑兵巡逻队，还杀死了他的两个战友。战火并没有烧到多布罗米尔地区，但这些罗塞尼亚人逃过了战火的劫难，却未能避免绞刑的命运。随着士兵们不断逼近，牧师的女儿玛丽亚跪倒在地，向上帝祈求救赎这些无助的人。一个匈牙利士兵掏出自己的左轮手枪，用枪托把她生生砸倒在地，然后瞄准女孩的眉心，枪杀了她。

疯狂的屠杀持续了半个小时。士兵们用军刀砍刺这些人，或者从邻近的栅栏上扯下木板和柱子把犯人们打得体无完肤。目击者说，这些受害者简直就是被活活“折磨致死”的。[52]那些企图逃跑的人都被枪杀。而国民军的护卫就那样眼睁睁地看着，也许是不愿，也许是不够勇敢，总之他们每个人都对此冷眼旁观。接着，正如这场屠杀突然的开始，它的结束也十分突然。杀人凶手们散去，街上空无一人。当一名警察姗姗来迟，赶到现场时，道路上只剩下了“抽动着、冒着热气的大块肉”，周围房屋的墙壁上都溅满了鲜血和脑浆。[53]有两名男性犯人奇迹一般地幸存了下来。其中一人身负重伤，被送去医院。另外一个人被带进警察局的拘留室。他后来被征召加入奥匈军队。经过一系列敷衍了事的调查，这个案子就结案了。没有人指认行凶者，也没有人对这一暴行提出任何指控。

当俄军接近普热梅希尔时，要塞驻军增加到了 13.1 万人，2.1 万匹马。这远远超出和平时期所计划的军事力量——原本的观点是 8.5 万人和 3700 匹马就已足够为要塞提供防御。[54]快速膨胀起来的军队标志着要塞突然变得至关重要，因为随着俄军全速前进，康拉德迫切需要普热梅希尔起到拖延敌人的作用，以赢得大军恢复元气和重组的时间。这些数字同时也反映了战前准备工作的不足，因为包括近 3 万名军事劳工在内，他们和许多马匹一起，都被留下来继续推进防御系统的改造工程。9 月 12 日中午，在倾盆大雨中，最高统帅部悄悄迁移，向西 180 公里，到达诺维萨奇（Nowy Sącz）小镇扎营。4 天之后，随着国防军的撤退，库斯马内克收到了意料之中的噩耗——他和他的守军陷入了孤助无援的处境，现在必须独自防守阵地，且需要“不惜一切代价守住阵地”。那一天是他 54 周岁生日。[55]

随着第 3 集团军借道从普热梅希尔撤离，驻军人数得到了扩大。在东线危机最严重的时候，只有中加利西亚国民军第 111 旅留下来保卫要塞。现在，匈牙利国民军第 97 旅返回，西奥地利国民军第 108 旅和东加利西亚国民军第 93 旅也调给库斯马内克指挥。这些部队不仅装备差，没有机枪，而且都是些年龄偏大的残兵败将。大多数士兵体力不支，整个军队的士气都很低迷。[56]指挥官们画饼充饥，试图鼓舞军队士气，积极地扭转现状。通过否认敌军的决定性胜利，士兵们被告知他们取得了惊人的成功。惨重的伤亡是无畏精神的证明。从东加利西亚撤退显然是一种正确的行为：“由于军队已无力继续前进，所以必须暂停行动，因此，尽管取得了胜利，但还是要撤退。”[57]

扩大后的守军精锐是匈牙利王家防卫军第 23 步兵师。指挥官阿帕德·陶马希·冯·福高劳什（Árpád Tamásy von Fogaras）中将，在要塞中任职不到两个星期，成了库斯马内克的副手。该部队来自匈牙利南部，虽然有两个团主要在马扎尔地区集结，但另外两个团，即第 7 韦尔谢济（7th Versecz）步兵团和第 8 卢戈斯（8th Lugos）步兵团，有罗马尼亚人、塞尔维亚人和德国人以及讲匈牙利语的人。[58]尽管国民军在要塞炮兵的支援下，成为防御的中流砥柱，但第 23 师更年轻、装备较好、士兵素质较高，为要塞提供了进攻能力，可相机在要塞外骚扰俄军。即便如此，该师的战绩也是喜忧参半。9 月初，驻守在利沃夫城外的该师于夜晚突发营啸，自相践踏开火，最后狼狈地逃回城中，纪律全无。一名师长（正是陶马希的前任）和他的两名旅长住进了一间酒店里，还拒绝从床上爬起来。[59]

守军中一些人的家乡远在千里之外，他们在保卫普热梅希尔的事上能有多尽责仍值得商榷。卫戍区 40.5 个国民军营级部队中的过半士兵是在加利西亚招募的，这些当地人才是最有可能尽心抵抗俄军入侵的。然而，库斯马内克却不是这样想的。他已经把偏执的目光扩大到了整个守军身上，到了 9 月中旬，他担心 19.5 个营中有大量罗塞尼亚叛徒。[60] 防御部队被紧急换防，阻止这些部队单独驻扎在外围堡垒，以值得信赖的匈牙利人代替他们驻守重要的防御工事。一支东加利西亚部队，国民军第 19 步兵团，甚至被歇斯底里地谴责为“对要塞造成威胁”，这支部队就此被派去加入国防军，从要塞的守军中抽离。[61]

第 19 步兵团遭到的差别待遇突显出种族偏见是如何影响奥匈帝国高级军官对部队的管理。要塞指挥官让信任感的缺失进一步升级，库斯马内克说，在东线作战中，这些士兵“让军官陷入困境而不顾，并逃跑”，逃跑时还丢盔弃甲。在 1914 年初秋的混乱和失败中，这种行为屡见不鲜。匈牙利王家防卫军第 23 师不光彩的营啸即是一个很好的例子。第 23 师的营啸被归咎于领导废弛，但在评述第 19 团时，高级军官则把问题归咎于该部队的种族组成和忠诚问题。该团约有三分之一的波兰人和三分之二的罗塞尼亚人，都来自利沃夫东南部的布热济内（Brzeżany）地区。指挥官们坚称这个地区是“亲俄”的，把从这里来的士兵都归为“共产主义者和亲俄分子”。然而事实上，正如最初的报告所承认的那样，该部队对战斗的准备可谓糟糕透顶：军官短缺、指挥不力、士兵“太老”、射击训练“几乎为零”。[62]

对奥地利和匈牙利部队盲目的信任，是建立在根深蒂固的种族观念和地域观念上的。国民军第 108 旅的士兵是从维也纳附近的圣波尔登（Saint Pölten）以及蒂罗尔和沃拉尔贝格（Vorarlberg）地区征召的，这一地区位于与意大利接壤的山区，有着悠久的军事传统，以对奥匈帝国的忠诚而著称。这些特质对奥匈帝国职业军官来说，是可靠的象征。尽管如此，这些军队被派到了远离家园之地的事实不可否认。他们的指挥官谈到了“神圣的职责”，并提醒他的士兵，他们曾在上帝面前宣誓“无论国王陛下有何期盼，都要誓死完成”。但这并没有遏止队伍中日益高涨的不满情绪。正如士兵们都知道，国民军的主要职责是地方防卫，有传闻说将他们调往到加利西亚前线是不符合陆军规定的。[63]

这种不满的情绪对该旅的战斗动员产生了实质性的影响。在前往加利西亚东部战场途中，整支部队的纪律极其糟糕。当然，炎热的天气和缺乏训练也是其中的影响因素。有些军官对少数族裔士兵的心理状态有敏锐的感知，他们从大量零散的证据中可以看出，部队里讲意大利语的士兵心存不满。然而，不满的情绪显然已在军中蔓延。一位讲德语的沃拉尔贝格人，写信给他所在省的长官，转达同乡们的不满，询问政府是否真的批准他们远离家乡，被派上前线参与到这些残酷的战斗中。这一举动打破了人们对农民阶层的刻板印象——随大流的君主专制的拥护者。他因为此事被送上了军事法庭，[64]被并入普热梅希尔的所属驻军，还被削减了口粮，口粮标准甚至低于勤务兵。但这一切都没有起到鼓舞士气的作用。一名受过教育的波兰人和这些士兵在一起服役，他描述当时的情形时说人们都“抑郁”了：“都是些 37—42 岁的老人，满脸皱纹，眉头紧蹙。他们从未直面过死亡；他们一直待在家里。现在他们要在这里保卫一片完全陌生的土地！他们的士气怎么会高涨得起来?”[65]

那些匈牙利籍士兵，尤其是他们的军官，在驻守普热梅希尔的态度上要积极得多。他们把自己视作国防的主力部队——尽管其他人都认为他们不过是抢夺功劳、恐吓平民，比俄军抢夺得更狠、强迫“手无寸铁的女人满足他们无耻欲望”的暴徒。[66]领导匈牙利王家防卫军的马扎尔指挥官自我感觉良好，认为自己来自古老的勇士国家。几个世纪以来，他们的人民一直是欧洲文明对抗东方野蛮的第一道防线，而普热梅希尔将为这段光辉的历史增添新的英雄篇章。可悲的是，正如匈牙利王家防卫军第 23 师在利沃夫城外的表现所证明的那样，现实并不总是与这种崇高的自我形象相匹配。这种言论也忽视了“匈牙利”民族的多样性。在过去 10 年中，塞尔维亚和罗马尼亚族裔的士兵受到特别残酷的歧视和同化政策的影响，他们不太可能接受强制为匈牙利民族的荣耀做贡献。[67]

即便如此，对真正的马扎尔人来说，仍然有充足的理由参与这场战争。匈牙利，或者至少它的统治阶级——贵族，从 1867 年与哈布斯堡的“妥协”中受益颇多。他们在一个古老帝国的政治舞台上获得了决定性的发言权，从克罗地亚到喀尔巴阡山脉的圣斯蒂芬（St Stephen）这片历史悠久的土地上，获得了完全的自治权。还是有很多人鄙视哈布斯堡，并从 1848—1849 年受挫的独立战争中获得了启发。被暗杀的奥匈帝国继承人斐迪南大公就曾因计划降低匈牙利影响力而广受诟病。然而，匈牙利独立主义者也纷纷响应复仇的号召，正如一名匈牙利轻骑兵军官所说，大公“不是我们的朋友”，但荣誉要求他们向萨拉热窝的谋杀案复仇。[68]匈牙利的官员群情激昂地表达了类似观点，一开始，曾呼吁本国人民担负起惩戒“那些厚颜无耻地认为我们可以被肆意侮辱的人。为了我们受到威胁的利益和荣誉，我们要让我们的国家和光荣军队经受住考验”。[69]

对俄国人的反感情绪也很普遍，这不仅仅是因为沙俄指责他们将奥匈帝国对塞尔维亚的“惩罚远征”升级为欧洲大战。许多匈牙利贵族和知识分子既没有忘记也没有原谅沙俄军队在1849年的野蛮干涉，及其对为自由而战的马扎尔义军的血腥镇压。更为普遍的心理是担心俄国人第二次入侵匈牙利的可能性。与其在布达佩斯迎战，不如在普热梅希尔一决胜负。要塞的匈牙利报纸《营地报》(*Tábori Újság*)，在10月4日第一期的社论中振聋发聩地表达了这一思想：“我们都觉得自己站在匈牙利的大门前。在这个地方，我们捍卫我们的家园、我们的家庭、我们的亲人、我们的孩子、我们现在的幸福和我们未来的希望。如果我们不坚持，俄国人就会畅通无阻地攻入匈牙利。”[70]

9月17日，哥萨克骑兵出现在普热梅希尔的北部。这些沾满野地气息的战士，骑在矮小却坚韧的草原马上，挥舞着长矛，预示着俄军主力即将到达。俄国第3集团军正在向普热梅希尔进军，第二天，在距普热梅希尔下游30公里的雅罗斯瓦夫，横跨桑河设防的桥头堡遭到攻击。库斯马内克紧急增援，但是守军仅仅坚持了3天。虽然秋季涨水的桑河给俄军的前进带来了巨大的困难，但随着守军的战败，9月22日，第11军得以渡河，开始对要塞北部进行封锁。另外两支部队，即第9军和第10军，在要塞的东面和东南面分别部署了为数众多的骑兵部队。共有4个师，约1.6万骑兵，被派去完成包围任务。[71]

在要塞里，改造工程进入了最后的疯狂。劳工分队一直忙碌不停。奥匈帝国第3集团军于9月17日至18日离开普热梅希尔，留下了一片狼藉。国防军留给要塞的另一个“礼物”则是痢疾和霍乱，医生们很担心疫情会失控蔓延。驻军的卫生状况实在是让人忧心。每天的报告中都在抱怨尚未来得及掩埋的人和马的粪便，以及散布在普热梅希尔东北部维尔恰（Wilcza）主训练场周围腐烂了的厨余垃圾。在城市内，肮脏的公厕所造成的“极大的危险”被一致谴责。指挥官必须大力提醒部队不要用垃圾堵塞厕所，也不要在户外随意便溺。消毒剂供应严重不足。[72]严格的纪律和霍乱在士兵中激起的恐惧迫使他们的习惯有所改变。水致传染病造成了四分之一的人口死亡，让人触目惊心。呕吐和不可控的腹泻（粪便呈典型的淡黄色米泔水样）导致严重脱水和血压下降，从而造成肾损伤。在最坏的情况下，感染者在 4 个小时之内便会死亡。[73]

大批的补给在 11 个小时后被送进城。根据军事计划，要塞的粮食储备应该足以维持 3 个月。尽管驻军的规模超过预期，而且必须向国防军提供大量面粉（相当于扩大后的守军大约一个半月的口粮），但储备工作还是得以完成。围攻开始时，要塞的仓库里储备了可维持 95 天的蔬菜，89 天的口粮，74 天的腌肉和活牛。马匹的草料储备略差一些，只准备了 69 天的燕麦。直到 9 月 19 日，最后一座通向外界的桥梁（位于普热梅希尔南边）被炸毁之前，这些食物大部分都是通过铁路运进要塞的。[74]还有一些是由要塞司令部组织搜集。要塞有 4000 辆马车从周围的乡间搜集运输饲料和粮食。在雅罗斯瓦夫沦陷之前，大约有 1400 辆被派去运输物资。马车纵队足有 18 公里长，但由于护卫力量不足，只能保障护送前 800 辆马车。另外 600 辆在没有保护的情况下行进，返回途中被俄国骑兵拦截，将近一半的物资被劫掠。[75]

要塞军火及其他储备则令人失望。988 门火炮共配有 47.5 万发炮弹。军械库中鲜有现代化武器，共有 24 门 80mm M05 野战炮和 4 门威力巨大的 305mm M11 迫击炮，每门武器仅分别配有 500 发和 75 发炮弹。步兵的情况好一些，共有 460 万发轻武器弹药。衣物的储备明显不足。仓库里只有 4.25 万件衬衫和 1.53 万双鞋，几乎不足以填补日常消耗的缺口。事实上，由于缺乏制服，许多劳工单位都穿上了便服。最夸张的是，要塞的全部汽油供应意外地因车皮不足而被迫停止，指挥部向外界疯狂求援，才使供应得以保证。沿线各车站承诺将归还 7 列油罐车，奥匈帝国国防军后方司令部又派遣了 22 列油罐车，但并不确定它们是否能顺利抵达普热梅希尔地区。幸运的是，在 19 日中午，赶在南面的尼藏科维斯大桥（Niżankowice Bridge）被毁前几个小时，也就是最后一条铁路线被切断之前，两列火车驶入了普热梅希尔的城市车站。[76]

奥匈帝国一战时的“哈布斯堡式糊涂”让其德国盟友感到厌烦，上述事例便是明证，且无改善迹象，但库斯马内克还是在最后一刻对要塞周边进行了重要的部署调动。南部西区的堡垒建在城市附近，前面有一排小山。司令官担心，如果俄国人占领了这些距离普热梅希尔中心 6—7 公里的山丘，他们就能用火炮把横跨桑河的主要桥梁全部炸毁。切断要塞南北之间的联系，要塞总部本身也将成为目标。为了防止这样的灾难发生，库斯马内克下令在这些山上构建战壕、据点和火炮阵地。9 月 22 日至 26 日，长期受苦的劳工部队在敌军的眼皮底下仓促地开展工作。新的“波德马楚拉米—海利哈”（Pod Mazurami – Helicha）防线需要增加 4 个步兵营的兵力，大约 4000 名士兵，多亏有增援部队到来，兵力并不是什么大问题。[77]

守军紧张地关注着他们周围情况的变化。通往西部的最后一条道路于 9 月 23 日被切断；一支到 45 公里外的迪努夫（Dynów）运回弹药的车队，在返程时发现道路被敌军封锁。[78]在此前一天，俄军的火炮就开始轰击外围防线。一直以来，俄军都在不停试探要塞的守卫力量。要塞东部和东南部前线哨所被迫撤退。库斯马内克发动了反击。25 日，5 个营（约 5000 人）主动出击，试图夺回东部的阵地。两天后，匈牙利王家防卫军第 23 师的指挥官陶马希带领 10 个营的部队，向南部出击。陶马希指挥匈牙利部队突破了敌军的前哨阵地，前进了 7 公里，然后于当晚撤退。对士兵来说，这种努力本来是毫无意义的，但这确实使俄军转移了注意力，促使他们向突破口增援。[79]

库斯马内克试图为即将到来的磨难努力训练士兵。增援部队在进驻后进行了速成训练。然而，还是出现了许多混乱。为了防止罗塞尼亚人叛国，指挥官决定将不同地区的部队混编到守卫分部，但这一决定并没有像期许的那样奏效。无论他们如何解释安抚，整个部队始终人心惶惶。安抚令解释了要塞的防卫准备工作做得多么彻底。官兵们接到关于如何应对攻击的指导，并以“过去的经验”保证，俄国炮兵往往更倾向于“制造喧闹而不是造成伤亡”。[80]但没有人相信这一点，尤其是那些已经在空旷的战场上被敌军炮火蹂躏过一番的士兵。令要塞司令部震惊的是，比起如何加强防御，负责堡垒的下级军官对在什么条件下允许他们撤离更感兴趣。“大口径火炮炮击可以证明放弃堡垒是正当的”的传言四起之后，库斯马内克介入了。他警告说：“堡垒守军只能死守于此。”逃兵都会被后方部队击毙。[81]

在 9 月 25 日库斯马内克对东部的反击让人看清了他的多种族部队的战斗表现。国民军第 18 步兵团第 3 营和其他加利西亚和匈牙利的国民军部队都参加了战斗。行动一开始并不顺利。在带领士兵攻入阵地时，一名马扎尔营长心脏病发作从马上摔了下来。[82]第 18 步兵团中一名中尉内疚地回忆道：“军官们在前线暴露地区驻扎了三天，他们非常担心士气受损，所以决定不事先警告士兵即将发动的攻击：可怜的人在不知不觉中就投入了战斗。”[83]然而，行动一开始，训练的成果就表现出来了，部队很快结成战斗队形。指挥官们对此印象深刻，“就像在训练场上一样”，后方是预备队，前方排成间隔良好的散兵线。士兵们快速地移动着，让敌军的炮兵难以瞄准。[84]

下午在梅迪卡（Medyka）的胜利是由国民军第17步兵团第1营赢得的。[85]这支部队是在加利西亚中部的热舒夫（Rzeszów）周边征召的，主要是波兰人，还有一小支罗塞尼亚人组成的分队。它正是库斯马内克不信任的部队之一。目标是梅迪卡的东南方，251号山上的俄军阵地，这势必将是一场惨烈的战斗。营指挥官明智地避开了正面。相反，让部队在侧翼集中。过程并非一帆风顺。其中一支部队在第一枚榴弹爆炸后立即后撤，另一支在交火时也惊慌四散了。然而，为了证明波兰人和罗塞尼亚人是能够战斗的，第4连冲上了山丘，占领了山顶上的俄国炮兵观察哨，并俘获了5名俄军士兵。在军官看来，还有一些意外收获——梅迪卡一半的俄军阵地都被这支连队烧毁了。[86]

除此之外，这次行动可以说是失败了。行动的右翼目标旨在将俄军从树林中驱逐到3公里外的贝科夫（Byków）村东北部。国民军第18步兵团第3营第一次经历残酷的战斗，初期部队勇敢地冒着炮火前进，但随后遇到了20世纪战争中的常见问题：无法观察到敌军的位置。战斗经验更加丰富的俄国步兵，已经在树林里驻守多时。而进攻方的军官还在白费力气，按照操典寻找他们的“明确目标”。邻近的匈牙利国民军部队也遇到了同样的问题，被死死地困在了空旷地带。子弹擦着他们的肩头掠过，空气中充满噪音。弹片嗡嗡作响、噼里啪啦一闪而过。从高空飞过的子弹呼啸而过，嗖嗖地吹着口哨。受惊的士兵死死地抠住湿漉漉的地面。很快，伤者的呻吟声不绝于耳。[87]

在那个寒冷而压抑的夜晚，当国民军部队撤退到要塞里时，库斯马内克和“英雄豪杰”们有很多事情要考虑。俄军的强大显然是始料未及的。对奥匈帝国军队的指挥官来说，这次行动暴露出了许多问题，未来堪忧。各民族营队之间根本不存在合作。这一天的问题和恐慌暴露了他们的老战士在现代战争面前的脆弱。部队中，士兵对指挥官轻易让士兵白白牺牲的草率举动感到不安。尽管如此，也有好的一面。加利西亚人表现出色，甚至超过了值得信赖的匈牙利人，军纪执行得也比较好。更重要的是，如果俄军向要塞发起进攻，那么他们就必须越过开阔地，而周边的防御力量远远强于进攻方。堡垒和战壕已经准备好了。也许还有希望。

10 月 2 日上午，一小队俄军沿着雅罗斯瓦夫路向要塞外围以北挺进。这 4 个人——一名军号手、一名士官和两名军官，是打着白旗来的。其中的指挥官是一名中校，手里拿着第 3 集团军司令拉德科·迪米特里耶夫（Radko Dimitriev）将军的亲笔信。俄军已知道普热梅希尔要塞的堡垒防线老旧过时，认为守军的战斗能力不值一提，他们希望守军能快快投降。[88]

俄军意图恐吓。迪米特里耶夫将军是一位身材矮小又十分敦实的保加利亚人，他的崇拜者对其赞许有加，说他服役期间有着拿破仑一样的辉煌战绩，但他的战绩上并没有拿下普热梅希尔这一条。俄军包围了这座城市，但他和他的部队已经奉命向克拉科夫继续进发，一道新的包围圈正在形成。不管怎么说，迪米特里耶夫的名字还是激起了一些惊叹。两年前，在第一次巴尔干战争中，他率领保加利亚军队攻到奥斯曼帝国首都君士坦丁堡的城下，这件事让他声名远扬。[89]

俄军使团被允许进入前线阵地。附近的 11 号堡垒“敦科维茨基”堡（Duńkowiczki）的指挥官向要塞司令部发电请求请示。

得到的答复是把中校的眼睛蒙住，同时把其他人送回去，会有车来的。然而车来已是 3 小时后。

就在特使等待的时候，库斯马内克和他的军官们想出了一个计划，对密茨凯维奇街 24 号稍作装修。当这名俄国中校终于收到传唤，被带到要塞司令部时，他受到了陶马希的接见。陶马希身材高大，身着中将制服，光彩照人。这位匈牙利人自我介绍说自己是要塞的参谋长，接过了信件，从一扇门走了出去，门上醒目地挂着一个新画的牌子：“陆军司令。”要塞的官员们也使起了自己的障眼法。陶马希的表现暗示着要塞的兵力是现在的两倍，士兵的素质也要远高于实际。

当库斯马内克、陶马希和级别低得多的要塞实际上的参谋长奥托卡尔·胡贝特（Ottokar Hubert）中校阅读迪米特里耶夫的来信时，库斯马内克简直怒不可遏。信中写道：

> 命运女神已不再眷顾奥匈帝国军队。我军近期的胜利使我有机会包围阁下所领导的普热梅希尔要塞。我认为外界不可能再为您提供帮助了。为了避免不必要的流血，我认为现在是时候提议阁下交出防线了。如果照做，我可以请求最高司令部为您和您的部队提供体面的待遇。
>
> 封锁普热梅希尔的军队指挥官
>
> 拉德科·迪米特里耶夫将军

几人放声大笑，为了让隔壁房间的敌方来使听到，他们笑得格外大声，接着便回了一张纸条。库斯马内克言简意赅的回答非常著名：“我觉得对你的侮辱性建议给予实质性的答复有失尊严。”如果俄军想要这座要塞，那就开战吧。

第三章
暴风速攻

赫尔曼·库斯马内克·冯·布尔格诺伊施塔特恩一定感到自己是世界上最孤独的人。他指挥的要塞独自困守于俄军战线的后方；最近的友军也远在 70 公里之外。防御工事设计落后；守军多是些老弱病残；而他本人才刚侮辱了一名信使——来自当时最强大的陆军。此时的他，仅存一线生机。10 月 1 日，一架信天翁（Albatros）双翼飞机在要塞机场颠簸着陆。乘机前来的是来自总参谋部的费朗茨·冯·拉贝尔（Franz von Raabl）上尉，需要最高统帅部派人来亲自传达的消息，其重要程度可见一斑。奥匈帝国军队的新攻势即将展开。[1]

在接下来的日子里，要塞司令的心中充满了不安。俄军会发起进攻吗？10 月 3 日，有人看到俄军从北部地区离开。第二天一早，试图扰乱俄军撤离的行动悄悄展开。除此之外，要塞地区一片寂静。然而，10 月 4 日、5 日晚，当西北部前线发出俄军接近的警报时，任何关于普热梅希尔可能逃脱攻击的幻想都破灭了。很快，北方也传来了类似的消息，接着东南方、南方前线都传来了这样的消息。库斯马内克的压力很大。要想要塞撑到援兵到来，他就必须准确地预测出俄军在要塞长达 48 公里的外围防线上的主攻方向，并迅速做出正确的应对。更糟糕的是，在即将到来的战斗中，无论发生什么，他也只能静观其变、见招拆招了。

失败还是胜利取决于守军在战场上的应变能力。[2]

负责普热梅希尔战役的俄军指挥官阿列克谢·阿列克谢耶维奇·勃鲁西洛夫（Aleksei Alekseevich Brusilov）将军是位真正的战士。与库斯马内克完全不同，库斯马内克的父亲只是一名警察，而这位将军出身名门，是一名真正的佩剑贵族的后代，他的家族世代为沙皇服务。1916 年，他率兵出征击败了奥匈帝国的军队，经过一战的历练，脱颖而出，声望进一步增强，在俄军中声名远扬。早在 1914 年，他就已经表现出了出类拔萃的指挥才能。勃鲁西洛夫身材苗条，眼睛炯炯有神，从大多数俄国参谋人员中脱颖而出，与众不同的他，舍弃了其他参谋的保守战术策略。他是一个冒险者，一个骑兵，有着“一颗敢于冒险的心”，同时也很精明，经验丰富，心思缜密，作为指挥官，声望极高。[3] 尽管 10 月 1 日才走马上任，但他立刻把征服普热梅希尔当作头等要务。

勃鲁西洛夫意识到，占领普热梅希尔将为入侵中欧打开通道。如果成功拿下要塞，至少可以确保俄国在加利西亚东部的利益。不过，好戏还在后面。此时，俄国最高统帅部正从维斯图拉河向北转移兵力，准备发动一场大规模的决定性攻势，实现“对德国的深入渗透”。[4] 只要夺取普热梅希尔这一重要的交通枢纽，勃鲁西洛夫就能打通贯穿加利西亚东西的铁路运输线，实现物资运输的畅通。目前封锁要塞的 9 万名士兵的战地作业，也将增加赢得战役的可能性。按照计划，他们中的一部分向克拉科夫方向进发，一部分“巩固和推进”北部的战线。没有时间可以浪费了。奥匈国防军部队即将进行反攻的迹象越来越明显，然而他还没有开始为拿下普热梅希尔的速攻战做准备。[5]

勃鲁西洛夫共指挥着 3 支部队。第 3 集团军和第 8 集团军联合组成了加利西亚的方面军，而剩下的一支临时编制的部队单独执行包围普热梅希尔的任务。俄国最高统帅部认为此时向要塞发起攻击风险太大，围而不攻即可，因此执行包围任务的部队只有5个装备简陋的预备役步兵团和一个骑兵师。勃鲁西洛夫现在大大增强了进攻普热梅希尔的部队的实力。10月2日，进攻部队指挥官德米特里·格里戈里耶维奇·谢尔巴乔夫（Dmitry Grigorevich Shcherbachev）中将，收到命令准备立即进攻。第8集团军第12师、第19师（和平时期征募的强力部队，配备强力火炮支援并训练有素）、第3步枪旅（另一支配有年轻且精干士兵的强力部队），以及一支预备役师，均调配至他帐下。此外，他还得到了重炮的增援。[6]

即使拥有483门大炮、117个步兵营和24个骑兵中队的兵力，谢尔巴乔夫的任务依然艰巨。炮兵是他最大的问题。在战争前的几年里，参战国都发展了攻坚用重武器。奥匈帝国军队斯柯达305mm重迫击炮（其中8门借给了盟国）和德国自行设计制造的克虏伯420mm“大贝尔莎”臼炮，在1914年8月短短几天就把比利时列日和那慕尔（Namur）的堡垒夷为平地，这两个地方与普热梅希尔相比，建造的工事都更加现代化。[7]但是，俄军却忽略了自己攻城火炮的发展。在1914年列装的最重的现代武器是法国设计的施奈德－克鲁梭（Schneider－Creusot）152mm榴弹炮，其中隶属谢尔巴乔夫的有23门。即使有36门122mm榴弹炮和4门高精度107mm火炮，谢尔巴乔夫的每8门火炮中也只有一门是重型火炮。更糟糕的是，俄军很快就会发现，这些武器连摧毁普热梅希尔那些石头和混凝土砌成的外墙都做不到。[8]

勃鲁西洛夫并不认为重型火炮的缺乏是一个大问题。在他心里，三枪两炮就能攻克普热梅希尔了，于是谢尔巴乔夫的进攻计划更加激进。部队将从三个方向同时发起进攻。在北部，一个由

168 门火炮和 43 个步兵营组成的战斗群在列奥尼德·列什（Leonid Lesh）中将的领导下，进行佯攻，以吸引和分散要塞后备的机动力量。与此同时，在南部，7 个步兵营在 24 门火炮的支援下，也开始向前挺进，向守军东南部的侧翼发起进攻。39 门重型火炮，包括所有 152mm 榴弹炮，连同 232 门野战炮，将对集结在主攻方向上的西德利斯卡村庄东北部和周边的 65 个营提供火力支援。[9]

谢尔巴乔夫选择东南部地区作为主攻方向的理由很充分。虽然要塞西侧的防御工事很薄弱，但交通不便，难以集结部队并提供后勤保障。要塞的北部工事最为坚固，因为要塞这一侧的后方有一排山丘，守军可以随时在山丘上迅速地组织起第二道防线，所以俄军在此方向上很难达成突破。相比之下，如果攻占东南部，尤其是西德利斯卡周围的中心地带，凭借这个制高点俄军就有了进攻桥头堡。俄军对这一侧 13 个永久堡垒的侦察细致入微，附近的山丘能够为进攻方的炮兵提供良好的掩护，而靠近利沃夫－莫希齐斯卡（Lwów－Mościska）铁路的地理优势意味着运输补给也会非常方便。在重要的西德利斯卡防区，防御工事很容易受到来自东部和南部的俄军炮火轰炸。[10]

进攻不会是一桩易事。在西德利斯卡，1 号堡垒“萨利斯－索利奥”堡的防御工事可能已经落伍，但是其前方有 6 个较小的副堡垒组成的新月形外围防线，其中 4 个副堡垒是在 20 世纪初建造的，装备有装甲炮塔。[11]不过，对一支缺乏强大火力支援的突击部队来说，选择西德利斯卡区域作为进攻方向也说得通。与要塞东南防区的其他区域不同的是，这里的森林、沟壑和荒芜的村庄为进攻的步兵部队提供了一条接近前哨堡垒前方 1—2 公里范围内的隐蔽通道。谢尔巴乔夫将主力部队第 19 师部署在要塞新月形防线北部，进攻1－1号、1－2号、1－3号副堡垒。第69预备役师为南边的第19师提供战场支援并助其快速突防，钢丝钳、铲子，甚至是1914年十分少见的手榴弹，都被一一下发到作战部队。由于无法提供火炮支援，工兵将伴随步兵部队进攻，携带炸药以对炮台墙壁进行爆破作业。俄军的胜负成败都取决于能否接近驻军。[12]

进攻准备进行得很仓促。因为当重新整备的奥匈帝国国防军从西方发动反攻时，勃鲁西洛夫的第3集团军和第8集团军将难以进行有效阻击。10月3日，谢尔巴乔夫下的第一个命令就是在第二天早上到达距离要塞2—4公里的集结阵地，但由于增援部队展开的范围过大，事实证明这样的命令是无法实现的。在北线和南线，直至晚上部队还在距离普热梅希尔防线6—8公里的地方。第19师被派遣到东南部发动主攻，10月3日他们冒着倾盆大雨，沿着泥泞的道路连夜匆匆赶来，等第二天赶到距离要塞大约7公里的地方时已经精疲力竭，既没有时间进行火力准备，也没有时间进行抵近侦察。[13]尽管如此，谢尔巴乔夫还是和他的长官一样有信心。毕竟，计划已经很完善了，至少看起来是这样。有情报证明要塞设施“已经过时”了。拙劣的枪法暴露了守军装备落后、训练不足，逃兵们神色夸张地诉说着对罗塞尼亚人的歧视和迫害，还有国民军官兵的萎靡不振。几乎毫无疑问：要塞必将失守。[14]

10月5日上午，主要由波兰人和罗塞尼亚人组成的国民军第18步兵团第3营士兵早晨的大部分时间都在位于普热梅希尔东北方向的维尔恰训练场进行训练。那日早晨又阴又冷，大雨瓢泼。俄国特使来访的消息在军中迅速传开，每个人都能看到头顶轰鸣而过、像是猛禽一样在要塞上空盘旋的侦察机，因此训练成了军中的头等要务。最糟糕的是，从那天早上 8 点钟开始，炮火的隆隆轰鸣就从前哨堡垒方向传来。[15]

训练结束了，士兵们都很开心能够回到军营，换下身上湿漉漉的衣服。三点钟，正当所有人忙着收拾换下来的制服时，一声号角突然响起：警报！士兵们艰难地挣扎穿上依旧湿漉漉的大衣，准备好自己的装备，拿上步枪。士官催促着所有人赶快排好队伍。没有人知道为什么警报会响。军官们出现了，命令部队沿着泥泞的道路向西德利斯卡进发。在营队前方的地平线上，士兵们可以看到袅袅升起的浓烟。一团团白色的烟云从乌压压的天空飘过。当营队前进时，爆炸声回荡着，强度越来越大。营队一边前进，爆炸声一边回响，震荡着发出越来越大的响声。一位军官当时感觉“就好像一个巨大的拳头正狠狠地砸向一扇锁住的门”。[16]

夜幕降临，营队终于抵达 1 号堡垒。此时的“萨利斯阿姨”已经被揍得“鼻青脸肿”。陶制的屋顶被炸得坑坑洼洼，后院散落着倒塌的砖石。[17]此时俄军因为夜幕的降临已经停止炮轰，但守军的炮火依旧接连不断。营长文岑茨·齐普泽少校让他的士兵就地休息，自己去向分区指挥官报告。少校小声说出入门的口令后，守卫猛地打开了沉重的铁门。少校的身影随之消失在堡垒之中。

在等候的过程中，营队的士兵们渐渐开始躁动不安。运输军火和修理材料的无灯货车来往不断。通信兵在堡垒中来回穿梭，代替被炸毁的电话线传送信息，从中也能看得出堡垒的工程漏洞。终于，齐普泽带着明确的命令回来了。少校把士兵们召集到自己身边，他努力地掩饰着自己紧张的心情，故作镇定地告诉众人，俄军已经做好了步兵进攻的准备。该营被留在 1 号堡垒附近作为分区预备队，而他本人将留在要塞指挥部。该营将化整为零，分散驻扎在堡垒和公路之间的山谷中。为了应对俄军明早的炮击，每一名士兵都得挖散兵坑作为掩护。最后，齐普泽告诫，无论多么危险，军官们都应该保持头脑冷静。就在这时，附近的榴弹炮又发射了一枚炮弹。炮声响起，齐普泽跳了起来。好不容易营造起的英雄形象又被破坏了。

上面对于普热梅希尔的命令十分明确："任务是坚守要塞到最后一刻。这一点，一直以来都是守军的唯一作战指令。"[18] 到了 5 日的晚上，库斯马内克和他的参谋们都有充分的理由担心"最后一刻"即将到来。俄军步兵在要塞东南部的重要防区实现了所有初期目标。东南防区山头前哨阵地很快就失守了。现在，敌人的突击部队距离要塞只有 1—2 公里远，做好了攻战准备。[19]

第二天一大早，当瞭望员和炮兵观察员看到一群穿着单调绿色衣服的人突然从地上爬起来，开始向要塞挺进时，俄军高超的战术开始让他们大开眼界。俄军步兵用步兵炮压制守军，炮弹像雨点一般，先汇成一条条溪流，然后如洪水般向守军涌来。堡垒的火炮难以形成反压制。一名沮丧的炮手写道，俄国人的战术让他们无法瞄准，以 1861 年的"缓慢、不准确又不可控的"火炮对抗，就像用燧石对付现代步枪一样。[20]

长久的训练，使俄军官兵对优势火力信心十足，他们跟随炸点交替掩护前进，快速通过空旷地带。一旦有一支突击部队站稳脚跟，其他人就会在他们的掩护之下向前推进，然后继续这一流程：前进，挖掩体；前进，挖掩体；前进，挖掩体……一步步向前推进，不断缩短与守兵之间的距离。在西德利斯卡以东的进攻中，俄军第 19 师仅以 23 人死亡，239 人受伤为代价，就攻占了守军的山头前哨阵地。到了傍晚时分，俄军距离 1 号堡垒的 1、2 号前哨堡垒只有 1000 步之遥了。[21]

为了增强防守，库斯马内克开始部署增援。当晚，4 个野战炮兵组抵达位于东南防区北部的 14 号堡垒“胡尔科”堡（Hurko）外围。步兵部队也收到了预警。国民军第 18 团是首批被派出的增援部队之一，不过由于要塞参谋部愈加确信东南防区是俄军的主攻方向，越来越多的部队逐渐投入这一方向。匈牙利王家防卫军第 23 步兵师，要塞的主力部队，作为后手，部署在西德利斯卡后方。到了 10 月 6 日晚，这一防区的守军增加了一倍，从 13 个营增加到 25 个营。[22]

尽管第一天的战斗进行得很糟糕，但库斯马内克还是得到了一些安慰。到目前为止，守军抵挡住了敌人的炮火。俄军很难判断守军的位置。尽管弹药充足，但威力不足，即使是最重的炮弹也没能穿透堡垒的水泥外壳。因此，守军的伤亡率也极低：在战斗打响的第一天，整个南部防线只有 4 人阵亡，19 人受伤。[23]令俄军吃惊的是，炮火根本无法击穿升级后的现代化堡垒上的装甲炮塔。在接下来的 3 天里，一枚炮弹把东南防区 15 号堡垒的炮管压弯了，所以守军只好在堡垒上另外设置了一门火炮。还有一次，一处钢制观察哨被直接击中，旋转起来，而且不幸的是一名观察哨兵还在里面。尽管哨兵被吓得不轻，耳朵也差点儿聋了，但幸运的是人并无大碍。[24]

最让库斯马内克和他的参谋们担心的，还是整个守军的军官素质问题。军官们似乎都出人意料的无能。甚至在正式开战之前，4 号堡垒，也就是南线主堡垒“奥普廷”堡（Optyń）的指挥官，竟然紧张到忽然晕倒。战争一打响，越来越多的军官出现问题。[25]前沿阵地失守得如此之快，让人非常不安，尤其是在其中一部分工事极其坚固，还有重兵把守的情况下。要塞的情报官费利克斯·霍尔策（Felix Hölzer）还把罪责都怪在了由罗塞尼亚人和波兰人组成的国民军部队头上。他厌恶无比地写下对这些部队的评价——“一无是处”。[26] 而事实上，他们的仓促撤退并不是因为缺乏爱国热情或对君主不忠，而是他们根本无法应付眼前的战斗。一名波兰炮兵军官刚刚从前线的战壕中返回，他的样子就足以代表守军是怎样的惊慌失措：“他的大衣被弹片撕碎，全身湿透，整个人瑟瑟发抖，神经紧张。他双眼失神，讲述着他们是怎样被猛烈的炮火覆盖，地狱也不过如此了。”[27]

要说那一晚库斯马内克和他的参谋们满心担忧，只睡了一小会儿，那前线部队就是一夜没合眼了。在堡垒里，炮手们疯狂地向黑暗处盲目射击，想要击退眼前看不见的“幽灵军团”。屋顶墙壁上探照灯灯光不停地扫过。攻击的迹象不由得让哨兵们紧张起来。国民军第 18 团第 3 营中的每一个人心中都惴惴不安。扬·维特中尉的第 10 连已经从西德利斯卡移动到位于 1 -4 号、1 -5 号副堡垒后方缺口处的营地，随时准备在接到命令后进入战壕。他们吃了一点面包和香肠，躺在光秃秃的地板上辗转反侧。中尉回忆着：“我们在担心中等待着接下来到底会发生什么。”不管下一步会发生什么，有一件事一定是肯定的：厄运将至。[28]

在俄方的总部中，负责指挥的少将谢尔巴乔夫匆匆行动起来。10 月 5 日晚，有不妙的消息传到了俄方总部——奥匈帝国国防军已经开始前进。留给他的时间已经不多了。谢尔巴乔夫渴望继续进攻，并于 10 月 6 日发布命令，指示部队占领周边堡垒。

“我们正在开创一项伟大的事业，”谢尔巴乔夫提醒手下所有的指挥官，“为了成功，一定要有不屈不挠的决心、敢于牺牲的勇气，还要有智有谋。没有什么困难能够阻挡我们。虽然敌人还有能力战斗，但已军心涣散。上帝保佑我们，所有的俄国人都在为我们祈祷。”[29]

《英雄传奇》中的一幅插图。这是一首非常有趣的叙事诗，由一名匿名士兵创作，围城期间在普热梅希尔的驻军中流传。故事讲述的是两名俄国逃兵的艰辛，他们绝望得想要投降，但要塞驻军的懦弱让他们想投降而不得。这张图片展示了一个在通信掩体中惊慌失措的奥匈帝国士兵。前线的国民军官兵在正靠近他们的俄国逃兵面前逃跑，以为他们是进攻的先头部队，是来向图中的“英雄”发出警告，证明俄国正在对要塞发起势不可挡的进攻。

然而，谢尔巴乔夫的攻势很快受挫。他的军队还没有做好准备。在北部前线，列什的第78、82预备役师和第12师都仍在进行展开。南部和东南部的部队所在位置很好，但只有与西德利斯卡相对的第19师和其北部的第58预备役师距离堡垒足够近，可以立即发起进攻。第19师的指挥官亚努什黑夫斯基（Ianushevski）少将，并没有如同谢尔巴乔夫那样盲目自信。他认为，在炮兵击毁堡垒的装甲炮塔和侧翼工事之前，任何对堡垒发起的攻击都不可能成功。他的团指挥官也认同他的说法，并且警告冒进将会导致“伤亡惨重”。[30]

当第58预备役师于6日清晨沿着普热梅希尔—利沃夫公路发起进攻时，这些担心都被一一证实。前面就是14号堡垒“胡尔科”堡，再往南是15号堡垒“博热克”堡（Borek），后者是一个现代化的防御工事，有两个旋转炮塔，安装有80mm的主炮和一组双联装副炮（内有一组建在堡垒侧面用于侧翼射击的炮台），掩护道路。[31]攻击部队由两支重炮部队提供火力支援。和他们的对手一样，这一地区的俄军官兵也没怎么睡觉。不过，他们很好地利用了夜晚的掩护。破晓时分，惊魂未定的守军发现突击队在黑暗的掩护下前进，并在离“胡尔科”堡铁丝网只有几百米的地方挖掘了战壕。

俄军炮兵团学到了新的战法。前一天，俄军的观察员注意到，每当有开放式顶部炮台的旧式堡垒遭到轰炸时，它们的炮兵就会停火，小心地将火炮掩护好，并撤退到掩体中。因此，在进攻中，俄国人对建有顶部炮台的堡垒进行持续炮击，以掩护步兵进攻。在第58预备役师的左翼，这种战法就失效了。15号堡垒的装甲炮塔能够掩护其中的火炮，并保持着稳定的火力输出。俄军预备役部队的作战能力比他们南边的“精锐”第19师差，前进阵营的掩护火力单薄，让他们成了活靶子。他们被消灭了。

而14号堡垒，这座没有安装装甲炮塔的旧式堡垒迎来了俄军更猛烈的炮火。俄军的炮弹炸毁了堡垒的顶部炮台，击垮了它的胸墙。没有人员伤亡只能说多亏了守军及时撤退到掩体里。在防御炮火被压制的情况下，突击队得以推进到距离堡垒500米的斜坡处。炮台和战壕中的步兵接到命令，等俄军前进到400步处（约300米远）才能开火，但看到俄国人向他们跑来，他们还是吓得马上射击。击退俄军进攻这已足够。一些俄军官兵倒下了，一些逃跑了，另一些试图在利沃夫路两边的沟渠中寻求掩护，但不料这些沟渠被守军交叉火力覆盖。到了早上10点，进攻才算停止。[32]

俄国人的这一次大规模进攻削弱了普热梅希尔的防御力量，10月5日开始，俄军实施了连续炮击。在10月5日至8日为期4天的行动中，谢尔巴乔夫的炮兵总共向要塞发射了约4.5万枚榴弹和高爆弹。其中有四分之一的炮弹都是10月6日这一天发射的，火力的强度要比前一天猛烈三分之一。[33]大部分的重炮，5门152mm榴弹炮，都集中在了西德利斯卡前面的新月形防线方向，特别是第19师在防线北面的进攻区域。从早上开始，其中3门榴弹炮攻击了1－1号、1－2号、1－3号副堡垒，目的是压制堡垒火炮和附近守军阵地的火炮。隶属于第19师的56门野战炮也随之向堡垒和战壕射击。[34]

按照后来战争的标准，尤其是与1916—1918年西线普遍的炮火规模相比，俄军6日对普热梅希尔的轰炸不过是小场面。[35]炮弹数量不足，重量又轻，而且俄军炮手只在白天射击，中午还要休息一个小时吃午饭。作为一种破坏防御工事的手段而言，这次轰炸完全失败了。与前一天击穿装甲炮塔或击垮混凝土炮塔的进攻力量相比，这些火炮的威力并不足。尽管如此，这些炮弹对堡垒中的那些中年士兵造成的心理压力仍是不可估量的。这些士兵们从未想过有朝一日会面对这样的炮火。不提别的，光是十月连连的炮火声也深深烙印在了他们记忆里。围城战的幸存者回忆道：“火炮的怒吼根本不是常人所能承受的。”[36]

堡垒本身放大了震动感。堡垒厚厚的屋顶和墙壁被证明足以保护守军，但阴暗的地下隧道和拥挤的、压抑的房间很容易让士兵患上幽闭恐惧症，让“要么战斗，要么逃跑”的本能反应更加强烈。[37]在炮火袭击下，周围满是炮火带来的回响噪音，却又无可奈何，这样的情景令人崩溃。布鲁诺·普罗哈斯卡中尉是国民军第18步兵团第3营的，6日上午身处1号堡垒的他描述了当时的恐惧和紧张：

> 起初，原本静悄悄的，然后从远处开始传来尖锐的哨声，并迅速变成刺耳的呼啸。“炮弹”像一只巨大的攻城锤猛得撞击着老旧堡垒的覆土……整栋建筑摇摇晃晃，连地基都在打颤。狂风猛得穿过寒冷黑暗的走廊。爆炸产生的灰尘和气体扑面而来，空气令人窒息。沙子从旧墙里淌出。石头、草皮、土块像雨点一样啪嗒啪嗒地落在院子里……第一炮的响声仍在回荡，第二声炮声就已响起。不自觉地，所有人都护着头，咬紧牙关，全身的肌肉和神经都紧张起来了。

普罗哈斯卡得出结论，身处被炮击的堡垒之中就是身处“真正的地狱”。他想，最好的归宿是在外面的战壕里：“在户外面对死亡要比在那个狭小、令人窒息的盒子里容易得多。”[38]

守在堡垒间防线的士兵可不这么想。10月6日，在埃格尔（Eger）集结的匈牙利部队，国民军第10步兵团第2营就守在战斗最激烈、轰炸最猛烈的前线：西德利斯卡新月形防线的北部。这个位置比堡垒内要危险得多，猛烈的炮火，超过了他们的忍耐极限。他们的经历充分说明了猛烈的炮击对士气的影响。营指挥官康斯坦丁·科马迪纳（Constantin Komadina）上尉形容，这见鬼的24小时是“我生命中最难挨的一天”。[39]

从凌晨3点开始，科马迪纳接到命令，将他的营转移到1－2号副堡垒周围的阵地。两个连队在堡垒两边的壕沟里防守，第三个连队在南边稍远的地方加强了贝科夫村的据点。[40]不管普罗哈斯卡怎么说，这些“露天”土石方阵地不比堡垒恐怖的幽闭空间好多少。这些阵地狭窄逼仄，有蜿蜒的壕沟护墙和射击区。曲折的通信壕通向后方的浅掩体。与西线战壕不同的是，这里的前线战壕顶部覆盖着土堆包裹的厚木板或圆木组成的“弹片护盾”。如果附近发生爆炸，战壕就会坍塌，把战壕内的官兵砸死或活埋。然而，在大多数情况下，俄军的榴霰弹都投掷在战壕的间隔区域，这些“弹片护盾”在对抗致命的榴霰弹片时发挥着出色的作用。守军的第二支营队终于在早上6点30分就位。6点45分，俄军开始炮击了。

整个上午，科马迪纳都在营指挥部，就在前线后方的木屋里，冒着炮火，忙于应对增援和提供额外弹药的请求，无可奈何，却又不得不照做——所有这些请求自然都是紧急的。炮击声轰鸣。“炮弹和弹片在附近乱飞，我们都不知道它们从哪里来，”他抱怨道，“对军官和士兵来说，效果十分骇人。”[41]所有连接西德利斯卡地区指挥部的电报线被俄军的炮火炸断了，因此，通信部队传递信息唯一的办法就是派人跑步穿过炮火。一名勇敢的匈牙利士兵就这样来来回回6次。每个人都担心俄军可能会突然发动进攻，每当邻近堡垒附近的火力看起来减弱时，这样的无力感就会进一步增强。薄雾和倾盆大雨掩盖了俄军步兵活动的轨迹，他们挖掘的战壕刚好越过铁丝网的范围。

中午过后，营中的情况急转直下。第一桩厄运降临在营急救站。温克勒医生（Dr Winkler）在一个废弃的火炮掩体里搭建起急救站，但轰炸造成的伤员很快就填满了这个掩体，掩体外伤亡的士兵也躺了一地。这次爆炸把正在等待救治的伤员和忙碌的医生都炸进了泥土之中。温克勒勉强爬起来，但一看到眼前尸横遍野的可怕景象，就泪流满面、抽搐不已，被误认为“神经休克”送到了后方。

不久之后，两个巨大的305mm榴弹落在了科马迪纳所在位置的后方。俄军重炮兵团使用了高爆弹。爆炸威力之大，让军官们确信他们受到的是真正的210mm攻城火炮的攻击。这时，科马迪纳的一个连长埃默里希·冯·洛基中尉感到“我们生命瞬间变得毫无价值”。落在战壕里的重型炮弹将装备、制服还有士兵的躯干全都炸飞，落在20或25米开外的地方。近处的树枝上，远处的松树上都挂满了战士的躯干……血淋淋的器官组织挂得到处都是，真是地狱般的景象。[42]整整一个排的士兵被两枚炮弹炸得七零八落。副营长和另外两名军官都因为神经休克而倒下。当夜幕降临，俄军的炮火终于停了，科马迪纳的部队就只剩下3名军官了。

一系列应激反应随着轰击出现。一名34岁的下士，一个经历过几次战斗但没有精神病史的老兵，被送进了卫戍医院的精神科，遭受着医生所说的“混乱性躁狂症”（confused mania）的折磨。他尖叫道：“将军在哪！过来！我要开枪！把我的制服拿来！”不停重复，一成不变。“我想回家！所有人，一起走！整个连队都走！”他幻想自己在连队办公室，紧接着就脱下所有的衣服，连内裤都被他撕得稀烂。上一刻他还在唱圣歌，下一刻就在病房里跳来跳去攻击医院的医护人员。他拒绝进食。军医诊断他患了精神分裂症，而且指出他很可能有遗传病史。和他同乡的士兵证实，他的父亲和兄弟都有精神疾病记录。尽管精神病学家和神经学专家都承认战争创伤可能引发疾病，但很少有人会承认战争会让健康的人发疯。精神疾病几乎总是被认为是先前存在的体质虚弱或缺乏道德的表现。[43]

那一天结束时，谢尔巴乔夫知道他不能再等下去了。不仅是因为奥匈帝国国防军正在逼近，而且要塞的东南部防御也在不断加强。多亏库斯马内克增援了兵力，奥匈守军拥有 350 门火炮抗衡俄军的 279 门。[44]俄军师级指挥官对他们的炮兵仍然满腹抱怨。第 69 预备役师的指挥官恼怒地说："打得准有什么用，看不到一点破坏的痕迹。"[45]然而在要塞司令部，局面则截然相反。就连要塞里的高级军官和技术专家也有这样的错觉：他们被 180mm 或 210mm 攻城炮击中，炮弹威力太大，大多数堡垒都无法承受这样的炮火攻击。[46]官员们纷纷表示担心俄军会破城门而入，"把城里的居民当肉炖了"。军队中关于失败的谣言四起，恐慌一触即发。[47]要塞的命运悬而未决。到了晚上 8 点 45 分，谢尔巴乔夫的命令传来。凌晨 2 点，最后一场"风暴"即将来临。[48]

在谢尔巴乔夫的命令下，部队开始全面进攻。就连在列什指挥下到目前为止都在做准备的西北线和北线的部队，都加入进攻的队伍。第 9 骑兵师第 1 旅负责监视要塞西面，同时还要协助第 3 步兵旅对要塞南面的进攻。从命令下发到开始全面进攻之间，没有留多少时间准备，满打满算也不过 5 个小时。在一个执行力强的部队里，这并不重要，因为指挥部只是补充了前一天晚上就应该下达的指示，大多数部队都在等待进攻的命令。然而，命令的传达延误了，这将会带来毁灭性的后果。由于要塞炮兵仍在作战，在黑暗掩护下的速攻成为了俄军步兵唯一一次接近对方防线的机会。

列什领导的西北和北部前线的三个师，依稀收到“突进”的命令，行军距离最远。相较他们的问题，处于中心位置的第82预备役师面对谢尔巴乔夫的命令措手不及，最初只能勉强凑到两组炮兵——野战炮兵兵力的三分之一。[49]不管怎么说，部队的表现还是不错的。122mm榴弹炮在要塞围城战中的表现出色，对其中一座堡垒造成巨大的破坏，击毁了守卫10号堡垒前壕沟的一处“卡波尼尔”。使用前一天在“胡尔科”堡试过的战术，他们也有效地压制了来自10号堡垒的大部分火炮。俄军步兵在凌晨两点出发，在夜幕的掩护下迅速前进。守军部队在山上的前沿阵地一个接一个地陷落了。到了中午，俄军已经快到达主堡垒了，并最终设法推进到了距离11号堡垒“敦科维茨基”堡和11a号堡垒“齐格洛芬”堡（Ziegelofen）仅有70米的地方。不管怎样，主堡垒还是没有失守。[50]

俄军的第二波进攻，指向了要塞的南方，不过也没有取得进一步的战果。第3步兵旅在前一天已经取得了一些进展，所以指挥官福克（Fok）少将正等着继续攻击的命令。他努力做到认真负责。4号堡垒“奥普廷”堡作为主防御支撑点，在6日晚上已经被炮火连续轰炸了两个小时，俄军中的突击手前去切断防御铁丝网。不过这两项行动都是徒劳的。“奥普廷”堡规模庞大，又经过了升级改造，是普热梅希尔为数不多的几处真正令人畏惧的外围防御堡垒之一。它挺过了230次野战炮打击，警备部队整夜使用探照灯和照明弹保证堡垒前方的空地灯火通明，让俄军不能靠近铁丝网。[51]

更糟糕的是，谢尔巴乔夫的命令延迟到达，整整比应该开始的时间晚了一个小时。这让整个部队都不知所措。当早上5点钟，福克到前线视察时才发现，部队还在原地待命。才刚刚破晓，他就把部队派出去，在白天与无所不能的“奥普廷”较量一番，在防御火炮的轰击下，进攻的命令感觉就像谋杀一样。部队发起进攻时，他才决定把进攻的时间推迟到傍晚。不难预料，进攻方很快就陷入了麻烦。增援的请求很快传来，但后援迟迟难以到位。一些士兵通过巧妙利用地形掩护，接近了堡垒，却在距离斜坡还有 300 步的地方被炮火挡住了去路。[52]

谢尔巴乔夫把所有的注意力都集中在了对东南方前线的主攻上。将军对主攻寄予厚望。为了突破防御，全军 107mm 远程火炮正在轰炸要塞范围内的目标。20 号堡垒是保卫城东入口的内环堡垒，与要塞的主要补给站和临近的驻军医院一同被击中。[53]针对这一防区南部和东部的攻击使得防守部队倍感压力，在防区南部的 2 号堡垒“亚克什马尼斯”堡（Jaksmanice）和 3 号堡垒“卢齐斯”堡（Łuczyce）之间，第 60 预备役师的步兵准时出发，悄悄靠近战壕前的铁丝网，结果被一阵炮火死死压制住。在防区东部，由于野战电话线被破坏，对 14 号堡垒“胡尔科”堡再次进攻的命令延迟到达，直到凌晨 5 点 45 分部队才收到消息，因此第 58 预备役师的部队晚了 4 个小时才出发。一个团设法在离“胡尔科”堡百步之遥的地方站住脚，但猛烈的防御火力迫使其他部队慌忙撤退。不过，真正重要的是，处于这两次进攻区域之间，发生在西德利斯卡的战斗。整个行动能否成功取决于第 19 师和第 69 预备役师能否打破 1－1 号副堡垒到 1－6 号副堡垒之间的新月形防线。[54]

第 19 师和第 69 预备役师面临的挑战非常严峻。新月形防线与北面的 15 号堡垒一起，构成了一个强大的相互支持的防御网络。新月形防线中心的两座前哨堡垒已经有 30 年历史了，没有装甲保护，但堡垒的侧面有钢制的观察塔和炮塔。每一个堡垒都能提供侧翼火力以支援周边堡垒，并由步兵排加强防御，前方还

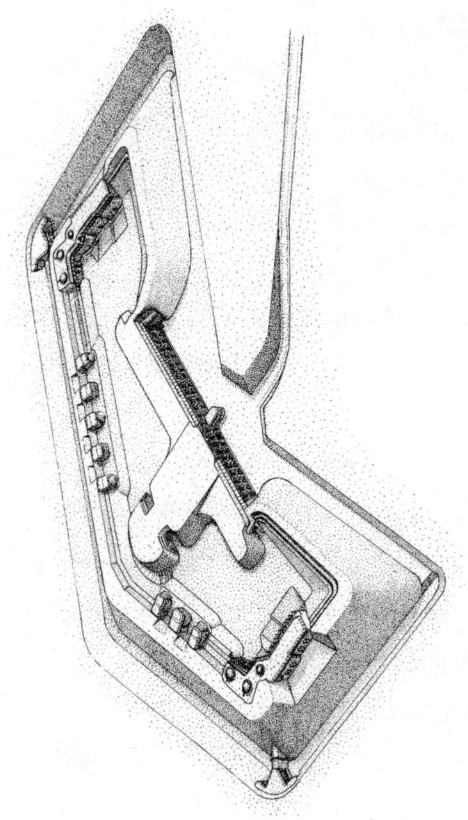

4 号堡垒“奥普廷”堡，建于 1897—1900 年，是普热梅希尔南部前线最为坚固的防御工事。守军配备有 9 名军官和 439 名士兵。跟 19 世纪 80 年代建造的堡垒相比，它更加坚固，更为现代化，还配有昂贵的装甲组件。两个用花岗岩建造的炮台矗立在堡垒的前部，每个炮台都安装了一个装甲观测塔和两个可旋转的钢制斯柯达炮塔，每个炮塔配有 80mm 火炮。在堡垒左边（图中清晰可见）和右边的是掩护侧翼的双联装副炮，每一侧都有 4 门 120mm M96 大炮，由装甲板保护。其他火炮都安排在堡垒前墙上。两挺重机枪守卫着“奥普廷”堡的壕沟。

有一条深深的战壕以及障碍栅栏。[55]这一方向的进攻部队配发的装备很少。每个团都只收到了 8 架爬梯、8 根钢索、18 座 8 米长的架桥和 65 个钢丝钳，可笑的是，还有 32 枚手榴弹。[56]由于缺少重炮支援，以及技术援助的匮乏，第 274 步兵团（隶属第 69 预备役师）的军官们在进攻前夜告诉他们的士兵“今天就算是刺刀架在脖子上，也必须攻下要塞”，要说这番话鼓舞人心，倒不如说是残忍。[57]

沙俄军队的步兵总是被奥匈帝国军官当作愚蠢的俄国农民来可怜：他们性情善良，但是太过麻木，缺乏理想，除了服从命令之外，他们做不了什么。[58]这些军官有两点想错了。首先，这些步兵并不是俄国人。攻击西德利斯卡前哨堡垒的部队是从如今的乌克兰境内调来的，当时那里的民族构成非常复杂。第 19 师下辖的团级部队有“克里米亚”和“塞瓦斯托波尔”这样的称号，尽管事实上这些部队的士兵多来自更西北部地区的波多利亚省，那里混居着乌克兰人、犹太人、俄国人、波兰人和罗马尼亚人。第 69 预备役师是在哈尔科夫（Kharkiv）征召的。

其次，正如这些部队前几天所表现出的那样，他们的士兵既不愚笨也不麻木。用土工作业如此迅速地向要塞外围推进，需要相当的自律和主动性，更不用说勇气了。关于来自这些部队的战俘的审讯报告也证明，在攻城前夕他们士气良好。有人抱怨口粮问题，有些人说他们不愿意进攻，不过还是有许多人，特别是第 19 师的士官们，表达了他们坚定的决心。[59]

攻击西德利斯卡区域的堡垒，就算只是抬架桥或梯子，也一定很危险。冲锋队很清楚他们自己面对的是什么，因为在白天，他们就可以从他们的散兵坑隐约看见铁丝网的另一边——堡垒可怕的轮廓和坑坑洼洼的坡地。晚上，这些士兵安静地潜行通过被探照灯点亮的地面，不时地暴露在照明弹发出的光线中。他们越过栅栏，而且还有踩到地雷的风险。为什么甘愿冒险呢？毋庸置疑，严格的军纪、训练有素，还有强力的领导都是原因。对于“精锐的”第 19 师而言尤其如此。军官与士兵们并肩作战。[60] 当战争爆发时，这支部队中许多士兵已经差不多完成了两三年的义务兵役。他们接受了 1905 年革命后推行的民族主义教育，强调对祖国的集体认同优先于对名声日益受损的沙皇的忠诚。他们中的绝大多数都很好地融入了部队，服从命令，同样重要的是，他们了解自己的士官，信任那些和自己一同战斗过的战友。[61]

当然，恐惧感也是驱使士兵向前的动力。第 69 预备役师有很多的超龄预备役人员。他们在革命前的征兵经历与年轻士兵不同，也与他们更疏远，很少从军官或训练中获得指导。[62] 那些不情愿的士兵都收到了指挥官的警告，机枪就架在他们身后，后退者，格杀勿论。为了防止有人投降或是做逃兵，有关奥地利人虐待战俘的可怕故事流传甚广。信口雌黄的故事甚至会让一些士兵相信，为了避免在战俘身上浪费宝贵的食物，要塞守军甚至会让他们喝下烈酒，然后把他们点燃。[63] 不过，更重要的是，即使是被吓傻了的人，除了向前走也没有其他现实的选择。他们在铁丝网前是十分危险的，单独逃走将使自己暴露在敌人的炮火之下，不如整支队伍分担炮火。想想让人毛骨悚然。但对 10 月 7 日几个小时内就要面临敌人炮火的突击队员来说，唯一通往安全的途径是穿越枪林弹雨直抵要塞。

在奥匈帝国战争编年史上，很少有比在那个 10 月寒冷潮湿的早晨保卫 1－1 号副堡垒更辉煌的战斗了。1－1 号副堡垒位于西德利斯卡新月形防线的西北端。守军的指挥官是扬科·什夫尔柳加（Janko Švrljuga）中尉。他身材单薄，神采奕奕，有男子气概，眼睛锐利，留着精致的小胡子，是一名职业军官。[64]在他手下有由炮兵和步兵组成的守军。炮兵来自首都维也纳，他们负责炮台的侧翼副炮和两门最先进的退进式火炮。城墙上防守的步兵都是忠诚的匈牙利农民。这支多民族的、典型的奥匈帝国军队将在战争的紧要关头奋勇战斗，坚定地抵御俄军精锐部队即将带来的暴风骤雨般的进攻。这场战役有力地证明了，在专业的军事领导下，帝国多民族的人民团结起来可以取得怎样的成就。[65]

那都是最后流传下来的故事。现实总是一片混乱，带有奥匈帝国指挥无方的意味，尽管故事更加人性化和英雄化。真实的1－1号前哨堡垒指挥官并不是什夫尔柳加，而是一名业余军官，来自匈牙利国民军的少尉伊什特万·别莱克（István Bielek）博士。[66]别莱克39岁，出生在鲜为人知的马里阿沃尔吉（Máriavölgy）村，也就是今天斯洛伐克的玛丽安卡（Marianka），位于匈牙利环境恶劣的西北部。几周之前，他还是布达佩斯的一名律师。就像其他国民军的军官一样，他尽力做得像个军人，但事与愿违。他的胡子有点太浓密了，脸也太圆了，高耸的额头更多地是显示出男性秃顶的早期症状而非聪明才智，“四方支援中央”的发型让秃头更加明显。尽管如此，他的眼中透着一股坚毅。他不是一个轻言放弃的人。[67]

两周之前，别莱克接管了1－1号副堡垒，手下带领国民军第11步兵团第2连的112名士兵。这群人都非常不拘一格。这支部队是从匈牙利东北部的蒙卡奇（Munkács）镇周围招募来的，那里有匈牙利人、罗塞尼亚人、犹太人，也有若干斯洛伐克人。[68]来自预备役的奥托·阿尔特曼（Otto Altmann）少尉和汉斯·塞勒（Hans Seiler）少尉率领的要塞第1炮兵团46人负责提供炮火支援。还有12名狙击手协同防守。1－1号副堡垒的情况和帝国异体同心的形象差得太远，守军之间显然没有团结起来。因为语言和地方背景的不同，别莱克和他的部下与维也纳战友十分疏离，拉开他们之间距离的还有年龄。要塞第 1 炮兵团是一支常备部队，由预备役人员和现役士兵组成，比来自蒙卡奇的国民军部队中的士兵年轻 10—15 岁。[69]

1 - 1 号副堡垒内部的布局安排也更加凸显官兵之间的距离。主要建筑包括守军的宿舍、厨房、厕所和一口井。步兵的阵地分布在一堵可以俯瞰前方的土墙后，以及沿着从堡垒中心延伸而来的长长的地下隧道可到达的 T 形的“卡波尼尔”——设置在堡垒的前置战壕中央，战壕中有若干射击孔，沿着战壕士兵能够清晰地观察战场情况。炮兵们的寝室也在主楼里，但他们的弹药库在左边的一座建筑里，这座建筑与堡垒的其余部分只有一条 20 米长的狭窄隧道相连。[70]正因如此，他们平时都没有和大集体在一起，也就没有归属感。他们把自己的军官阿尔特曼中尉视为绝对权威。10 月 7 日上午，他们将进行一场战斗，却并未与他们本应支援的国民军部队紧密合作。[71]

在俄军进攻的前夕，别莱克和他的士兵都非常紧张，而且疲惫异常。他们已经被连续炮轰两天了，别莱克确信敌人的大规模攻势即将到来。然而上级军官对他的警告并没有太重视，他们派了来自匈牙利王家防卫军第 32 行军营的 30 名可靠度存疑的罗马尼亚人作为援军，用他自己的话来说就是“出了事情我担责”。[72]让别莱克感到压力倍增的是，增援西德利斯卡新月形防区的炮兵指挥官除了扬科·什夫尔柳加中尉之外，就再无旁人了。什夫尔柳加在堡垒的事迹在后来的官方记录里被抹去了。有种说法是，他指挥的区域炮兵指挥部被夷为平地，所有能够藏身的树林和观察哨所都被炸毁。这时什夫尔柳加匆忙跑回堡垒，希

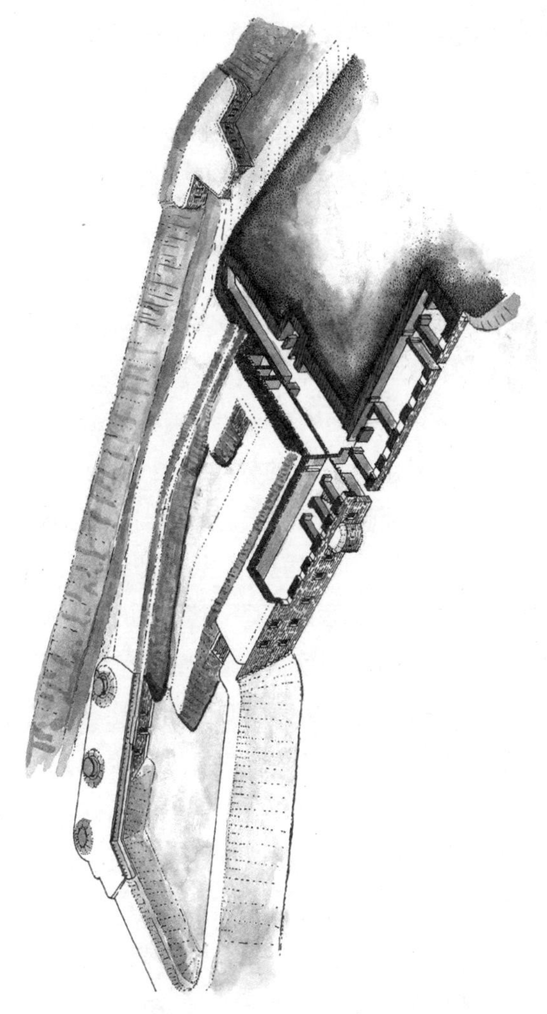

1－1号副堡垒“利西茨卡”堡（Łysiczka），建于1897—1903年。这一复原图显示了1－1号副堡垒的主楼两层的横截面，从左到右，是它的重炮建筑群，包括观察塔和4门80mm口径的火炮，两门位于侧翼，两门位于炮塔中。与早期的堡垒不同，这里的设计，旨在通过交叉火力控制前方区域。堡垒的主要任务是覆盖前面和北面区域，也就是它和15号堡垒“博热克”堡之间的区域，这就是为什么它所有的火炮都被安排在左侧。步兵区域沿着土墙的后缘延伸，由土墙的正面倾斜进入掩护战壕。两条隧道（此处未示出）将主楼与炮兵综合楼和由机枪保卫的T形“卡波尼尔”相连。

望能找到一个还能打得通的电话。另一种不那么客气的说法是，他只是想在战火中找一处藏身之所。[73]

那天夜里，昏昏欲睡的哨兵眺望着有些暗淡的月亮。远方的工兵们修补经过整日炮火轰炸的铁丝网的声音微弱地传回堡垒，除此之外一片寂静。那晚早些时候，堡垒上的探照灯已经被打掉了，照明弹也数量不足，但守卫的士兵们却感到十分安全。那是因为他们知道在战壕外已经设置了一个警戒的监视哨。[74]

凌晨3点刚过，哨兵们就警觉起来。至于原因，说法不一：有人认为，工兵们撤回后很长一段时间内，铁丝网仍在继续产生噪声。另一些人说，敌方突击队悄悄潜进哨所，监视哨的守兵在被割喉之前，成功地发出了几发警告弹。别莱克被叫到城楼上。接着他下令发射照明弹。当黑夜被点亮，守兵才发现，俄军的士兵已经到达堡垒前方的坡底。[75]

就在那一刻，俄军战壕到要塞东南防线之间的空地都被探照灯照亮，灯光穿透黑暗和浓雾照亮了堡垒。同时，炮击骤然来袭。对堡垒上的国民军守兵来说，这突如其来的冲击让他们手足无措。他们眼花缭乱，耳朵里嗡嗡作响，赶紧开始朝着敌方突击队方向开火，事不宜迟，这时的突击队已经开始拆剪战壕前的铁丝网，为进攻打开通道。[76]

让俄军十分吃惊的是，1－1号副堡垒的炮兵没有什么反应。[77]别莱克反复向炮兵指挥官什夫尔柳加发出火力支援的请求，而什夫尔柳加的无动于衷，让他感到无比困惑。“这是我的感觉。”别莱克敏锐地察觉到，这时什夫尔柳加“不仅失去了自控能力，还失去了指挥部队的能力。如果他不下令，没有其他军官会勇敢地站出来”。[78]在战争的幸存者之间一直流传着一个在任何官方的历史记载中都没有得到承认的谣言——在形势危急的时刻，堡垒里唯一一名职业军官却精神崩溃了：“他把自己藏在堡垒里，一遍遍比画着十字向上帝祈祷‘我的天……我的天……’，所有的祈求、恳求还有威胁都是徒劳。什夫尔柳加就在那儿一动不动。”[79]

在步兵墙上，伊什特万·别莱克勇敢地指挥着守军，坚守着1－1号副堡垒的阵地。他和阿尔特曼做了最坏的打算，已经下令准备用沙袋和厚木梁挡住堡垒的门和破损不堪的窗户。为了在轰炸下保存实力，他调了一些士兵回到堡垒的安全地带作为预备队。随着伤亡人数不断增加，预备队的士兵很快就被召回到堡垒内。屋顶两挺机枪中有一挺的机枪手战死了，无法开火。在接下来的两个小时里，负责攻占堡垒的克里米亚第73步兵团（约2000人编制）的两个营稳步向前，不断靠近。距离实在太近了，守兵中的斯洛伐克人和罗塞尼亚人甚至能够听到对方部队中的军官在指挥士兵越过铁丝网方向左右移动。[80]

快要接近凌晨5点的时候，俄军步兵发起最后一次进攻。他们在战壕上搭了一座桥，直捣堡垒右侧。[81]面对如此严重的威胁，汉斯·塞勒少尉不断咒骂着该死的等级制度。火炮终于开火了，把短程炮弹射向前方阵地，甚至在突击队爬上堡垒步兵阵地，翻过城墙的时候也没有停下。[82]发射出的炮弹中有几发很可能击中了俄军临时搭起的桥，桥塌了。那座桥上的士兵，还有那些落到了三米深的战壕里试图从另一边爬上去的士兵都倒在“卡波尼尔”中。在这露天的坟墓里，俄军总共倒下 151 人，还有 70 人身负重伤。[83]

塞勒为别莱克还有守军赢得了宝贵的时间，但也只有一点。克里米亚步兵团中的 250 名士兵已经越过重重阻碍，开始向堡垒上攀登。炮火依旧，守军中却仅仅只有 40 名士兵还勉强支撑着。当第一支突击队爬过栏杆，开始近身肉搏时，布达佩斯的律师才决定让幸存的士兵撤回堡垒。当他高声下令时，飞溅而来的弹片击伤了他。从作战平台通往堡垒内部的大铁门早已关闭，但是士兵们扛着他，砸开铁门撤回堡垒内部，其他士兵紧随其后。门又被锁上。[84]

接下来对峙的场面有些意思了。俄军勇敢地穿过了防御炮火，冲过被火烧过的地面，越过铁丝网的障碍，避过了地雷，穿过了死亡的陷阱。完成了艰难的前期任务：俄军突击队完全控制了 1－1 号副堡垒的外部区域，占领了庭院，站在屋顶上，却完全没有办法进到内部。他们把炸药扔进堡垒的烟囱，但因为雷管受潮，没有引爆。[85]

被困在堡垒里的守军处于完全恐慌之中。“即使是世上最强大的部队，”别莱克写道，“也会感到这样无助的防守维持不了多久。”[86]根本没有办法求救，因为炮火炸断了堡垒所有的电话线。[87]每一刻都让人觉得是最后一刻。当进攻者把炸药从烟囱上扔下来时，墙里传来令人不安的砰砰声。伤者的呼喊声在闷热、压抑的房间和昏暗的走廊里不断回荡，不断地提醒着如坐针毡的士兵，如果敌人闯入，命运会是怎样。[88]炸药未能成功爆炸，俄军把注意力转向了堡垒的后门和屋顶的铁门。在僵持的两个小时里，几名士兵从这两个关键的漏洞向外射击，使进攻者无法成功进入。来自维也纳的 31 岁工兵弗朗茨·苏希（Franz Suchy）守住了门，后来他满脸自豪地向一家媒体宣称自己射杀了 40 多名俄国人。[89]

最后，在大约早上 7 点 30 分，援军到了。要塞守备力量中的匈牙利王家防卫军步兵部队，守军中最精锐的一支，从两侧接近了 1－1 号副堡垒。俄国人一直在等待突围，他们也心知自己被困。塞勒的火炮一直对着前方保持稳定的火力输出，防止更进一步的增援或者撤退。爆破没能攻破堡垒。黎明到来的时分，俄国人绝望地为受伤躺在屋顶上的国民军士兵包扎，并且盘问他们是否有其他的路可以进去，不过一切都是徒劳无功的。[90] 他们的指挥官，3 名军官和 1 名少尉在屋顶上安排了一挺机关枪覆盖后部区域。战斗一整晚疲惫不堪的士兵在堡垒的院子里建起路障，并点燃了它们。围攻的部队反被包围。[91]

1 号堡垒的最后一幕戏开场了。士气大振的防卫军步兵部队从堡垒右侧进攻，迅速解决了俄国人的机枪，并用缴获的机枪向俄军射击。与此同时，堡垒左侧的战友们也开始了进攻，两边合作解决了屋顶上的敌人，冲破了路障。不幸的是在这决定性的一刻，俄国人和奥匈帝国的炮兵部队都对堡垒发动了火力攻击，前者试图压退援军，而后者则是误以为堡垒已被俄国人占领。两名俄国军官意识到一切将要结束，开枪自尽，而士兵则陷入恐慌。[92]

面对来自两边的重火力攻击，匈牙利王家防卫军步兵部队和沙俄步兵部队都放弃了抗争，冲向堡垒的后门。绝望的士兵们敲击着沉重的铁门，要求避难。由于厚厚的墙壁和猛烈的炮击声，视野也被狭窄的斜面门洞所限制，里面的士兵并不知道究竟发生了什么，也不愿意冒险。经过很长时间来自外部的谩骂之后，厚重的木梁才被移开，门被打开，防卫军步兵部队以及 149 个俄国俘虏，才终于进入堡垒。[93] 救援行动进行得并不容易，但 1－1 号副堡垒最终脱离了险境。

在这一出血腥的荒唐闹剧之中，紧张的堡垒守军，愚蠢的哨兵，无用的炸药，以及来自友军的攻击，共同造就了一部奥匈帝国部队的英雄传说。“战功赫赫”的什夫尔柳加因为这次守卫战而名声大振，晋升为上尉，并且获得了三等铁冠勋章（Order of the Iron Crown）①。[94]当记者在一周后到达现场时，他负责在现场接待他们，说着各种鬼话——并执着于不断重述——谈他在打电话求援过程中非常具有启发性的指挥（其实电话线在炮火攻击开始前就已经被切断了），大谈他是如何无私地安排士兵（穿过无法穿越的包围）请求对堡垒进行炮火攻击的。[95]作为在场的唯一一名职业军官，尽管他在战斗中毫无贡献，什夫尔柳加还是顺理成章地坐享功绩。另一位炮兵军官阿尔特曼是预备役，还是个犹太人，显然不适合接受这样的荣誉。[96]至于伊什特万·别莱克，这位战斗中唯一能够被称之为英雄的军官，在媒体到场的时候早已被送去医院。那一晚坚守在堡垒上的他和来自蒙卡奇的国民军的中年士兵们，直面俄国人的进攻并且付出了血的代价，但却并不会被人们记住。[97]

在奥匈帝国国防军前来支援之前，俄军没能顺利拿下1-1号副堡垒，这让攻占整个普热梅希尔要塞地区的计划落了空。其他所有对西德利斯卡新月形防线的攻击都没有这一次这么接近成功。俄国炮兵的炮击比前一天密集了两倍，并且攻击在天还没亮时就开始了，但是新月形防线紧密的防守起到了应有的作用。[98]防线的火炮由库斯马内克从要塞北部的14号堡垒“胡尔科”堡

---

① 直到1918年，奥地利的铁冠勋章（Kaiserlicher Orden der Eisernen Krone）一直是奥地利和奥匈帝国的最高功勋勋章之一。

调集的机动预备役炮兵支援。10 月 7 日一整天，这些火炮让无数批进攻士兵承受了令人绝望的密集火力。这一区域的俄军再没有能到达防线的核心位置。

部署在堡垒新月形防线北部的俄军第 19 师的步兵最远只到了 1 - 1 号副堡垒南边的 1 - 3 号副堡垒的斜坡处。主要的威胁来自于俄国炮兵部队。重火力攻击给贝科夫村据点带来了恐慌，也就是康斯坦丁·科马迪纳上尉的国民军第 10 步兵团第 2 营所驻扎的地方，他发现自己还得试图阻止士兵逃跑。“我一个人，拿着把左轮手枪，阻止了第 7 连一半的士兵临阵脱逃。”他震惊地回忆着。尽管他们的匈牙利军官也逃跑了，但罗马尼亚人还是受到非议。科马迪纳让他们回到各自的位置，直至新的连队到来。当时据点已经被弃守两小时了。幸运的是，进攻部队的注意力集中在 1 - 2 号副堡垒和 1 - 3 号副堡垒的侧翼，所以这一防线上的漏洞没人注意也没人进攻。[99]

在新月形防线的南侧，俄军第 69 预备役师的进攻同样也失败了。维特中尉的国民军第 18 团第 3 营第 10 连错过了第一波进攻，但是在早上 7 点，他们解救了 1 - 4 号副堡垒前的部队。当连队到达战场时，俄军已经冲过了战壕。守军的火力把俄军死死地困在原地，那一天，所有人都满身泥水。维特的连队很幸运，因为大部分的火力和攻击都集中在后方 200 步距离的堡垒上。最主要的危险反而来自于距离防线 50 步远的敌军狙击手。“我们的人一抬头，就能听到子弹划破空气的声音。”有好几个人被击中头部。那一天晚些时候，左侧开始了进攻，“一阵突然的欢呼，一阵枪声，机枪的射击声，以及急速的炮火”标志着进攻的开始。然而，面前只有小股敌军试图前进。“一个接一个，俄国人从掩体中转移，”维特回忆道，“如果他们被枪击中，就会装死倒在地上，然后滑下山去，但过了一会儿又跳起来继续跑。”[100]

战斗的高潮不在前线而在后方，在西德利斯卡。在东南防区指挥部，驻扎在村落周围的军官和士兵们接收到来自新月形防线的战报后感到灰心丧气，堡垒沦陷的流言尤其使人恐慌。当哨兵们看到在防线后方的俄国人时，秩序很快就荡然无存了。那些俄国人其实是俘虏，在对 1 – 1 号副堡垒的进攻失败后活下来，只是被押送到后方。然而，军官和士兵慌了神，以为敌军攻进来了。支援前线的步兵团慌乱着冲回来，逃走的炮兵紧紧抓着卸下的炮闩，防止敌人使用他们的火炮。据一条当时曾是谣言的消息称，就连防区指挥官艾尔弗雷德·韦伯（Alfred Weber）少将都一起逃跑了。令人尴尬的是，他被国民军第 18 团的一个连队拦了下来，而这个连队是他部署在后方，并且对其下了严格指示击毙一切后撤者的。[101]

面对这样的敌人，谢尔巴乔夫当天晚上做出的终止进攻的决定就显得有些为时过早了。然而，俄国人没有时间了。奥匈帝国国防军在接近，并且勃鲁西洛夫的参谋预测他们会在后一天撞上第 3 集团军。堡垒的防守仍在坚持，他们在俄军的炮火下坚持住了，国民军士兵们尽管遍体鳞伤，但依然在顽强抵抗。10 月 8 日，围攻部队谨慎地停止了战斗，并且在当晚，东南前线的主要部队完全撤离。第二天太阳升起的时候，守军发现敌人消失后欣喜若狂：“胜利！胜利！荣耀归于主！万岁！”[102]

国防军的第一支装甲部队在 10 月 9 日中午接近了要塞西部的萨诺克路障。几天后，大部队的步兵团和炮兵团到达。要塞指挥部提前收到了电报，为 8.8 万人准备好了粮食——大约 6.16 万公斤的面包。[103]虽说国防军解了普热梅希尔的围，但其实是要塞的守军拯救了奥匈帝国的军队，更宏观意义上说，是拯救了战局。

更关键的是，要塞的抵抗为援军的到来争取了时间。因为要塞的牵制，所以俄国第 3 集团军和第 8 集团军在 9 月下旬的行进速度受到大幅限制，减缓了溃退的奥匈帝国军队的后撤压力。一度配有突击师和炮兵团、由 10 万人组成的谢尔巴乔夫的围城部队，若非要塞的牵制就会不断向西进攻。更重要的是，要塞对俄军后方造成了长期有效的威胁，并且没有让俄军控制主要的交通线。没能控制东西向穿过普热梅希尔的铁路，俄军的进攻被牵制住了。奥匈帝国国防军利用这一间隙进行休整，重新组织起来等待德国友军的援救。[104]尽管这种休整并不充分，但是对军队来说也足够重新展开进攻了。目击国防军行军经过普热梅希尔的人，往往会为军官数量之少而震惊。过去往往要管理一个排 60 人的中尉，当时都需要管理至少 1000 人的营。[105]

要塞的守军同样也为奥匈帝国的战争机器赢得了宝贵的舆论胜利。尽管 1914 年奥地利的报纸上从来不缺乏对于英勇事迹的宣传，但是人们还是非常渴望真正的胜利。普热梅希尔证明了强势的俄国军队最终还是能够被击退的。勃鲁西洛夫经历了羞耻的反转，并且受到最高统帅部的训斥。守军被称为“普热梅希尔的英雄”，记者们大加赞赏这些“普通人，放弃了普通生活来尽士兵的职责”，这些人拥有“奉献精神”“勇气”以及“决心”，并且“取得了那么荣耀的成功，反败为胜”。[106]最初的报道称守军伤亡超过 4 万人。之后，有人说俄军伤亡达到 7 万人。而事实上，围攻部队损失了大约 1 万人，其中三分之一阵亡。进攻的先头部队，第 19 师损失人数大约为四分之一，即 44 名军官与 2975 名士兵。[107]

要塞英雄们成功守城的伤亡并不大。由于堡垒以及掩护战壕的有效防护，守军仅伤亡 1885 人，其中 313 人阵亡，290 人失踪。[108]尽管如此，这场残酷的战役还是让那些中年士兵们胆战心惊。在国民军第 10 步兵团第 2 营中，150 人（约四分之一）在战斗之后患上心理疾病。[109]同样的，军官们对这场战斗也非常震惊。他们走在战场上，仿佛走在一场噩梦中，无数蜷缩在散兵坑和挂在铁丝网上的膨胀尸体在他们脑中久久地萦绕着："我永远都忘不了那一幕。"[110]但他们所见证的，仅仅是之后将要笼罩中东欧的恐怖阴影的一小部分。一场全新的、更为激烈的全面战争即将打响。

第四章

阻碍重重

他们声称自己是帮助斯拉夫人民摆脱德国枷锁的解放者。紧接着，他们就大举进军。他们像是一波污秽的巨浪，裹着狂风卷向大地。他们所向披靡，席卷了阻挡的一切——富饶与秩序，和平与文明。他们前进的道路上满是烧杀抢掠。

1915 年，关于俄国入侵加利西亚

来自波兰的匿名报告[1]

俄军的重型卡车颠簸着停在了普热梅希尔城外。随着奥匈帝国国防军的到达，加上守军的顽强抵抗，迫使沙俄军队从要塞的西、南、北部撤退。守军欢庆胜利，可是这份喜悦没能持续太久；在短短一个月内，俄军就重新建立了包围圈。不仅如此，俄军的包围让整个要塞一刻不得安宁，整个 10 月，要塞的东侧都是奥匈帝国防线上的重要支撑点。重炮被重新部署，为奥匈帝国国防军提供火力支援，守军部队在要塞外围浴血奋战。此时的普热梅希尔，就像一位骄傲的守军士兵所说的那样，“是俄军面前的最大阻碍”。[2]早在 1914 年秋天，东线的战争意义就早已脱离了军事的范畴，上升到了意识形态的高度了。这座要塞不仅阻挡了俄军的前进，而且还是泛俄罗斯主义意图独占东欧的阻碍和屏障，竭力抵抗着沙皇俄国对东欧各民族同化、清洗的野心。

俄国军队最高统帅尼古拉·尼古拉耶维奇大公（Duke Nikolai Nikolaevich）身材高大。他身高足有6尺6寸（2米），在人群之中赫然耸立，把俄国的力量展现得淋漓尽致。他是沙皇的表亲，也是沙皇最为信赖的知己，对于这份信任，尼古拉耶维奇报以绝对的忠诚。他的众多对手都对他心怀恐惧。俄国战争部长弗拉基米尔·苏霍姆利诺夫（Vladimir Sukhomlinov）认为他“残忍无情”，是个“邪恶的天才”。对前总理谢尔盖·维特（Sergei Witte）来说，尼古拉耶维奇简直可以说是“神经错乱”。他喜怒无常的性格臭名远扬。即使是在皇室内部，他也是众人眼中“可怕的大叔”。[3]然而，1914年8月，当尼古拉耶维奇指挥的部队越过加利西亚的边境时，他的脸上却挂上了一抹微笑。他昭告天下，沙俄的军队，是来解放这块土地和土地上的人民的。伟大的俄国，依旧是“正义和公平”的化身，奥匈帝国的人民，终于能够迎来“自由”。尤其对波兰人，他承诺波兰将在俄国沙皇的权杖下得以统一并重建，拥有信仰、语言的自由以及自治的权利。[4]

这些说法，都来自于罗曼诺夫家族，这个家族曾以铁腕手段统治了俄国300多年。在他们统治下的俄国人，都没有得到所谓的自由和自治的权利。波兰人比任何人都更清楚这一点，早在1815年，在俄国帮助下建立的波兰仅仅维持了15年。1830年至1863年的波兰贵族起义遭到了野蛮镇压。此外，在19世纪的最后几十年里，罗曼诺夫家族拥抱俄国民族主义，并开始在西部边疆地区对波兰人和其他少数民族推行俄国化以减缓统治合法性的衰落。[5]可以想象，对俄国人来说，战争胜利之后，将加利西亚省的西部纳入俄国的版图，在此地设置“波兰”省，向波兰人和英法同盟示好，不过是顺理成章的事情。不过，俄军真正觊觎的是加利西亚占领区的东部，包括普热梅希尔和利沃夫。在这里，俄军打算实施20世纪第一次彻底的种族清洗。[6]

俄军的野心昭然若揭。9月23日，管理加利西亚占领区的新任军事总督格奥尔基·博布林斯基伯爵（Count Georgii Bobrinskii）在省会利沃夫与聚集在一起的波兰政要、知识分子和神职人员会谈时，把这一切说得相当清楚。面对被吓得魂不守舍的与会者，他说道："加利西亚东部和莱姆科斯（Lemkos）那片土地，永远是伟大的俄国的一部分。在这片土地上，真正的人民永远都是俄国人。因此，这些地方当然也要按俄国的规矩行事。我将把俄国的语言、俄国的法律和俄国的规章制度都带到这里来。"[7]博布林斯基所说的这些都有悖于国际法，[8]同时也毫无道理。几个世纪以来，东加利西亚一直处于讲波兰语的贵族的统治之下，信仰罗马天主教的波兰人占当地总人口的四分之一。另外61.9万的当地居民中，大约每8个人中就有一个是犹太裔。然而，俄国民族主义者剥夺了这两个民族的权利，将他们视为政治压迫者和经济掠夺者，是他们剥削了300万信仰希腊礼天主教的罗塞尼亚人，或者，正如民族主义者和军方所坚持的那样，被剥削的"俄国"农民占多数。[9]

总督的讲话在普热梅希尔报道之后，居民们把当地报纸刊登的关于博布林斯基的文章读了又读，了解了他想要把利沃夫变成一座俄国城市的意图。作为一项严格执行的临时措施，主要由波兰人组成的市议会被允许留任；沙俄军队的当务之急是稳定民心。4名波兰人、4名犹太人、4名乌克兰民族主义者和4名亲俄知识分子被扣为人质，作为进一步行动的保障。[10]然而，这种对利沃夫少数民族群体"公平"的做法很快就停止了。相反，乌克兰民族主义者成为首要镇压目标。这些人对于沙皇将加利西亚东部视为“俄国”永久领土的观点提出了强烈的反对意见。他们为自己的希腊礼天主教信仰感到自豪，拒绝接受俄国东正教教义，他们坚持乌克兰人不是沙俄精英口中的“小俄国人”，而是一个独立、骄傲的民族，这对俄国的意识形态构成了直接的挑战。更不妙的是，乌克兰民族主义已经在罗塞尼亚民众中取得了广泛的支持。1907 年，在奥地利第一次以男女普选平等为基础的议会选举中，乌克兰民族主义政党赢得了 20 个席位。视乌克兰人为俄罗斯民族分支的亲俄知识分子只赢得了区区 5 个席位。[11]

作为重塑俄国形象的第一步，同时为了消灭乌克兰民族主义这一意识形态威胁，俄国军事占领当局采取了类似于 25 年后纳粹和苏联占领者在该地区使用的斩首战略。当然，沙皇的所作所为没有那么彻底，当然也没有那么致命，但目的是一样的：消灭知识分子。[12] 自由的思想、对立的意识形态和严密的组织都使这些知识分子对政权构成威胁。安德烈·舍普季茨基（Andrei Sheptits'kyi）大主教是一位极具魅力的希腊礼天主教大主教，他就是一个被重点关注的特殊目标。他作为希腊礼天主教会领袖，具有巨大的影响力，他对俄国东正教派在加利西亚扩张的坚定抵抗，加上他对乌克兰民族主义的同情，都使他在俄国人眼中成为整个加利西亚省最危险的人。尼古拉大公的得力助手，他的幕僚长尼古拉·亚努什克维奇（Nikolai Ianushkevich）将军，曾说要解决掉舍普季茨基。当俄国军队进入利沃夫时，大主教就立即被软禁，并于 9 月中旬与随行的神职人员一起被押解到俄国。[13]

进一步的镇压行动很快开始。俄国占领军当局不仅捣毁了乌克兰民族主义的政治组织，还关闭了乌克兰文化教育机构。在整个加利西亚东部，所有关于乌克兰文化的俱乐部和图书馆都被关闭，书籍也都被没收或烧毁。乌克兰语报纸——实际上所有乌克兰语出版物都被禁止发行。受过教育、有国家意识的人民倡导和培育了和平时期的文化生活，他们的人数在战争开始时就已经因奥匈帝国军民当局自欺欺人的镇压而大幅减少，后来则消失殆尽。加里西亚俄占领军当局于 1915 年秋，在占领该省大部分地区后不久，就拟定了被押解到俄国的临时人员名单，这也证明了对乌克兰知识分子的迫害。在拟定的 100 多人名单中，真正乌克兰民族主义者可能只占总人数的大约一半，大多是乌克兰互助组织“德涅斯特”（Dnister）的高级官员、警察、司法和议会官员，以及利沃夫周边的村庄代表。律师、医生、牧师、学者和教师也是这次俄国清洗行动中的主要受害者。[14]

对乌克兰知识分子的恐吓或监禁，如尼古拉大公和博布林斯基所说，把加利西亚的乌克兰人“送回”他们的“祖国”俄国的道路敞开了。在俄国人看来，宗教和语言差异是波兰和奥匈当局在他们和加利西亚省的罗塞尼亚人之间故意制造的两个关键性差异，对于这两点需要进行修正。俄国人做好了长期改造的准备。根除乌克兰文化需要花费不止一代人的时间，而学校教育是重要的手段。在圣彼得堡和加利西亚省东部主要城市都开办了俄语培训班，并提供全套课程，300 名罗塞尼亚教师接受了培训。[15]一位来自沙俄帝国，曾在基辅地区任职的小学校长被请来在加利西亚建立一批俄语公立学校。在利沃夫的一些私立学校，只要使用经过批准的教材，以及保证每周 5 小时的俄语教学，就可以使用波兰语作为主要的教学语言。罗塞尼亚人没有学习乌克兰语的机会，而这些人的孩子，正在被培养成真正的“小俄国人”。[16]

对加利西亚省的罗塞尼亚人来说，更严峻的问题是他们的宗教信仰。虽然对现代人来说很奇怪，但在 20 世纪初，语言在东欧是一种比宗教弱得多的民族认同标志。因此，沙俄的宗教在加利西亚几乎没有立足之处，这让俄国民族主义者痛心疾首。当地的希腊礼天主教会可以一路追溯到 1596 年的布雷斯特联盟（Union of Brest）①，当时的波兰－立陶宛联邦（加利西亚和 20 世纪初俄国的西部边疆地区在 16 世纪末均归属此地）的东正教主教都接受罗马教皇的统治，不过他们保留了东正教的仪式。在沙皇俄国，东正教神职人员和官员都认为希腊礼天主教是伪教，是天主教徒将讲乌克兰语和白俄语的农民从真正的俄国信仰中剥离的诡计。在 19 世纪，希腊礼天主教会被沙皇取缔。1839—1875 年，沙俄政府在强制当地居民皈依正统的过程中费了相当大的工夫。那些拒绝改宗俄国东正教的农民都遭到了哥萨克的毒打，并被流放到了西伯利亚。[17]

然而，希腊礼天主教会在奥匈帝国统治下的加利西亚繁荣了起来。奥匈帝国在 18 世纪 70 年代吞并这里不久，便将其地位提升到与罗马天主教会相当的位置；1914 年，其上层神职人员仍然对他们所被授予的权利和特权深表感激，成为帝国的忠诚拥护者。此外，在 19 世纪，宗教已经成为乌克兰民族的一个典型象征。许多教士都是乌克兰民族运动最早也是最有影响力的领导人物。对整个加利西亚东部的罗塞尼亚人来说，无论是生活在普热梅希尔这样的城镇，还是乡下，信仰希腊礼天主教都是他们身上最重要的共同点。正是信仰将他们与信仰俄国东正教的俄国人和信仰天主教的波兰人区分开来。在东方与西方交界的地方，宗教代表着他们的立场。同时也是他们身份的根本性组成部分。[18]

因此，希腊礼天主教会的存在是实施俄国化所面临的最大障

---

① 布雷斯特联盟，或称布热契奇联盟：波兰－立陶宛联邦罗塞尼亚东正教（教区）于 1595—1596 年决定与东正教断绝关系，并与罗马教皇缔约，将自己置于罗马教皇的管辖之下。

碍，占领者在如何削弱其影响力的问题上产生了分歧。对尼古拉大公、亚努什克维奇和博布林斯基来说，舍普季茨基大主教的解职，能起到杀鸡儆猴的作用。整个占领期间，俄国军队一直在进行激烈的战斗，在取得最终的胜利之前，其领导层无意激化矛盾，让希腊礼天主教农民在后方制造动乱。博布林斯基倾向于阻止逃离的希腊礼天主教神职人员返回原来的教区，但对那些仍然存在的教区则采取了非常温和的做法。他一开始就承诺宗教宽容，并规定只有在四分之三的教区居民以不记名方式决定皈依俄国东正教的地区，才会派遣东正教牧师，可即便如此，当地教会仍掌握在现有希腊礼天主教牧师手中。[19]

不幸的是，对于占领当局的怀柔策略，俄国东正教会并不认同。1914 年底，在极端虔诚的沙皇的支持下，沃里尼亚（Volynia）和日托米尔（Zhitomir）教区激进派大主教叶夫洛吉（Evlogii）被派往加利西亚。几年前，他曾以狂热和激进而声名鹊起，凭借一己之力消灭了在俄国边境海乌姆（Chełm）地区舍普季茨基教会的最后一丝残余力量。在 12 月中旬抵达利沃夫后，他违背当地牧师的意愿，立即在该市最重要的两个希腊礼天主教堂，按照俄国东正教仪式，举行弥撒，庆祝沙皇的命名日（ the Tsar's Name Day）。更令人恼火的是，他面向“加利西亚的俄罗斯民族和神职人员”的布道呼吁反对者放弃抵抗，张开双臂拥抱“俄罗斯精神”，回归到“你们父辈的信仰，你们神圣的祖先曾经坚信的并得到救赎的信仰”。[20]他的行为和话语导致群情激愤。就连那些倾向俄罗斯文化的希腊礼天主教神父也转而宣传皈依正统有罪论。就算是在压力和恐吓之下，他们也拒绝向叶夫洛吉和他的俄国东正教入侵者屈服。[21]

因此，叶夫洛吉转而把注意力放到了希腊礼天主教信徒群体上。他极力劝说博布林斯基放宽有关皈依的规定，也取得了一定的成功。到了 1915 年 2 月，在希腊礼天主教神职人员已经逃离的社区，只要少数教区居民提出要求，俄方就可以派一名俄国东正教牧师作为替代。在农村则爆发了一场骇人听闻的运动，叶夫洛吉凭借自己的权力驱逐了一些希腊礼天主教神父，其他人则被他在加利西亚－俄国社团（Galician－Russian Society）的盟友驱逐，加利西亚－俄国社团是一个包含当地亲俄分子的极端组织。这些人饱受奥匈帝国迫害，还有许多私人恩怨，一心只想加快俄国化的步伐。[22]为了使神父席位出现空缺，牧师们要么被谋杀，要么像在距离普热梅希尔不远的巴利切（Balice）村落的哈拉索维斯基（Harasowski）神父一样被逮捕。接替他们的俄国东正教牧师随后便会命令整个教区皈依俄国东正教。在这个过程中，到处是阴谋诡计。罗塞尼亚的农民们被告知，信仰都是一样的。这个谎言之所以令人信服，是因为宗教间的仪式相似度极高。尽管如此，叶夫洛吉的面前依旧有不少坚定的抵抗者。加利西亚总共有 1906 个希腊礼天主教教区，只有区区不到 100 人皈依了俄国东正教。[23]

军事总督博布林斯基对叶夫洛吉咄咄逼人的做法深感不安，跑去苦兮兮地向他的上级抱怨。[24]总督更倾向于使用更为温和的迂回策略来达到目标。在他的命令下，加利西亚的省会利沃夫开始渐渐呈现出俄国城市的样貌。俄国国旗在利沃夫的市政厅前冉冉升起。各个小店的店主都收到将招牌改成西里尔字母①的命令。同时，博布林斯基不顾市议会的强烈反对，让街上布满了俄国的标志。公开发表的消息和文章都经过了俄方的仔细查控，所有的

① 西里尔字母又被称为斯拉夫字母，现在的俄语、乌克兰语、卢森尼亚语等都使用西里尔字母。

报纸也都只能使用俄语和波兰语。“罗塞尼亚”这个词也被禁用。流通的货币也变成了卢布。就连历法也变了。加利西亚引进了儒略历①，日期被推后了13天。时间也统一使用圣彼得堡时间。俄国的公共假日也被引进。到此，博布林斯基也黔驴技穷了。12月，为了让即将到来的沙皇命名日更具节日气氛，俄国警察开始挨家挨户威逼或者利诱，让居民在窗户上悬挂俄国国旗。[25]

温和表象下的暴行，才是俄军占领时期的真实写照。沙俄军队野心勃勃，居心叵测，意图将加利西亚东部“恢复”成“原本”的俄国面貌。文化层面上的强行同化行为给乌克兰人带来了灾难。占领者的专横跋扈更是加剧了加利西亚人民的苦难。博布林斯基并没有像他所威胁的那样，引进俄国的法律法规，不过他的确带来了俄国的“体制”——腐败和暴行。

只要普热梅希尔的堡垒不倒，城中的民众就被保护着。然而，世上没有不透风的墙，城里的居民了解到附近被占领的村庄遭受到的苦难。偷盗行为无处不在。城里的民众人人自危。一位波兰妇女在给保卫要塞的丈夫的信中写道：“我们不断向上帝祈祷，我们的军队会再次前来，我们已经无法再应付这些俄国人了。无论白天黑夜，都得不到一丝安宁……俄国人时常恐吓我们，要把我们赶尽杀绝。”[26]所有基督教分支的信徒都经历了一段黑暗的日子。在俄国人的暴行之中，加利西亚的犹太人就是最大的受害者。

俄军对犹太人的憎恨在入侵的最初几天就已经表现出来了。第一次大屠杀发生在东北边境的小城布罗迪（Brody），城中1.8

---

① 阳历的一种，是公历的前身。公元前46年，罗马统帅儒略·恺撒聘请亚历山大城天文学家借鉴埃及阳历而制定，故名。

万名居民之中，超过三分之二都是犹太人。8 月 14 日，哥萨克铁骑纷至沓来。面对沙俄骑兵，人们都争先恐后地寻找避难所。短短 45 分钟内炮火连天，随后而来的是一片寂静。当人们小心翼翼地从地窖中走出来的时候，没有人知道到底发生了什么。如先前无数次哥萨克骑兵在肆虐之前所找的借口一样，他们谎称一个犹太小女孩先向他们开了枪。几天以后，骑兵们回过头来又一次烧杀抢掠。一个目睹了一切的犹太车夫，重述了当时的情形：

> （哥萨克）在镇尾停下了脚步，下了马，一言不发，用长矛向房屋的窗户里扔了些什么。紧接着房屋就被火焰吞噬。他们只允许民众留下身上的单衣，其他的一律不许带，就这样离开屋子。哥萨克骑兵不断地放着火，一间又一间地搜刮房间。他们闯进商店、居所，所到之处一片狼藉。直到整个社区都化为一片灰烬，寂静无声，他们才肯停手。

一天下来，总共 162 间房屋被烧毁。三个男人，两个女人（其中一个是基督徒），还有一个女孩都死在哥萨克骑兵的长矛之下。[27]

就像是火药被点燃，暴力继续在普热梅希尔周边地区燃烧。哥萨克骑兵在反犹方面尤其激进。他们有悠久的反犹历史——或者犹如他们美其名曰的那样，是对异教徒的正义屠杀。在俄国，他们是沙皇的走狗，早在 10 年前就在严厉镇压革命时发挥了重要作用。[28]在加利西亚，他们印证了自己冷酷无情的名声。所到之处，犹太人无一幸免。在一些地方，他们的罪行更为残暴。男人们被殴打，女人们被强奸。[29]虽然基督徒有时也会受到攻击，但十分明显，他们的犹太邻居才是侵略者的主要目标。为了在暴行之下保平安，许多人都在窗户或是屋顶上摆上了圣母玛丽亚、耶稣或是圣尼古拉斯的肖像。犹太人为了自保，也这样做了。也有许多人出逃。据估计，加利西亚近一半的犹太人口（多达 40 万人），都跑去了奥地利边境。目睹者描述道："难民队伍看不到尽头，不幸的可怜虫们，除了随身的几件东西，其他的一切都被抛弃在身后了。"这些惊恐、疲惫的犹太人难民"构成了一幅真正悲惨的画面"。[30]

最残忍的暴行发生在利沃夫。9 月 27 日，经过近一个月暗流涌动的占领，利沃夫也发生了大屠杀。1915 年 1 月，一名间谍被派去侦察占领区，这次大屠杀的消息被传回普热梅希尔。在这名间谍看来，这是沙俄军队的典型做派，一种绕开劫掠禁令的策略。一个俄军士兵在犹太人区的一条街道上的房子里开了一枪，然后立刻大声呼喊，说犹太人正在攻击军队。士兵们便奉命惩罚犹太人，同时也被允许抢劫商店。[31]当然，这名间谍的说法只是一面之词。到底是谁开枪引发了随后的大屠杀，这一点从未得到明确的证实。占领军当局坚称是犹太人的责任，然而沙俄军队应对之野蛮则是毫无争议的。哥萨克在街上无故殴打和射杀犹太平民。他们屠杀了 47 名犹太人，300 名犹太旁观者被捕。[32]

不论是尼古拉大公还是他的军官，都没有组织或正式批准这种暴力行为。然而，俄军最高统帅部的反犹倾向和军队各级指挥机构对暴行的纵容，让这一点成为可能。沙俄帝国是欧洲反犹主义最激烈的国家。宗教的、经济的，特别是日益受现代种族意识形态影响的政治偏见，都印证了俄国统治精英和军队对犹太人的敌意。[33]1905 年俄国革命更激化了反犹情绪，有阴谋论认为内心阴暗的犹太金融家和犹太社会主义革命者是革命活动的幕后主谋。那些年间，发生了无数反犹太族裔人群的恐怖暴乱，致使 3000 多人丧生。在最初的大屠杀发生时，俄国上下举国震惊，然而到了1905 年至 1906 年 1 月革命的最后高潮阶段，沙皇派遣负责重整秩序的 D. F. 特列波夫（D. F. Trepov）将军却在暗中煽动屠杀暴行。在扭曲的反犹主义逻辑看来，摧毁犹太人社区就能破坏革命力量。[34]

也正因如此，沙俄军队在针对犹太人的暴力方面，容忍度极高。军队上下对于所谓的种族理论十分热衷，早早接受了一种固定的种族观，在辨识犹太人方面，并不看重血缘，反而以“不可磨灭的种族特征”① 为标准。[35] 官员对犹太人，尤其是外籍犹太人，从本质上就不信任，认为他们在政治方面不可靠。因此，也难怪在 1914 年，俄国军队的领导层在文化多元化的东加利西亚建立种族同质化的“俄国”领土时，并未许以“犹太佬”（kikes，在司令部，从来没有人会称他们为“犹太人”）容身之地。在俄军最高统帅部的午前茶点时间，军政官员们讨论如何“消灭”少数族裔以打发时间。有些人认为，只要将犹太人驱逐到奥地利，就能解决这个问题。没有人谴责军队的过激行为。恰恰相反，这些行为都称得上与整个民族净化计划相吻合。被掠夺的犹太财产都被分配给了贫穷的罗塞尼亚农民，使得俄国的统治和文化同化更具吸引力。[36]

总参谋长尼古拉·亚努什克维奇将军是一个特别偏执而激进的反犹主义者，他是占领军反犹政策的核心人物。在最高统帅部外交局和当地有影响力的亲俄分子的敦促下，他从 9 月下旬开始计划征用加利西亚犹太人的土地。以亚努什克维奇的逻辑来看，这种做法行得通。沙俄军队是残暴的，但尽管军官们大谈“灭绝”，实际上种族灭绝并未发生。在亚努什克维奇激进的想象中，

① 这里指对犹太人的刻板印象，如大鼻子、小黑眼睛等。

犹太人是最重要的经济剥削者，他们的特权都来源于他们的财富。有人告诉他，加利西亚省三分之一的土地都在犹太人名下，然而实际上，只有 8% 的土地属于犹太人。因此，剥夺他们的财富就足以打破他们的特权地位，就可以“解放”斯拉夫的农民。速度，是重中之重。在和平时期，这种武断的行为必然会招致国际谴责和议会反对。而在战争时期，这些障碍消失了。为了让掠夺合法化，并让军队能够更加随心所欲地处置犹太人，他出于俄方利益提议，强制变更所有加利西亚的犹太人国籍，让他们变成俄国公民。[37]

亚努什克维奇的计划在内部遭到了相当大的阻力。在俄国，议会认为他的提议太过草率，于是否决了提案。在利沃夫，较为温和的总督博布林斯基伯爵担心他所管理的后方地区的稳定会受到影响，而故意拖延。尽管如此，在尼古拉大公的支持下，亚努什克维奇还是推动了他的计划。1914—1915 年冬季，占领区内犹太人的土地被核查统计并记录在案，1915 年 2 月，沙皇本人批准了一项“清算法”，允许没收前线 160 公里内属于奥匈帝国的任何土地。同时，其他的经济制裁措施也开始实施了。对加利西亚的犹太人来说，禁止犹太人从俄国迁移到加利西亚或在加利西亚内部迁移对他们而言影响尤其巨大，这些人很少拥有土地，通常只是商人或工匠罢了。随后的一个月，即 1915 年 3 月，在加利西亚法院工作的犹太人被解雇。在占领区的一些地方，所有在民政部门工作的犹太人都丢了工作。除了这些主要措施外，当地占领军指挥官和军队肆意没收和征用犹太人财产的行为猖獗，摧毁了犹太人的生计。[38]

在反犹主义的影响下，俄国占领军当局批准下级指挥官、士兵和行政人员全权支配加利西亚犹太人的命运。犹太人饱受剥削、忍受暴行和诋毁。被派来协助管理占领区的官员和警察都是沙俄官僚机构的渣滓，他们既没有受过良好的教育，也不会其他语言（只会俄语），之所以会被选来加利西亚，正是因为他们的无能、贪得无厌和懒惰，他们在之前的职位上一无是处，只能混吃等死。[39]这些人的存在，让犹太人生不如死的生活雪上加霜。腐败和敲诈见怪不怪，少数族裔得不到法律的保护。其中鞭打、逮捕和强制劳动都被用来对付犹太人。而随后的迫害行为，还充满了无法言喻的虐待行为。年轻人在被处以绞刑之前，还被迫亲自动手吊死自己的父亲。一个犹太人因试图从一座烈火中的犹太教堂救出《托拉》（*Torah*）① 卷轴而被打死。还有一个人的脖子上被套上绳索，在街上被活活拖死。[40]

犹太人时常公开受辱。位阶较低的沙俄官兵带着有害的偏见，并且残忍而贪婪，但他们的暴行意味着新秩序的兴起。在即将成为俄国领土一部分的东加利西亚，犹太人作为一个被剥削和边缘化的少数群体，没有容身之地。犹太人时常被指责迷惑无辜的信仰基督教的农民，对农民施以经济上的剥削——这样的局面将不复存在。官员们故意煽动民族仇恨，告诉这些农民，沙皇会把犹太人的财产分给他们，并鼓励他们抢劫他们的犹太邻居。旧的等级制度被推翻了。农民亲吻地主的手这一传统也被俄国人颠覆，他们强迫犹太地主及其妻儿亲吻农民的屁股。[41]

随着军事行动的展开，在整个沙俄军队中，直至最高层，反犹主义情绪被进一步激化，因为军队散布着犹太人奢侈无度、懦弱无力的刻板印象。一开始，从经济问题着手打击犹太人似乎已

---

① 《托拉》是犹太教的主要诫命和教义的主要来源，即圣经的前五卷书——摩西五经。

足够，然而，由于俄国人未能彻底打败奥匈帝国军队，伤亡人数不断增加，偏执情绪便进一步加剧，军官们开始把犹太人当作奥匈间谍的替罪羊。部分是作为一项迟来的惩罚措施，犹太商人随后被禁止在加利西亚占领区内部流动。扣押人质是俄国人的第一反应。虽然犹太人口只占了加利西亚人口的11%，但在1915年4月扣押的2130名人质中，有一半以上是犹太人，大部分都是当地社区的精英。[42]因为邻近的城镇很早就受到了影响，在普热梅希尔，俄国的所作所为很可能传到了犹太人社区。在普热梅希尔西南方向60公里的利什科（Lisko），当地因未能及时向俄军运送面包而被罚款1万克朗，直至9月底仍无力支付该笔罚款，因此4名居民被劫为人质，其中3名是犹太人。10月9日，俄国人从普热梅希尔30公里外的雅罗斯瓦夫撤退时，带走了28名人质，大部分是犹太人。[43]

人们很快又感到了反犹行动的再次升级。1915年1月，沙俄军事领导层下令大规模驱逐犹太人。这一行动早有先例：1914年秋冬，沙俄军队利用战时的特殊权力，以安全为由，将俄国西部边疆地区的数十万敌国居民和德国人强行流放。[44]然而，在加利西亚，这次手段的升级是交战中的奥匈帝国和沙俄帝国对叛国和相互报复的种族化幻想环环相扣、不断升级的结果。奥匈帝国军队对现实和想象中的亲俄分子的残酷镇压吓坏了沙俄指挥官。指挥官们认为加利西亚省内大约有1万罗塞尼亚人被囚禁，这一估算大致准确，但大大低估了被处决的人数，他们以为仅有1500人左右被处决。他们知道此地针对罗塞尼亚人的暴行遍地，且认为是犹太人在此推波助澜。亚努什克维奇愤怒地抱怨："我们每次调整行军路线以备战略性撤退时……犹太人则向（奥地利）德国人告发对我们报以同情的人民，奥匈帝国军队随即对他们施以残酷暴行。”[45]

正如尼古拉大公的总参谋长所解释的那样，大公的解决办法是：“防止对依靠于我们的人民的暴行，保护我们的军队不受间谍活动的侵害（整个前线都存在间谍），驱赶新占领地区的犹太人。”[46]这一命令与军方领导人清除加利西亚的多民族属性，并将其改造为俄国土地的决心简直如出一辙。即便如此，对前线部队来说，这几乎是天方夜谭。企图把惊慌失措的平民驱赶到后方，穿过整个防御工事，越过炮火纷飞的战场都会导致局面混乱不堪。很多部队发现把犹太人向东驱逐比较简单。因此，到了3月份，加利西亚东部有了1万多名流离失所的难民。普热梅希尔东边莫希齐斯卡镇的犹太人也在3月初被一路驱赶。俄国人对要塞长期以来的顽强抵抗无能为力，他们指责犹太人从事间谍活动，并把未能攻占据点的责任怪罪在他们头上。驱逐行动无情又彻底。在哥萨克骑兵的护送下，整个社区的居民被赶到了35公里外的格鲁代克（Gródek），对一些不幸的人来说，更是被迫一路流离来到利沃夫。这些人中，有老弱病残，还有刚刚生产完的母亲，他们都因为信仰被扣上了敌军间谍的罪名。[47]

向东驱逐犹太人给俄军带来了可以预见的但又无法估量的严重混乱。博布林斯基发现自己正面临一场人道主义危机，他曾对亚努什克维奇迁移犹太人的提议提出反对。在无奈之下，他联系了俄国各省省长，以便组织转移无家可归的犹太人。议会听说亚努什克维奇的所作所为，就明令禁止加利西亚的犹太人（人质除外）进入帝国的领土。[48]也正因如此，俄军加倍努力，把犹太人推向敌军阵线。1915年4月，第3集团军司令拉德科·迪米特里耶夫将军发出命令，清楚地解释了自己的动机：“鉴于俄国已经有太多犹太人，不能再容忍这些（犹太）人，尤其是来自加利西亚的（犹太）人进一步涌入。因此，身处高位的统帅亲自下令，当军队占领新的地区时，召集起当地所有的犹太人，把他们往敌军方向驱逐。”[49]

1915 年夏天，俄国军队遭到德国和奥匈帝国军队的反攻，撤出占领区，到此时已有 5 万名犹太人被迫离开加利西亚，进入沙俄。另外约 5 万名犹太人未能被驱赶至俄国，在加利西亚省内四散流离。[50]俄国在加利西亚的计划和行动都十分恶劣，这不仅仅只是对要塞围墙后眼巴巴地看着、担心自己未来的民众来说。尽管沙俄军队没有收到国家要求种族灭绝的指示，而且领导层内部的分歧巨大，决策混乱，但是俄军的占领行动还是预示着极权主义铁幕的降临。与未来的德国和苏联占领军关于种族和阶级的制度设计相比，把加利西亚改造成俄国领土的设想也许血腥程度稍弱，但仍充满乌托邦色彩。对乌克兰人民的文化清洗以及邪恶的反犹主义，将整个犹太社区驱逐出境的做法都始于 19 世纪，到了 20 世纪愈演愈烈。最重要的是，偏执而激进的种族主义思想已经主导 1914—1915 年的东部战线。

1914 年 10 月中旬，加利西亚仍有希望摆脱沙俄占领，抵御沙俄军队将加利西亚改造为俄国土地而准备的毁灭性计划。对于普热梅希尔的解围行动十分顺利，俄军几乎没有任何抵抗，奥匈帝国总参谋长康拉德·冯·贺岑道夫将军决心要保持守军高涨的士气。由于他一贯的傲慢，他幻想着把奥匈帝国最高司令部迁回要塞，并且从那里指挥一次大规模的行动，从俄军的南翼包抄他们。10 月 10 日，骑兵一到要塞，他就发出了野心勃勃的命令。第 2 和第 3 集团军被部署在普热梅希尔的东南部和东部，继续向前推进 80 公里，到达利沃夫的西部和北部。这些部队为北进的主力部队提供侧翼保护。除此之外，第 4 集团军也要行进相当距离，既能向前参与对加利西亚省会的反攻，也能向北推进。第 1 集团军与德国第 9 集团军合作，将发动攻势，炸毁维斯图拉河上的桥梁，追击士气低落的沙俄败军。[51]

然而，康拉德计划的命运，甚至是普热梅希尔要塞的命运，都并不完全掌握在他的手中。原本艰难的只有加利西亚的这场战斗，现在整个东线都陷入了困境之中。10 月初要塞解围，给了奥匈帝国国防军部队部分喘息的机会，但同时也把德军的战线向更北的地方推进了。德军与其同盟军形成了鲜明对比，在东线大获全胜。俄军向东普鲁士——也就是德国在波罗的海的东北部省份发动进攻，在数周内就被德军击退。8 月的最后几天，在坦能堡战役（Battle of Tannenberg）中，一支沙俄军队被包围，并被消灭，这正是奥匈帝国总参谋长梦寐以求的，然而指挥行动的却不是他，这使得康拉德懊恼不已。到了 9 月中旬，第二支俄国军队已被迫撤出加利西亚省。随着东普鲁士的胜利，德军的保罗·冯·兴登堡（Paul von Hindenburg）将军和他的参谋长——冷酷无情的埃里希·鲁登道夫，被安排指挥一支新的部队，即第 9 集团军。这支 14 万人的军队，部署在克拉科夫的西北部，越过上西里西亚的边境，奉命协助奥地利人发动新的进攻。[52]

9 月 28 日，第 9 集团军进军俄国控制下的波兰。俄军对这次袭击早有预料，并已经把 3 支部队从加利西亚转移到了波兰中部。这对康拉德来说，局面大好。自 10 月 3 日、4 日起，他手下的第 3 和第 4 集团军在向普热梅希尔挺进的路上，几乎没有遇到任何阻碍。同时，奥匈帝国第 2 集团军从西南部越过喀尔巴阡山脉，只在乌兹索克（Uzsok）垭口附近遇到了抵抗。[53]然而，强大的俄国部队（包括 47.5 个步兵团和 11.5 个骑兵师，人数超过 100 万）正沿着维斯图拉河加紧展开，这对德军第 9 集团军来说，是一个巨大的威胁。10 月 3 日第 9 集团军到达河边时，河道已经被堵住了。德军拖着奥匈帝国第 1 集团军，掉头向北面的华沙挺进。10 月中旬，沙俄军队开始对维斯图拉河发动总攻，这给同盟国带来了一个巨大的难题。第 9 集团军兵力与俄军差距过大，易受攻击，但撤军又将暴露他们在普热梅希尔城外作战的奥匈帝国军队的侧翼，并逼迫侧翼部队也撤退。[54]

康拉德不仅欠了德国盟友一个大人情，而且大大低估了进军加利西亚东部的难度。俄第 3、第 11 和第 8 集团军已从普热梅希尔撤出，并在桑河右岸占据了有利地形。尽管加利西亚中部的奥匈帝国军队有 40.5 个师，而俄国人只有 26 个师，但康拉德的部下发现，根本不可能突破涨水期的桑河。自 10 月 14 日起，奥匈帝国第 4 集团军便开始对雅罗斯瓦夫及其更北部的地区发起袭击，但由于部队缺乏架桥的设备，他们的努力在猛烈的炮击之下都付之东流。第 3 集团军 17 日从拉迪姆诺（Radymno）向南挺进支援，但也失败了。[55]即使兵力远不如奥匈帝国军队强大，但俄军显然做得更好。10 月 17 日至 18 日晚，拉德科·迪米特里耶夫的第 3 集团军突然进攻，并成功逼近桑河对岸的桥头堡。在南端，俄国第 8 集团军也在几天后发动进攻，迫使奥匈帝国第 2 集团军短暂撤退。康拉德的部队离大获全胜差得远，伤亡惨重不说，甚至连本军的阵地都没有保住。[56]

后勤补给问题是奥匈帝国军队战绩不佳的主要原因，而且这之后也对要塞的防御能力造成了严重的不良影响。康拉德的部队向普热梅希尔挺进时，补给线只能勉强维持。例如，在普热梅希尔以东作战的第 3 集团军在要塞 70 公里外的扎古日（Zagórz）和热舒夫就有军需品仓库。仅这支部队的 20 万人每天就需要 800 吨粮食，还有 6 万匹马的饲料，以及所需的弹药和装备。所有这些都必须用马车沿着一条公路运输，而夜以继日的运输和连续 4 周的倾盆大雨已经使这条公路不堪使用。为了执行康拉德的进攻计划并养活他的士兵，国防军便只能使用普热梅希尔的存粮了。2.2 万枚炮弹从要塞的弹药库转移到了野战炮阵地，要塞火炮发射了 1.04 万枚炮弹，以支援第 3 集团军的行动。最要命的是，食物被大量消耗。到了 10 月 19 日，要塞司令部不允许他们再继续领取物资的时候，相当于要塞 19 天标准的口粮都已经吃完。如果把用于喂马的燕麦也计算进去的话，那么要塞损失了超过一个月的珍贵粮食储备。要知道，在危急关头下，燕麦也可以供士兵食用。[57]

要想补上要塞失去的储粮，并不是一件易事。在被解围后的两周半中，要塞的铁路运输一直无法使用。铁路线自西边而来，在普热梅希尔北方蜿蜒，并从东北方向进入，路线处在俄国炮兵的射程之中，因此不能使用。9 月 19 日，就在被包围之前，尼藏科维斯大桥被拆除，这条从匈牙利通往普热梅希尔南部的铁路线也被破坏。军队需要时间重建这座桥，最终在 10 月 28 日完工，在接下来的 6 天里，213 列火车迅速驶入要塞。平均每 40 分钟就有一列火车驶入这座城市的车站。其中有 128 列火车所运输的是要塞的补给，另外 85 列是为国防军准备的。通过 11 个小时的物资输入，再加上在边境线周遭的征集，要塞驻扎的 131 767 名士兵和 21 484 匹马，得到 111 天的面粉和饼干配给、139 天的蔬菜配给、72 天的肉类配给和 90 天的燕麦配给。弹药库已经填满了一半。[58]

火炮弹药的严重短缺，在一定程度上也是因为要塞储备量不够，这使得另一个阻碍普热梅希尔城外奥匈帝国国防军的问题愈发严重：士兵士气萎靡。在有些地方，战果突出。第 3 集团军，包括重新并入集团军的匈牙利王家防卫军第 23 步兵师，取得了局部的重大作战成果，占领了位于普热梅希尔东南 20 公里处的马吉拉高地（Magiera Heights）上的俄国防御工事。山顶上高高架起的俄国火炮把普热梅希尔南部铁路都囊入了自己的射程之中，如果它没有在 10 月 18 日前被攻下，那么月底要塞的补给根本不可能到达。[59]一些部队的英勇作战表现有力地驳斥了奥匈帝国国防军指挥官的民族偏见。驻防普热梅希尔的第 10 军由波兰人、犹太人、罗塞尼亚人组成，他们此前受尽鄙夷，这次被特别表扬。据报道，第 17 军表现最好的部队是第 19 师，也主要由不受信任的捷克人组成。[60]

尽管如此，奥匈帝国军队在战场上的表现大多乏善可陈。康拉德大发雷霆，尤其是当俄国人越过桑河，达成了他重兵也未能达成的目标时。不过，其中的原因显而易见。国防军缺乏得力的指挥官和足够的训练。团一级的职业军官在前期的战斗中就大多战死，幸存下来的也不再信任他们在和平时期所学习的失效的操典条例，却不知道该如何改进。大多数征召来填补空缺的士兵只受过区区 6 到 8 周的训练。不出所料，无论是经历过康拉德早前大败的老兵，还是这些新兵，都没有积极的战斗热情。士兵为了避免上战场开始自残。军队的官方历史学家写道：“在战争的任何阶段，都没有像现在这样多的‘自暴自弃者’。”他还补充说：“他们中来自落后文化地区的特别多。”[61]兵力损失惨重。匈牙利王家防卫军第 23 步兵师的兵力在 10 月底减少了整整一半。霍乱、死亡、受伤和失踪的人数加起来大约占了伤亡人数的三分之二。[62]

奥匈帝国国防军在桑河上的战斗因北部战线的大败而终止。俄军最高统帅部将军队转移到波兰中部，集结了一支实力强大的部队来对付德国人。虽然位于中路的俄国第 4 集团军于 10 月 10

日第一次试图横渡维斯图拉河的努力失败了，但鲁登道夫认识到了自己面临的危险，并于 10 月 18 日下令，两天后开始撤退。[63] 康拉德同意第 1 集团军沿着伊万戈罗德（Ivangorod）对面的维斯图拉河北上，掩护德军撤退时的右翼。与此同时他又心生一计。第 1 集团军和撤退的德军一起，让俄军越过维斯图拉河，然后半渡而击，让他们腹背受敌，从而取得胜利。[64]

不出所料，考虑到部队的情况及其指挥官以往的糟糕战绩，康拉德的策略未能按计划实施。奥匈帝国部队在离河远处及时展开，并于 10 月 22 日准备向毫无戒备的敌军发起进攻。第一天的战斗似乎进行得很顺利，但在 23 日中午，第 1 集团军的参谋人员从一份被截获的电报中得知，俄军已经有 8—10 个师的兵力向维斯图拉河推进。奥地利人放了太多敌军过河。随后几天，随着越来越多的沙俄军队渡河，第 1 集团军 7. 5 个师的兵力受到了难以承受的压力，沙俄军队的兵力在其两倍以上。10 月 26 日下午早些时候，在第 1 集团军南翼被击退后，指挥官维克托 · 丹克尔将军命令后撤 90 公里。这一战造成奥匈帝国军队伤亡 4 万到 5 万人。[65]

第 1 集团军的新阵地从桑河河口向西一直延伸到距河口 90 公里的凯尔采（Kielce）镇。经过 4 天的强行军，于 10 月 31 日到达阵地。守住阵地的希望渺茫。部队没有力量保卫那么长的战线。人员只剩下 7000—8000 人，还面临严重的弹药短缺。此外，为了掩护第 1 集团军的西翼，德军急忙撤回第 9 集团军，以便重新部署和攻击南下的北部俄国大军。康拉德说服他的盟军等待，并严令第 1 集团军站稳脚跟，好让补给通过新开通的铁路运进普热梅希尔。另一边，丹克尔苦苦哀求希望能够撤退，但遭到了拒绝。11 月 2 日下午，俄军突破了第 1 集团军的右翼防线。到了傍晚，康拉德接受了现实，下令撤退。第 1 集团军将立即向西南

50 公里—60 公里处后撤，在梅扎瓦（Mierzawa）河和尼达（Nida）河支流后方寻求保护。为了避免被俄军从侧翼和后方包围，桑河上的守军将向杜纳耶茨河以西 150 多公里处撤退，并向西南进入喀尔巴阡山脉。[66]

这个节骨眼上大撤退对康拉德来说简直是雪上加霜。德军刚刚提议在东线建立一个联合司令部，奥匈帝国总司令弗里德里希大公为名义上的司令，埃里希·鲁登道夫为参谋长。康拉德将被调到一个中级岗位，还被夺走实权。在维也纳，弗朗茨·约瑟夫皇帝显然动了心，因为 11 月 4 日，他让他的军事大臣、老朽的冯·博尔弗拉斯（von Bolfras）男爵把这个想法写信给奥匈帝国最高统帅部。不过弗里德里希大公的坚定支持救了康拉德。[67] 对普热梅希尔来说，局面实在不能更糟。国防军把要塞的仓库洗劫一空，想从桑河推进的努力也是竹篮打水一场空。这条铁路花了两周多的时间才修好，运行才不到一周，到 11 月 4 日，桥梁又不得不炸毁。要塞指挥官库斯马内克一想到第 3 集团军的殿后部队在当晚要离开，心中一定充满了不好的感觉。他后来懊悔地说："由于军队在普热梅希尔地区驻扎了三周半，要塞所面对的困难，特别是在物资方面，大大增加了。"[68]

康拉德接受了从桑河撤军的现实后，剩下的就只有决定如何处置要塞。第 3 集团军指挥官斯韦托扎尔·博罗埃维奇将军和要塞实际上的参谋长奥托卡尔·胡贝特中校都认为应该放弃要塞，并疏散守军。[69] 普热梅希尔缺乏在围城战中继续坚守下去的物资。对这两个人来说，这是事实，而且也无法指望局面能够迅速改观。德军在法国的秋季攻势有助于奥匈帝国军队重返普热梅希尔。他们的新任总参谋长埃里希·冯·法金汉（Erich von Falkenhayn）将军继续在西线寻求决定性的胜利，尽管康拉德提出了请求，但没有多少部队可以调到东线。奥匈帝国军队过去的表现让人难以相信它有能力独自打通前进的道路，打破俄军对要塞的第二次包围。

此外，这一次没有令人信服的理由把庞大的守军留在国防军后方。1914 年 9 月中旬，要塞为奥匈帝国军队提供了关键性的支持，包括掩护混乱的撤退和赢得时间，以便重组、部分休整和恢复攻势。11 月初，战略形势大为改变。战线一直延伸到德军东线，俄国人现在的主要战场是波兰中部，而不是加利西亚。因此，普热梅希尔不再是关键所在，而是主战场的外围。此外，与秋天早些时候不同的是，奥匈帝国国防军并没有惊慌失措地撤退。虽然北方的战败导致要塞地区 11 月的撤军，但部队是井然有序地从桑河出发，准备在更西边的防御阵地继续战斗。[70]

不过，强大的政治和心理原因迫使康拉德保留了这座要塞。总参谋长的职位、他的名声以及与情人吉娜结婚的梦想，都岌岌可危。放弃帝国在东部的关键防御工事肯定会导致他被撤职。成为帝国抵抗的象征是普热梅希尔的新任务。10 月初，要塞的防御战在整个奥匈帝国统治范围内广为流传。库斯马内克对围攻者的劝降做出的挑衅回应，1－1 号副堡垒史诗般的战斗，国防军戏剧性的救援，以及军报上守军对俄军造成的巨大杀伤，都使渴望胜利的民众着迷。对康拉德这样一个虚荣的人来说，一想到放弃一个最近才成功抵御俄军进攻的堡垒会激起人们的嘲笑和广泛的责难，他就坐立难安。对奥匈帝国国防军最高司令部的质疑会加剧，失败主义的诽谤将会接踵而至，同时，对民众士气的打击将是巨大的。[71]

因此，11 月 3 日，在要塞的守军收到了向家人写告别信的命令。[72]普热梅希尔的“英雄”们将又一次独自面对俄国军队。康拉德的指示，就像一块遮羞布，以积极防御掩盖他的尴尬。规模增加的守军应该“把更多的敌军吸引到自己身上”[73]，精疲力竭的匈牙利王家防卫军第 23 师回到了要塞。从国防军借来的重炮也被运回。增援部队，包括另一个步兵旅和一个飞行中队，被留下。到了 11 月 5 日，半满的仓库，以及无法撤离的重伤员，都成了奥匈帝国国防军离开的唯一记忆。俄军很快便发动了反攻。不到 3 天，要塞就又一次被包围了。沙俄的军队急匆匆地向前推进，在要塞周围徘徊，追击撤退的奥匈帝国军队。黑暗降临到了这片被征服的土地上。

第五章

孤助无援

国防军再次从普热梅希尔撤退的消息让城中的居民和守军错愕不已。“简直就像是晴天霹雳!”斯坦尼斯瓦夫·盖察克少尉在他的日记里惊呼，“恐怖!”[1]11 月 3 日，墙上就贴上了告示，命令平民撤离。第二天早上，警察挨家挨户去敲门的时候，几乎没有什么人收拾好行李。有些不幸的人只有很短的准备时间，把衣服扔进袋子里就往火车站赶。火车站站台上一片混乱。人实在是太多了，根本挤不上最后一班火车。盖察克自己的家人被困在俄军占领的利沃夫，看到绝望的父母们把自己的孩子塞上火车，他不由得号啕大哭。无论是被指定留下的必要的工人，还是躲过了警察驱逐的人，抑或是错过了撤离的火车而又无力负担从普热梅希尔出逃的车费的人，总共有大约 3 万的平民还有 13 万的守军留了下来。传言四起，有的说俄国重炮将在 8 日内炸平要塞，又有人说将会有长达一年的艰苦围困，城里的报纸都在努力安抚这些被困的人。报纸再三强调：“没有必要焦虑或是恐惧，没有必要草木皆兵，吓唬自己或者身边的人。毕竟，我们身处的是曾大获全胜的强大要塞。”[2]

第二次包围战是一场消耗战，预示着随后几年发生的“全面战争”将席卷整个中欧。俄军仍在为 10 月的失败而懊恼，不愿意从他们对德国的主攻方向上抽调力量，他们也无意再对普热梅希尔发起大规模进攻。相反，守军指挥官，比如新提拔的库斯马内克将军，所收到的情报表明，敌人想要执行长期的围困，饿死要塞里的人。执行封锁的部队有 6.25 个步兵师和 1 个骑兵师，对普热梅希尔围而不歼。11 月晚些时候，其中一些二线部队被换成了更差的民兵部队，这些部队由年龄稍长的士兵组成，与被困在要塞内的士兵几乎没有什么不同。他们的阵地远离要塞外围，在守军炮兵的射程之外。由于要塞孤城独守，普热梅希尔的守军和居民赖以生存的只有城内的储备物资、自己的聪明才智和精神力量了。[3]

对陷入包围的守军来说，最为迫切的物资需求是冬装。在短暂的解围期间，要塞司令部曾要求支援大量衣物，而在铁路线被切断时，除了 4300 件斗篷和 6000 件小牛皮包之外，什么都没有收到。11 月下旬，气温骤降至零下 17℃，可部队仍穿着夏季的制服和破旧的靴子，周边战壕里开始出现严重冻伤减员。[4]幸亏库斯马内克和要塞司令部预见到了这样的情况，已经着手采取措施缓解短缺的问题。早在 10 月初，要塞供应部门就已经呼吁普热梅希尔城自行生产 10 万件厚棉内衣。市政当局迅速做出反应，在腾空的地方法院里安装了 30 台缝纫机，招募了 160 名妇女进行生产。这些妇女中，一些人是专业裁缝师或缝纫工，而另一些人则来自受人尊敬的中产阶级家庭，比如教师和中学生。才一两周的时间，她们每天就能生产 250 套左右的保暖内衣。一直到 1915 年 2 月，原材料被用尽她们才停下来。[5]

要塞的守军也在想方设法地解决眼前的问题。匈牙利王家防卫军第 23 步兵师的士兵急中生智，把多出来的小牛皮背包做成了背心，为每个营提供 60 件这样的保暖衣物。为了有靴子穿，各种各样的法子也应运而生。一个简单的应急之法是用木制鞋底与肩带，将它们紧紧地绑在现有的鞋子上。更令人印象深刻的是，有人发明了一种用化学手段使生皮变硬的方法，以便用生皮替代皮革鞋底。[6] 对于其他的短缺问题，也有了各种各样的创新。要塞的工程指挥部也制造起了临时武器，从排水管改造成的迫击炮到装甲火车，等等。凭借各种技能和知识，城内的居民和士兵利用任何现有的东西来制造短缺的生活用品。肥皂和鞋油就是其产品之一。其中，2 万盒的“要塞火柴”声名远扬。盒子上贴满了“小心轻放!”和“小心处理摩擦面!”的警告语，因为里面的东西太危险了，一不小心，火柴就会“像火箭一样发出小爆炸和劈啪声”。[7]

普热梅希尔的居民还面临着其他问题。对他们来说，从围城一开始，最担心的就是口粮问题。夏天辛辛苦苦积攒起来的私人存粮已经所剩无几，只要是能入口的东西，现在都已经卖出了天价。在国防军于 11 月初撤离之前，市政当局就规定了食品和其他必需品的最高价格，只能比平时的价格高出三分之一左右。卖家可以合法地将一个鸡蛋卖到 12 海勒（7 海勒是和平时期的标准）、一千克面粉可以卖到 68 海勒（40 海勒为先前标准）、一千克土豆可以卖到 13 海勒（8 海勒为先前标准），一千克猪肉则可以卖到 2. 40 克朗（1. 60 克朗为先前标准）。[8] 从普热梅希尔被封锁的那一天起，就没有人再在乎这些规定了，尽管违规者将面临 2000 克朗的罚款以及 6 个月的监禁。到了当月中旬，物价就已经上涨到战前的两倍。如果能找到愿意收现金的卖家，就已经称得上幸运了。随着现金的迅速贬值，唯一的购买手段就只有以物易物了。但只有双方都拥有对方需要的东西的情况下，以物易物才能实现。[9]

在如此情况下，政府开始介入了。11 月中旬，普热梅希尔建立了第一个施粥场。要塞司令部提供了大部分食物，厨房由修女管理，每天要烹饪 650 人份的饭食。[10] 随着越来越多的人开始断粮，其他的慈善活动也组织了起来。一个由天主教主教领导的公民委员会在第二个月开设了2个慈善食堂，到围城战结束时，已经有7个这样的食堂在运作，还有提供热饮和简单饭菜的其他同类组织。[11]其间也照顾到了自尊心较强的人——有些居民宁愿挨饿，也不愿忍受排在施粥场队列中的耻辱感。为了这些人，要塞供应部在1月中旬建立了一间餐厅，以半价提供粮食，志愿者提供的饭菜价格为30或40海勒。收取象征性的金额，人们既可以保持自尊，又能填饱肚子。[12]

围城战术和攻城战术一样自古就有。对许多困在城中的人来说，他们觉得自己像回到了原先缺乏攻城装备的时代一样。抑郁的骑兵和衣衫褴褛的步兵在雪地里围着篝火，就像100年前拿破仑战争场景中的人物。随着货币的不断贬值，以及易货交易的不断蔓延，许多人的生活更加返古了。“我们现在的生活就像是在史前时代。”普热梅希尔城的报纸评论道，把这里的市民比作爱斯基摩人、西伯利亚人和“中非未开化民族”。[13]几十年的和平与进步使居民们相信战争的恐怖已经成为过去。然而，战争，无论是过去还是现在，带来的都只有痛苦。很快，居民就会惊觉他们确实是活在现代社会，最为明显的是来自天空的新威胁。

1914年12月1日上午，一架俄国飞机出现在普热梅希尔的上空。当城市的守军开火，一阵刺耳的声音炸裂开来，粉白色的烟纷纷绽放，然后融化在天空中。在满是积雪的街道上，人们成群结队，饶有兴趣地注视着天空。有些人甚至是目不转睛地盯着。其他人则打趣说，那飞行员该有多害怕。

突然，小小的圆形物体从飞机上掉下来，看起来就像是灰色的鸡蛋。它们飘摇而下，被风吹得左摇右摆，直到砸到地面上引起爆炸。一声惊呼：“俄军在投掷炸弹！”恐慌接踵而至。人们开始四下逃窜。一些人急匆匆地躲进家中的地窖里。其他人则从家里逃到街上，认为那里比随时可能倒塌的楼房更安全。一些人被从屋顶上炸下来的积雪击倒在地，他们站起身来发现自己还活着，拔腿就跑。[14]

这是对普热梅希尔的一系列空袭中的开始，也是历史上最早针对城市平民的空袭之一。[15]在整个围城过程中，俄国飞机总共向普热梅希尔及其周边地区投下了 275 枚炸弹。不过造成的损失并不算严重。城里的报纸再三向市民保证，这些小炸弹“既不可怕，也不致命。因为它们要么根本就不爆炸，要么就没有足够的威力穿透天花板”。官方的说法是，第一次空袭造成的损失，总共只有一匹马死亡，一座建筑的屋顶受损，还有一些窗户破损。[16]不过，一些消息灵通的人听说，一些人也受了伤。一个女孩的半个头都被弹片或是掉落的砖石击伤，被紧急送往医院时还抽搐不已。另一人胸部严重受伤，还有一名男孩多处轻伤。[17]

普热梅希尔的政府官员和军方迅速做出了反应。短短几天，墙上就贴满了告示，警告敌机出现时，公众不要在原地停留，而是应该立即躲藏到家里的地下室。[18]要塞的工程局开始加班加点地研究对策。有 8 挺缴获来的俄国机枪用于防空。这多亏了一名国民军的工程师，入伍之前他曾在一家精密机械公司工作，研制出了一种非常简单但有效的测距仪，能够测量空中飞行器的高度和距离。[19]然而，民众还是没能安下心来。第一次突袭引起了极大的恐慌。人们似乎预见了世界末日即将到来，只不过这场战争还算不上。传言说，飞机连同炸弹一起扔下了一些卡片，宣称会有大规模的机群要来彻底摧毁这座城市。[20]

空袭的主要目标是桑河和普热梅希尔及其周边的军事设施，比如要塞司令部、食品仓库和弹药库。当然，制造恐慌也是他们的主要目的之一。事实证明，袭击没有能击毁任何具有战略价值的东西，但还是造成一小部分平民伤亡。总共有10多名居民遇难，受伤的人数大概是死亡人数的两倍。[21]居民情绪激奋。空袭就意味着城内没有一处是安全的。受害者中有妇女，还有传闻称，受伤的还有许多儿童。[22]客观来说空袭的实际威胁程度并不高，但确实令人极度不安。住在市中心的理哈德·冯·施坦尼采（Richard von Stenitzer）博士描述道："当空中有飞机飞过，那种感觉令人格外难受，就好像是在针对他个人一样。"天空中带翅膀的敌人激起的恐惧，让人联想到了中世纪的神话传说。空袭下的生活让这位医生想起了一个可怕的童话故事："龙在某个特定的时间来到这里指定受害者。"[23]

围城之下，普热梅希尔的人民过着奇特而紧张的生活。时间似乎有了不同的节奏。跟随医生丈夫来到要塞的施蒂里亚伯爵夫人伊尔卡·库尼格尔-爱伦堡总结得最好："日复一日、周复一周、月复一月的等待，无尽的等待。"[24]这样的围困，在得到救援或是一败涂地之前不过是一个插曲。在被围困的要塞中，每天的生活交织着单调和不断出现的新威胁。人们渴望能够恢复正常的生活。一位名叫基坦尼斯瓦娃·巴拉诺维奇（Stanisł-awa Baranowicz）的老师回忆说："今年1月，当学校获准重新开学时，我很高兴能再次走上讲台，因为这样就有一段时间可以让我忘记即将来临的危险。"各方的说法都表示，孩子们也对恢复和平时期的日常生活心存感激，哪怕这生活会被战争的炮火无奈打断。他们"心怀喜悦"地按时来到学校，"尽管窗外炮火轰鸣，炸弹和机枪的声音不绝于耳"。[25]

每个人都有一个问题，每个人在醒着的时候都着魔似地想着，这场折磨什么时候才会结束。对那些找寻答案的人来说，施蒂贝尔大咖啡馆是个好去处。这家咖啡馆位于火车站对面气势宏伟的皇家酒店一楼，距离要塞司令部仅几步之遥，是普热梅希尔最著名的聚会地。用一个傲慢的奥地利军官的话来说："它既不优雅也不漂亮，只不过地方大。有很多桌子和扶手椅，两张台球桌和几扇大窗户而已。"当然，1914 年的冬天，并不是这间咖啡馆最佳的营业时间。大部分服务生已经撤离，也没有食物和暖气，除非人们能买得起价格昂贵的普通烈酒，否则只能喝加了覆盆子汁的茶。尽管如此，要塞的军官们还是到这里来放松和闲聊，因此，如果有人想了解要塞的形势，这里是一个可去之处。这里总是挤满了人。[26]

城市里谣言四起。没有人知道即将到来的救援、和平或灾难何时才能开始，但谣言总是像野火一样蔓延开来。有些说法太过离奇，以至于有时普热梅希尔的居民不仅与外界隔离，也与现实隔离。例如，在将近 11 月底的时候，一份未经证实的报告称，普热梅希尔以东 90 公里的利沃夫已经被收复了，这样的传言甚至让城中的居民们欣喜若狂。盖察克中尉说："这个消息使全城的人都感到兴奋异常。士兵们相拥而泣。"他整晚整晚地睡不着觉，憧憬着即将回家的情景。[27]还有传闻说，在 1 月时，以美国为首的中立国家发起了一次和谈。当这些幻想都化为泡影时，失望的情绪令人崩溃。居民们充满了愤怒，盖察克痛苦地在他的日记中写道："我们已经什么都不相信了。"[28]

这些乐观的谣言，以及俄国人在要塞下挖掘隧道或是运来日本产攻城炮的谣言，都折射出被围困者的希望或恐惧。[29]在无聊、紧张和期望交织的气氛中，人会变得易怒，情绪也会变得焦躁。在围困结束时，许多士兵（可能是大部分士兵）都变得抑郁。来自加利西亚的部队情况最糟，因为他们不仅像其他卫戍部队一样，与家人分离，而且通常也不知道俄军入侵后亲人们的情况。

斯坦尼斯瓦夫·盖察克没有一天不为妻子露西和在沦陷的利沃夫的4个孩子而憔悴不安，他对他们可能遭遇的一切感到深深的恐慌。他们有挨饿吗？他们还活着吗？盖察克随身携带他们的照片，对着照片喃喃自语，为他们祈祷，暗自落泪。12月中旬，一个善意的牧师的布道让士兵们情感集体崩溃，盖察克和他加利西亚东部的士兵同僚们一直以来的情绪、忧虑彻底爆发开来：

> 今天早上（12月14日）一位波兰牧师来到连队，做了一次简短的布道，并向上帝祈祷让在场的每一个人在死后获得赦免。我们为皇帝祈祷，然后，当他说“现在我们要为我们的妻子和孩子祈祷”时，一声哀号在人群中响起。我哭得像个孩子！我无比诚恳地为你们最亲爱的妈妈和你们，我亲爱的孩子们祈祷，愿主上帝和圣母听到我的祈祷，保佑你们的生命和健康！[30]

这座城市帮助人们分散了一些注意力。在美丽的公园里漫步，爬上城市西南部的城堡山，可以帮助人们身心放松。不过在刮风的日子里，远处隆隆的炮声在这里听得更清楚。因为俄国战俘被关押在山顶古老的城堡里，人们再也不能像平时那样登上山顶了。[31]剧院照常开放，播出闹剧和喜剧缓解居民的压抑。最能说明问题的就是普热梅希尔的影院“奥林匹亚”办得热热闹闹。凭借福尔摩斯系列惊悚片和《一千零一夜》，它的银幕可以在宝贵的几个小时内，奇迹般地将被围困的公民和士兵的思绪从要塞转移出去，远离苦难和流血，去到世界最遥远角落的浪漫之地。“在这个廉价又刺激的庇护所里，”这座城市的报纸敏锐地估量着人们的情绪：“当我们面对霍乱、俄国人和战争时，我们从悲剧性的喜剧和喜剧性的悲剧中寻求安慰。”[32]

在历史悠久的奥地利，在莫扎特、李斯特和施特劳斯的故乡，最能鼓舞士气的也许就是音乐了。普热梅希尔的火车站已经废弃，被改为音乐厅。守军内的著名音乐家，以普热梅希尔的孤寡基金会的名义举办了演出，该基金会是一个慈善机构，旨在向保卫要塞的阵亡者家属提供支持。[33]然而，最让公众感动的是，每周在普热梅希尔广场，要塞司令部都会举办免费音乐会。从围城一开始，这样的音乐会就开始了——第一次在 11 月 8 日星期日。团里铜管乐队欢快的铿锵声，那种与和平时期的快乐假日有关的声音，使旁观者既惊讶又高兴。一向敏锐的伊尔卡·库尼格尔－爱伦堡捕捉了这一刻的场景：

> 匈牙利王家防卫军的鼓号乐队走进集市广场，然后停了下来，围成一圈，指挥走到他们中间。随着指挥棒举起，音乐声响起。要塞中已经几个月没有响起过乐曲声了。战争爆发后，军乐队再也没有演奏过。音乐声使人们纷纷走出巷子。向广场走去的人们都放轻了自己的脚步。原本向别处走去的人，都调转过来。人们先是惊愕，接着喜悦就爬上人们的脸庞，慢慢地微笑在人们的脸上定格。人们一窝蜂地向广场涌去，街道上挤满了人。居然还有这么多人困在要塞里，实在令人惊讶。[34]

这场集市音乐会之所以受欢迎还有另一个原因——它为异性交触提供了机会。穿灰色派克服的男人①和困在城里的女人混在

① 普热梅希尔驻军军官。

一起，这些女人通常是志愿护士或是女工。库尼格尔－爱伦堡注意到十几岁的女孩子悄悄给军官们抛媚眼。要塞是个寂寞的地方，同时也是一个平时的规矩和礼节正在慢慢消失的地方。世界末日的气息在城市之中四处弥散，人们开始放松自己的道德准则，风月之事变得寻常。爱情、欲望和色情，对大多数军官和一些平民来说，都是被围困在要塞中生活的一部分。

作为一个要塞城市，军民恋情对普热梅希尔来说并不陌生。在平时的舞会中，如果没有衣着华丽的军官和城市贵族的女儿们在舞池中央翩翩起舞，跳着华尔兹的话，这个舞会就算不上完整。舞会其实就是相亲场，在那里，年轻的女士可以遇到她生命之中风度翩翩的骑士。在次一等的社交场所，也挤满了在守卫地区服役的士兵，渴望着和城里的女孩儿们谈情说爱，有时候甚至到了骚扰的程度。没能找到女朋友的大兵，也总能找到地方用钱换来一夜春宵。有统计表明，世纪之交的普热梅希尔大约有 100 多名妓女。[35]

战争时期，情况特殊。首先，驻军的人数在平时只占城市人口的六分之一，现在已经翻了 4 倍。军官们平时的舞伴，那些城市贵族的女儿们，大部分都已经撤离了。城中的男性占绝大多数，异常压抑，这样的气氛在私人小报上表现得淋漓尽致，因为这些报纸刊登的文章大多都是由无聊透顶的低级军官撰写的。他们的文章充满了男人对“女性元素的缺失”的嘲讽，报纸上的广告也十分下流。其中一个写道：“先生们！如果你需要牢靠的侍女，就打电话给波尔帕扎（Pál pajà）的护士就业办公室吧。厨师、女佣、护士统统都有。都可以亲身尝试哦！”一个叫“戈雷大叔”（可能是兄弟军官的昵称）的承诺“为孕妇提供援助、免费咨询”。还有“热猪肉”——这是匈牙利单词“disznóság”所代

匈牙利一家非官方的战地报纸上的一则幽默音乐会“丘陶克的大型综艺节目”告示，音乐会据说是在堡垒司令部所在地密茨凯维奇街演出的。虚幻小品包括路易斯·尚塔·德·丘陶克（Louis Chanta de Csutak）的“腿抽搐半转身的绝妙舞蹈”——可能是借指炮击或死亡之痛；魏斯教授的《疯子伯莎》（*Bad Bertha*）——德国对攻城炮的昵称；还有电线艺术家日高（Zsiga）

演唱了他的流行歌曲《前线无战事》(*All Quiet on The Line*)。官方还给出建议，在演出结束后，可以去波西米亚区的餐馆，那里供应最贵、最好的马肉。随后，我们就都可以走入“捷克的境地”了——这是一句匈牙利俗语，意为“十分糟糕的境地”。

表的意思，是“脏把戏”还有“在床上学猪的样子”的意思。对讲德语的军官来说，一部《要塞情色出版物集》收录了一些书目，比如《我怎样才能舒服地入眠?》——“围困者生存基本守则”，《小蝎子》——“野战实用指南”，及显然是战壕里同性恋文学的《为爱代孕》——“不同掩体体验描写”。[36]

城里的商人很快就意识到，在满足官兵的欲望方面有利可图。一位旅馆老板在给一位波兰中尉的信中写道：“最尊贵的先生，请不要拒绝我的请求，到我们这儿来。眼下这样困难的时刻，我们这儿有漂亮姑娘能陪您找找乐子。”[37]性服务得以公开宣传。多亏了那些穿着皮草和羽毛的漂亮姑娘，普热梅希尔公共场所的下午和晚上都是一幅“大都市景象”。用一位记者的话来说，就是：“有这么多不缺钱的军官照顾生意，她们的职业生涯真是一路坦途。”[38]这里的女人背景多种多样。其中也不乏当地的性工作者，早在战前就为这些驻军服务过。现在大家都口袋空空，这一行的竞争也变得十分激烈。以前是女工人，现在一些食不果腹的中产阶级妇女也被迫流落街头。新闻记者对她们惊人的收入愤愤不平，认为这一点也不公平。在暗巷里，如果走运的话，上床一次的交易价格是 30 克朗，这无疑是一大笔钱。但现金不断贬值，到了围城结束的时候，这些钱已经只能换一条面包了。[39]

更加迷人的女人也能找得到，只不过她们的价格也要更高。

金发碧眼的埃米就是一个很好的例子，她是那么的迷人，当她走进咖啡厅时，人群都会为她安静下来。战争爆发之前，埃米曾在布达佩斯最好的酒店工作过。她用“莫德小姐”的假名冒充美国人，给客户带来一点异国情调的刺激，尽管她的英文水平仅限于“好”和“再见”两个词。在普热梅希尔，她的收入，一周就有1.5万克朗。[40]几乎没有几个军官可以付得起埃米的要价。大多数的人都没有那么挑剔。这里的情爱生活有两方面遭到谴责。首先，不仅仅是青年士兵，甚至是有家室的中年军官都十分渴望参加“群交狂欢”。[41]其次，这些驻军的性伴侣社会地位低下。这些“正义之士”毫无忌惮的放荡行径令人担忧，更让人忧心的是，他们是和谁一起放荡的。一位批评家用词严厉：“洗衣做饭贤惠持家的女人，这才几天就一副放浪形骸的模样。”[42]斯坦尼斯瓦夫·盖察克也这样认为，他尤其对军官的住所挤满了妓女表示谴责：“我们要沦落至此吗？世风日下，道德沦丧！”[43]

当然，在这座围城之中，人与人之间也建立了充满真诚和爱的关系。比如斯坦尼斯瓦夫·蒂罗（Stanisław Tyro）中尉“有幸”在那一日第一次“亲吻和爱抚了他美丽的瓦莱雷娅（Walerya），那个在普热梅希尔有着倾城之色的美人”，当时的场景十分感人。[44]不过，这些围城之恋往往都带有交易性质。在这个被封锁的城市之中，一个人有魅力并不是看长相、才智或是魅力，而是看有没有本事搞到食物。一些妙龄少女精挑细选的军官情人能给她们提供数量惊人的食物。阿尼拉·维尔克（Aniela Wilk）——一个退休消防员的女儿就和一个掌管制服仓库的上尉搞在了一起。上尉给她送去了超多的面粉、米饭、饼干还有黄油。1915年1月，当普热梅希尔的警察去搜查阿尼拉母亲的公寓时，他们搜出来整整两推车非法得来的食物。[45]21岁的斯特凡尼·哈斯（Stefanie

Haas）不仅收到了她的匈牙利骑兵中尉未婚夫送给她全家一个月的食物，在圣诞节的时候还被邀请参加 7 号堡垒举办的独家晚会，在那里听着小提琴演奏的小夜曲，享用着瑞士奶酪、香肠还有巧克力。在外面的世界，情人们用钻石和珍珠表达爱意，在食物匮乏的要塞之中，香烟、沙丁鱼还有意大利香肠才能代表真爱。[46]

尽管有些女人得到了宠爱，还有一些赚了大钱，但是在围城之中，男女之间的关系都是男人说了算的。在医院里，军队的等级制度将男医生的地位置于年轻的志愿护士之上，这些护士成了男性幻想和非议的对象。有桃色传闻说她们的存在完全是“为了满足军官和医生的欲望。一个个都不干净，却都穿着皮草招摇过市”。事实上，在这样死板的军事医疗机构里，对那些背井离乡的女孩儿来说，想要抵制来自上司的性骚扰，一定非常困难。[47]在城市里也一样，因为只有男人才能弄到食物，女人想要得到食物就只能对男人摇尾乞怜。在一名匈牙利王家防卫军第 23 步兵师军官的日记中，利用职权谋取私利的丑态一览无余。在匈牙利，已经有一个女孩儿在等着这名军官回家，但他喜欢有女孩子时刻相伴左右，又有很多空闲时间可以参加聚会。在普热梅希尔，他还有一个分分合合的波兰女友，名叫米奇（Mici），他对她非常不好。虽然家里有一个女友，驻地也有一个女友，还是没能阻挡他出去寻花问柳，当米奇得了性病找他对峙的时候，他干脆把她轰出门去。不过，才过了一周，米奇就又回到了他的身边。不仅如此，他还曾把她踢下过床，但她还是乖乖地回来。直到 2 月 7 日，他告诉米奇，他不能再给她提供食物了。米奇哭着走了。自此，她从这位“英雄”的日记中消失了，大概也从他的生活中消失了。[48]

也有少数几个女人，有能力让男人们死心塌地地拜倒在她们的石榴裙下，同时掌握男女关系中的主动权。在这方面，没有人比埃洛（Ella）和海洛（Hella）——要塞中的“飞人公主姐妹花”（Flyer Princesses）做得更成功的了。她们的真名是埃洛·杰琳斯卡（Ella Zielińska）和海伦娜·东布罗夫斯卡（Helena Dąbrowska），她们之所以能够留下相关记录，是因为和她们交往的都是普热梅希尔的飞行员和机组人员。同时她们和匈牙利王家防卫军第23师的军官们也“很熟络”。[49]两个姑娘身上充满了神秘感，显得格外性感，脸蛋儿漂亮就更不用说了。据我们所知，海伦娜虽然“已经过了青春的年纪，但是身材苗条而且衣着时髦。她身上带着淡淡的香水味，阳光的笑声和悦耳的嗓音使她非常迷人”。[50]然而，公主们身上的魅力不仅仅来自她们的外表。她们只和堡垒中最上等的人把酒言欢，时时都有飞行员及突击部队做伴，让她们觉得自己非常特别。对其他人来说，她们是永远得不到的幻想。但是对那些有价值的人，那些被选中的人来说，她们就是理想情人。埃洛和海洛——她们的姓名就让男人们神魂颠倒。姐妹俩应该床技了得。[51]

有许多故事都与飞人公主姐妹花有关。有传闻说她们是俄国间谍，不过这样的指控却让她们更添魅力。各种传闻不断，在要塞沦陷后，奥匈帝国军方不得不对她们展开迟来的调查。[52]

两姐妹让人惊叹不已，甚至有一个疑似虚构的故事中说，海洛勾引了一名要塞司令部军官。[53]这名军官是飞人公主姐妹花的密友，也是十月战争的英雄，上级非常信任他。这对恋人在要塞过着田园诗般的生活。这名军官的职务不高，却足以把要塞中最好的食物摆上他们的餐桌，他们终日谈情说爱，风花雪月。一次远足时，他们还参观了要塞的热气球区，那里的指挥官被海洛的魅力深深迷住，还带着他们乘热气球兜风。在万里高空之上，他们欣赏到了整个要塞防御工事的壮丽景色，以及远处被积雪覆盖着的乡村景致。

在这段时间里，海洛一直都在努力策反她的情人。当热气球区出现职位空缺时，她就劝他在保留要塞司令部的工作的同时，申请空缺的职位。他刚走马上任，海洛就时不时去探访他，还带着糖和朗姆酒作为礼物，和整个热气球组的官兵都保持着暧昧关系。12 月中旬，守军部队决意向西南突围，试图与奥匈帝国国防军会合——后者终于开始向要塞进发。与海洛相恋的这名军官工作十分努力，先是到总部协助策划，后来行动一开始，又冒着恶劣的天气，跟随突围部队前进，记录部队的进展。要塞司令部对俄国人为何能够预测他们的一举一动感到十分迷惑。任务最终以失败告终，匈牙利王家防卫军步兵部队被击退，兵力大损，士气消沉。

在突围失败之后，海洛的情人被叛国罪压得喘不过气来。同事们都能看得出，他整个人郁郁寡欢。这名军官很害怕，尤其是这时军队中的宪兵开始逮捕疑似叛国的嫌疑人。然而，正如听众所料，海洛对他又是恐吓又是安慰，设法让他安静了下来，让情人对她言听计从，然后共同策划了一个逃跑的计划。

2 月初的几天雾气很大。为了解俄国人的行踪，司令部下令夜间满月时热气球升空侦察。在海洛的控制下，这名军官自告奋勇。他们烧掉了文件，海洛把军大衣套在她暖和的衣服上，戴上士兵的帽子，拎着一个又小又重的箱子，在约定的时间，两个人一起去了热气球区。地勤人员都很喜欢海洛，他们以为她只是想要在月色之下去热气球上谈情说爱，就没有提出任何异议。

两人带着箱子爬进热气球里，军官解释说箱子里放的是乐器，就这样，黄色的热气球冉冉上升。向上，向上，直到热气球升上天空。突然，拴住热气球的钢索掉在了地上，是军官解开的，他们自由了。在西南风的吹拂下，飞人公主海洛，她的秘密和她的情人缓缓地飘移出要塞上空，消失在俄国控制的区域。

讲述这个故事的老兵不能保证它的真实性。毫无疑问，就像所有不堪的流言蜚语一样，这个“消息源可靠”的故事几乎可以断定就是编造的。尽管如此，他还是把故事编圆了，据说在要塞沦陷后，他亲眼见过海洛最后一面。她舒舒服服地坐在一辆俄国的车子里，旁边坐着一名沙皇军官，沿着大街呼啸而过，一直开到利沃夫。也许，海伦娜·东布罗夫斯卡真的是个间谍。又或许她只是那些凭借自己的天赋和智慧，驾驭 20 世纪中欧剧烈多变的潮流的罕见而卓越的人之一罢了。

1914 年 11 月，尽管在敌后 200 公里处，普热梅希尔与外界的联系并没有完全被切断。这多亏了现代科技，普热梅希尔拥有两条脆弱的对外联系渠道。第一个是要塞的无线电台，它代表了 20 世纪早期无线电设备最先进的水平。电台位于普热梅希尔北部、海拔 238 米的名为温纳古拉（Winna Góra）的小山山顶。天线安装在一根 72 米高的木桅上，下面是车站，15 名士兵在那里常驻，还有一个动力室，里面有一个 26 马力的菲亚特（Fiat）汽油发动机和两个 23 千瓦的发电机。[54]

这处无线电台站在战争爆发前两周才建好。大部分人都没有接受过专业的训练，不得不边干边学。这里的设备很快就出现了不少小问题。菲亚特汽油发动机先是时好时坏，后来遭遇一次围攻之后，就彻底罢工了。守军的应变能力一向令人钦佩，这是他们的特点之一。士兵们用一台拖拉机的发动机替换了它，并在 30 小时内让电台重新投入运行。从那一刻起，直到 1915 年 3 月 21

日被俄国炮火击中，要塞电台始终传输着宝贵的信息。

事实证明，架设这座电台是非常明智的。在第一次围城战中，要塞全靠它来和最高司令部以及第3集团军保持联系。俄军所有堵截信号的尝试都失败了。在第二次围城战中，声名狼藉的康拉德非常害怕信息被拦截，不敢用无线电传输任何作战计划，但第3集团军确实使用无线电通信与要塞随时互通消息，而且还传输了加密过的命令和报告。[55]战役间隙，无线电工作人员还调试出了外界播报世界新闻的频率。在信号较好的时候，连同奥匈军队为解围要塞而取得的进展的一些报告，以及德语、匈牙利语和波兰语的新闻小报都可以收到。

要塞有4份新闻小报，迎合不同民族身份背景的读者甚于对新闻真实性的追求。德语报纸《战争新闻报》（*Kriegsnachrichten*）和《战报》（*Wiadomości Wojenne*），内容十分无聊。小报的版式大体一致：中间的位置留给同盟国今日在俄国前线的胜利消息，塞尔维亚被毁灭的好消息，再简短地叙述法国和英国也在节节败退。报上也时常会加上一些气象报告，偶尔还会有一些来自想要升职的士兵不知所云的诗歌或者小调，拍库斯马内克马屁或者称赞要塞的顽强抵抗。围城战将近结束的时候，报纸变得更加吸引眼球，并不是因为内容有所改进，而是因为印报纸的纸用完了，就连包装纸和纸巾都被印成了报纸。报纸变得五颜六色，红的、黄的、蓝的，甚至是绿的。[56]

匈牙利语的《营地报》刊登的内容也是大同小异，但是匈牙利人与生俱来的优越感让他们觉得自己比要塞地区的其他守军都高一等，所以比起其他只有一页纸的报纸，这份小报长达3页。[57]尽管对于报纸内容的审查制度严格，士兵和平民们还是每天迫不及待地拿着钱等着购买这些军报。伊尔卡·库尼格尔-爱伦堡大为赞叹现在人们对于新闻的渴望。她说道："从一大早开始，人们就在（报纸）印刷机前等候。整条街都被人堵住了。有身着长衫、眼神忧郁的犹太人，军官的勤务兵，波兰的学童，下班的军官，还有护士和士兵。"[58] 读者们已经开始熟练地从简短而乐观的新闻中猜测出真正的含义。人们注意到了报纸上的巧妙措辞，比如"我们正在不断取得新的进展""我们在这里/那里发动了进攻，俘虏了 500/1000/2000 人"。只不过这些新闻所报道的事件发生地点都没有变过。"我们占据了更有利的新阵地"就是说战败了。不过最糟糕的情况是新闻里压根不提加利西亚，那才是真的出大事儿了。[59]

要塞的第四份报纸，也是唯一一份真正的报纸——波兰语的《普热梅希尔之地》（*Ziemia Przemyska*），一份令人印象深刻的出版物。与其他报纸不同，它的历史可以追溯到战前，而且是由平民编撰的。由于要塞的电台垄断了来自外部世界的新闻，这份报纸在实时消息方面并不能胜过它的军方对手。不过，这份报纸的专业记者用文采填满了专栏。它的社论引人入胜，帮助波兰读者排解他们围城生活的苦闷。叙述原波兰共和国时期的普热梅希尔要塞和 1648 年哥萨克对该城进攻的历史文章巧妙地从正面提到了当前的情景。关于 1870—1871 年围困巴黎的描述使读者放心，他们的苦难在现代也不是独一无二的。[60]

《普热梅希尔之地》还推演了眼下这场围困战可能的应对措施。报纸上对俄国在波兰的野心进行了批判性的分析，并刊登了来自"特别记者"的报道。这些报道的来源很可能是难民，内容是他们在被占领的加利西亚的城镇内的生活，而驻守要塞的许多士兵的亲眷就住在那些城镇。报纸记录了要塞里的生活，也为对食品价格飙升不满的平民发声，通过报道大量慈善活动，展示了社会团结的形象，并试图通过采访士兵，了解要塞前线的战斗情况，使居民和守军团结起来。虽然报道的内容是些枯燥无味的军事新闻，文章也缺乏足够的幽默感，但这份报纸勇于提及被困民众心中的关键问题——“不断折磨人们的”并且军队出版物不敢提及的难题：“战争何时才能结束?”这份报纸言之凿凿地以唯心论得出了明确的答案，令人安慰，令人信服，又更具娱乐性，并具有某种逻辑性：

首先，我们取国王陛下的出生年份和登基年份，把（出生）年份的数字加起来。即：国王陛下出生于1830年，数字1、8和3相加为12，我们再加上他的出生年份数，即1830。也就是1830 + 12 = 1842。现在，我们再把这些数字加起来一次，即：1 + 8 + 4 + 2 = 15，然后再用这个总数加上1842，即：1842 + 15 = 1857，以此类推。接着，我们对国王登基的年份也做同样的计算。那么结论如下：

1830	1848
12	**21**
1842	1869
15	**24**
1857	1893
21	**21**
1878	1914
24	
1902	
12	
1914	

根据结论我们得出结果：1914。把粗体的数字都加在一起，即左边的数字 12、15、21 等，我们得到的数字是 84，也就是说，国王陛下已经活了这么多年；在右边做同样的计算，这样21 +24 +21 =66，我们得到的是66，也就是国王陛下统治的年份……

我们很快就要算完了。现在把陛下的年数和他统治的年数两位相加，得到：

8 +4 =12 和 6 +6 =12

这样就得出了12 和12，也就是说在1914 年12 月12 日，目前的世界大战就会终结。

我们把这些信息提供给那些为眼前的境遇所苦恼而忧郁的悲观主义者。心诚则灵。[61]

外界的新闻、战争的进程，以及是否可能被解救的预测对身处围困之中的普热梅希尔民众的精神生活很重要。然而，至少对守军来说，更重要的是来自家人的消息。士兵们十分渴望收到关于家人的消息。自第二次围城战开始，已经持续了 3 个月，即使是那些远离战场的人，也有足够的理由担心他们亲属的安危和财产的安全。在 10 月的解围后，政府的首要任务就是把已经被延误的信件和包裹尽快送进普热梅希尔，先送去了一批信件，接着又送去了 1 万个包裹。守军也给外面的家人回了信。只是，国防军一撤退，这样的通信便戛然而止。最后一封从要塞寄出的信定格在了 11 月 6 日。在次日一早想要送出更多信件的尝试失败了，因为在城市西南 15 公里的地方，送货车遇上了俄国骑兵。[62]

为了让士兵与家人能够保持联系，军方在第二次围城时开辟了一个新的通信渠道，同时也是世界上首次航空邮件服务。1915

年1月4日，要塞司令部自豪地向城中的所有人宣布实施这项新服务。[63]事实上，自第二次围城战开始以来，军官甚至官员已经非正式地请求从位于城市东部的要塞机场起飞的飞行员帮忙派发私人信件了。例如，扬·施托克博士，来自弗吉尼亚堡的物理学家，同时也是一名资历极深的公务人员和军方人员，他在12月中旬就曾往克拉科夫寄出一张卡片。他和其他寄信人没用邮票，而是以一张明信片一克朗，一封信两克朗的标准捐给要塞孤寡基金会。[64]因此，要塞司令部做出用飞机进行常规邮件运输的决定，并非仅仅是出于鼓舞士气的考虑。当然，因为司令部为没有机会接触飞行员的士兵提供了给亲人寄信的机会，有这样官方的邮寄服务就比较公平了。然而，这也为军事当局控制和审查所有离开要塞的信件提供了机会。

要塞空军的弗里克11（Flik 11）中队配备了原始的“信天翁”及“阿维亚蒂克”（Aviatik）型双座侦察机。这些飞机都是木结构帆布蒙皮的，最高时速为105公里/小时，载货空间十分有限，驾驶舱能利用的地方都塞满了货物，这两种飞机实在不适合进行批量邮寄。[65]特别的“飞行明信片”不同于普通的信件，是用比标准军用卡片更薄、更轻的纸张印刷而成。为了确保这种特殊明信片能在整个守军范围内广泛分发，只能由军事单位购买，个人是没有办法得到的，为了防止伪造，每张明信片都有编号。信息监控是军方的首要任务，所以这些明信片都会经过两次审查——一次由士兵所属的编队审查，还有一次由普热梅希尔的邮政局集中审查。军方只允许发送有关发件人健康和问候的信息。所有其他的话题都被严令禁止。军官每人都有一张卡片。对士兵来说，5个人才能共用一张明信片，每人就只能写下只言片语，向亲人表达问候。[66]

因为持续恶劣的天气，1 月 18 日才启动第一次送信的飞行任务。3 架飞机共同执行任务，带着 140 千克的信件，穿越敌占区，飞行了 206 公里，终于把信送到了克拉科夫。在那里的邮局，飞行员骄傲地把“飞行明信片”交给了当地官员。在此之后，要塞又陆陆续续执行了 13 次传送邮件的飞行任务。尽管要塞司令部希望能够定期通航，但无论是他们自己还是奥匈帝国军方都腾不出空闲的飞机或是飞行员。[67]为了进一步满足守军的迫切愿望，1 月 9 日还推出了气球运送信件的服务作为替代。这样即兴使用的送信工具，每次只能运送两千克的信件。信件内容被强行规定和“飞行明信片”一样需要接受审查。然而，这一次不得不 15 名士兵共用一张明信片。首先收到信件的家庭有责任把明信片传递给其他共用这张卡片的士兵的家人。即便如此，这也只能寄希望于老天给面子，但愿风刚好把气球吹到非敌占区的地方。从经验来看，信件成功到达目的地的概率只有一半。[68]

虽然这样的做法十分前卫，但普热梅希尔的航空邮件也有严重的局限性。对像斯坦尼斯瓦夫·盖察克这样的大多数加利西亚人来说，他们的家人都在俄军的占领下流离失所，信件根本没法送到亲人手中。对其他亲人尚且安全的士兵来说，能让家人知道他们还活着也是一种安慰。但很遗憾，没有人的回信能够邮回要塞。因为害怕信中流露对要塞的处境绝望的情绪，守军亲属们寄出的信件和包裹没有被帝国邮政当局退回，而是被集中存放了起来。[69]只有极少数的几个军官收到了家人的来信，但这完全是因为机组人员有时会看在人情的份上把信带回来。理哈德·冯·施坦尼采博士真应该好好感谢这些奥地利飞行员，让他有幸收到回信。在他收到妻子寄回的厚厚的信件那日，他在日记中匆匆写道：“这是我在这里度过的最美好的一天。那些充满爱意的照片和告诉我家中一切安好的长信简直让我欣喜若狂。直到此刻，我才感受到能在家里是何等的幸福。希望上帝保佑我们能够再相见！”[70]

到了1914年底，施坦尼采的愿望看起来似乎很快就能实现了。整个11月，要塞守军一直在康拉德的命令下进行积极防御。守军甚至还发动了反攻，以压制俄国在普热梅希尔的周边力量，并扰乱敌军西线的行动。北面的防御线也向前推进了一部分。纳古拉奇（Na Górach）至巴蒂兹（Batycze）之间新阵地在防线主要方向前方3公里处构建了战壕，给了要塞炮兵团在拉迪姆诺到罗凯特尼察（Rokietnica）两城之间的公路上设置阵地并向敌射击的机会。这样一来，想要向西挺进的俄军就被迫绕行更长的路程。[71]从司令部的角度来看，这项行动是十分有利的，但对被困在普热梅希尔的民众来说，这并没有给予他们围困很快就能解除的信心。借普热梅希尔防线不断向外扩张之机大肆宣扬的人给民众们带来了一丝安慰。他们模仿着军队公告的语言对大家宣布“普热梅希尔正在取得进展”。若像他们说的那样，守军部队恐怕在圣诞节前就能攻进利沃夫了。[72]

12月初，奥匈帝国国防军发起了进攻，带来了真正的希望。拉德科·迪米特里耶夫的俄国第3集团军驻扎在克拉科夫附近。康拉德方面的4个步兵师和3个骑兵师组成突击部队，在位于西加利西亚主要城市东南约60公里处的利马诺瓦（Limanowa）俄军防线薄弱处发动突袭。12月8日，当奥匈帝国第3集团军在喀尔巴阡山脉推进时，俄军后撤了。康拉德的首要目标是切断俄军的退路，因此他派遣第3集团军向北，而不是向东北方的普热梅希尔进军。如果这个雄心勃勃的计划成功的话，迪米特里耶夫的军队将被全歼，而迫使俄军进一步撤退到桑河后方，这样就能打破对普热梅希尔的包围。[73]

要塞司令部对康拉德的意图并不知情。司令部希望第 3 集团军能直接前来救援。进攻的第一天，指挥官博罗埃维奇将军通过无线电请求火力支援的行动时，康拉德的信念更加坚定了。在普热梅希尔，人们看到守军 9 日出发，向西南方向出击。激烈的炮火声在城市上空回响。[74] 11 日，奥匈帝国部队总司令弗里德里希大公发来电报称“希望我能很快把要塞从敌人的包围中解放出来”，普热梅希尔城中的兴奋之情达到了极点。[75]

12 月 14 日，奥匈帝国最高统帅部传来的密令，进一步振奋了要塞司令部。这条命令要求守军“尽一切可能拖延敌人向西的撤退行动”。谢尼亚瓦（Sieniawa）以西、普热梅希尔和桑博尔（Sambor）的所有路线都将进行空中侦察。康拉德的本意是利用要塞的力量掩护第 3 集团军的行军右翼，助其向北推进。然而，他的要求是进行侦察，这加深了误解，让人以为这些部队很可能正朝东北方向直奔普热梅希尔而来。[76] 正如库斯马内克从他的飞行员那里了解到的那样，在指挥官约瑟夫·克劳特瓦尔德·冯·安瑙（Joseph Krautwald von Annau）中将的领导下，第 3 集团军的右翼已经接近 60 公里外的萨诺克和利什科。因此，要塞指挥官决心集中全力就此一搏，只保留尽可能少的部队来保卫周边地区。其他的所有部队都被派去西南部，以打通普热梅希尔方向的通道。[77]

在陶马希中将的领导下，要塞的攻击部队由 17.25 个步兵营和 2 个骑兵中队组成，并有 13 个炮兵连提供火力支援。所有的骑兵还有四分之三的步兵都是训练有素的年轻的匈牙利王家防卫军士兵。他们的任务是冲破俄国的包围圈，控制比尔恰（Bircza）周边的主要道路，因为所有救援部队都必须经过此处。部队组织了三个战斗群。负责右翼的是实力最强的第一战斗群，由 7.25 个营还有 6 门火炮组成。它的任务是攻占两座俯瞰着公路的山峰——428 号山和令人敬畏的帕波滕卡山（Paportenka）的山顶。中心区域由 4 个营负责，左翼有 6 个营，占领科佩斯坦卡（Kopystańka）和西贝尼卡（Szybenica），分别控制海拔为 541 米和 495 米的两座山丘，以为这一关键行动提供掩护。[78] 向北，穿过桑河，一支由 2.5 个营组成的小规模战斗群执行骚扰狙击任务。这支部队在一周前就已经在这片土地上作战了，这些士兵知道这里处境艰难。他们必须穿越冰冻的丘陵地带，穿过森林，保持战斗队形，然后迎着敌人的炮火冲锋。即便如此，士兵的情绪依然高涨。他们想着，如果能抓住战机取得胜利，圣诞节就可以和国防军一起庆祝了，甚至可以在家里和家人共度节日。[79]

12 月 15 日上午 7 点 30 分，行动开始。[80] 最重要的右翼，由来自匈牙利王家防卫军第 23 步兵师的旅长鲁道夫·赛德（Rudolf Seide）少将率领，4 个营向前推进。起初，他们只遇到了轻微的抵抗，到了上午 10 点 30 分，他们已经向敌方纵深推进了 8 公里。然后，就在 428 号山的北面，他们偶然发现了驻守在那里的俄国步兵。随即发生的激烈交火持续了两个半小时，直至俄军被击溃。

俄军的主阵地隐约出现在第一战斗群面前。第 7 步兵团的 2 个营沿着斜坡向上冲锋。己方炮弹飞过他们的头顶，在他们攀爬时猛轰俄军。他们收到的命令直截了当："尽一切努力，即使全体阵亡，也要尽快把 428 号山拿下。前进！"[81]

到下午 4 时 30 分，匈牙利王家防卫军士兵将距离缩短到只剩区区 300 步。下午 5 点，增援部队被调来，进攻又重新开始。这时俄军的防线已经清晰可见了。坚固的防御工事设有掩体，前方还架设有铁丝网。两挺机枪封锁了进攻通道。经历了两个多小时的艰苦奋战，士兵把距离缩短到了150米以内。有些人离俄军只有50米远。然而，即便是距离这么近，由于夜色渐深，他们也无法硬攻进去。7点钟，在喧闹的战场中响起号角声，是全体冲锋的信号，突击队奋勇向前，但纷纷被射杀在了铁丝网外。

在这个关键时刻，战场指挥官，埃莱克·莫尔纳（Elek Molnár）中校，却决定撤退。他的部队已经筋疲力尽了。死伤者散落在山坡上。然而，当他正准备发出撤退的命令时，意想不到的事情发生了。“进攻！进攻！”的声音突然在战场上响起，紧接着就是一阵猛烈的炮火声。毛焦里（Magyary）少尉率领的第4连主动向敌人阵地东北角发起猛攻。

毛焦里的进攻被防守火力击退，但他的部队的表现鼓舞了其他连队的士气。另外两支西北方向的连队抓住了这个时机。这两支连队一路冲到了铁丝网前面，切断铁丝，冲进了俄军的阵地。残酷的肉搏战随之而来，这时的俄军已经没有还手之力。60名俄军士兵被俘，两挺机枪被缴。[82]大获全胜的匈牙利王家防卫军解决了控制比尔恰公路的第一个主要障碍。

在接下来的两天里，突围行动取得了进一步的进展。这次行动的主要目标是打破俄军的包围，在16日晚实现这一目标。随后，在17日上午的一次进攻失败后，匈牙利王家防卫军第5步兵团的增援部队攻下了帕波滕卡山顶。控制了428号山和帕波滕卡山的匈牙利部队，就此打开了通向比尔恰的道路。为了加强行动的侧翼力量，使敌军失去平衡，匈牙利部队做了巨大的努力。在北面，随着纳穆洛瓦山（Namulowa）被占领，距公路4.5公里的俄军牢固的据点也被占领。在东南侧翼，匈牙利王家防卫军也占领了制高点，向着科佩斯坦卡前进。17日黄昏，部队虽然被冻得心力交瘁，但完全有理由感到骄傲自豪。他们做出的巨大牺牲，换来了随时准备与奥匈帝国国防军会师的可能。428 号山上和帕波滕卡山顶上的哨兵对着比尔恰方向望眼欲穿，寻找那支不会到来的救援部队。

要塞突围队的好运也就到此为止了。俄国围城部队的指挥官安德烈·谢利瓦诺夫（Andrei Selivanov）将军对守军的猛烈进攻感到震惊的同时，迅速采取了反制措施。增援部队被调到奥匈军队突破方向，来封锁突破口。同时，俄军在北部也准备发动攻势，以夺回纳古拉奇－巴蒂兹阵地。更糟糕的是，没有接到救援普热梅希尔命令的奥匈帝国第 3 集团军的右翼也遇到问题。面对强大的阻力，16 日，克劳特瓦尔德停滞不前，17 日被迫后撤 20 公里。这就影响到了西部的其他部队，这些部队不得不停止前进。康拉德的进攻成功地把俄国人赶出了克拉科夫，但他更大的包围和全歼拉德科·迪米特里耶夫一部的计划显然失败了。12 月 17—18 日的晚上，奥匈帝国最高司令部用无线电向要塞司令部报告了克劳特瓦尔德撤退的坏消息。库斯马内克现在知道不会有人来解救普热梅希尔了。

12 月 18 日，这个寒冷凄凉的黎明。在要塞外围的北部，距离守军突围部队的阵地很远的地方，俄军第 82 预备役师的两个团已经开始了对纳古拉奇－巴蒂兹阵地的攻击。[83]在 10 月那场失败的攻城战中，这个师曾参加战斗。这一次它会在此报一箭之仇。在薄雾和黑暗的掩护下，俄军步兵悄悄地摸进奥匈帝国军队前哨防线，由于西南部的行动，守军的数量比平时要少，俄军血洗了留守的部队。惊魂未定的幸存者逃回了主防线。多亏了炮兵的及时反应才保住了主防线不失，但前哨阵地也随炮火变成了一片废墟。为了让普热梅希尔城里的所有人明白他们的行为会带来怎样的报复，一架俄国飞机在城市上空投下了一条信息，恐吓道："投降吧，尼古拉节（Nikolai's Day，12 月 19 日）来了，你们的死期就要到了！"[84]

国防军的撤退，让西南突围行动再继续下去的努力变得毫无意义。俄军在北方的进攻表明需要匈牙利王家防卫军第 23 师回到要塞驻守。不过，更为紧迫的是，18 日，突围部队自己也开始受到巨大的压力。部队的进攻仍然在继续。前一天刚攻占了科佩斯坦卡山顶的阵地，但却很快又失守，所以莫尔纳的部队收到命令重新夺回阵地，而且一定要守住。他们发起了进攻，但到了上午 10 点，就被俄军炮火压制在距阵地 400 步远的地方，情况危急。更糟糕的是，一个小时后，俄军的 12 个营突然从南方发起进攻，形成夹击之势，意在包围和歼灭大部分的突围部队。

匈牙利王家防卫军的士兵苦苦坚守。在右翼，驻扎在丛林中的匈牙利王家防卫军第 5 步兵团第 2 营，遭到了俄军偷袭。俄军突击部队悄悄穿过树林，然后冲进营地，尖叫着"上！"（Rajta！）还有"停火！"（Tüzetszüntess！）以迷惑奥军。战斗就此开始，短兵相接之后，第 2 营失去了大约四分之一的士兵，被迫撤退。[85]奥军精准的炮击阻止了俄军的追击，使步兵们得以在后方形成新的防线。尽管如此，士兵们仍然惊慌不已。一支支离破碎的工兵部队被匆忙地组织起来作为最后一道防线。面对俄军频频发起的进攻，军官们开始意识到再也坚持不下去了的时候，科佩斯坦卡后方的匈牙利王家防卫军部队受命撤退。

到了下午四五点，大部分的突围部队在比尔恰路的南边重新设置防线。具有压倒性优势的俄军紧随而来，哨兵们看到的不是穿蓝色制服的友军，而是追击而来的绿制服俄军。突围部队在过去 4 天里损失了大约 1000 人。晚上 7 点半传来命令，要求匈牙利王家防卫军部队终止突围行动，脱离接触，立即撤退。当晚，俄军的攻势减弱了，部队得以撤退，虽然士兵们的情绪低落，但还是井然有序地编队行军，回到了要塞。他们带回来的 233 名俘虏还有 5 挺缴获的机枪，相比奥军士兵得到解救和获得自由的梦想最终破灭的结局来说，实在是微不足道。[86]

> 如果一个人在围困中的要塞里待上几周，
> 凝望悬崖峭壁，
> 他就能有很多思考的机会，
> 决定自己成为乐观还是悲观的人。
>
> 某战壕报纸上的打油诗[87]

随着圣诞即将到来，要塞中的人都变得十分悲观。不到两周前，解围的希望似乎已经近在眼前。突围失败，国防军后撤，行动以惨败告终。匈牙利王家防卫军部队在这次行动中倾尽了他们的全部力量。他们所取得的进展远远超乎奥匈帝国最高司令部的想象，牵制了大量威胁前进部队的俄军兵力。他们甚至突破了俄军在普热梅希尔的包围圈。尽管他们付出了巨大的牺牲和努力，但行动的失败更加说明了要塞的命运并不掌握在他们自己的手中。对于现实的无力感在守军部队中弥漫着。[88]

自第二次围攻开始以来，巨大的兵力损失也对要塞产生了长久的影响。伤亡士兵人数已达 6000，特别是匈牙利王家防卫军第 23 步兵师的大量减员削弱了守军的进攻能力。有些团的编制仅剩 40% 的兵力。[89] 随着堡垒主力部队兵力逐步枯竭，年底的时候，已经看不到士兵主动出击骚扰俄军包围圈的行动了。市民和守军被动地等待着命运的安排。

到了欧洲人原本应该聚集在一起欢度的平安夜，要塞中却充满了悲伤。当然，为了增添几分节日气息，要塞中的所有人也尽可能地行动起来。人们装扮好了圣诞树，军需官们也绞尽了脑汁给部队凑齐一顿像样的圣诞晚餐。只是此时所有人的思绪都飘到了自己的亲人身边，似乎此时他们与亲人之间的距离格外遥远。斯坦尼斯瓦夫·盖察克在他的日记中写道："这一天过得格外艰难，实在是太难，太难了。只是撑过这一天就已经无比困难。"从清晨时分开始，他就一直在想他的妻子儿女此时在做些什么，自己是不是再也见不到他们了。当他集合自己的连队，共同庆祝圣诞时，大家都黯然落泪。在随后的军官晚宴上，大家的情绪也十分消沉。几乎每一位同僚都需要走出去使自己保持镇定："莫斯托夫斯基（Mostowski）、施通普夫（Stumpf）上校，都默默地流着眼泪。"尽管有蜡烛和颂歌，但这根本不像是快乐的庆典。那是一个充满泪水的日子。[90]

在这个凄凉的时代，一缕人性的曙光竟然来自驻扎在要塞周围冰冻荒原中的俄国军队。俄军官员们也在寒夜中为思乡的情绪所煎熬。在神圣的庆祝活动中，守军巡逻队偶然发现了俄军士兵在空地上留给他们祝福，传递着的和平的善意。文字以"英勇的骑士们"开头：

> 在平安夜这样伟大的节日里，我们祝你和你的家人一切顺利，愿你能平安地回到亲人身边。我们不会在圣诞节打扰你们，因为这是团聚的时刻。为了表示我们兄弟般的问候，我们和你们一同分享圣饼。[91]
>
> 你们西德利斯卡堡垒外的战友们[92]

和便条一起被留在那里的还有一些小包裹，作为给守军的礼物。里面都是要塞中绝望的人们现在正需要的，也是最缺乏的东西：香肠、糖、面包等生活必需品。[93]

第六章
饥肠辘辘

问：特洛伊木马和普热梅希尔之间的区别是什么？

答：在特洛伊，英雄们躲在（木）马的肚子里；在普热梅希尔，马在英雄们的肚子里！

普热梅希尔笑话一则[1]

当为了果腹而不得不开始宰杀战马时，普热梅希尔的士兵和平民们才意识到，他们究竟陷入了怎样的困境之中。要塞中有2.1万匹战马，其中1万匹在圣诞节和新年期间就被宰杀了，到了1915年1月中，又杀了3500匹。军需处传来的消息导致更多的战马被宰杀。在他们给出的库存清单上，核查了配给力度，并以此算出以当前的消耗量，要塞中所有的食物将在1月15日之前消耗殆尽。因为马匹被大量屠宰，本来用来喂马的饲料现在可以省下来供人食用，马匹也成了要塞中新的食物来源，可以用来养育守军。马肉突然间成了士兵们的主要食物来源，就连守军的面包，都是用面粉和马骨粉还有干马肉磨成的粉混合制成的。烤好的面包上还会抹上马肝酱。香肠则是马肠里填满了马内脏制成的。油脂也完全是马的脂肪。在要塞，即使有极少部分的食物并不是来自于马，也会有马的味道。俄军很快就听说了对手的新食谱。前线的奥地利士兵会不时听到俄军对他们的嘲笑声和马的嘶鸣声。[2]

1915 年一开年，要塞中的每一个人都开始为食物而发愁。对司令部来说，最大的问题是如何尽可能地延长普热梅希尔的食物供应，现在才考虑这个问题，似乎已经为时已晚。奥匈帝国最高司令部已经计划在喀尔巴阡山脉发起新的救援攻势，但何时开始，会不会成功，就只有上帝知道了。自从军需处在 12 月初发出警报，要塞司令官库斯马内克就成立了专门委员会，全面检查所有物资储量。收到的报告还算客观，算上被杀的 1.4 万匹马再加上其他一些食物，整体储量可以供普热梅希尔的守军还有贫困的民众吃到 2 月 18 日。当前对司令部来说最大的任务是，如何才能把这个日期再延后，如果食物耗尽的话，要塞的气数也就尽了。[3]

士兵们很快就感觉到了变化。除了饮食中常常会见到马肉之外，从 1 月 18 日开始，士兵的口粮配给标准也一再降低。士兵的标准配给量是每天 700 克面包、300 克牛肉还有 200 克蔬菜。到了 2 月，就只有 300 克面包、50 克饼干、一罐马肉酱还有 70 克蔬菜了。[4]除了吃得少，士兵们还要进行繁重的体力劳动。普热梅希尔大部分的马匹都被杀掉、装罐，导致驻地严重缺乏牲畜。那些免于被杀的马匹实在太少，没有办法完成所有的体力工作，而且待遇比困在要塞里的人还要糟糕。幸存下来的马都饿得瘦骨嶙峋，只能靠着屋顶上的茅草、医院里的草席，还有燕麦和木刨花的混合物勉强生存。用淡盐水煮过的木刨花没有任何营养价值，但勉强可以减轻饥饿感，通过咀嚼也能消化掉。[5]在别无选择的情况下，人们自己不得不干起了原本牲畜该干的活。在这几个月里，人们常常看到饥饿的士兵们在满是积雪的道路上吃力地运送着物资。[6]

城里的食物已经所剩无几。少数富裕的民众也开始节衣缩食，停止了一切娱乐活动。这样做不仅是因为不确定围困还会持续多久，更是因为军事委员会开始四处搜查，挨家挨户没收“多余”的食物。[7]其他所有人都在挨饿。平民家里在夏天囤积的3个月粮食，到了1月份已经吃光了，再得到补给的可能也微乎其微。要塞司令部在月底向平民开放了仓库，允许每个人以平价购买5千克马肉。[8]其他食物都极其匮乏，价格飙升到了令人咋舌的程度。到了3月份，牛奶和鸡蛋的价格已经到了战前的12倍和20倍，土豆的价格是战前的15倍，面包的价格是战前的近40倍（见表1）。

表1　普热梅希尔公共市场的食物及其他物资价格（克朗）

	和平时期	1914年11月	1915年1月	1915年2月	1915年3月
面粉（1千克）	0.40	0.95	1.60	2	2.60
面包（条）	0.56	0.85	7	9	22
土豆（100千克）	8	26	40	55	120
鸡蛋	0.07	0.15	0.77	1.34	1.38
牛奶（1升）	0.20	0.53	1	2.15	2.40
黄油（1千克）	2.40	9	16	20	20
猪油（1千克）	1.80	不适用	5（马油）	5.50（马油）	7（马油）
猪肉（1千克）	1.60	2.40	5.40	10	14
母鸡	<1.50	3	30	36	55
马肉（1千克）	–	–	1.60	4	4.50
火柴	0.01	0.10	0.18	0.20	0.24
汽油（1升）	0.24	0.92	1	1.40	1.80

平均价格来源见第329页（较大数字四舍五入到整数个克朗）。在吉奥兹（Geőcze）的记录中，有些价格被省略了，因为它们比起官兵日记中发现的价格记录低得离谱。

通常来讲人们完全拒绝出售物资。2 月中旬，海伦娜·雅布隆斯卡在她的日记中描述了一个令人难忘的场景。一个饥肠辘辘的士兵走到一个带着一条面包的犹太人面前，询问他面包的价格。犹太人回答："10 克朗。"士兵从身上摸出 20 克朗的钞票想塞到他的手里，但这个犹太人拒绝了；他解释自己家里还有 8 个孩子嗷嗷待哺。于是，这名士兵气冲冲地把钞票撕碎扔到了空中。[9]

食物短缺的情况在普热梅希尔早已出现，又随着战争一直持续到 1917 年、1918 年，在战乱的中欧地区，这样的情况非常普遍。物资的不足导致饿殍遍地。1915 年，普热梅希尔城内共有 928 名居民死亡，死亡率相比平常时期增加了一倍多，人口渐少。[10]粮食的短缺让邻里之间反目成仇，和战争后期的其他地方一样，引发了反犹主义大爆发。普热梅希尔的一些犹太人很可能有能力获得食物，因为犹太人社区在战争前就曾主导这座城市的商业和工业。现在，随着物价的不断攀升，波兰人使劲儿抱怨"犹太人的剥削"。[11]令人担忧的是，到了这种时候即使是理智的人也会屈服于偏见和歧视。"到目前为止，"学者扬·施托克博士承认，"我为自己辩护，自己不受反犹主义的影响；然而，在战争时期，我看到了太多犹太人的恶行，以至于将来的我不会再为自己对犹太人的仇恨感到羞耻。在这一点上，所有人都达成了共识：德国人、捷克人还有波兰人都这样想。"[12]

守军和市民们在对食物的幻想中得到些许安慰。要塞流传着这样一个童话：只要普热梅希尔能够获救，就会有 200 辆满载着各种想象不到的美味佳肴的货车，飞驰进这座饥饿的城市。[13]在巨大的磨难面前，妄想、嫉妒和愤怒是可以解释的。"只有经历过为面包而奋斗的人才能理解面包的真正价值。"遭遇围城时只

Ön még kèrdi?
Hogy kell meggazdagodni
a háborubán az forduljon bizalommal
SLOJMI SIMI bankhàz[illegible]hoz
ki 100 Kor. ellenében ingyen tanács[illegible] ad.

ZAB-SZALMA-SZÉNA-TAK[illegible]MÁN[illegible]
POTOL

s CSONT és börre lefogyott lovattal [illegible] alatt
gömbölyüre Hizlalhatja ha kedvenc állatjai[illegible]
Saját modszer szerint
Praeparalt faforgácscsal eteti.
dr. Weisz mint olyan ajánlja zöld szemüve-
geit hozzá.

MÈG VAN IDÖ!
igy tanuljon meg
ZONGORÁZNI
de véletlenül ne a
Bergerèk Zsigàjàtól.

一家非官方的要塞战壕报纸在头版顶部的反犹讽刺广告中写道:“你还在问战时怎么发财?相信西米·斯勒伊米(Simi Slojimi)的银行。免费咨询只需100克朗。”一战时期，战壕报纸常常杜撰一些带有讽刺性的笑话，内容时常非常负面，又能反映时局。这个例子反映了在普热梅希尔围城期间，由于粮食短缺还有对高物价的不满，对犹太人的仇恨不断升级。其他的广告内容包括用“上好的木片”当作马饲料替代品的提议（中间）——这是要塞里实际使用的马饲料替代品，还有讽刺地邀请士兵学习钢琴（最下）。

有 10 岁的斯坦尼斯瓦夫·索帕（Stanisław Szopa）反思道。[14] 在他的生命接近尾声时，他还能清晰地回忆起那些蜿蜒的长队，挤满了老人和孩子，这些长队在任何销售食品的地方都能见到。人们可能在经历了几个小时的等待之后还是一无所获。饥寒交迫的人们冻死在路旁。60 年以后，他还能回忆起怀里抱着一条刚出炉的面包回到家时的喜悦。同时，他也还能感受到空手而归时的“巨大悲伤”。像斯坦尼斯瓦夫·索帕这样，甚至年纪更小的孩子是这场充满歧视的残酷战争中，最令人可怜的受害者。老师们的记录最能说明问题，他们是这样形容孩子们的：“憔悴的小脸、破旧的衣服。”[15]

当然，也不是所有人都陷入饥饿。军队的官员，尤其是那些匈牙利王家防卫部队的高层，是一点也没挨饿。1 月 6 日，要塞举办了一次晚宴来帮助匈牙利王家防卫军第 8 步兵团的军官和他们在 12 月的行动中意外误伤的炮兵和解，晚宴的食物称得上珍馐美味。开胃菜后，军官们对着烤乳猪和配菜狼吞虎咽。除此之外，还有李子果盘、精选奶酪、苹果和黑面包，还提供咖啡和茶。[16] 这些军官所享有的特权在 20 世纪早期的军队中早已是司空见惯的，但在被围困的情况下，当其他士兵和平民还在忍饥挨饿时，举办这种晚宴简直是无耻之尤。这些人身上丝毫没有表率的样子，自私自利的他们总是把自己放在首位，再加上屡屡被曝光的军官们的肆意妄为，令他们很难得到人们的尊重。匈牙利王家防卫军第 23 步兵师的一名军官在 2 月份愁闷地说：“士气开始急遽下降，每一天总有一两份报告投诉士兵的欺诈和盗窃行为。”[17]

尽管这些问题对要塞构成了生存威胁，库斯马内克却睁眼瞎似地忽略了地方腐败问题。军需部的人明目张胆地监守自盗，就算明文规定“所有的补给官最终都会在军事法庭面前接受质讯”，偷盗的行为也没有一点停止的迹象。[18]也有人采取了几次象征性的逮捕行动，但大多数情况下，面对自己人的监守自盗，军事管理部门总是行动迟缓。有了上层的榜样，腐败很快就在各阶层之间蔓延开来。到了3月初，越来越多的部队开始抱怨自己没有得到他们本就微薄的口粮。军士和厨师被指滥用职权挪用食物。[19]被分配到下奥地利国民军第21步兵团的下士爱德华·弗罗因塔勒尔（Eduard Freunthaler）留下的记录可以证明这些“冤屈”的真相。围攻结束时，这位尽职尽责的德国人路过附近一个匈牙利国民军部队的士官住所时，有人友好地敲了敲窗户，他被邀请进来：

> 我应声而入，发现几名士官正围坐在桌前，桌上摆满了熏火腿、面包球还有酸泡菜，他们正一刻不停地往自己嘴里猛塞。此时此刻，要塞的其他人还在挨饿，吃马肉酱的时候就连一口面包都没有，而匈牙利人还吃着熏火腿和面包球；我们却只能画饼充饥。但匈牙利人就是这样。他们的士兵饿得半死，士官却还无耻地从士兵身上搜刮食物，供自己大吃大喝。

“尽管如此，”弗罗因塔勒尔补充说，他承认自私和不诚实毕竟不是纯粹的马扎尔人的品德，“一看到宴会，我就抑制住了道德上的愤怒，很快参与了进去，吃到我觉得自己都要撑死了。”[20]

粮食短缺、阶层不平等和严重腐败破坏了要塞内部的团结。司令部无法减少军官口粮，也无法有效干预和制止滥用职权的行为。相反，他们通过对普热梅希尔以及周边村落更加无情的搜刮来延长要塞存在的时间。平民面对的是来自士兵和宪兵的掠夺，后者的行为在没有得到最高司令部批准的情况下，只能说是抢劫。受害者们哭喊着，恳求着，想方设法挽救他们的牲畜和财产，有的假装自己刚刚经历过抢劫，有的用面容俏丽、衣着暴露的女孩分散士兵的注意力。[21]至于在防御线外围的部队，他们几乎看不到物资。休息时，他们或是抢劫或是挨家挨户乞讨。在防线上，他们度过了无数漫漫长夜，在交火区的营地上寻找罕见的马铃薯和萝卜。库斯马内克明令禁止这样的危险行为，就像一名士兵解释的那样：“就算有这样的命令，也没有人关心，也没有人关心严寒的天气，更没有人关心敌人的炮火。眼前唯一重要的事就是填饱肚子。”[22]

要塞在俄军后方的持续抵抗也对奥匈帝国的军事战略产生了非常不利的影响。早在 11 月，国防军从桑河撤退时，康拉德就对驻守普热梅希尔一事做出了一个可以理解但十分保守的决定。库斯马内克的“英雄”们在 10 月胜利后声名远播，以至于放弃这座要塞城市将不可避免地招致公众非议和政治丑闻。当然，只有当被围困时，由普热梅希尔引起的问题才会变得更加严重。投降是完全不可能的，因为这将意味着 13 万守军被俘的灾难性损失。因此，康拉德被迫在最不利的条件下采取解围攻势。他计划在 1 月下旬从南部和西南部对喀尔巴阡山脉展开进攻。[23]

喀尔巴阡山脉就是加利西亚与匈牙利的边界。这一区域宽约 100 公里，有些山峰高达 2000 米以上，是难以逾越的天然屏障。

9 月下旬，当俄国人短暂占领了重要的乌兹索克垭口时，就遭遇了奥匈军队的反攻。[24] 由于 11 月初奥匈帝国军队已经从桑河撤退，俄军又重新占领了这一片地域。到了月底，俄军从博罗埃维奇将军的第 3 集团军手中夺取了西喀尔巴阡山脉分别位于武普库夫垭口和杜克拉垭口的另外两个主要通道，威胁要入侵匈牙利。战斗一直持续到 1914 年底。[25] 12 月初，康拉德在利马诺瓦以西取得胜利后，奥匈帝国军队已经冲出重围，使得解救普热梅希尔的包围成为可能。尽管要塞在 12 月中旬已经进行了声势浩大的突围行动，但国防军因为俄军的强力防御而停滞不前。12 月 21 日，俄军发动进攻，将博罗埃维奇的部队反推回其防线纵深，到年底，乌兹索克垭口再次落入入侵者手中。[26]

俄奥双方都认为喀尔巴阡山脉至关重要。这时的奥匈帝国承受着巨大的外交压力；意大利这个昔日盟友在 8 月宣布中立，威胁帝国割让特伦蒂诺（Trentino）、南蒂罗尔和亚得里亚海沿岸的广大领土，不然就要加入协约国阵营。康拉德迫切需要一次巨大的成功，使奥匈帝国看起来依旧强大，其中最重要的是拯救普热梅希尔。失去了奥匈帝国仍在顽强战斗的象征，必然会刺激意大利，增加在南部边境发动进攻的可能性。针对喀尔巴阡山脉的进攻是打开通往要塞通道最直接的方式。[27] 另一边，负责加利西亚的俄军西南前线司令尼古拉·伊万诺夫（Nikolai Ivanov）将军坚定地认为，最终胜利的关键就是喀尔巴阡山脉。伊万诺夫认为，在这里击败奥匈帝国军队，将为进攻匈牙利打开道路。他幻想着能逼迫匈牙利独立加入协约国一方，并希望至少垂涎匈牙利特兰西瓦尼亚（Transylvania）的罗马尼亚能加入对奥匈帝国的战争。[28]

1915 年 1 月 23 日，康拉德的喀尔巴阡山攻势开始。一支

17.5万人的奥匈帝国突击部队向俄军防线发起了进攻。历史上很少有军队会被要求在这种恶劣的环境中作战。在海拔800米、气温低于零下20摄氏度的地方，部队攀上峭壁，涉过深深的积雪，顶着暴风雪，重新夺回垭口。此时，康拉德的司令部已在300公里外、特申的西里西亚镇舒适的地方安顿下来了，在这种艰难的情况下，前线进攻部队的进军速度一再降低。康拉德在写给他的情人吉娜的信中，得意地告诉她，虽然在喀尔巴阡山脉作战对部队来说“无疑是难以形容的艰苦”，但比起他自己在陆军司令部“伤脑筋的脑力劳动”，前者“要好一千倍”。[29]

将军根本不知道，在隆冬时节让军队翻越山脉简直是疯子行径。行动仓促和准备不足只会越发凸显命令的荒唐。喀尔巴阡山脉前线缺乏必要的铁路线，无法发动大规模进攻，沿着陡峭结冰的山路转运补给和火炮困难重重，几乎是不可能完成的任务。令人震惊的是，主攻的第3集团军一开始高歌猛进，甚至短暂地夺回了乌兹索克垭口。然而，26日，俄军开始了反击。在那噩梦般的两个星期里，第3集团军损失了三分之二的士兵。至少一半的减员都来自于疾病或冻伤。军队被告知要持续战斗，没有暖和的食物和住所。天气恶劣，士兵只好在雪地中挖洞暂且藏身。武器必须在火上解冻才能使用。士兵们在睡梦中冻死。“天主教把地狱描述成一个燃烧着余烬和酷热的烈火的地方，”一位退伍军人冷冷地评论道，“战争的第一个冬天，在喀尔巴阡山脉作战的士兵们所经历的地狱是另一番模样。”[30]

康拉德很快又有了新的主意，2月27日他下令重新发动进攻。他希望通过换将解决问题，于是派第2集团军司令爱德华·冯·伯姆-埃尔莫利（Eduard von Böhm-Ermolli）将军接替指挥，并增派了部队。极端的气候继续阻碍着行动的进行。从2月

8 日开始，天气逐渐回暖，但洪水和泥泞让山路依然无法通行。随后，气温再次下降，官兵们在零下 20℃的气温下瑟瑟发抖。不出所料，伯姆－埃尔莫利的表现并不比第 3 集团军指挥官博罗埃维奇好多少，部队几乎没什么进展。这期间唯一值得一提的是在东部的低海拔地区取得的胜利，2 月 17 日，布柯维纳（Bukovina）获得解放。但这场战役的胜利并没有使整个行动更加接近它实际的首要目标——解放普热梅希尔。3 月，就在要塞的粮食供应中断的几天前，他们绝望地发起了第三次突围，但依旧徒劳无功。为了抵达普热梅希尔，为了挽救康拉德的尊严所做出的这些不计后果的努力，让奥匈帝国国防军元气大伤。所付出的代价非常巨大：总伤亡人数高达 67 万。[31]

当国防军在 100 公里外冰冷的喀尔巴阡山脉向北进攻时，库斯马内克停止了针对俄军防御外围的所有骚扰行动。要塞剩余军事力量必须要保留下来。然而，他并不清楚，守军的最终目标究竟应该是尽可能地生存下去，还是应该保持进攻能力，以便协助国防军再次采取行动？这个问题的核心是围绕着马匹展开的，因为现在的一切问题都和是否有足够的马匹息息相关。奥匈帝国最高司令部被告知，在 1 月中旬之后再宰杀 3500 匹马可能有助于延长抵抗时间，但在此之后仅剩下 4300 匹马的情况下，要塞的作战能力将被严重削弱。然而，康拉德是一个从来不顾实际、刚愎自用的人，他坚持要餐餐有马肉吃。库斯马内克奉命建立一支突围部队，并在 2 月中旬奉命宰杀马匹，仅留下最后 4300 匹。[32]

这几个月围绕普热梅希尔的战争中间谍的身影无处不在。俄军通过间谍活动，监视着要塞里的情况。西南前线指挥官伊万诺夫将军夸口说，普热梅希尔的一举一动都被他尽收眼底。[33] 他最有价值的信息来源可能来自于要塞电台。要塞的技术人员大大低估了俄军的无线电工程师和解码器的能力。[34]至于守军中是否有间谍，还没有定论。不过，1 月中旬，一位已知的俄国女特工，名叫比林斯卡（Bilińska），与 4 名身着俄军制服的士兵在要塞北面被抓获。她的任务可能是潜入要塞内部。[35]不可否认，俄军确实得到了一些关于要塞部队行动的情报。生活在战线之间的农民告诉他们，要塞部队在 12 月 27 日至 28 日会有行动，俄军巡逻队早在行动的前一天就已经知晓了。[36]

被困在要塞防线和俄军封锁线之间的民众给俄奥双方都提供了丰富的情报。最大的聚居地位于瓦包采（Wapowce）——一个普热梅希尔西北方向已经被夷为平地的小村庄。当地有 1660 名居民，大多数都是生活在饥饿中的妇女和儿童。[37]要塞司令部精心维护着与这些平民之间的关系，送了一些物资过去，还派遣波兰和罗塞尼亚籍的士官与他们保持联系。为了生存，绝望的人们反过来利用了交战双方对情报的渴望来换取食物。农民们在双方之间来回穿梭，用普热梅希尔的新闻或俄军的动态来交换一块面包或一口米饭。他们的情报常常给守军带来大麻烦。因为他们总是说敌军即将发起攻击或者说援军很快就要到了，结果总是导致普热梅希尔保持高度戒备，让侦查巡逻队彻夜不眠。[38]

以食物向饥饿交困的平民换取情报的做法只是前线和后方界限模糊的其中一个小小例证。库斯马内克通过组织“敌后特遣队”使局面进一步升级。每个小队由四至五名身着便衣的志愿者组成，任务是越过敌人的防线，制造破坏——摧毁铁路，炸毁仓库。实际上，志愿参加的当地波兰和罗塞尼亚士兵表现令人失望。大多数人都没有返回要塞，那些回来的人则满嘴跑火车、信口雌黄，而且有人怀疑一个军官除了匆匆换上便服，把土豆卖给俄军之外，什么也没做。尽管如此，他们的存在也让俄军惴惴不安。在要塞以南的尼藏科维斯铁路交叉口，俄军吊死了一名被抓的特遣队成员以儆效尤。[39]

1 月底，当一名使者带着俄军第 81 预备役师指挥官的亲笔信来到要塞时，包围者和被围者之间的紧张关系达到了高潮。这封写给库斯马内克的信指责要塞的部队使用了国际上禁止使用的达姆弹——一种弹头中空或柔软的子弹，在击中人体后会膨胀或粉碎，造成可怕的伤口。俄军最高统帅尼古拉·尼古拉耶维奇大公命令，任何使用这种子弹的奥军士兵，一旦被虏获都将被立即处决。[40]库斯马内克的回复带有十足的挑衅意味，他回复道：奥匈帝国最高司令部已经授权他，每一名奥军士兵丧生，就会有两名俄军的俘虏来陪葬（此时，共有 8 名俄军军官和 1057 名俄军士兵关押在要塞里）作为威胁，他还倒打一耙，声称：俄军才使用了达姆弹，虐待战俘，还冒充奥军巡逻队。尽管如此，俄方的指控显然是有道理的，因为在此之后要塞匆忙地向所有单位发出了一份通知，命令将所谓的“练习弹”都上缴到弹药库，虽然使用达姆弹是非法的，但在前线这种子弹使用很普遍。[41]

可能是饥饿引起的幻觉，也可能是间谍活动真的太过猖獗，不管是什么原因，大约在这个时候，奥匈帝国军队在战争开始时表现出的猜忌心理已经发展到了歇斯底里的程度。对间谍和叛徒的恐惧在要塞中扎根。有传闻说库斯马内克因为害怕指挥部的高层有间谍，亲自解码所有的秘密电报。[42]他的幕僚浪费时间调查一些子虚乌有的猜测，比如普热梅希尔的俄军特工把绝密文件装在瓶子里漂流出去这样不合理的推测。类似的怪诞传闻比比皆是，并在城市中广为流传。叛徒和间谍似乎无处不在，人们断言说：“俄国人比分部的指挥官还要了解内情。”[43]还有传闻说，普热梅希尔挤满了伪装的俄军间谍，他们甚至还有自己的电话线。

1. 纸上谈兵的将军。奥匈帝国总参谋长弗朗茨·康拉德·冯·贺岑道夫将军坐在办公桌前构想他的“豪赌”。康拉德只知道纸上谈兵。在四年的战争中，他只去过前线三次。

2. 要塞指挥官。赫尔曼·库斯马内克·冯·布尔格诺伊施塔特恩中将，饱受赞誉的“普热梅希尔保卫者”，在镜头中看起来潇洒干练。

3. 普热梅希尔（1）。“一个古老的城市，同时也是桑河上的重要要塞城市。”《旅行者圣经》如此描述战前的普热梅希尔。从密茨凯维奇街的顶部向西南看，可以看到城里 18 世纪的钟楼。

4. 普热梅希尔（2）。老犹太教堂，建于 1594 年。到 1914 年，普热梅希尔的犹太社区已经一片繁荣，他们已经将这里作为家园超过五个世纪。

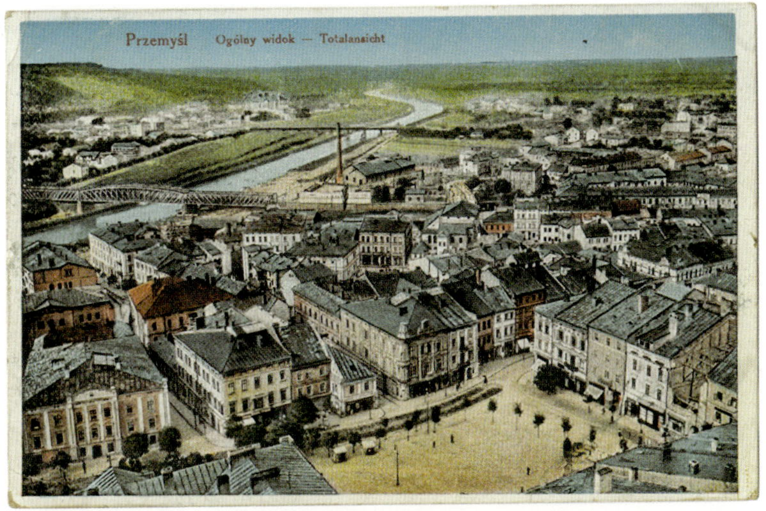

5. 普热梅希尔（3）。从城市市场的东北方向看去，可以看到市政厅（左下角）、老犹太教堂（正中间右侧）、铁路桥以及更远一点的木制公路桥。

6. 普热梅希尔（4）。1914 年 9 月 5 日，这张卡片的寄件人写道：“我从普热梅希尔给你寄了一张明信片，这样你就可以看到亚丽珊姑姑每天购物的地方——不过现在市场上没有那么拥挤。”两周半后，这个城市被俄军完全包围。

7. 暴行（1）。关押在普热梅希尔的“亲俄分子”嫌疑人。在战争的最初几天，4000 多人被指控为亲俄分子或犯下了叛国罪行，指控他们的证据往往站不住脚或者根本没有证据，这些人都被拘留在加利西亚。

8. 暴行（2）。1914 年 9 月初，当驻军无情地烧毁阻碍要塞战场开辟的村庄时，火焰包围了普热梅希尔。这个村庄位于普热梅希尔的防御范围内，1915 年 6 月才被夷为平地，但 10 个月前的景象和气味一定是相似的。

9. 暴行（3）。一位被绞死的希腊礼天主教牧师，行刑的匈牙利刽子手骄傲地摆着造型。在战争的头几个月里，讲乌克兰语的罗塞尼亚人，尤其是他们的牧师，饱受奥匈帝国军队对叛国者的折磨。

10. 溃不成军。1914 年 9 月中旬，战败的奥匈帝国国防军的补给车和筋疲力尽的士兵在总撤退时堵塞了普热梅希尔的密茨凯维奇街。

11. 加利西亚人。居住在普热梅希尔的贫困村民。1914 年秋，城市周围的农村居民被强行疏散到奥地利内地，让他们在疾病肆虐的拘留营中自生自灭。那些留在被毁坏的房子里的人发现自己被困在要塞防线和俄国封锁线之间，处于饥寒交迫的炼狱之中。

12. “英雄豪杰”。奥匈帝国的宣传将普热梅希尔的多民族中年驻军描绘成帝国合作、军事能力和男子气概的典范。尽管这些人在围攻中表现出了非凡的耐力，但现实远没有那么辉煌。

13. 防御工事。要塞 48 千米的防线由 35 个堡垒组成，在堡垒之间的空隙处，有匆忙挖掘出的战壕，其中一些如图所示。请注意，前线部分地区有伪装的“弹片护盾”；这里的普遍防御特征在更为著名的西部前线是看不到的。

14. 暴风速攻（1）。1914 年 10 月 5 日至 8 日，俄国军队进攻要塞。从这张法国宣传明信片上可以判断，即使是俄国人最亲密的盟友也将他们视为野蛮部落。

15. 暴风速攻（2）。1914 年 10 月 7 日早些时候，在俄军攻势最猛烈的冲突中，1-1 号副堡垒处可怕的壕沟。尽管在技术细节上并不准确——壕沟是由中央的一个卡波尼尔保卫，而不是墙壁上的孔洞——但艺术家的描绘确实重现了这场战斗的恐怖。战斗结束后，70 名重伤的俄国人和 151 具尸体被从壕沟中拖出。

16. 皇室来访。奥匈帝国方面渴望从要塞的胜利防御中榨出所有的宣传优势。奥匈帝国皇储卡尔大公于 1914 年 11 月 1 日与库斯马内克参观了防御工事，就在几天后，国防军在第二次致命的围城战中放弃了要塞及其驻军。

17. 航空邮件。1915 年 1 月，普热梅希尔在世界上首次使用动力装置的飞机提供邮政服务，创造了历史。航空货运能力非常有限，审查也很严格，所以士兵们常常共用明信片。八个人共用的这张明信片寄去了匈牙利西部的派特哈佐村。背面写着：“亲爱的家人、妻子、父亲、母亲、亲戚们，我们告诉你们，我们还活着，身体健康，我们也祝你们身体健康。”

18. 天降灾祸。普热梅希尔的一座房子被俄国炸弹击中。请注意旁观者的震惊之情。俄国飞机在第二次围攻中向普热梅希尔及其周边地区投下 275 枚炸弹，造成约 10 名市民死亡。尽管按后来的标准来看损失很小，但轰炸平民这种新的野蛮行径让民众产生了强烈的恐惧。

19. 飞行“迪克”（Flying Dick）。帕塞瓦尔 – 西格斯菲尔德 M98 式观察气球。这些系留气球长 24 米，装有 750 立方米高度易燃的氢气，用于要塞的火炮定位。他们长长的香肠形状和圆形的后方稳定器让士兵们不禁给它们起了个绰号“迪克”。有传言说，“色诱女神”海洛和她的军官情人就是乘坐这种气球逃离普热梅希尔的。

20. 声色犬马的普热梅希尔飞行员。一位普热梅希尔飞行员在飞机前大摆造型。

21. 大围城下的生活（1）。匈牙利军乐队的公开音乐会。演奏的音乐能够克服语言交流障碍，团结多民族的驻军和民众。围城下的第一场军事音乐会于 1914 年 11 月 8 日举行，此后每周举行一次，振奋了民众的精神。

22. 大围城下的生活（2）。报童们拿着要塞的匈牙利语报纸《营地报》。该报的波兰语和德语版也卖给多民族驻军。被困在要塞中的孩子的数量，以及在围城中他们所起到的作用，都是惊人的。

23. 大围城下的生活（3）。在围城期间，为普热梅希尔市民提供食物而设立的七个施粥场之一。值得注意的是，一位独自优雅地挥舞着勺子的妇人和罗马天主教修女们在这些慈善活动中发挥了重要作用。而闷闷不乐的孩子们手握的袋子和容器空空如也，证明了 1914—1915 年冬天普热梅希尔恶劣的气候以及他们迫切的需求。

24. 大围城下的生活（4）。马匹屠宰场。尽管市民和士兵面临着巨大的困难，但在围城期间，马匹的处境比人危险得多。围攻开始时要塞中有 21 000 匹马，其中 17 000 匹马被驻军吃掉，其余的几乎全部在要塞投降时被杀死。

25. 大决战（1）。“这是一幅壮丽的景象，同时也是一幅恐怖的景象。就像从活火山中喷发一样，红色的火光在普热梅希尔周围炸裂，掀起巨石和碎砾，喷涌出滚滚黑烟。”要塞的驻军于 1915 年 3 月 22 日上午 6 时开始进行摧毁工作。所有的堡垒、火药库和城市的桥梁都被炸毁了。

26. 大决战（2）。五三大桥是普热梅希尔的主干道和行人通道，位于老城区和北郊扎萨尼之间，南端位于桑河中。1915 年 3 月 22 日桥梁被炸毁，把这座城市搞得一塌糊涂。

27. 占领。1915 年 3 月 23 日，在俄国统治下的第二天，孤零零的哥萨克人沿着密茨凯维奇街向西前进。

28. 颠沛流离。普热梅希尔的犹太居民在俄军的命令下准备流亡。约 17 000 名犹太人被迫离开普热梅希尔及周边地区。请注意在后面观察人群的哥萨克骑兵。照片拍摄于 1915 年 4 月底或 5 月初。

29. 征服者们（1）。1915 年 4 月 24 日，沙皇尼古拉二世（左）在 1–1 号副堡垒废墟上向普热梅希尔的俄军指挥官谢尔盖 · 德尔维格中将（右）致意。俄军最高统帅尼古拉 · 尼古拉耶维奇大公出现在两人面前。

30. 征服者们（2）。1915 年 6 月 6 日，德军在市政厅前缓慢行进。这些人来自巴伐利亚第 11 步兵师，在收复普热梅希尔的行动中起着核心作用。德国人将于 1939 年 9 月 15 日再次残酷地征服这座城市。

还有人说，俄军命令士兵巡逻的时候都要装扮成女人的样子。“亲俄派”的守军被指控在雪地里留下与俄军的通信暗语。[44]

这些愚蠢的行为造成了一系列的后果。从 1 月 1 日起，要塞就陷入到集体强迫之中。导火索是俄军冒充奥军巡逻队的无稽之谈。为了平息越发严重的焦虑，库斯马内克和他的手下设计了一套自我安慰的流程：一个既复杂又愚蠢的新识别方法，由于太过荒唐，以至于都没有俄军希望或愿意效仿。如果不是因为把士兵的生命置于险境，还是挺好笑的。[45]

在这种方法下，两支奥军巡逻队在相遇的时候先停在原地，并通过三个先后进行的步骤以确认对方身份的真实性。[46]首先是通过绝密的声音口令。通常是两到三次不同长度的声响。巡逻队的注意力（也可能是潜伏在附近的敌人）被吸引过来，所有人都会趴下。

接着，就可以进行下一步骤：回应。一个说不定差点被吓死的巡逻兵，需要站起来，做出一个指定动作。例如：某天的指定动作是他“把帽子举起来在头上绕圈子”，某天则需要举起步枪，左右挥舞。还有时是把帽子架在步枪或者刺刀上，然后高举起来。1915 年 1 月 28 日的命令，强调指定姿势应该保持 3 个完整的行军节拍，也许是为了降低焦虑的士兵可能把动作做得过于匆忙而导致误判的风险。

在动作回应之后，最后一个步骤是确认。发起识别确认信号的小组中的一名士兵也会站起来，示意巡逻队的位置，然后进行不同的但同样奇怪的旋转动作：拿着一顶帽子在右边、上下拍打三下，两臂向两边各挥三下，或是举起一支步枪向右边和左边各挥一下，这些只是被命令执行的一部分动作而已。各种动作组合多如牛毛。接着，如果两支巡逻队还没被完全消灭，那他们就可以各走各路，继续巡逻。

公平地说，不管是对俄国人还是其他人，新的识别方法无疑是对任何冒充者的有效威慑。然而，当要塞部队尝试使用时，他们很快发现，这套方法有两个相当重大的问题。首先，对士兵们来说，记住如此复杂的动作序列已经很难了，更不用说在俄军的枪口下快速精准地执行。有指挥官抱怨说，他们的士兵刚掌握一种组合，指令就改变了，所有人一下子又回到了原点。这一点非常重要，因为任何巡逻队在对暗号时，如果对方犯了错误，都必须立即向他们开火。[47]

虽然前线的军官不好意思指出这一点，但新识别方法的另一个突出问题是，在光天化日之下，站在交战区又是吹口哨，又是疯狂打手势的，士兵们的目标太过明显了。俄军哨兵在看到奥军士兵暴露自己而且还张牙舞爪这样超现实的景象时，到底会怎么想并没有被记录下来，这一点十分遗憾。但只要他们能抑制住自己的惊讶之情，射杀目标简直易如反掌。尽管偏执的要塞司令部坚持发明更复杂的动作，但部队最终还是放弃使用了。正如一位前线军官所记录的，他们宁愿相信对方是友军，也不愿意继续执行这套识别方法了。[48]

至少，新的一年就这样悄然开始。寂静笼罩着战线，暗示着守军已然精疲力竭。守军在去年 12 月的突围行动结束后就一蹶不振，而俄军目前则满足于维持现状，等着守军饿死。在一些战区，交战双方的士兵放弃了彼此敌对，仿佛战争已经过去了一样。偶尔在节日期间，甚至可以看到两方的士兵一起在交战区和平地挖土豆。[49]即便如此，要塞的力量也在迅速减弱。天寒地冻，1 月下旬大部分的时间气温都在零度以下徘徊。对仍然穿着破破烂烂的夏季制服的士兵们来说，在积满雨雪的战壕中执役是很困难的，特别是在口粮供给不足的情况下。军官们立即注意到了这些问题。“疲惫不堪的连队像行尸走肉一样从前线返回。士兵们脸色苍白，身影像老人一样弯腰驼背。每个人保持着同样疲惫、绝望的沉默。”[50]

2 月，俄军又开始对本就处境艰难的要塞施加新的压力。9 日，先是南线，后来西北线和北线也连连遭到重炮轰炸。一周后，俄军步兵向前推进，逐渐收紧了围绕普热梅希尔的包围圈。最先沦陷的是西部和西北部的前哨阵地。2 月 18 日，俄军野心勃勃，在西南角的波德马楚拉米这一关键位置配置了一个团的兵力。那里的战斗很激烈。俄军的突击部队突进了奥军防线，但匈牙利王家防卫军部队稳扎稳打，将他们击退。一位匈牙利军官写道：“在这些堡垒中，尸体成堆，全都是在刺刀战中阵亡的。140 名俄军投降了。”[51]

陶马希，要塞的副指挥官，愿意用 1000 克朗打赌，赌在 3 月 7 日弹尽粮绝之前，援军会到达普热梅希尔，但现在很少有人和他一样乐观。波德马楚拉米的小胜利充其量只能拖延一点时间。俄军也知道这一点。俄军的士气高涨。一位守军士兵的妻子在偷运到要塞里的一封信中生动地描述了俄军当时的情绪：“俄国人说，他们会用狗绳把我们的皇帝从维也纳拖出来。他们说，你们会横尸普热梅希尔。在普热梅希尔的你们最终也会弃城投降。”[52]

瓦西尔·奥科利塔（Wasyl Okolita）[53]已经受够了。在这方面，并不只他一个人这么想。他所在的部队，国民军第 35 步兵团第 1 营，从第二次围攻开始以来就出现了一堆逃兵。这支队伍的士兵是从加利西亚东北部边缘的边境城镇布罗迪周围征召来的，其军官每每会本能地把任何不守军纪的行为归咎到亲俄派的身上。在这个地区，有人沉重地写道："除了爱国，还有很多东西需要去追求。"[54] 然而，到了 1915 年 1 月，人们对远在维也纳的弗朗茨·约瑟夫皇帝冷漠的态度感到更加不满。占据人心的是寒冷、饥饿、思乡和毫无希望的战斗。第 35 团曾在 12 月中旬的突围中作战，突围的失败打击到整个团的士气。正如奥科利塔现在所做的那样，就算不是亲俄派，也决定是时候离开了。

离开要塞并不是一件易事。奥科利塔和他的战友们在东北部的第 5 防区驻守，并在阵地前用带刺的铁丝网建立步兵迟滞带。军官们白天在工事中来回巡视，每晚也要检查至少 4 次。士兵们被安置在掩体里，每个排的战壕都由一名初级士官负责。就算是单纯地离开掩体也是一项挑战，任何试图爬过壕沟护栏的人，甚至在他碰到铁丝网之前，都肯定会引起哨兵的注意。从战壕逃跑的唯一出路是一条呈 90 度的通道，巡逻人员通过它进出交火区。这条路正好穿过铁丝网，而且被严密地监控着。有两个哨兵控制着战壕的出入，铁丝网外的通道口有一个监视哨，也有两名士兵把守。这是一条奥科利塔和其他 5 个想做逃兵的人必须经过的危险路线。

对这个兵团里的希腊礼天主教徒来说，1 月 6 日正是他们的平安夜，人们一年中最想念家人的日子。在这一天，与之相对的俄罗斯东正教徒也同样在过节，人们在这一天变得仁慈善良。逃兵们计划在这一天清晨逃跑。前一晚，奥科利塔离开他的岗位（可能在连队总部的地下掩体），去到前线战壕和他的同伴汇合。他找的借口十分勉强，居然说自己要去给一名士官送一锅煮土豆。因为他平时为人稳重，在连队里也人缘颇佳，所以他的擅自离开并没有引起他人的注意。奥科利塔认为，最好的逃走机会是伪装成合法的巡逻队，这样他们就可以利用通道进入交火区。他和他的同伴们在掩体里耐心地等待着，熬过这漫漫长夜。凌晨 3 点 45

分，巡逻队返回路过铁丝网前，他们终于开始行动。时间紧急。

奥科利塔模仿着士官们粗声粗气的声音，把他的战友们叫了出来："Zbyrajte sia i chodim na patrolu."（捷克语，意思是"列队，齐步走，开始巡逻"。）这些人迅速排好队，装模作样地装备好步枪、弹药袋和帆布背包。然后，在奥科利塔的第二个清脆的命令下，"Nu ta chodim"（现在我们走），他们朝着大门走去。逃兵们选择的时机很好。门口的哨兵（两个目不识丁的农民），正等着一支新的巡逻队取代刚刚换班回去的那支。不仅如此，他们正准备结束自己冗长的轮岗。那天天气异常温和，为了避免被再三叫醒，这个排要求轮两个小时岗，而不是通常的一个小时。[55] 这一轮的排班还有 5 分钟就可以结束了，哨兵们疲倦不堪，不愿过多询问。不管怎样，他们接到命令不要干扰巡逻队。然而，如果他们仔细观察，就会发现这个"巡逻队"有许多可疑之处。为什么领队的是个低阶的号手？通常陪同巡逻队到大门的值班士官又在哪里？

奥科利塔一伙人顺利地通过了大门，没有引起怀疑，这让他们长舒了一口气。铁丝网在他们的身后，现在眼前唯一的障碍就是通道尽头的监视哨了。这几名士兵真是撞了大运。当班的士兵来自另一个排，所以不认识他们。甚至没有人注意他们。云彩遮住了月亮，蓝绿色的制服融入了墨黑的夜色之中。另一个哨兵则拦住了这支挤成一团的队伍。在一股强劲的西风中，他要求他们对出当天的暗号。奥科利塔应对自如，于是一行人被顺利放行。这伙人朝着俄军的战线走去，消失在夜色之中。瓦西尔·奥科利塔和他的战友们的出逃标志着大批逃兵出现的开始。有多少人离开，或试图离开，已经无从得知了，但 1 月初报告的潜逃案例成倍地增加。来自东加利西亚部队受到严重影响。奥科利塔离开一周后，他所在的国民军第 35 步兵团又失去了 10 名士兵。国民军第 33 步兵团和奥地利地方防卫军第 19 步兵团，另外两个有许多罗塞尼亚士兵的部队，也上报了一系列的逃兵行为。[56]然而，令库斯马内克不安的是，这种严重违反军纪的行为不再仅仅来自于罗塞尼亚亲俄派，因为其他民族的士兵也开始投敌了。在精锐的匈牙利王家防卫军第 8 步兵团，这支有着许多罗马尼亚士兵的部队，也有 30 名士兵在 1 月底集体投敌。同一个月，在匈牙利王家防卫军第 2 行军营第 16 连，也有 5 名匈牙利人逃向敌方阵地。来自帝国各个地方的士兵都在密谋反抗上级或策划潜逃。任何没有军官的前沿阵地现在都很容易弃守。[57]

俄国人尽了最大努力以加速奥匈帝国守军的分裂。奥军巡逻队在交火区发现了许多传单。[58]尽管这样的心理战还仅处于初级阶段，但也都是经过俄军精心策划的。这对目前极其注重物资的多民族守军来说，是一个不好的信号。一名自称来自奥军的俘虏的“好意提醒”大赞当俘虏的安逸生活。传单强调，在俄军控制下的监禁不能被称为真正的“监禁”。俘虏说：“我们一到那里，就可以随意走动，任何人都可以找到工作，每天都能得到丰富的食物和卢布。”为了能吸引饿得发慌的守军的注意力，传单上把俘虏的膳食描述得令人垂涎：早餐有加糖的茶，还有一份肉汤，午餐有蔬菜和半升葡萄酒，每天晚餐是更多的肉和 500 克美味的面包。这些食物听起来实在是太令人心动了。

俄国宣传内容的第二个主题是希望。这对奥匈帝国治下的一些民族来说更有效。尼古拉・尼古拉耶维奇大公 9 月给“奥匈帝国人民”的致辞奠定了基调。致辞中更是将俄国描述成一个“为其他民族的自由而流血牺牲”的国家。“奥匈军队中的斯拉夫人”被要求扔掉武器，以“兄弟”的身份来到俄军阵营。守军中的塞尔维亚人和罗马尼亚人与俄国人有着共同的信仰，“这场战争是为了将东正教信徒从奥匈帝国的统治中解放出来”。面对波兰人，俄国人又换了一套说辞，把针对他们的信息称为来自沙俄联合国民的呼吁，试图强词夺理地鼓动泛斯拉夫人的团结，又一边重复最高指挥官关于统一波兰的空洞承诺。[59]

然而，俄国人真正擅长的是渲染绝望。制造假新闻早在1915年就已经是他们的一大法宝了。据说就像普热梅希尔一样，克拉科夫也被包围了。在喀尔巴阡山脉，大量涌入的沙俄军队，正向着布达佩斯进军。[60]德国和奥匈帝国的军队被打败了。对守军来说，这些谎言让人深感不安，因为他们唯一的消息来源就只有几乎不值得信赖的新闻小报。俄国人制造了一种即将进攻的紧迫感，利用了士兵们对生存的焦虑。“兄弟们，一切都已经结束了，”一张传单警告说，“俄国的重炮已经在轰鸣，我听说过几天就要对要塞发起进攻。你们应该把握时机，投靠俄军，才能得到救赎。”“就是现在了，”另一张传单上写道，“以后会更难，很快要塞就会被轰炸，没有人能活着离开。”

最为聪明的渲染绝望气氛的宣传要数针对加利西亚人的那一套。不需要说谎，就能使奥匈帝国政权失去合法性。在很大程度上，它把弗朗茨·约瑟夫的国家和军队描绘成无能、残暴的形象。在奥匈帝国发动的这场战争中，加利西亚遭到了毁灭。“记住，”一张传单感慨道，“你保卫的不再是土地，不过只是一面光秃秃的墙。你是在与你自己的土地和家人为敌！”对于罗塞尼亚人，俄军的宣传采用同情和义愤填膺的基调，以助长怨恨并破坏军纪。“你们的村庄被奥地利军队烧毁了，你们的家人死于饥寒交迫，”宣传单言之凿凿地保证这些话都是完全真实的，“如果不是我们给他们一个温暖的住所和果腹的面包，他们早就饿死了。要塞越快完蛋，我们就能越快把你们不幸的同胞从严寒中解救出来——从死亡中解救出来！这一切都取决于你！”

要塞的指挥部对这场俄军的心理战发起了反击。《战争新闻报》和《营地报》就是他们的主要武器。军官们被下令不能放弃希望。通过他们的连队翻译，他们把有关国防军进展的新闻简报传了出去。军官们大声朗读了一些鼓舞人心的文章，标题诸如《普热梅希尔坚不可摧》。[61]要塞的通报反驳着俄国关于俘虏事件的宣传，公布了从敌人手中逃走的士兵的情况，强调战俘的食物严重不足，以及受到的虐待，[62]还酸溜溜地说，俄军的饥饿、寒冷和悲惨程度不亚于要塞的守军。军官们告诫士兵们：“俄国人不会逃跑，因为他们已经没有东西吃了。”为了稳妥起见，还有人散布谣言，说俄军在前线使用俘虏和逃兵作为人肉盾牌。[63]

要塞司令部也在想方设法地强化意识形态，以稳定军心，尤其是控制住极不受信任的罗塞尼亚人。作为对奥科利塔做逃兵的回应，库斯马内克向希腊礼天主教普热梅希尔的主教康斯坦丁·切霍维奇（Konstantyn Czechowicz）神父寻求帮助。主教是奥匈帝国的忠实拥护者，迫切地想要提供一些帮助。自 1897 年负责普热梅希尔教区以来，他一直站在东欧文化战争的前线，抵御敌对的俄国东正教的侵略性传教。1914 年起，俄国东正教传教行动呈指数增长。切霍维奇意识到沙俄对他的教会的迫害，9 月在利沃夫逮捕了其大主教安德烈·舍普季茨基的事让他痛心疾首。正如他向库斯马内克保证的那样：“要塞的安全和敌人的失败对我来说，都是至关重要的。我知道，俄国人既不尊重我的信仰，也不尊重我的国籍，更不尊重我的个人立场。”[64]

不幸的是，司令部的请求明显太迟了。库斯马内克在战争一开始就下令进行的无情镇压，不仅疏远了普通的罗塞尼亚人，也严重削弱了教会力量，而现在他希望教会能为他们的战斗提供支持。战争前，普热梅希尔及其周边地区曾由 55 名希腊礼天主教牧师管理。到了 1915 年初，经历过逮捕、疏散和拘禁后，只剩下 7 人来协助主教切霍维奇。[65] 在食物短缺的情况下，精神食粮又怎能足以鼓动人心呢？切霍维奇真的需要重现“喂养 5000 人”(The Feeding of the 5000)① 的奇迹了。即便如此，67 岁的切霍维奇仍然激情饱满地进行着鼓舞士气的工作。他向库斯马内克嘱咐，3.5 万名信仰希腊礼天主教的罗塞尼亚守军应全心全意履行他们的职责，之后，他为来自东加利西亚的军团准备了一场布道，以增强他们的决心。在布道中，切霍维奇向军队强调了库斯马内克及其士兵们对君主宣誓的神圣，并强调了俄国的压迫。他警告说，东方的帝国是“不自由的国家监狱”。沙皇“从不信守对臣民的承诺”。[66]

随着意志的减弱和继续抵抗的理由变得越来越勉强，要塞不得不强迫士兵遵守军纪。虽然在战前不久奥匈帝国军队就对其司法系统进行了改革，但仍然是可以执行死刑的军队之一。1914 年至 1918 年间，奥匈帝国有不少于 754 名士兵因军事罪行被处决。[67] 在要塞，作为对逃兵的威慑，终极刑罚的威慑力被充分利用起来。每一份死刑判决都会连续 3 天向守军宣读，以确保每一名士兵都能听得到。[68] 死刑射击执行前的庄严仪式更是血腥味十足。斯坦尼斯瓦夫·盖察克中尉对这段经历深感震惊和不安，他在日记中写道：

> 今天，我亲眼目睹了一场行刑。吉比什（Gibiš）上尉是指挥官，我们营提供了行刑的士兵。这种感觉很可怕，但我

① 指福音书中报道的耶稣的两个独立奇迹之一。

> 却无能为力。3 点钟，一个名叫约瑟夫·梅代茨基（Józef Medecki）的 23 岁小男孩，从牢房被带到拘留室，然后他从守军的院子里穿过木桥慢慢走到温纳古拉那边。死刑犯的手被铐在身后，脸色苍白，但他一直一个人静静地走着，只是不时茫然地环顾四周。他穿着破旧的便服，就像工人的衣服一样。整个过程持续了将近半个小时，每个人的感觉都很不好。这个可怜的人在想些什么？他为什么会平静地走向死亡？为什么他没有落泪，没有哭喊，没有嚎叫？这对我来说都是谜。我身旁坐着的牧师身披圣带，好像在葬礼上一样。
>
> 我们来到了河的第一个弯道，法官在这里指出了行刑地点——山坡上的一个小洼地上。上尉命令道“列队，列处决队形”，广场中间重罪犯矗立着，被 18 名士兵团团围住。法官宣读了判决书（被判犯有逃兵罪），然后牧师给重罪犯一个十字架让他亲吻。可怜的小士兵把嘴唇贴在主耶稣身上，然后吻了一下牧师的手。接着，一个士兵把一块脏布绑在他的眼睛上。与此同时，列队的后方分开，上尉站在一旁，把刀举到空中，（从前面和侧面）一声不吭地走出 4 个士兵。有两支步枪瞄准了（死刑犯的）头部，两支步枪瞄准了他的胸部。有人命令（死刑犯）跪下，然后发出了“开火”的命令。他单膝跪地，甚至都没有抽搐。一枪打在他的脸上，使他面目全非，因为（他的）头骨几乎被打得粉碎……医生意识到他已经死亡，然后牧师对集合的人简短地说了几句话。上尉吩咐说：“你们祷告吧。”接着又说：“连队列队！”

盖察克的经历有一个结尾，这使得他日记的这一章节读起来感觉更加糟糕。杀人可能比人们想象的要难：

> 突然蒂罗中尉走近，说“死人”还活着。这对我们来说实在是太可怕了。那个白痴医生检查得不够仔细，就草草发出了死亡确认书。然后一个士兵从队伍中被召唤出来，上尉命令他从右边近处再次向头部开一枪。当这一切发生的时候，尸体已经被放进棺材带到墓地去了。[69]

库斯马内克在向切霍维奇主教发出的呼吁中提到，如果逃兵的问题继续威胁到要塞的安全，他就将采取进一步的“严格军事措施”。2 月份，他真的采取了行动。为了扩大死刑的威慑作用，士兵们被警告说，逃兵的家乡将收到电报，这样他们的“懦弱”就会被公之于众。不仅是他们，他们的亲属也会受到牵连。他们的父母和妻子将会失去所有的国家援助。为了防止还有人想当逃兵，军官们被敦促密切关注士兵的情绪，警惕逃兵的苗头，并向要塞司令部报告士兵中的任何异常骚动。[70]

到了这个地步，军官们也都死心了。不论如何，做逃兵已经不可能了。相反，正如要塞司令部的一份秘密报告所揭露的那样，那些无法面对残酷现实的人开始在后方逃避现实。医院成了想要偷奸耍滑的军官的理想去处。一个最受欢迎的获得准入的方法是染上性病——在这个被封锁的城市里这可没有什么难的。一位医生在围城结束时怒不可遏地说，在他的 58 名军官病人中，只有一人是真的受了伤，其他大部分人都在接受淋病治疗。[71]

在前线，那些仍在奋力执行任务的军官也尽了最大的努力。扬·维特中尉讲述了一个发人深省的故事，他所在的国民军第 18 步兵团第 3 营在物色一支精锐巡逻队队长人选时遇到了麻烦，这支巡逻队是由该部队最好的士兵组成的。没有人想要逞强。根据维特的说法，这些军官在试图逃避责任时，往往带有民族的意味。一位捷克军官被命令接受这项任务时，他抗议说自己完全无法胜任。当他的抗议被忽视时，他陷入了深深的沮丧。他的同事，一个犹太中尉，更狡猾。当这个犹太人意识到不可能通过谈判解决问题的时候，他就对巡逻工作消极应对、应付了事，小心翼翼地避开俄国人，结果被解职。犹太人的继任者是一个面有愠色的波兰人，这个人目睹了奥匈帝国军队在加利西亚造成的苦难和破坏，正如维特用沉重的讽刺来解释的那样，他也没有尽职尽责。最后，由于对军官的无用感到绝望，营长承认失败。巡逻队的领导权落在两名上士手中。[72]

随着3月的到来，要塞依旧笼罩在一片荒凉之下，显得孤立无援，阴郁不安。不知道是怎么做到的，指挥部居然延长了抵抗的时间。通过大幅削减口粮配给、屠宰更多的马匹以及用萝卜、麸皮或20%桦木稀释面粉，这些食物供应所维持的时间已经远远超过了最初估计的2月18日。对要塞地区的系统性的搜查、无情的没收以及挖掘数千千克被埋在防线以南冻土中的甜菜，食物库存量先是能维持到3月7日，然后逐渐延长到3月23日。通过收集动物骨头并将这些骨头磨成粉供守军食用，要塞又赢得了额外的一天。做了这一切之后，口粮最终被消耗殆尽的时间定格在了1915年3月24日。[73]

尽管坚硬的外壳仍然完好无损，但要塞却从内而外散发着腐臭的气息。截至3月1日，共有15 469人住进医院，占守军士兵总数的八分之一。[74] 2月初，天气开始回暖，洪水肆虐，要塞周围的壕沟里满是泥浆和浊水。由于营养不良，士兵们纷纷倒下。医生们在看到了精疲力竭带来的严重后果后被吓坏了，正如后来的一位医生所说：“在这场战争中，在其他任何地方都几乎无法看到同样状态的士兵或这么多士兵变成这样。”[75] 有些病人因饥饿而全身肿胀。肾脏疾病很常见，风湿病和肺部炎症也很常见。最让医生震惊的是病人的麻木。在约瑟夫·托曼（Josef Tomann）医生看来，他们眼前的病患仿佛一具具行尸走肉：“他们默默地、毫无怨言地在寒冷的医院里住下，喝着这里用来充当茶的泔水；第二天，他们就会被送进停尸房。”[76]

3 月间，疾病肆虐。到了 3 月中旬，2.5 万名士兵因病减员。其中只有 2500 人是负伤，绝大多数的住院病人都是因为饥饿和冻伤。[77] 持续的围困所造成的巨大的心理压力也夺去了士兵们的生命。要塞的精神科在 3 月份记录了大量与疲劳有关的精神疾病。一名叫 P. V. 的士兵因为严重的营养不良和妄想症被送进医院，他的病例记录引人深思，说明身体虚弱同时又思乡情切会对一个人造成多大的伤害：

> 据陪同他的人说，31 岁的步兵 P. V.，从 3 月 14 日中午起就已经不对劲了，他一直在呼唤自己的妻子和孩子，他说他今天在这里见到了她们。入院时（3 月 15 日上午），病人准确地说出了姓名、年龄、出生地和所属的部队。当时也能集中自己的注意力，表面上看起来一切正常。他相信自己是在家乡的学校里，不明白为什么会被带到这里来。（他告诉医生：）“我躺在掩体里，有步枪和子弹，我很幸运。我女儿进了壕沟。她两岁了，叫小斯蒂芬妮。她给我带了花，说她妈妈很快就会来，给我带了吃的——面包和熏肉，带我回家。接着俄军就开始疯狂射击了，我的小斯蒂芬妮就消失了。”[78]

要塞司令部想要减轻外围防守部队的压力。炮兵和劳工营接受训练成为步兵，以便分散负担，也能时常提供一些支援。然而，士兵各个都疲惫不堪，意味着整个连队的实力孱弱。前线部队最多只能部署三分之二的兵力，而那些仍在执役的士兵也非常虚弱。[79]整个守军变成了一众行尸走肉。费迪南德·雷德尔·冯·舍尔曼（Ferdinand Reder von Schellmann）少校是普热梅希尔内防御核心区的炮兵指挥官，他描述了一队行尸走肉的状态，他惊愕地写道："这些人看起来很糟糕，他们脸颊深陷，眼球突出，耳朵像纸一样薄得能透过光。他们费力地向前拖行着自己疲惫的身躯，虚弱显而易见。"[80]

3 月 12 日至 13 日晚，俄国人趁机再次发起攻击。这一次，他们向要塞的北面发动攻势，在纳古拉奇至巴蒂兹周边的主要防御工事外 3 公里处设立阵地。在 12 月的一次行动攻占了前沿阵地之后，围攻者和被围者就一直在不安之中苦苦度日。午夜刚过，一个突击旅的步兵在暴风雪中向前挺进。因为他们的指挥官不希望打草惊蛇，所以士兵们都扛着固定好刺刀的步枪。第一批士兵们尽可能快地、悄无声息地涉过雪地。他们的目的是趁守军熟睡时攻占防线。

在巴蒂兹，面对着高度戒备的匈牙利王家防卫军部队，俄军节节败退。不过，在由奥地利地方防卫军第 35 步兵团东加利西亚第 1 营驻守的纳古拉奇地区，俄军大获全胜。这个营的实力薄弱，士气低落。超过一半的兵力，约 533 名士兵，都已经无力抵抗。他们被飞雪蒙蔽了双眼，再加上士兵们被冻得瑟瑟发抖几近麻木，哨兵们直到敌军已经逼近眼前才发现。当俄军的突击队挥舞着刺刀跳进战壕时，守军吓得魂飞魄散。经过短暂的白刃战，守军很快投降。没有多少幸存者能成功回到主阵地。

夺回这一地区的希望渺茫。库斯马内克本来希望作为要塞司令部预备役的奥地利地方防卫军第 19 步兵团能前去支援，后者 19 日接到命令，但这一团营养不良的士兵花了 3 个小时才从城市向防线外围行进了 7 公里。等他们终于到达目的地时，一丝力气都没有了，机会也就这样错过了。即便这片地方被奇迹般地夺回了，以堡垒现在这样弱的战斗力，他们也不可能守得住这里。[81]

到了这个时候，所有希望都早已破灭了。所有被困在要塞里的人都清楚，康拉德的国防军不会来了。库斯马内克仿佛在为战败做准备，下令建立一座要塞博物馆，展示守军和市民所遭遇的磨难。[82] 博物馆里会展出什么，是个谜。除了过时的武器和破烂的军装外，普热梅希尔的东西所剩无几。空空如也的架子最能反映守军赖以生存、用来取暖的是什么——什么也没有。在城里，现在一只中等大小的狗的价格是 20 克朗，一只老鼠也值 10 个海勒。所有的猫都已经卖完了，变成了人们的腹中餐。在前线，冻僵的士兵正在拆除他们的防御工事，拆掉木制的包层、铁丝网缠绕的柱子，甚至是屋顶的支柱，只为了能有一些燃料。[83]

在要塞里，夜晚是漫长的。一些军官在刺鼻的马脂蜡烛发出的朦胧灯光下工作，记录下当天倒下或死亡士兵的日报。其他人都只能在黑暗之中摸索。在这样恐怖的时刻，普热梅希尔似乎变小了，变得更加幽闭恐怖，更加压抑。每个士兵都思乡情切。对不可知的未来的担忧也重重地压在他们的心上。所有人都知道，他们败了。匈牙利王家防卫军第 23 步兵师的一名军官在绝望中写道："谁能活下去，只有上帝知道。我走起路来就像是醉汉，这样的情况已经持续好几天了。确切地说，我像是个被判了死刑的人。我走来走去，却找不到自己的容身之地，感受不到任何快乐。就像总参谋部的人一样，我开始变得麻木。末日将至，无处藏身。"[84]

第七章
最后一战

士兵们在夜间进军，脚下的道路通往东方，这条路与6个月前奥匈帝国国防军灰溜溜撤退的道路是同一条。现在，春天来了，冰雪开始解冻，鹅卵石上满是泥土和半融化的冰。士兵们负重前行。除了常规背包、来复枪、刺刀和铁锹外，还携带了额外的弹药，如果他们还没有因极度饥饿而提前吃掉的话，每个人还背着5天的口粮配给。每个人都已经精疲力竭。只要停下来，士兵们就会陷到路边满是积雪的沟渠里，再也起不来了。他们的上级也懒得把他们叫起来了。这是一支突击部队。军令命令他们前进，身后已经没有食物了，也不会再回去了。士兵们被催促道："前进！不惜一切代价前进！"然而，他们正在向东进发，远离奥匈军队。另一边是被占领的利沃夫，是基辅和莫斯科。他们又累又弱，对于他们来说，一切都毫无意义。[1]

自1月初奥匈帝国总参谋长康拉德要求要塞组建包括5个师的强大进攻部队（每个师1.2万至1.5万人，配备火炮支援）以来，奥匈帝国最高司令部和堡垒司令部就萌生了最后突围的想法。要塞指挥官库斯马内克立即着手重组军队。事实证明，普热梅希尔的部队和装备不足以组建最高司令部想象中的庞大部队，只能拼凑出2个师和3个旅，随时准备在接到命令后集结起来，进行决战。他们将接受什么样的任务取决于奥匈帝国国防军是否能够成功打通喀尔巴阡山脉。如果军队像去年 12 月那样接近普热梅希尔，这支部队就会出动接应。然而，如果援军被困在雪地中，要塞的进攻部队就只能依靠自己。那么，它的任务就是充当矛头，穿透敌人的防线。留在普热梅希尔的军队会炸毁防御工事，紧随其后，其他守军部队殿后。[2]

康拉德最初承诺在 2 月中旬之前决定要塞进攻部队将采取何种行动，但由于库斯马内克和他的参谋们设法充分利用口粮存量配额，随着喀尔巴阡山战役的拖延，这个决定也被尽可能久地推迟了。到了 3 月 13 日，要塞的粮食存量仅仅够支撑 10 天的时候，康拉德才下定决心。由于山区的天气恶劣，他给库斯马内克的电报承认国防军不太可能及时到达普热梅希尔。要塞的指挥官被要求坚持到 3 月 17 日。接着，很显然不会有援兵了，“军队的荣誉”要求守军必须自己发动进攻，一路突破到安全区域。[3]

总参谋长用所谓的荣誉来动员官兵的行为，暗示了这次行动的真正目的。就算是一直以来都十分乐观的康拉德，此时也没有十足的把握确定突击部队有机会到达奥匈帝国控制区。相反，康拉德意图制造一个神话。最后光荣的牺牲应该能够压制所有对要塞投降这必然结局的批评，甚至可能让普热梅希尔的英雄们成为永远的传奇。在要塞司令部，不是所有军官都理解康拉德的做法。参谋部情报官费利克斯·霍尔策中尉对突围命令的反应是难以置信:“事实证明，对装备精良的国防军来说突围是不可能的，我们国民军士兵，已有一半的人因疲劳而倒下，怎么可能实现呢?”[4]各单位的报告读起来都令人沮丧。尽管各团原有编制已被打散，士兵都被重新分配，好让所有突击营的兵力达到名义上的 800 人，但实际可用兵力却要少得多。在行动前夕，国民军第 33 步兵团报告说，只有一半的士兵能够战斗。在匈牙利国民军第 9

和第 16 步兵团中，只有三分之一的兵力能够发起进攻。[5]

要塞指挥官确实明白了康拉德的想法。库斯马内克将军被授予决定攻击地点的权力。他最初的想法是向东南推进，朝着俄国第 8 集团军司令部驻地桑博尔进发，进入喀尔巴阡山脉。然而，越思考就越不想执行这个任务。3 月 16 日下午早些时候，他给最高司令部发了电报，报告一个新计划。令康拉德吃惊的是，库斯马内克现在想要进攻东部。[6]

派遣普热梅希尔的饥饿守军去参战是不是愚蠢的犯罪？如果像康拉德和库斯马内克一般，冷血地把这个问题放一边，库斯马内克的奇怪计划是逻辑自洽的。要塞的指挥官也知道，以他区区的 4 万步兵，没有办法攻破俄军 90 公里的防御纵深。相反，如果他向东进军，就能配得起“军队的荣誉”，呼应康拉德所力荐的“再为军队服务一次”。如果他的部队突破了包围圈，就可能摧毁俄军的重要基地，尤其是从利沃夫出发的铁路，还可以用俄军的大型粮仓解燃眉之急。最后，令人痛心的是，士兵们的实力薄弱意味着除此之外，没有其他的选择。普热梅希尔的东南面是沼泽，西面和西南面是丘陵。然而，东部是平原。到了这个时候，精疲力竭的部队只能靠着自己的意志力前进了。[7]

无须多言，这些士兵无法回头了。等待他们的不是牺牲就是被虏。为了避免反对意见，库斯马内克甚至想瞒着他的将军行事。3 月 18 日上午，他把士兵们都召集到司令部进行了一次感人的动员会，没有人提到所谓的“荣誉”。相反，他提出这次行动，瞄准的是在俄国最薄弱、最不可能预料到的地方，称得上是一次真正的突围。两位将军提出反对，认为军队过于疲惫，但是意见被驳回了。[8]

由于要塞的粮食储备即将耗尽，进攻被定在了 3 月 19 日的最后几个小时，这是最后一个尚有一线生机的时候了。出其不意和秘密行事应该能够保证行动的成功。为了欺骗俄军，他们做了周密的准备。在前几天，间谍被派去俄军一方散布谣言说，奥匈帝国军队即将在西南部发动袭击，12 月，就是在那里他们曾短暂地突破了包围线。3 月 18 日至 19 日夜间，西南方向第 8 防区部队的火炮开始猛烈射击，意图转移俄军的注意力。在东部的实际行动被严格保密。实际上，预防措施已经变成了典型的偏执行为。库斯马内克害怕泄密的典型表现是，他在进攻计划开始前 14 小时，才向最亲密的知己说明了他的计划。当库斯马内克的参谋长奥托卡尔·胡贝特中校向下属们下达攻击命令和分发作战地图时，每一个人都被要求发誓会对此保密。[9]

这些绝密的命令和作战地图阐述了行动将展开的形势。凌晨 1 点，进攻在库斯马内克的指挥下展开。由卡尔·魏策多费尔（Karl Waitzendorfer）中将领导的混成师由来自加利西亚中部和东部的部队组成，将沿着利沃夫路，以及由要塞工程局建造的供装甲火车并排行驶的铁路，从东部外围推进。在南部，国民军第 97 旅也将向前推进。再往南，匈牙利王家防卫军第 23 步兵师将在第 6 防区的新月形防线（10 月份最激烈的战斗地点）内等待，一旦其余的攻击部队接近指定位置，就将加入向东的攻击。18 个炮兵连作为火力支援被分配到各进攻部队。第 108 旅（由奥地利的德裔士兵组成）和弗里德里希·克洛伊贝尔（Friedrich Kloiber）少将的混成旅组成了进攻前线南部和北部的预备部队。[10]

突围方不进行火力准备。相反，正如要塞司令部在 3 月 18 日晚些时候给连长及以上军官发布的命令所强调的那样，一切都取决于速度、隐蔽性和出其不意。部队将在黑暗的掩护下悄无声息地前进。工兵特种分队和最精锐的士兵将前去切断敌人的铁丝网。为了避免惊动俄军，不允许士兵开枪。一周前，俄国人在攻占要塞纳古拉奇阵地时就采用了这种战术，进攻部队将直扑敌方防线，用刺刀进行白刃战。命令中还心存期许：“接着，我们就会发现俄国佬都在呼呼大睡，很容易就可以将他们制服。”[11]

库斯马内克对于俄军将会被他们轻易打败的信心和他对士兵拒绝执行这样的自杀行动的担忧形成了鲜明的对比。他对指挥官的命令断言：“只有向官兵们灌输突破必胜的信念，才能取得成功。”军官受令向士兵们说明，要塞中已经没有任何东西可以吃了。留下来就意味着投降或者忍受饥饿。命令中并没有提到军队将向东进军，离开奥匈帝国，只说不能返回。同时强调，就在俄军战线后方不远，就有堆满食物的粮仓。在饥肠辘辘的官兵们和充裕的食物之间，就只有一堆年迈体弱的俄国老兵和没有经过训练的预备役士兵，这些人每次都是“只开一枪就跑”的纸老虎。如果这样的鼓励没有办法鼓舞士气，那么军官们就会执行铁律：任何转身逃跑的士兵都会被当场击毙。任何在 24 小时内吃了一天以上口粮配给的士兵也都会被立即处决。[12]

奥匈帝国最高司令部已经在 16 日同意了这次行动，第二天，突击队的士兵就撤离了外围防线，开始集结。要塞的防御只留下了两个步兵团，其中一个是不受信任的国民军第 35 团，而另外一些是预备役国民军营队和接受速成训练的劳工部队。18 日，军官们紧锣密鼓地进行着最后 11 个小时的准备，士兵们都去休息了。额外的口粮配给也分发出去了。每个人都在紧张地等待着最后时刻的到来。[13]

要塞指挥官在进攻前的最后几个小时里一直忙着编造自己的传奇故事。库斯马内克和康拉德一样，他们明白战败的消息需要谨慎处理。如果处理不当，就会名誉扫地。如果做得好，有悲情和英雄主义加持，他们还可以翻身。在漫长的围困过程中，库斯马内克一直是个深居简出的人。他很少巡查守军。一些连队的军官抱怨道，在这场严峻的考验中，这些人没见过他们的指挥官一次。[14]然而，现在的库斯马内克写下了一份命令，上面写着100年前拿破仑对他的老卫队所说的那些听起来熟悉和热情的讲话。“我的士兵们！”命令的开头慷慨激昂，紧接着自我粉饰的程度让人咋舌。这些话竟然都出自一个无情地让数千个家庭的父亲在徒劳无功的行动中白白送死之人的口中。向奥匈帝国国防军靠拢的承诺，无疑是库斯马内克亲自把他们带到俄军枪口之下的潜台词；这两种都是廉价的欺骗。命令发布得太晚了，以至于都已经到了即将行动的节骨眼上，大多数部队都还没赶到集结点。然而，这一切都无关紧要，整场行动本来就是作秀罢了：

我的士兵们！

整整半年过去了，在这半年之中，我们——亲爱的祖国母亲的孩子们，肩并肩地站在敌人面前，寸步不让。

在上帝的帮助下，感谢你勇敢的奉献，我得以坚守我们的要塞，尽管敌人进攻猛烈，尽管天气寒冷、物资匮乏，但大家每一次面对愤怒、无情的敌人时都奋勇直前。

值得依靠的你们，都听从了我的领导，勇敢地面对着一切危险和无尽的苦难。

你们已经在很大程度上赢得了我们的最高统帅（皇帝）的认可、祖国的感谢以及敌人的尊重。

在亲爱的祖国，成千上万颗忠诚的心为你们而跳动，为你们而担忧。

数百万人都屏息等待，盼着你们归家的消息。

我勇敢的战士们，再一次，我不得不要求你们竭尽全力！

祖国的荣光要求你们！

……

我要带领你们出击，用铁拳打破敌人在要塞之外围成的铜墙铁壁，一往无前，直到和我们的大部队会合。大部队已经在艰苦的战斗之下离我们越来越近了。

我们面临的将是一场恶战。因为敌人会想牢牢地抓住他们认为已是囊中之物的我们。

是时候让他们见识见识普热梅希尔守军的实力了。

你们每个人的心中都应该别无他念，只想着——

前进！不惜一切代价前进！[15]

第 3 营，隶属国民军第 18 步兵团，在要塞的 7 个月里经历了地狱般的折磨。在那个炎热的 8 月，当他们刚刚来到普热梅希尔，战争才刚刚开始，一切都还未知，当时所有的防御都还完好无损……现在看来，那好像是几辈子之前的事了。在 9 月份经受了一次炮火的洗礼后，很快就在 10 月份受到了俄军攻城战的猛烈进攻。次年 2 月，俄军占领了西北部纳德格罗泽尼（Nadgrodzenie）森林山丘上的一个先遣阵地，指挥部派遣第 3 营夺回该阵地，战斗激烈，伤亡惨重。[16]

整支部队里，无论是军官还是士兵，都没有超重的人了。所有人都面容憔悴、面色苍白，前线的战斗，寒冷的天气，以马肉为生的日子和对身处家乡切尔泰（已被俄军占领）的家人不断的担心，都让他们心力交瘁。到了 3 月份，士兵们在执勤时经常会倒下，奄奄一息。军官们一再警告上级，这个营几乎已经没有战斗力了。然而，令人不安的谣言四下流传开来，命令要求建造运载弹药的轻型雪橇，送来了新分配的马匹，以及额外的钢丝钳，这一切都令人困惑。人们窃窃私语，最高司令部正在密谋从要塞突围。

3 月 17 日至 18 日晚，驻守外围的第 3 营突然被命令撤出，取而代之的是武装劳工部队。第 18 团全体集结，凌晨 3 点，从要塞西北部的兵营出发，向普热梅希尔城内前进。到了 18 日，部队休整完毕，准备开始行动。发放了特别的配给和额外的弹药，本来就虚弱的国民军士兵的负荷又增加了几千克。随着夜幕降临，营队里最后的存酒也都分发出去。军官们回到他们杂乱无章的房间里休息，房间里凄凄凉凉又没有暖气，只有拖曳的烛光用来照明。没有人想死。已经忍受了那么多的苦难，挺过了那么多的危险，到了最后关头，所有的努力功亏一篑实在说不通。

团长克拉利切克（Kraliček）上校和副官巴尔卡（Balka）中尉的到来，唤醒了陷入沉思中的军官们。上校面无表情，大声下达即将行动的命令。他宣布，部队应向着梅迪卡方向进发。军官们都开始窃窃私语。梅迪卡？那不是在东面吗？这不是南辕北辙了吗。此外，早在 10 月份，当奥匈帝国国防军试图通过利沃夫的时候，俄军就在这个方向上构建了强大的防御阵地。朝那个方向走一定不会是一路坦途。

一些中尉猜想，自己部队的任务是否是为了转移敌人的注意力，使其不致向南发动进攻。其他人则不太确定。高层指挥官的疯狂似乎没有限度。任何关于突围的想法，无论往哪个方向，都荒谬至极。第 10 连的扬·维特中尉生气地说："从最高指挥官到普通士兵，每个人都清楚地知道，我们的士兵饥肠辘辘、筋疲力尽，就连马都瘦得皮包骨头，连一天的行军都无法保证，更不用说几天的战斗了。”[17]

时间紧急。第 18 团将于晚上 9 时 20 分出发，仅有短短一个小时准备。整个进攻部队必须在凌晨 12 时 30 分之前越过外围防御工事，在交火区列队展开，30 分钟后准备好发起进攻。到了约定时间，部队完成集结，准备时刻进发。第 3 营在纵队的尾部。它的指挥官卡齐米日·瓦多什（Kazimierz Ładosz）少校是一个颇受欢迎的波兰人，自从他的前任文岑茨·齐普泽在 10 月的进攻中被榴弹炸伤后，他就一直在指挥这支队伍，他试着临时编几句话来激励士兵们。接着，行军队伍小心翼翼，缓慢而痛苦地向东行进。

还在行军过程之中，指挥官的愚蠢就已经显现无疑。经历过漫长的围攻后，部队的实力锐减，他们失去了长距离行军的力气。当第 3 营行进到离第 6 防区一半距离的时候，三分之一的士兵已经精疲力竭，没有办法继续前进。行军的速度十分缓慢，不仅仅是因为士兵和马匹都没有什么力气，前行的道路也被堵得水泄不通。火炮和补给车辆还有行军部队挤在一起，挡住了彼此前行的道路。部队走走停停，直到凌晨 1 点，作为先遣部队的国民军第 18 团第 1 营才抵达要塞的外围防线。现在，队伍里就只剩下一半的士兵了。[18]

当部队奋力穿过要塞的前沿防御工事的时候，又耽误了不少时间。部队都配有向导帮助士兵穿过迷宫般的战壕，然后经过雷区和铁丝网。在没有灯笼和火把的情况下，他们排成一排，沿着主干道外的狭窄通道站着，以便巡逻队和突击队进入交火区。接着，士兵们一个接一个地爬到空地上面。

国民军第 18 团隶属于魏策多费尔的混成师，凌晨 2 时 35 分才在进攻序列左侧就位。凌晨 3 点 15 分，比原定时间晚了两个多小时，进攻开始。第 3 营是该师右翼的最后一支部队，排成散兵线向前推进。

哪怕只有一瞬间，想象一下你自己，穿着打有补丁的国民军军靴，在散开的队伍里独自漫步，是一种多么孤独的经历。天空一片死寂，没有星星也没有月亮。每个士兵都分开前进，这样好减少伤亡。每个人都背着十分沉重的包袱。大家都举着刺刀向前走。所有步枪的子弹都被严令卸下了，军官们认为到达俄军阵地的希望本身就十分渺茫，实在不能因意外走火而暴露行踪。不熟悉地形，也没人知道俄军到底在哪儿，甚至不知道他们是不是正在监视着自己的一举一动。

突然，在漆黑一片之中，有士兵的身影隐约可见。部队中的人大吃一惊，难道已经和俄军相遇了吗？原来只是临近的一个连队，迷了路，正和其他进攻部队相对而行。幸运的是，第 3 营的人枪中没有子弹，否则肯定会有人中弹。军队前进的速度缓慢，唯一窸窣的声音，是那些负担过重的人在丛林中挣扎时发出的喘息声。

最后，在经历了似乎无休止的跋涉之后，部队来到了一条小溪旁。没有人提示国民军第 18 团的指挥官这里有条小溪，由于行动在开始之前都被高度保密，他没有可能进行侦查工作。整个部队都停下了。四周也没有可以用来搭桥的材料。几个胆大的士兵纵身跃入水中，但溪流太宽、太深，也太冷了。水漫到了他们的胸前。需要花很大的力气才能把他们救起来。军官们派遣了几支巡逻队去找找看是否有其他能够绕行的路。如果找不到路，能找到破损的房屋也可以，这样他们就可以用破屋的材料跨过小溪。大家都在原地等待。

当这场闹剧正在上演时，战斗开始了。凌晨 4 点 30 分，第

18 团的右翼，匈牙利国民军第 97 旅和匈牙利王家防卫军第 23 步兵师在行动一开始就行踪不定。一声呼喊响起：向前！不一会儿，左翼远方，又一声雷鸣一般的声音响起，示意魏策多费尔的部队在利沃夫路的另一段发起突击。炮弹开始落下。在梅迪卡城外驻守的俄国人打开了一盏强光探照灯。当光束转向被困在溪流中的国民军士兵时，每个人都趴到了地上。这些士兵一动不动地趴在脏兮兮的雪地里，不希望被俄军注意到，避免随之而来冰雹般的炮弹和子弹。

国民军第 18 团第 3 营现在的处境十分危险。黎明即将来临，当太阳惨白的光缓缓扫过战场时，他们将无可隐藏，没有掩护也没有壕沟。前面的小溪使他们无路可走。地面冻得挖不动，但如果一动不动就意味着会被狙击手打死或者被炮弹炸成碎片。俄军开火了。一开始，他们瞄准后方，防止奥军后撤。接着，炮手开始一点点地缩短射程，徐徐图之，爆炸的轰鸣声和硫磺的味道越来越逼近无助的第 3 营士兵。

伴随着震耳欲聋的轰鸣声，炮弹轰然而下，掀起了冻土和水柱。伤员的尖叫声不绝于耳。士兵们开始逃跑。维特中尉厌恶地看着他的一个同僚，一只“狡猾的猪”，转身逃命，他排里的士兵都紧随其后。然而，这位捷克中尉所感受到的任何优越感都是短暂的，因为当他呼唤自己的连队时，才发现自己连队里的士兵也大多“脚底抹油”了。只剩下 6 名士兵。他用双筒望远镜扫视了己方所在的地区，看到指挥官瓦多什和其他几个军官，每个人都带着一小群士兵，被死死地压制在溪边。

究竟是什么让仅有的几个幸存者还苦苦坚持。是责任？是勇气？是男人的傲气？还是纯粹的好战？维特是个好军官，但每当他谈到奥匈帝国军方的时候总是满怀愤慨。他从来没有解释为什么有士兵还在坚持。也许他自己都不知道答案。随着天色渐亮，除了奇迹，没有什么能救得了他们了。尽管四面楚歌，奥军士兵仍然看不到敌人的阵地，但他却能肯定俄军近在眼前了。机枪和步枪的枪声在他们头上呼啸。

接着，奇迹真的出现了。突然开始下雪了。一开始只是几片雪花落在这些失魂落魄的人身上。后来就变成了漫天大雪。就好像一层无法穿透的白色面纱，落在了注定要灭亡的国民军士兵和他们的敌人之间。瓦多什抓住机会，把营队里剩下的人叫了回来。

最后的溃败开始于大雪停止后。早上 6 点多，在右边的纳布沃尼森林（Na Błonie Wood），俄军方向发起反击，与第 3 营附近的匈牙利援军交火。战斗十分激烈，大地震荡，哀鸿遍野。接着匈牙利军溃散了。他们惊慌失措地跑着，炮火就在他们身边爆炸。国民军第 18 团的克拉利切克上校知道一切都已经结束了，留下就是死。他便组织了一次有序的撤退。他们左边的部队看到第 18 团撤退，也放弃了无望的战斗，随其一起撤了。很快，整个旅都撤退了。士兵们没有逃跑。他们伤得太重了，没法逃跑。在炮弹的骚扰下，他们踌躇不前，一瘸一拐地退回了要塞内的安全地带。

在进攻序列的右边，要塞的主力，阿帕德·陶马希中将领导的匈牙利王家防卫军第 23 步兵师，也同样遭遇了惨败。导致其崩溃的一部分原因是由于协调不力。第 23 师本应在第 6 防区的新月形防线前方等待，直到北面的部队前来汇合。陶马希曾在 1 号堡垒“萨利斯－索利奥”堡驻守，他听说混成师很晚才行动，所以他让部队停下来等待。不幸的是，他等得太久了。凌晨 3 点 15 分，当魏策多费尔的加利西亚部队开始前进时，陶马希的士兵大多仍在要塞防御工事。直到凌晨4点40分，第23师的大部分人员才开始准备进攻。第23师第2团出击得太早了，这进一步地加剧了混乱。这支部队自作主张，早在凌晨3点30分就发动了进攻。[19]

据说，第2团的指挥官盖佐·冯·绍特马里（Géza von Szathmáry）上校是个疯子。凌晨3点15分，他已经在交火区部署好了自己的部队，他不耐烦地喊叫着，想知道其他部队的人为什么还没有准备好。绍特马里与其他大多数的军官不同，其他军官对这次行动的反应从强烈怀疑到心生恐惧，而他却倍感鼓舞，决心不管胜利失败都要个结果。凌晨3点半，他再也坐不住了；进攻行动早在一个半小时前就应该开始了。上校自作主张，命令部队前进。没有其他团跟进，自己突击营的位置又不太正确，不到两分钟，军队就分成了两部分，在黑暗中走散了。这一切对绍特马里都不重要。他心中充满了牺牲和荣耀的信念，冲到了最前方。

绍特马里率领他的大部分士兵直奔俄国野战哨所，在俄军还没来得及发出警报之前，就被绍特马里俘虏。接着，绍特马里的部队又冲向一个已经撤到后方的俄军哨所。然而，在离俄军防线300步的地方，绍特马里的偷袭就被迫结束了。俄军防守部队有所警觉，然后枪声大作。他和1号堡垒的陶马希没有建立起联系，也没有和消失在黑暗中的第2营联系。几个小时过去，部队被困在敌人阵地前动弹不得，在大雪中迎来晨光。他们击败了一次俄军的反击。然而，到了早上8点，俄军再次发起攻击，同时从侧翼迂回，将第2团团团围住。绍特马里受了轻伤，他的第1营指挥官约翰·斯托多拉（Johann Sztodola）少校在试图投降时被愤怒的俄国步兵打死。团里未战死或未受重伤的士兵大多被俘。

第 23 步兵师中其他部队的表现也好不哪儿去。事实上，绍特马里比计划提前一小时行动，冒进使得行动进展更加困难，因为他们现在面对的对手，已经意识到奥军的进攻，开始警备起来。凌晨 5 点，陶马希命令要塞火炮摧毁俄军火炮，但陶马希部队的装备磨损严重又过时，根本无法击中射程外的俄军目标。第 5 团被俄军的侧翼炮火拦住，其姊妹团第 7 团也被击溃。只有第 8 团成功前进，其右翼的匈牙利国民军第 97 步兵旅也在早上 6 点后向前移动，越过梅迪卡 - 贝科夫的公路。左翼部队没有跟上，已经消失在纳布沃尼那片噩梦般的森林之中。维特和国民军第 18 团的士兵目睹了这场恶战。

上午 8 点，当绍特马里即将倒下时，俄军第 58 预备役步兵师向陶马希部队的右翼发起冲击。第 5 团和第 7 团以及第 2 团的第 2 营被包围。一群神志不清、惊恐万分的士兵急匆匆地返回要塞。在北方，这支作为预备役的俄军部队并没有一显身手的机会。上午 9 点 45 分，库斯马内克承认突围失败，下令全面撤退。唯一所能盼望的是，精疲力竭和受尽苦楚的军队能够守住要塞的东面防线，抵御俄军逐步加强的反攻。

他们对 3 月 19 日最后一次进攻的失败已有预期，但这次战败的迅速和彻底确实使一些高层感到震惊。要塞的突击部队没能突破任何一处俄军防线。从行动开始到高级指挥官下令撤退，总共持续了不到 7 个小时。一回到防地内，剩下的突击部队就收到紧急命令，必须在间隔战壕中就地组织防御，以免俄国人利用守军的混乱突破防线。不管奥匈帝国的高层怎么说，这次行动和“荣誉”根本不沾边。这是一次令人颜面尽失的失败。

要塞司令部最根本的错误就是对其部队在精神和身体上极度疲惫的状态视而不见。然而，库斯马内克极度的无端猜忌使得这次失败更加惨痛。库斯马内克一直到3月18日上午才向指挥官们透露他的进攻计划，导致部队根本没有时间提前侦查。只有匈牙利国民军第97旅熟悉即将穿越的地形和对面的俄军阵地的情况。其他部队在东部地区几乎完全没有执役经验。这些错误导致了一系列的灾难，国民军第18步兵团意外遇到一条溪流只是其中一个典型例子。最令人震惊的是，因为这样的保密行事，原本应该支援魏策多费尔混成师的简易装甲火车变得毫无用处，最初设想的情形是它沿着铁轨冲向利沃夫，车上的火力震耳欲聋。

要塞工程局花费了相当多的精力来建造装甲火车，这辆装甲火车基于一台小型标准发动机，并铆接了加强厚钢板。然而，要塞司令部并没有考虑铁轨的状况，而自从9月初以来，铁轨上就没有通过车了。装甲火车原定于凌晨1点抵达14号堡垒“胡尔科”堡。结果，因为突然有人担心一座架设在维尔河（Wiar）上的桥梁（已经为了拆除而缠上铁网的桥）是否可以安全通过，直到凌晨1点50分火车才离开普热梅希尔车站。检查完毕，列车允许前进，部队又发现了第二个问题：在铁轨越过防线的地方，守军已经筑起了一个沙堡，阻止任何车辆通过。午夜，一些部队被派去移除沙堡，宝贵的时间就这样被白白浪费了。为了等所有的障碍物被清除，装甲火车直到凌晨3点才离开胡尔科。最终，错失良机，要塞的杀手锏到最后都未投入战斗。[20]

如果库斯马内克的高度保密保证了进攻行动的出其不意，那么也许一切努力也算得上是值得的。然而，费这么大劲，连这一点都没有做到。因为司令官无端猜忌，所有人都没有注意到真正的安全漏洞——要塞无线电台。

就像库斯马内克在战败之后伤感地告诫康拉德所说的那样，俄军的反制措施清楚地表明，他们掌握了奥匈帝国的军方密码，且截获了绝大部分他和奥匈帝国最高司令部往来的通信电报。为了布置防御反击，俄国人从喀尔巴阡山脉调来了第 58 预备役师。这支部队了解地形，因为在 10 月的进攻中，参加过普热梅希尔东部的战斗。该师阵地的正面方向是由老弱病残兵组成的孤立无援的奥军第 48 民兵旅。第 58 预备役师装备精良、兵强马壮，无疑更加强大，他们中的一些人已经迫不及待地想要为去年秋天的失败报仇雪恨了。他们对南方匈牙利军队的反攻粉碎了要塞的最后攻势。[21]

这次行动是一场灾难，不仅彻底失败了，而且伤亡也异常惨重。在突袭部队的 4 万名士兵中，1 万多人战死、负伤或被俘。在战场北部，魏策多费尔的混成师损失了大约 3000 人。在它南面，匈牙利国民军第 97 步兵旅损失了 1500—2000 名士兵。匈牙利王家防卫军第 23 步兵师遭受的损失最大。3 月 19 日凌晨从要塞出发的 8500 名士兵中，约有 5838 人再没有返回，仅 5 小时伤亡率就接近 70%。第 23 师其中两个团共有 900 多人，只剩下三分之一。由于绍特马里的冒进，第 2 团几乎被全歼，只有 380 名负伤的幸存者设法回到安全地带。总而言之，一个少尉痛心地说，这次徒劳的行动是“多亏了士兵们在要塞服役的 8 个月里的可悲的忠诚和大量的牺牲”。[22]

突围行动的失败让普热梅希尔官兵集体不寒而栗。看到一队队衣衫褴褛的战败士兵“遍体鳞伤、疲惫不堪”地返回城里，居民们都感到万分沮丧。[23]流言四起，说大祸马上就要来临。传闻陶马希被俘虏，魏策多费尔战死，伤亡人数达到了 2 万多人。还有流言说库斯马内克病重。一切似乎都处于彻底崩溃的边缘。[24]

现实简直就像世界末日一样。更糟糕的是，俄军一直在施加压力。在过去的几个月里，俄军已经集中了 148 门重炮。大多数是来自俄国人自己的喀琅施塔得（Kronstadt）、布列斯特－立陶夫斯克（Brest－Litovsk）和科夫诺（Kovno，今考纳斯）防御工事的落伍的装备，但这给围城的俄军提供了一倍以上额外的重型火力。在3月19日和20日期间，这些火炮不仅轰击了普热梅希尔的防御工事，也轰击了整座城市。光是第一天，就留下了成百上千的弹坑。卫戍医院的亭子被炸了好几次。其他人的房屋遭到了破坏。受惊的居民收拾好贵重物品和衣服，准备逃命。[25]

20日傍晚早些时候，俄军步兵向要塞西北方向逼进。在21日的几个小时里，更多针对北方防线的行动紧随其后。高层军官坚称，在北部甚至是东部防线，俄军发动过大规模突袭，不知怎样，精疲力竭的守军还是守住了防线。[26]前线传来的却是完全不同的故事。增援该地区的国民军第18步兵团的军官认为，武装劳工营中缺乏训练的士兵受到惊吓，自己先吓破了胆。他们错把俄军巡逻队误认为是进攻部队，开始疯狂射击，令俄军有所警觉，以为要塞守军再次准备突围，于是进行了火力拦截。第18团的士兵再次成为受害者。他们伤亡惨重，被迫在间隔战壕里又一次度过毫无意义的寒夜。[27]

库斯马内克为最后的结局做好了准备。20日，他召集部队指挥官到要塞司令部提交部队状况的最后报告。卡尔特内克尔（Kaltnecker）少将这样描述他的国民军第93旅：“身心俱疲。”在场的其他30名军官中，大多数都说了类似的话。第18步兵团的克拉利切克上校关于突围行动后部队情况的报告可以代表他们所有人：

> 这些人身心俱疲，对任何试图影响或鼓励他们的做法都充耳不闻。部队里至多只有500名士兵还有士气防御。而目

前，其他人只能散布恐惧。

军官团也完全筋疲力尽了，尤其是持续了 8 个月的围困带来的持续紧张，使全体军官失眠、神经衰弱。[28]

第二天，即 3 月 21 日，要塞六人防御委员会召开了一次规模小得多但同样压抑的会议。库斯马内克，他的参谋长奥托卡尔·胡贝特中校，他的炮兵和工程参谋长卡米尔（Camil）上校和施瓦尔布（Schwalb）上校，以及驻军的两位高层军官——陶马希将军和魏策多费尔将军，一起做出了要塞投降的最后决定。陶马希并不情愿。他和其他几名马扎尔军官倾向于采取自杀性行动做最后一搏。他们发誓，只要这能够防止俄国人入侵匈牙利，他们愿意一直坚守直至俄军攻进市中心。然而，库斯马内克在 19 日的崩溃中清醒过来，拒绝了他的副手想要舍生取义的幻想。[29]

要塞的最后一次会议记录清楚地记述了要塞的绝望处境。[30] 投降已经是板上钉钉的事，尤其从两方面看，投降宜早不宜迟。首先，经过几个月和俄军不间断的战斗，士兵们都衣衫褴褛，住的条件差，食物短缺，部队已经没有什么战斗力了。从 19 日开始，他们的力量明显越来越快地被削弱，在第一次突围行动之后，剩余的主力也被击溃，幸存者的最后一点力量也被消耗殆尽。根据堡垒高层判断，守军现在的身体状况非常糟糕，士气也非常低落，面对俄军的进攻，连最后一个晚上也挺不过。

第二个需要立即投降的原因是食物的短缺。在普热梅希尔的库房里，每个人的口粮只剩下 7 份罐头马肉和 4 份压缩饼干了。虽然库存严重不足，但也能让整个要塞撑到 3 月 24 日，经库斯马内克和他的同僚估测，在这样的基础上，起码要留出两天的口粮，这样即使他们成为俘虏，也不至于立刻饿肚子。如果不留下这些储备，这些人在得到俄军提供的食物配给之前，就有饿死的可能。俄军的食物仓库分别处于雅罗斯瓦夫、莫希齐斯卡以及多布罗米尔。

出于这两个原因，库斯马内克和防御委员会决定，1915 年 3 月 22 日将是要塞坚守的最后一天。真正的最后一天。在这一天，普热梅希尔将向俄军投降。即便如此，要塞的失守也要“重于泰山”而不是“轻于鸿毛”。城破之前的最后一幕——所有具有军事价值的东西都将被摧毁。堡垒、军火库，就连连接城市的桥梁都会被炸毁。所有防御工事将被彻底毁掉。留给俄军的将是一片废墟。

1914 年 12 月底，施瓦尔布上校的工程局制订了拆除计划，拆毁要塞的准备就开始了。到 2 月的最后几天，必要的爆炸物和密封的命令已经被放置在堡垒的相关设施处。[31]要塞的气数将尽，司令部开始逐步清除所有有军事价值的东西。首先被清除的就是容易被烧毁的纸张。3 月 17 日，所有单位都奉命交出日记和文件。围城期间要塞的情况不能让俄军知道。两天后，也就是 19 日，要塞里的纸币被烧毁。军队得到了双倍的工资来支付 3 月和 4 月的费用，然后剩余的资金被带到普热梅希尔原本用来熏肉的设施里焚化：670 万克朗被付之一炬。[32]

突围行动失败后，拆毁要塞的步伐加快了。3 月 20 日和 21 日，要塞的电话和电报设备被破坏掉。城市的铁路基础设施也被接连毁掉。汽油和弹药都被扔到桑河里。由于再也没有希望从这座要塞逃走，大部分幸存的马也都被射杀了。21 日下午 3 时，国防部门的工程官员被叫到指挥官的办公室，提交最终的拆除计划。那天晚上，大炮将把所有剩余的弹药都用尽，并在第二天早上 5 点销毁所有枪支。早上 6 点，堡垒、弹药库以及桑河还有维尔河上的桥梁被全部炸毁。在战壕里，士兵严密监控着，以防俄军试图干预。然后，他们将自己的战壕和掩体浇上石蜡一并烧掉。所有武器和设备都被销毁。枪托被打碎，子弹也被踩到变形。什么都不留给敌人。[33]

那一晚，兵团把要塞搅了个翻天覆地。51 岁的寡妇，日记作家海伦娜·雅布隆斯卡不是唯一一个认为这个夜晚的经历“在世界历史上也称得上独一无二”的人。[34]每一个真正经历过那个夜晚的人，都对那一晚难以忘怀。这件事如此非比寻常，令人震惊，以至于没有人确切记得到底是如何发展到最后的。[35]

要塞大炮的轰鸣声预示着毁灭之夜的来临。到了晚上 10 点，要塞里的情况到了前所未有的高潮。普热梅希尔法院院长瓦迪斯瓦夫·格热杰勒斯基（Władysław Grzędzielski）回忆道：“这是一次非常疯狂的爆炸。即使是 1914 年 10 月那场持续了 72 小时的攻城战，也没有这样的火光连天。对雅布隆斯卡来说，似乎要塞中的每一把枪都在不停地喷着火舌。因为害怕大楼会塌，她和楼上的邻居们一起畏缩在那座楼的一楼公寓里，没人敢脱衣服，也没人敢睡觉。刺耳的声音淹没了一切。重型炮弹的呼啸声在小而快的炮弹齐射声中响起。时不时还会传来一声尖锐的鸣声，在雅布隆斯卡看来，这样的鸣响听起来就像是“大的瀑布声”或是整群“飞机呼啸而过”的声音。这是机枪在射击。很久很久，噪音从四面八方响起，从未停止。[36]

凌晨 3 点半左右，街上有人喊叫。“起来！起床！外面所有人！打开所有窗户！他们要炸掉堡垒！他们要炸桥了！”[37]警察挨家挨户地敲门，警告所有的居民。格热杰勒斯基气坏了。当晚的冲击波震碎了数千块玻璃，当局却没有提前通知，让市民做好准备。相反，凌晨的突然警报，把人们从床上惊醒，并匆忙疏散离危险最近的路人，其中包括五三大街，这条通往桑河桥的道路。警报引发了居民们的恐慌。[38]雅布隆斯卡也加入了惊恐的队伍之中。“一群带着箱子、包裹和孩子的惊恐的人”正沿着斯沃瓦茨基大街逃跑，“人们的眼睛因为恐惧睁得老大”。[39]

人们站在街上，吓得动弹不得。有些人开始祈祷。阳光开始驱散黑暗。最后，在那一晚震耳欲聋的炮火之后，声势开始减弱。炮兵们很快开始执行下一步的计划——销毁他们的火炮。这项任务很快就完成了。大约有 15 分钟的时间，城里一片寂静。在街道上、在营房里、在间隔线里，普热梅希尔的市民和士兵紧张地注视着，等待着。前线战壕里的一个士兵想着，这就是“坟场般的寂静”。[40]

从 6 点开始，北面一道火光照亮天际。紧接着就是一阵轰鸣。11 号堡垒，“敦科维茨基”堡，爆炸了。在震惊的旁观者还没来得及意识到他们所目睹的一切之前，又一声震耳欲聋的轰隆声接踵而至，一声又一声。对雅布隆斯卡的邻居约瑟法·普罗哈斯卡（Józefa Prochazka）来说，普热梅希尔仿佛被火山爆发时喷发的红色火舌和浓浓的黑烟包围，不可思议的力量还在向天空中投掷巨大的石块。[41]其他人也有同样的感触。最后离开要塞的两名飞行员才刚刚起飞，飞行高度只有 100 米，此处爆炸就开始了。这是一个“奇观”，飞行员鲁道夫·施坦格（Rudolf Stanger）写道：“可怕却无比美丽，那么悲伤，却又如此伟大，就算是庞贝（Pompeii）或赫库兰尼姆（Herculaneum）的毁灭也无法与之相比。”[42]

在地面上，市民被在市中心以南的兹涅西尼（Zniesienie）1 号弹药库可怕的爆炸所震撼。这一切发生的时候，地面都在震动。街道上的窗户碎了一地。玻璃的碎片飞得到处都是。石膏灰尘窸窣落下。那些被警察命令沿着街道向南去到老犹太墓地的避难者都被笼罩在浓浓的烟雾之中。伊尔卡·库尼格尔－爱伦堡伯爵夫人惊恐地描述了瓦砾和树枝是如何落在他们身上的。我们永远不会知道那晚有多少人仅仅因受到惊吓而死，海伦娜·雅布隆斯卡知道有一个被吓死的人，他的尸体横在街区，直到第二天下午，才有人把他挪走。尸体不是被藏到地窖深处，就是被扔在垃圾堆上。[43]

最令人震撼、恐惧的是 3 座在桑河上的桥梁被炸毁的景象。这些都是城市的干道，把历史悠久的河流以南的中心城区和最重要的郊区扎萨尼连接起来。扎萨尼位于桑河的北部（或者，字面意思是“后面”），普热梅希尔根本离不开它们。飞行员们在不堪一击的帆布、木头和金属丝制成的飞机中，在 300 米的高度飞行，飞过一架桥的时候，不幸被炸毁的残骸击中。不过，这还比不上那些地面上的人们受到的惊吓。住在距离桥仅几百米的格热杰勒斯基，下定决心要离开，害怕爆炸会毁了他的家。

> 当放在木桥下的地雷爆炸时，我还在门厅里。当我跌跌撞撞地来到街上，在爆炸点正上方升起的云雾中，看到断桥的横梁掉到地上。5 分钟后，这一系列爆炸中最可怕的一次冲击波袭来。这时，我正站在克拉辛斯基街上。地面在我脚下摇晃，冲击波的冲击力太大，我摇摇晃晃。爆炸的声浪，仅次于震荡的强烈程度，震荡蔓延到我的全身。那座铁路桥的石柱炸开了，中心的铁柱也炸断了。过了一会儿，有什么东西开始嗡嗡作响，从空中呼啸而过，在离我一步远的地方，有东西掉了下来，被我接住了，但马上就被扔掉了，太烫了。这是桥上的一个铁构件，只有一般人手掌的一半大。

> 在同一条街上，重得多的几十公斤的碎片落在不同的地方。从一根破碎的柱子上掉下来的石头散落在桑河左岸……其中一块重达100多公斤的碎片落在克拉辛斯基街上，那是铁路桥穿过这条街的地方。[44]

烟雾散去后，普热梅希尔的铁梁铁路桥在河里扭曲变形。五三大桥，这座城市道路交通的主要过境通道被炸毁。爆炸摧毁了它，这条中心大道在水中以超现实的45度角停了下来。下游的那座木桥已经完全消失了。这座城市被炸得支离破碎。[45]

到1915年3月22日上午7点，一切都结束了。拆除计划已经完成，尽管一整天的时间里，要塞周边的废墟上都浓烟滚滚，弹药库也随着火药的点燃不停地发出“砰砰”“嘶嘶”的响声。在这座城市里，当匈牙利王家防卫军的士兵开始抢劫房屋，平民也开始哄抢军用物资仓库的时候，骚乱爆发了。[46]相比之下，防线的外围反而异常平静。山丘上和四周的堡垒废墟上，白旗飘扬。前线部队已经全部被调回来。他们的武器装备都被销毁，马匹也被射杀，士兵们就静静地坐在营地里，显得筋疲力尽。有几名士官落下了眼泪；很多士兵清醒地意识到这一切折磨都结束了。所有人都在想，接下来会发生什么。终于，俄国人要来了。[47]

库斯马内克将军挑选了他的得力助手奥托卡尔·胡贝特中校和国民军第108旅的指挥官奥古斯特·马丁内克上校，就普热梅希尔的投降事宜同俄军进行谈判。他们于上午7点出发，前往东面的俄军总部——莫希齐斯卡城外的斯特拉霍基宫（Strachoki Palace）。两名军官穿过俄军的包围线后，到达俄军总部时，遭到了充满敌意的对待。安德烈·谢利瓦诺夫将军，10月突击结束以来的俄军指挥官，脸色发青。他喊道，拆除要塞防御工事是一种肆意破坏的行为。谈判毫无意义。他要求无条件投降。[48]

胡贝特和马丁内克尽了他们最大的努力试图让俄军让步。奥匈帝国军方的要塞条例规定了战败守军的投降条件。显然，俄国人在军队自由离开或占领被破坏的外部防御工事中的一些问题上松口了。十分不容易的是，这些使者确实与俄军达成了这样一个共识：作为他们长期抵抗的荣誉标志，应该允许守军军官保留他们的佩剑——这代表另一个时代的骑士姿态，以及康拉德和库斯马内克领导下作为悲剧英雄传奇的普热梅希尔保卫战的见证。

对话被一声巨大的爆炸声终止——来自强拆的第二次爆炸，这让谢利瓦诺夫再次勃然大怒。尽管胡贝特和马丁内克解释说，要塞的摧毁计划已经完成，但这位俄国将军警告他们，如果他们说错了，就等着挨枪子吧。这两名奥军军官被解除武装，囚禁24小时。当他们抗议这种待遇违反国际法时，谢利瓦诺夫无情地反驳说，他对法律细节毫不在乎。“战胜者，”他对他们说，无意中讽刺地引用了4世纪洗劫罗马的西哥特人的话，“是战败者的悲哀。”

在两名军官谈判的时候，俄军已经开始慢慢地摸索着向要塞逼进。城里的每一处，都有胜利者平静甚至友善的身影，他们和守军中的罗塞尼亚人、波兰人开着玩笑，还会给他们发烟。只有在南部的第7防区，气氛紧张。在那里，一支俄军巡逻队在4号堡垒被摧毁前悄悄地来到了这里。当堡垒被4次爆炸炸毁时，40名俄国人在爆炸中丧生，这4次爆炸分别发生在左右装甲炮台、油井和弹药库中。奥军的一小群人试图打着白旗接近的时候遭到了攻击。俄国军官怀疑这是诈降，并威胁说，如果他们发现这是个陷阱，所有守军军官都会被枪杀。[49]

9点钟，俄国人到达普热梅希尔中心。第一支部队来自西南部，沿着萨诺克路，沿河而下。另一组人从东南方出发，向斯沃瓦茨基街行进。一支哥萨克中队的入城场面令人格外难忘。哥萨克人由一位异国青年贵族带领，他骑着一匹雄伟的阿拉伯骏马，身穿宽松的长袍，挥舞着一把镶有宝石的宝剑，六人并骑穿过市中心，他们的声音在歌声中难以置信的高亢。[50]有些民众大喊："万岁！"其他人完全不知所措。人们应该为即将来临的占领惊慌吗？这场失败意味着奥匈帝国即将终结？抑或是在承诺恢复法律和秩序以及结束围城的痛苦时获得解脱？[51]

俄国人自己也毫不怀疑这一时刻的重要性。俄军第 81 预备役师的一名准将在哥萨克人的簇拥下抵达要塞司令部，他欣喜若狂地记录下了当天的欢乐和庄严。"普热梅希尔从此将永远属于我们。"他叫道。[52]然而，在接下来的几个月、几年和几十年里，鲜血会证明，这种胜利的喜悦显然为时过早。

终章

深入黑暗

送他们一起共度一个血腥的夜晚——
你热衷于战斗的英雄们。
只此残暴的一夜：
……
当地狱张开血盆大口，
源源不断地向外喷涌热血和惊恐。
……
马扎尔的凝血聚成充满恶臭的浓雾，
他们绝望地哭嚎着：“快停下吧！”

盖佐·焦尼（Géza Gyóni）《只此一夜》（*For Just One Night*）
1914 年 11 月，作于普热梅希尔[1]

在普热梅希尔战死疆场的人，都被葬在城市南部。今天，如果从城市的钟楼走到曾经的多布罗米尔街区、这条现在和乌克兰边境相接的街，那么市政公墓很快就会映入眼帘。右转穿过 1914 年通往要塞主要军火库的羊肠小道，不久就能抵达军人墓地。尽管这里宁静安详，但却是个令人十分悲伤的地方。坡地的顶部有一片树木稀疏的美丽田地。这里有一座纪念碑，两侧则是两个壮观的拜占庭十字架，这告诉游客，在他们脚下是大约9000名俄国士兵的集体坟墓。马路对面的奥匈墓地显得更有条理，立着一排排的暗石十字架。然而，没有匾牌记录有多少人在这里长眠，十字架上没有铭文，仿佛这依旧是一个军事秘密；这些农民兵死生无异，一样不配拥有姓名。那两个他们舍身赴死的帝国（奥匈帝国、沙俄帝国），都在短短几年间分崩离析。然而，战争引发的暴行却没有终止。一战后更大的恐怖的无声见证者就在近处：为抗击1939年德国入侵者和20世纪40年代的乌克兰人而阵亡的士兵所修建的波兰军事公墓，它的东边，还有这座城市异样美丽的犹太公墓。

普热梅希尔投降的消息很快就传开了。1915年3月22日上午，当围攻部队的报告到达俄国最高统帅部时，俄国军队最高统帅尼古拉·尼古拉耶维奇大公简直欣喜若狂。他一路狂奔到沙皇所在的火车车厢通报这个喜讯。[2]胜利的消息立刻传遍了被占领的加利西亚，还登上了俄国的报纸。这些新闻详细地描述了俘虏人数之多，强调了胜利的意义：9名奥匈帝国将军、2500名军官和11.7万士兵都成了俄军的俘虏。圣彼得堡主要的保守派报纸《新时代》（*Novoe Vremya*）兴奋地推测，普热梅希尔的投降可能会加速战争结束。它写道，要塞的沦陷对“整个奥匈帝国的命运”起着决定性的作用。[3]

在奥匈帝国，当晚早些时候首次对外公布了这场灾难。第二天早晨，3月23日，普热梅希尔的消息登上了各报头条。奥匈帝国军方的官方说法是，要塞光荣陷落：“普热梅希尔保卫战将永远是我军历史上光辉的一章。”守军奋战到底，为了打破敌人的包围，甚至勇敢地发动了最后的进攻，它的长期抵抗突破了“人类忍耐力的极限”，给俄国人造成了巨大损失。饥饿，而不是突击，导致了最终的结局。英雄们始终不败。所有具有军事价值的一切，“堡垒、桥梁、武器、弹药和各种战争物资”都被摧毁，敌人只占领了废墟。官方的声明煞费苦心地强调，这座要塞的失守不会对战争造成更深远的影响。[4]

报纸社论忠实地遵循官方的口径。维也纳的上层阶级坐下来吃早餐，翻阅着《新自由通讯》（*Neue Freie Presse*）——都市精英们每天早晨阅读的报纸，其中有将近 6 整版的关于要塞的概要消息。文章努力提醒读者，10 月，是普热梅希尔的守军勇敢地抵挡住俄军突击的光荣时刻。该报的战地记者堂而皇之地歪曲事实：“普热梅希尔歼灭了一支俄国军队。”

然而，《新自由通讯》本可以适时地报道，普热梅希尔既没有人们想象的那么强大，也没有人们认为的那么重要。因为《新自由通讯》在两天前才刊登的文章，大肆宣扬普热梅希尔“势不可挡的力量”以及它在牵制俄国部队中的关键作用，难怪有这么多的读者会对普热梅希尔怀有错误的看法。这份报纸现在改口，说要塞配备的军械老旧，被摧毁的这些军械并不重要，在长期的围困中，要塞的军事价值已经一降再降，不值一提。当然，英勇的守兵所付出的牺牲是让人扼腕的。然而，奇怪的是，在这篇关于要塞的长篇报道中，编辑并没有明确地写到奥匈军队士兵被俘，相反，罗列出了那些已经退伍的将领以向公众保证，普热梅希尔的投降不会带来任何后果，要塞的沦陷是完全在掌控之中的。毫无疑问，最高司令部做了十分充分的准备。帝国的防御主力是军队，而不是要塞，因为受到守军榜样力量的鼓舞，部队将更加坚定地阻挡俄国人前进的道路，并将他们困在喀尔巴阡山脉。[5]

当然，没有人相信这一派胡言。在东加利西亚，犹太人毫不掩饰自己的悲伤之情。深深的绝望笼罩着省会利沃夫，而它的占领者正忙着把它改造成一个俄国城市。对那些渴望被解放的人来说，普热梅希尔一直是一座希望灯塔。它的沦陷引发了精神的失控，甚至自杀。[6]再往西走，在克拉科夫——加利西亚的另一座要塞城市，它仍然在奥匈帝国的控制下，控制着通往奥地利腹地的道路——恐慌也出现了。他们也面临着俄国围城战的威胁。民众已经为第三次撤离做好了准备，同时对奥匈帝国军事指挥官民愤难平。在克拉科夫，一位日记作者、历史学家克莱门斯·邦科夫斯基（Klemens Bąkowski）说："高层指挥官的特点是傲慢自大、无视现实、漠视平民等——所有这些在某种程度上都是在惩罚普热梅希尔。"他担心"罗塞尼亚裔和波兰裔叛国行为"会一如既往，成为指挥失利的替罪羊。军方关于这次投降不会对战争的大局产生影响的言论荒谬至极。除了投降造成的明显的人员和装备的巨大损失外，邦科夫斯基还很担心，从包围中脱身的俄国10万大军现在已经准备向匈牙利或克拉科夫进军。[7]

帝国中心的气氛几乎没有好转。维也纳上空笼罩着一片阴霾。人们对军队的信心再次产生严重动摇。人们很想质问当局，要塞到了最后，物资供应怎么会如此不足。关于库斯马内克昏庸无能的谣言在整个战争期间不绝于耳。[8]军队把投降描述为光荣和英勇的宣传也适得其反。特别是3月19日守军突围行动的故事，并没有像康拉德和库斯马内克所希望和期待的那样鼓舞民心。相反，守军白白经受饥饿的折磨，到头来一场空的事实也让公众感到恐惧。这次行动的伤亡数字——1万人伤亡——遭到误传，这在民众中引发了强烈抗议。军队没有办法，只好在几天后公布被俘的总数：总共有11.7万士兵被俘，军方的新闻局解释说这证明此次突围行动造成的最大损失并不是士兵的伤亡。他们安抚着士兵的亲属，对下达命令的指挥官失策造成的后果表示谴责，新闻辩称，大多数伤亡者都是因为筋疲力尽而倒下的士兵，他们在突击部队撤退时落了队，才会被俄军俘虏。[9]

奥匈帝国当局未能就要塞的沦陷提出更具说服力的叙述，这也部分反映了军方宣传的问题，尤其是军方与公众舆论的距离。在整场战争中，国家宣传被证明一无是处。[10]然而，更根本的原因还是因为这是一场彻底的失败。可以肯定的是，俄军从包围中脱身的三线部队本身不太可能对前线产生任何决定性影响。普热梅希尔的许多军事装备确实已经过时，守军也多是老弱。然而，奥匈帝国军方负担不起东部战线如此大规模的兵力损失，尤其是在喀尔巴阡山脉的部队试图援救要塞而遭受重大损失之后。1915年4月，军队的总兵力只有892 693人，比1914年8月动员时的兵力少了一半。为了努力维持局面，当时甚至年长的男丁也必须应征入伍。5月1日通过的新立法将入伍资格上限从42岁提高到50岁。[11]

比军事后果更糟糕的是要塞的沦陷对奥匈帝国官方威望的打击。军方的声望蒙受极大损失。这次投降让全世界目睹了奥匈帝国的孱弱。帝国的敌人都伺机而动。意大利野心勃勃，想着要从奥匈帝国割走土地，不管那里居住的意大利人有多少。普热梅希尔投降一个月后，意大利政府与协约国签署了一项秘密协议——《伦敦条约》（*Treaty of London*），承诺在一个月内加入战争，以换取奥地利南部直至如今克罗地亚和斯洛文尼亚的区域。5月23日，意大利宣布对其昔日盟友进入战争状态，集结了75万人的军队，入侵本已困难重重的奥匈帝国，开辟了新的南部战线。[12]国内，奥匈帝国军方也不断承受着民众的冷嘲热讽。普热梅希尔曾是帝国英雄主义和力量的象征。报纸在 181 天的围困过程中，不断地提醒读者要塞守军的勇气和韧性。弗朗茨·约瑟夫一世在他 66 年的统治生涯中曾面临过许多灾难困苦，但他认为这次失败非同一般，是毁灭性的。要塞沦陷后整整两天，他伤心到痛哭流涕。[13]

在普热梅希尔，投降的守军不允许在要塞逗留太久。一战期间被俄军俘虏的奥匈帝国最高级别军官——要塞指挥官库斯马内克将军的身份令人怀疑，因而立即被俄军押走了。他在 3 月 26 日到达基辅。为了防止叛变，俄国占领军很快把守军的团长和士兵们分开。几百名军官在投降当天就被押往铁路站并转移到俘虏营。要供这么多俘虏吃饭给俄军也造成了很大的困扰，因此他们赶紧组织要塞守军的撤离。在被占领的第二周，几乎所有剩余的军官和一半以上的守军——总共 68 438 名士兵，也离开了堡垒。在接下来的 4 月份，剩余的俘虏也都陆陆续续离开。最后离开的是躺在普热梅希尔医院的重病患者和伤员。5 月份，在几名医务人员的陪同下，他们也被送走，被转移到其他地区。[14]

要塞军官们被俘后的生活远优于士兵们。俄国人给了他们特权。将军们被允许携带 114 公斤行李，参谋人员 82 公斤，其他军官为 49 公斤。俄军为他们提供了马车，送他们到开往雅罗斯瓦夫、利沃夫或是位于普热梅希尔南边的尼藏科维斯的列车，而士兵则步行前往。当然，这些将军们感受到的满是羞辱、困惑和焦虑。尽管如此，能够幸免于难，也是一种解脱。对他们而言，与士兵分离的悲痛并不特别明显。[15]在一些士兵中，围城期间不平等的待遇、严苛的纪律和种族迫害，在士兵中激起了强烈和日益加深的仇恨。投降 3 天后，一名波兰下士说：“我们的士兵，特别是罗塞尼亚人，毫不隐瞒革命情绪。从他们的一举一动都可以感受到对军官的仇恨。”[16]

要塞司令部的参谋人员和几乎所有来自普热梅希尔的将军都被监禁在俄国的欧洲领土上。库斯马内克在下诺夫哥罗德（Nizhny Novgorod）待了将近3年。下诺夫哥罗德位于莫斯科以东400公里处，距离普热梅希尔1700公里。大多数军官被关押在数千公里以外的西伯利亚和远东。[17]他们受到一些稍轻的虐待。俄国人很快就对允许普热梅希尔的军官们保留他们配剑的决定感到后悔，并于4月14日取消了这一特权。这是对喀尔巴阡山脉前线的奥匈帝国军队的报复，据说一名被俘的俄军电话员拒绝在审讯中讲话后，被切断舌头了。[18]更重要的是，军官的钱都被没收了。在被围困的普热梅希尔，许多人都积累了大量的财富。比如斯坦尼斯瓦夫·盖察克中尉被俘的时候身上带有6000克朗。沙俄军事当局觊觎这笔钱，担心这笔钱可能被奥匈军官们用来逃跑，于是在1915年夏天，下令让俘虏把钱都交出来。[19]

即便如此，军官们在囚禁中的生活，虽然在心理上很紧张，但一般并不艰苦。1907年的《海牙公约》（*The Hague Convention*）是俄国和奥匈帝国签署的关于陆战法规和惯例的国际条约，该公约规定，不能强迫军官工作，并保证他们有固定工资。将军们每个月可以领到125卢布，团级军官的工资也足足有50卢布。尤其是在1915—1916年，俘虏们的生活条件甚至称得上舒适。有些军官被允许居住在联排别墅里。在战俘营里，他们可以负担额外的家具和士兵仆人。他们还组织体育和文化活动。位于西伯利亚的别列佐夫卡（Berezovka）营地因其“馆藏异常丰富”的图书馆而闻名，这里的藏书要感谢“来自普热梅希尔的军官们，是他们带来了要塞图书馆的大部分藏书”。[20]士兵们不仅可以使用邮政服务，甚至还有电报服务。对盖察克来说，这很容易弥补其他的专横遭遇和困难。终于，经过 8 个月的痛苦担忧，他终于能够联系上身处俄国占领区的利沃夫的家人。1915 年 4 月 19 日，他收到妻子的一封寥寥数语的电报，如释重负，欣喜若狂。电报里写道："每个人都活着，身体健康——露西。"[21]

普热梅希尔士兵的命运更为悲惨。对他们来说战争还没有结束。在第一次世界大战期间，俄军总共俘虏了 210 万的奥匈帝国士兵。可怕的是，每 5 个人中就有 1 个人——大约 47 万人在被囚禁期间死亡。[22] 早在要塞的时候就已经饥肠辘辘的士兵们在被俘虏之初，身体状况已经比军官差得多了。《泰晤士报》驻俄军特派记者斯坦利 · 沃什伯恩（Stanley Washburn）站在普热梅希尔的施蒂贝尔大咖啡馆旁，目睹了这些"衣衫褴褛的队伍"满怀遗憾地离去。他注意到："这些人的脸拉得老长，许多人在出城的时候，身负重担前行。"有一个人被绊倒了，沃什伯恩觉得他看起来有 60 岁了，但其实不过 45 岁。"他想站起来，但却重重地倒了下来，把头靠在胳膊上，趴在街上的泥泞和污秽中，由于极度的痛苦和虚弱，哭得像个婴儿。他的两个同伴把他扶起来，但他的膝盖软弱无力地垂着，他站不起来。他们把他放在车里带走了。"[23]

俄军对待这些精疲力竭的人时毫不怜悯。扬 · 莱纳尔（Jan Lenar）是一名来自汉兹洛瓦卡（Handzlówca）村的农民，他在位于普热梅希尔西北约 50 公里处的国民军第 17 步兵团服役。[24] 他注意到，那些俄国人害怕匈牙利人，所以对他们的态度格外糟糕。"匈牙利人被冠以莫须有的罪名，遭到鞭打，被推倒在地。"俄国卫兵带领莱纳尔的部队前往要塞原本的北部战线——拉迪姆诺。这些人被关在外面露天宿营，不过至少第二天早上有人喂饱他们。征服者显然在为减少俘虏的食物配给做准备，接下来的几天里食物匮乏，莱纳尔和他的战友们都变得极度饥饿。换一个角度看，这对他们也有好处。在普热梅希尔的南部，俘虏们立刻得到了充足而多样的食物。在几个月的围困中，他们已经逐渐习惯了定量的口粮，这样丰富的食物让俘虏们胃部不适，随即引发了大规模的呕吐。为了让他们保持温顺，俄国人告诉加利西亚士兵，他们很快就可以回家了。“他们就是这样诱骗我们的。”莱纳尔冷冷地说。[25]

过了几天，国民军第 17 步兵团的士兵们被分成 100 人一组，冒着雨雪向北行军到雅罗斯瓦夫。莱纳尔看到了哈布斯堡雄鹰①是如何被撕下来，被俄文铭文取而代之。他对这片土地的破败感到震惊:“被摧毁的城镇和村庄似乎在向天堂尖叫着要复仇。”[26]俘虏们被迫在没有食物的情况下行进，晚上“像鲱鱼一样”被紧紧地塞进营房。[27]患病士兵们的咳嗽声让所有人都彻夜难眠。当他们到达普热沃斯克（Przeworsk）镇时，当地人都催促他们赶快逃跑。莱纳尔知道他离家乡只有 25 公里，当警卫们去营地休息时，他逃走了。他在这一带有熟人，所以可以借到便衣。在路上，他遇到许多认识的人，他们和他一样从战俘纵队潜逃，扔掉制服，正偷偷地在回家的路上狂奔。莱纳尔一路逃回了汉兹洛瓦卡，在接下来的占领期内一直低调行事。几个月后，当这个地区被德军解放时，他印象深刻。与俄军和奥匈帝国军队不同，这些军队彬彬有礼，该付的钱一分不少。“他们的行为极其有礼貌，在各个方面都以模范的方式展示了他们的文明。”[28]

对那些远不如莱纳尔幸运的人来说，等待他们的将是地狱。俘虏们被留着圆寸头的哥萨克骑兵像赶牛一样一路赶到火车站。他们大多数人都被送去了利沃夫，或是东北方向 90 公里的加利

① 双头鹰是哈布斯堡的象征标志。

西亚前线小城布罗迪。[29]几乎所有人都在距离普热梅希尔 600 公里，位于基辅的沙俄军队大型中转营地待过。在这里，俘虏的姓名、军衔和编制都被记录下来。[30]除此之外，俄国军队对俘虏的种族非常感兴趣。俄军军官们的种族主义思想在普热梅希尔已经表现得很明显了。在那里，先是匈牙利人被押走，因为俄国人认为他们是最危险的，接下来被押走的是奥地利德国人。俄军希望敌对情绪不那么严重的斯拉夫兵团被最后遣散。[31]在基辅，对战俘的安排处理更加彻底。马扎尔人、德国人和犹太人被分到最艰苦的营地。塞尔维亚人和罗马尼亚人身着匈牙利王家防卫军制服，被挑选出来，并被指定为“友好”民族享受特权待遇。[32]数以百计的普热梅希尔俘虏被押解到俄国首都圣彼得堡，在那里他们被迫沿着主干道涅夫斯基大道（Nevsky Prospekt）游行示众。然后，他们也被押走，人间蒸发了。[33]

大部分的普热梅希尔俘虏都被囚禁在俄国亚洲区域的土耳其斯坦地区（今天的哈萨克斯坦和乌兹别克斯坦地区）。众人在铁路旅途上颠簸了两周。而曾是 19 世纪工业革命中的代表性物品牛车，在冷酷的 20 世纪成为清洗和种族灭绝的象征，用于转运战俘。牛车寒冷、黑暗、拥挤又充满恶臭，是携带疾病的寄生虫的滋生地。车轮缓缓地向前滚动。食物的分配并不定时定量，食物也几乎难以入口。[34]当这些奄奄一息的人终于到达目的地，他们发现自己正身处奇怪的气候环境之中。土耳其斯坦的气候十分极端。冬天就好像在北极一样。而夏天，气温能一路飙升到 45 摄氏度。在残暴的俄国看守监管下的集中营，流行病一直肆虐到 1915 年。几乎每个人都染上了疟疾。痢疾、霍乱还有斑疹伤寒导致成千上万的人死亡。[35]

俄国的地狱有许多层。这些俘虏在土耳其斯坦度过了许多年。其他人则被押送到沙俄帝国的周边地区。有时候，斯拉夫俘虏——而非不受俄国人信任的波兰人——享受到了比他们同伴更优渥的待遇，被给予特权的他们，成了让他人煎熬的工具。[36]许多战俘自愿工作，以此作为逃离战俘营和挣钱的手段，也好补充他们微薄的口粮。他们一般可能会砍伐树木或在大片土地上耕作。最幸运的一小撮人被交给了一个农场主，农场主甚至把他们当作家人。相反，那些被派去俄国南部做苦工的俘虏简直苦不堪言。不管是仁慈还是残忍，这些雇佣者都对俘虏们拥有绝对的支配权。他们当然有义务照顾好这些战俘，但通常都没有人会去检查、监督他们的生活情况。相反，官方的规定强调："不管被分配到的工作任务有多么沉重，完成全部工作都是俘虏的职责。如果俘虏拒绝完成分配的工作，他将被视为犯人，对他的惩罚措施将贯穿他的整个被俘生涯。"[37]

（俄国地狱）最深的一层则是通往摩尔曼斯克的死亡铁路（Death Railway to Murmansk）。这条铁路主要是留给匈牙利和德国战俘的。俄军急需这条铁路，将英国船只在北方港口卸下的战争物资运送到前线的俄国军队手中。1917 年以前，曾有超过 5 万名囚犯在这里工作，那里的艰苦条件与后来苏联的古拉格旗鼓相当，甚至比后者更艰苦。[38]一个曾在那里劳作的俘虏描述了他的战友在勘探"白色平原"时候所遭受的艰辛。用简单修整过的原木草草搭建起来的原始小屋就是这些俘虏的住处。不止如此，许多囚犯甚至睡在地上挖出的洞穴里。俘虏们每天要被迫进行 18 小时的体力劳动。在冻土中挖掘异常艰难。他们穿着破旧的制服和裹着破布的破烂靴子，可怜巴巴地试图抵御严寒，虚弱的人们根本无法承受这样的折磨。冻伤的病人被源源不断地送走。人们接二连三地死去。被监工们认为工作不够努力的人，就会被鞭打或殴打。任何被怀疑身患疾病的人都不能得到口粮。绝望的情绪弥漫在冰冷荒野之中。[39]

1917 年秋的俄国十月革命终于让他们得到了解放。1918 年 3 月，奥匈帝国、德国和苏维埃政府签署了《布列斯特和约》，结束了东线战争，为战俘遣返回国铺平了道路。许多人没有等官方组织的交通工具，而是自行回国了。1918 年 11 月之前，大约 70 万囚犯，其中包括一些曾在普热梅希尔作战的士兵被遣返，目睹了奥匈帝国崩塌。由于革命和内战的爆发，还有几十万人驻留在俄国，耽搁了回家的时间。直到 1921 年，最后一批俘虏才回到故乡。[40]帝国已经不复存在。整个世界发生了巨变。在战争中幸存的人们也被改变了。战争、长期的分离和监禁，先是在一个城市被围困，然后又沦为俘虏，这些经历在他们的身上留下了印记。当时一个 12 岁的男孩，还记得他未曾谋面的父亲——一个驻守要塞炮兵回家时的情景："他像个已到垂暮之年的老人一样，拖沓着走进门。"[41]并不是每一个人的创伤都流露在外，精神上的创伤虽不可见但深刻入骨。

事实证明，普热梅希尔围城战的时间要比所有人所预期的都短得多，尤其是比俄国人的预期短，不过同时也异常的激烈和残酷。比如利沃夫和普热梅希尔，在占城者的眼中，他们都是"经过漫长一世纪的奴役之后，再次得到解放的俄国城市"[42]。在没有正式宣布被并入俄国之前，这些城市就已经自发行动起来。普热梅希尔被指定为俄国新行政区的首府，经验丰富的行政长官谢尔盖·德米特里耶维奇·叶夫列伊诺夫（Sergei Dmitriyevich Yevreinov）被任命为代理州长。在这座城市及其周边地区，俄国军队执行军管。虽然这里的防御工事已经被摧毁，但"要塞"指挥官是绝对的权威。三位将军接连担任这一职务。在他们的领导之下，市议会继续运作。起初，普热梅希尔由一位波兰人领导，但在4月19日，他被解雇。俄国人决定将普热梅希尔的管理权永久地交给当地人，因此他们选择了马里扬·格卢什基耶维奇（Maryan Glushkievich），一位加利西亚极端亲俄分子担任市长。[43]

俄国人很快就宣称将对普热梅希尔实行铁腕统治。新的要塞指挥官列昂尼德·阿尔塔莫诺夫（Leonid Artamonov）将军3月24日警告民众，他要的是绝对的服从。他威胁民众，如果他的命令得不到执行，或是民众抵抗的话，“在我预先安排的信号下，围城的大炮将向普热梅希尔开火，并把城市炸为一片废墟”。[44]这样的威胁并不是信口开河。7个月前，俄国军队入侵德国东普鲁士省时，就对奈登堡（Ncidcnburg）镇实施了这种惩罚，阿尔塔莫诺夫曾参与策划并执行了那次惨案。[45]为了证明他的话没有半句虚言，要塞的指挥官枪决了在占领第一天就因抢劫被捕的16名奥匈帝国士兵和俄国士兵。接着，要塞晚上8点开始执行强制性宵禁。极具威慑力的哥萨克骑兵充当警察开始巡逻。及时抵达的食物补给也对迅速平息民众骚乱起到作用。随着秩序的恢复，占领者可以继续把普热梅希尔改造成一个“俄国”城市了。通用货币变成了卢布。时钟也提前了一小时，市民现在开始生活在圣彼得堡时间下。[46]

俄国占领者起初行动谨慎。加利西亚总督博布林斯基伯爵承诺的宗教宽松政策得到阿尔塔莫诺夫的响应。学校获准重新开放，民众也得到保护。然而，普热梅希尔的公民很快就感受到了俄军当局的专横。俄军有充分理由怀疑库斯马内克的一些部队躲过了搜捕，伪装成平民躲在城里。4月7日占领军进行了首次突击搜查，600名男子被捕。在此后短短的几个小时之中，民众都因军警猛烈的敲门声而坐立不安。最终有4000多名男子被驱逐到俄国境内，这些人中，有很多人一辈子连枪都没摸过。[47]对当地的男性居民来说，加入工作队也是危险来源之一。当修路或其他繁重的工作需要劳力时，俄国士兵就直接把男人和男孩从街上拉去充当苦力。年仅 8 岁的孩子们也被人用铁锹推着，被迫在挥舞的鞭子下工作。[48]

犹太人遭受的痛苦尤其严重。尽管俄军保证宗教宽容，但俄罗斯人极端的反犹主义倾向在各地依旧很明显。他们的歧视行为，正如预想的那样，在城里引起了严重的分裂。在占领期之初，只有基督教商人才被获准前往利沃夫提取货物，而犹太商人没有这样的机会。4 月初，日记作者海伦娜·雅布隆斯卡无意中听到俄国人在“开玩笑”，说“他们会让他们（犹太人）清清静静地吃最后一餐，然后复活节一过，就把他们流放到西伯利亚”。[49]事实上，犹太人一天清净日子都没过。普热梅希尔的警察局局长欧根·维日博夫斯基（Eugen Wierzbowski）和占领者合作，让犹太人，尤其是犹太上层阶级的生活陷入水深火热之中。他征用犹太人的住宅作为俄军将领的临时居所，还把犹太人赶出来，让他们义务扫街、搭桥或者是修建防御工事。[50]安息日①变成了犹太人格外受辱的日子。每个星期六，休息和做礼拜的日子，哥萨克骑兵们都躺在那里等着穿着考究的犹太教徒经过，强迫他们做垃圾清运的肮脏工作。没有人给犹太人提供马匹，所以基督教徒就眼睁睁地看着穿着考究的犹太人推着又脏又重的垃圾车。[51]

4 月 23 日星期五，沙皇尼古拉二世访问了普热梅希尔。占领

---

① 安息日（the Sabbath）是犹太教的主要节日之一。本意为“七”，希伯来语意为“休息”“停止工作”。在犹太历每周的第七日，也就是星期六，犹太人在那一天不许工作。

当局竭力想要向沙皇展示这座城市的“俄国”面貌。希腊礼天主教主教，神父康斯坦丁·切霍维奇，被迫与一名俄国东正教神职人员在市集举行庆祝仪式。两个相互对立的神职人员逢场作戏，在沙皇面前故作团结，在城市中心举办集会，这一切都具有深刻的象征意义。[52]居住在游行路线沿线的居民被命令从市政厅领取俄国的红蓝白旗，悬挂到自家门上。城里接连立起了不止三个凯旋门。当权者并不相信当地的民众。他们严令人们关闭所有面向公路的窗户，连百叶窗也要拉上。排列在道路两旁的士兵队伍既是仪仗队，也要负责安保工作。尽管如此，组织者还是需要一些当地民众的配合。为了把顺从的人群都聚集起来，指示被下发到普热梅希尔的学校。命令老师和学生排列在道路两侧欢迎他们的新统治者。[53]

接待仪式令人大失所望。切霍维奇拒绝了沙皇的政治要求，也拒绝了俄国人的其他要求。尼古拉二世不得不在仓库里临时搭起的小教堂里做礼拜，而不是他所希望的公众联合庆祝活动，更不是在希腊礼天主教大教堂举行的东正教弥撒。没有多少平民来到现场，那些到场的人的热情无疑也被一下午的等待消磨完了。直到晚上 7 点半，沙皇才到达普热梅希尔，尼古拉大公在他身边。沙皇的车队掠过他的士兵和未来的臣民，将他们淹没在一片飞扬的尘土中。当然，要塞司令部准备的欢迎仪式最合到访者的心意。新上任的亲俄市长格卢什基耶维奇发表了讲话，表达了对沙皇和俄国的强烈忠诚。随后，一群来自周边村庄的农民被推上前，向沙皇送上面包和盐，这是斯拉夫人向客人致意的传统方式。即便如此，尼古拉二世一定很高兴第二天早上能脱身，不必参观城市被毁坏的防御工事。尼古拉大公因为没有人要暗杀他而松了一口气。这两个人都不再会回到普热梅希尔了。[54]

沙皇的访问鼓舞了俄国化的激进行为。尼古拉二世一心相信，也正如他同一个月在利沃夫的一次演讲中所说的那样："这里没有加利西亚，只有伟大的俄国。"[55]或许是他短暂的停留给普热梅希尔的俄国军官留下了深刻的印象；又或许是因为接待仪式所暴露出的无人对俄军心悦诚服的现实而带来的尴尬，促使他们采取行动。不管怎样，就在 4 月下旬，他们加强了俄国化的程度。占领军把目光投向了学校的教育。乌克兰语将被俄语教育所取代。波兰学校只有答应每周提供 5 小时的俄语教学，并教授俄－波语课本中高度政治化的历史和地理，才被允许重新开学。这些要求都遭到了民众的抵制。普热梅希尔著名的波兰中学拒绝这些条件，所以一直处于停课状态。在女子师范学院，一名俄语教师的到来引起学生们大规模罢课。[56]俄军的残暴行为变本加厉。他们开始铲除敌对的民众了。

希腊礼天主教主教切霍维奇是占领者的眼中钉。他拒绝把他的教会交给东正教会。对决心传播真正信仰的征服者来说，东正教的礼拜活动被安排在废弃的火车站售票大厅，这是一种奇耻大辱。[57]种种迹象都表明，在皇室到访之后，切霍维奇已经名列被流放人员名单。最可怕的是，一名军事警卫被安置在他的教堂里，一刻不离地站在主教卧室的门外。[58]早在沙皇到来的前几天，军方逮捕了所有波兰政治精英，包括被免职的波兰裔市长沃齐米日·布拉若夫斯基（Włodzimierz Błażowski）和地区法院院长瓦迪斯瓦夫·格热杰勒斯基。布拉若夫斯基被立刻送到俄国。切霍维奇因为死亡才免去了同样的命运——4 月 24 日，在巨大的压力下，切霍维奇中风了，短短 4 天后就去世了。当然，对居民来说，俄军这样的说法实在是太巧合了。大众谣言说俄军胁迫主教自杀。[59]

对普热梅希尔的犹太人来说，还有另一种解决办法。4 月 28 日，一张巨幅海报出现在城市周边。海报由俄语、波兰语和意第绪语三种语言写成，并由当地地区指挥官基里阿科夫（Kiriakov）上校签署，命令他们（犹太人）离开。类似 25 年后纳粹对待犹太人居住区的“犹太人议会”那样，俄国占领者推断，强行要求当地的犹太人领袖与他们合作是实现目的的最有效手段。因此，为了让普热梅希尔上演一出“出埃及记”，基里阿科夫任命了一个所谓的“犹太执行委员会”，由受人尊敬的拉比格达利安·施梅克斯（Gedalyah Schmelkes）领导。俄国军队会提供空车，但施梅克斯和他的委员需要负责确保每一个犹太人都离开普热梅希尔。基里阿科夫假惺惺地说，不“自愿”离开将受到血腥的惩罚。他威胁说：“如果犹太人不执行委员会的命令，我将被迫采取最有力的措施——一个哥萨克团将在几个小时内协助他们完成撤离。不听话的人只能怪自己。”[60]

接下来是更为彻底的种族清洗，尤其是 1914 年秋冬季，俄国军队从帝国西部边境驱逐了数十万人，1915 年 1 月起，加利西亚犹太人被驱逐，都是事态发展的背景。尽管如此，将犹太人驱逐出普热梅希尔的方式仍很特别。这是俄国军队在占领区上对一个社区进行的最大规模的一次强行迁移。奥地利当局后来估计，在短短 10 天的时间里，就有近 1.7 万名犹太人被迫离开普热梅希尔及其周边地区。到 5 月 8 日，普热梅希尔一个犹太人都看不到了。[61]大多数绝望潦倒的人，最后都来到利沃夫，而他们的到来，在那里引发了一场小小的人道主义危机。[62]

俄国当局下令将所有犹太人驱逐出境的确切动机，始终都不明确。[63]然而，做这个决定的时机很能说明问题。命令在沙皇访问后不久下达，同时还计划驱逐希腊礼天主教主教和逮捕波兰政

Копія.

Въ Еврейскій ИСПОЛНИТЕЛЬНЫЙ КОМИТЕТЪ!

По приказанію Коменданта крѣпости „Перемышль" объявляю вамъ, что всѣ евреи гор. Перемышля и уѣзда должны выѣхать изъ предѣловъ Перемышльскаго уѣзда въ самый короткій срокъ. Желая облегчить эту эвакуацію, я назначилъ Исполнительный Комитетъ изъ самихъ-же евреевъ. Свободные вагоны будутъ предоставлены для отъѣзжающихъ евреевъ-жителей города Перемышля и Перемышльскаго уѣзда.

Если евреи не будутъ добровольно выѣзжать и не исполнять распоряженій Комитета, то я буду вынужденъ прибѣгнуть къ самымъ энергичнымъ мѣрамъ: полкъ казаковъ произведетъ эвакуацію въ нѣсколько часовъ, но пускай тогда ослушники пеняютъ на самихъ себя.

Начальникъ Перемышльскаго уѣзда

Гвардіи Полковникъ

Киріаковъ.

Къ печати разрѣшено Начальникомъ Уѣзда

Kopia.

DO ŻYDOWSKIEGO KOMITETU WYKONAWCZEGO!

Za rozkazem Komendanta twierdzy „Przemyśl" zawiadamiam was, że wszyscy żydzi m. Przemyśla i powiatu przemyskiego mają wyjechać z obrębu powiatu przemyskiego jak najprędzej. Chcąc ulepszyć ewakuacyę naznaczyłem „Komitet wykonawczy" złożony ze samych żydów. Dla odjeżdżających żydów-mieszkańców m. Przemyśla i powiatu przemyskiego będą dostarczane wolne wagony.

Jeżeli zaś żydzi nie będą wyjeżdżać dobrowolnie i nie będą wypełniać rozporządzeń komitetu, będę zmuszony uciec się do środków najenergiczniejszych: Pułk kozaków przeprowadzi ewakuacyę w przeciągu kilku godzin, tylko niechaj wtenczas nieposłuszni zarzucają winę samym sobie.

Naczelnik powiatu przemyskiego

Gwardji Pułkownik

Kiriakow.

Drukiem Józefa Stylego w Przemyślu Rynek 18.

קאפיא.

צום יודישען עקזעקוטיווקאמיטע

איבער פעראָרדנונג דעם קאמאנדאנטען דער פעסטונג „פשעמישל" פערשטענדיגע איך אייך, אז אללע יודען פון דער שטאדט פשעמישל און פשעמישלער פאוויאט האבען ארויסצופאהרען פון פשעמישלער פאוויאט וויא אם שנעללסטען. ווילענדיג פערבעסערען דיא ריימונג האב איך בעשטימממט איין עקזעקוטיווקאמיטע צוזאממענגעזעצט אויס לויטער יודען. פיר דיא וועגפאהרענדע יודען – איינוואהנער פאן דער שטאדט פשעמישל און פשעמישלער פאוויאט וועללען צוגעשטעללט ווערדען פרייע וואגאנען.

ווען אבער דיא יודען וועללען נישט גוטווילליג אוועגפאהרען און וועללען נישט אויספיהרען דיא ווייזונגען פון דעם קאמיטע, וועלל איך זיין גענעטיגט צו ערגרייפען דיא שטרענגסטען מיטטעל. א רעגימענט קאזאקען וועט דורכפיהרען דיא ריימונג אים פערלויף פון איינגע שטונדען. נור זאללען זיך דיא אונגעהארזאמען זעלבסט פארווארפען דיא שולד.

נאטשעלניק פון דעם פשעמישלער פאוויאט

גווארדיא פולקאווניק

Kiriakow.

1915 年 4 月底，沙皇军事占领当局以俄语、波兰语和意第绪语发布的驱逐令，将所有犹太人驱逐出普热梅希尔市区。

治精英。这样的驱逐应该被视为激进和暴力的俄国化的极端行为。军队在政治上和民族上把普热梅希尔变成了一个“俄国”城市，是朝着实现沙皇想象中的“伟大俄国”迈出了一步。贪婪也是原因之一。通过驱逐，俄国军官得以自由地霸占富有犹太人的公寓，掠夺他们的私人用品。军官们偷走了大量家具，运走了大约 300 架钢琴。[64]还好，意识形态和掠夺的这一基本欲望之间没有冲突。恰恰相反：俄国人通过允许波兰人和罗塞尼亚人一起分享战利品来赢得后者对他们政权的支持。在离开前，绝望的犹太人无法带上他们所有的财产，他们的基督教邻居只出了少得可怜的价格购买他们带不走的财产。后来，出价的那些人偷走了他们留下的所有东西。俄国占领当局也非常愿意正式地将犹太人住宅的所有权转让给他们的基督教厨师和看护人。[65]

当然，和加利西亚其他地方一样，占领者试图以安全为由为驱逐出境辩护。有一个被驱逐的人记得，犹太人被告知“驱逐的原因是普热梅希尔是一个设防城市，犹太人被禁止进入任何设防城市”。[66]然而，这样的说辞实在是太勉强了。普热梅希尔的防御工事早就被拆除一空了。何况在当时，普热梅希尔离前线很远。1915 年 4 月底，这座城市位于喀尔巴阡山脉前线后方 80 公里处，距离加利西亚西部的对峙线约 120 公里。当时也是几个月以来，普热梅希尔头一次听不到炮声。无论怎样，俄国人都在散布关于犹太人背信弃义的谣言，污蔑犹太人是间谍和叛徒——他们有一条秘密的地下电话线，连接着利沃夫和普热梅希尔。沙俄官员声称，犹太人收集到的情报是由鸽子送到克拉科夫的。[67]

讽刺的是，虽然俄国人加强了对普热梅希尔的控制，但他们对加利西亚省整体的控制却在逐步减弱。5 月 2 日上午，德国第 11 集团军在奥匈帝国第 4 集团军和第 3 集团军的支援下，向加利西亚西部城镇戈里斯（Gorlice）和塔尔努夫（Tarnów）之间50公里长的防线发起进攻。俄国情报部门已经注意到德国的意图，但俄国最高统帅部过分自信，告知负责该地区的指挥官拉德科·迪米特里耶夫将军大可不必担心。然而，当进攻来临时，其势头和强度都是在东线从未有过的。总的来说，双方兵力相当，但在主攻方向，德军集结了10.7万名士兵并配备500多门火炮，而俄军的兵力只有德军的一半，且只有145门火炮作为火力支持。最重要的是整个行动的复杂程度。兼有机动性和精确度的现代火炮展开的狂轰滥炸，炸毁了迪米特里耶夫的部队本就不牢固的前线掩体，德军步兵将他们赶到了空旷的田野上。在短短一周内，俄国第3集团军就损失了200门火炮和21万名士兵，其中14万名士兵被俘。幸存者被迫向东边的桑河方向匆忙逃窜。[68]

俄国人战败的消息很快就在普热梅希尔传开。早在5月5日，火炮声就再次响起。一周之后，所有人都知道沙俄军队这次麻烦大了。德军的先头部队在喀尔巴阡山脉切断了俄军的后路，扰乱他们的阵地，所以那里的俄军也撤退了。5月14日，海伦娜·雅布隆斯卡看着大批俄军士兵在城市中撤退，她记录道："昨天我们以为起码有100万人仓皇逃窜，而今天看来，可以说逃走的一定有一半是俄国人，一半是亚洲人。"[69]这一次，德国的飞机也出现在普热梅希尔的上空。他们投掷传单，承诺不会对居民有恶意的同时，也在居民区投掷炸弹。在集市爆炸的炸弹导致5人丧生。其他炸弹则落在驻军医院、火车站和军营，造成许多军民伤亡。德国人拥有的飞机数量更多，他们的炸弹威力远远超过俄国人1915年早些时候在这座城市投下的任何炸弹。[70]爆炸引起火灾和恐慌，因为占领者当时已经逮捕并驱逐了市警察和消防队，现在发现，没了警察和消防人员，骚乱和火灾都很难平息。[71]

随着德军的步步逼近，恐慌在城中蔓延。俄军指挥官们对于是否能守住普热梅希尔产生了分歧。局面一片混乱。亲俄派市长格卢什基耶维奇变得歇斯底里，最终在5月12日逃到了基辅，还带走了剩余的市政基金。[72]俄军已经为撤离做好了准备。18日，为了防止有人被征召加入奥匈帝国军队——如果普热梅希尔失守——当地12岁以上的男孩和男子都被抓起来，向东部转移。沙俄军官讲述着德国野蛮的恐怖故事："与普鲁士人相比，匈牙利人简直就是羔羊。"[73]受到恐惧驱使，俄国人失控了。犹太人已经离开了这座城市，他们无法再被当作这场灾难的替罪羊了。其余的居民都被怀疑。占领者发布了"清除城市中的有害分子"的命令。[74]军队着了魔一样地在房屋甚至墓地里寻找秘密电话线。被逮捕和流放的人数成倍增加。这时，有许多人因间谍和破坏而被处决。仅在5月17日这一天，沙俄军队就以不遵守所公布的命令为由处决了32名居民。[75]

在犹豫了很久之后，尼古拉大公下令不惜一切代价也要守住普热梅希尔。[76]此时在奥匈帝国最高司令部，康拉德也抱着同样的决心一定要攻下这座城市，希望不顾一切也要让自己的部队一雪前耻。奥匈帝国第3集团军正向德军的南翼前进。行进速度很快，5月15日第3集团军就已经站在老旧要塞外围西南方向的波德马楚拉米高地上了。次日，战前曾驻扎在普热梅希尔的第10军向7号堡垒周围构建起来的俄国防线发起了进攻。进攻没有成功。奥地利人耐心地等待他们的重炮支援。28日，重炮一到达，康拉德就迫不及待地再次发起攻击，30日晚，第10军对7号堡垒再次发起了进攻，这比俄军指挥官想象的要早。康拉德好像不长记性，没有做好充分准备就进攻的代价就是失败。加利西亚步兵部队占领了俄国人的阵地，但第二天一早就遭到猛烈的轰炸和反击。[77]

最终，占领普热梅希尔的是德国人。一声惊雷宣告他们的到来。5 月 29 日，他们在普热梅希尔的北部部署了 420mm“大伯莎”重型迫击炮，这是一种比盟军或俄军拥有的任何武器都大的超级武器。居民们把这些丑陋的巨无霸比作“货物列车”，炮弹先是悬在空中，然后猛冲下来，毁灭性极强。[78]德军强大的原因在这一次的进攻中都表现出来了。第 11 集团军精心策划了行动。不像奥地利人，德国人认为自己的轰炸还并没有达到预期，于是轰炸延长了 24 小时。6 月 1 日，德军训练有素的步兵攻入了 10 号堡垒“奥泽霍夫茨”堡（Orzechowce）和 11 号堡垒“敦科维茨基”堡之间的地区。俄国人毫无胜算。到了 2 日晚上，他们开始撤退，还烧毁了他们在桑河上修建的临时桥梁。德军 3 日凌晨抵达普热梅希尔市中心。司令官奥古斯特・冯・麦肯森（August von Mackensen）将军嘲讽地说，普热梅希尔的遭遇都是奥匈帝国皇帝的责任。[79]为了纪念胜利，训练有素的德国士兵雄赳赳气昂昂地踢着正步在市政厅前走过，享受着公众的喝彩。一股新的力量正在东方崛起，在战争的后期，普热梅希尔处于奥匈帝国的统治之下，然后在 1918 年帝国的崩溃之际纳入新独立的波兰共和国的管辖之下。

德军还会回到普热梅希尔。1937 年 9 月 7 日，德军轰炸机对普热梅希尔进行了空袭。他们没有炸毁火车站和桥梁，但是炸弹落到了学校和一家体操俱乐部，造成 8 人死亡。随后的一次空袭摧毁了皇家饭店，还炸毁了在饭店一楼的哈布斯堡文明的遗迹——施蒂贝尔大咖啡馆。更糟糕的还在后面。几天之内，德军的坦克就向着普热梅希尔开来了。尽管波兰人奋力抵抗，但到 9 月 14 日下午，扎萨尼的整个北郊都被德军收入囊中。波兰军队当晚炸毁了 5 月 3 日在桑河上的大桥，几乎像是1915年情形重现，然后向东撤退。获胜的纳粹国防军于15日上午占领了这座古城。[80]随之而来的是一个所谓的“特别行动队”（Einsatzgruppe）——由安全警察和盖世太保组成的小组。德苏两国政府同意瓜分波兰，这支特别行动队的任务是通过恐怖活动将尽可能多的犹太人赶出德国占领区。从9月16日到19日，在第二次世界大战爆发不到3周的时间里，特别小组以精英阶层为主要目标，在普热梅希尔及其周边地区杀害了500到600名犹太人。[81]

第一次世界大战在中东欧引发的仇恨和暴力经过几十年的酝酿，爆发了难以想象的恶性流血冲突。这个地区各地都笼罩在这样的阴云之下。1914—1915年的围城战，伴随着危险、饥饿和分裂，敌对情绪进一步激化，并且这种情绪只会进一步加剧。尽管这座城市不再是前线，但随着战火愈演愈烈，饥饿和死亡也在步步蔓延。波兰民族主义爆发了。现在罗塞尼亚人是波兰人了，他们对社会地位的渴望也在增长，也不愿放弃普热梅希尔。1918年秋，当奥匈帝国解体，战争的胜利者，尤其是美国总统威尔逊承诺为中东欧人民实现“自主权”时，普热梅希尔内部分歧很大。11月3—4日晚，乌克兰独立主义群体发动了一场政变，想要夺取这座城市的控制权。波兰人奋起反抗。有几十人受伤，5名平民死亡。[82]当乌克兰起义军在11日和12日被赶出城外时，胜利者们发动了一场大屠杀；这只是这段时间内多次大屠杀中的其中一次。犹太商店遭到抢劫。商店的主人遭到殴打。一位叫亚伯拉罕·罗特（Abraham Rotter）的犹太老人也被杀害。[83]

在1914年的战争之后，普热梅希尔一直没能回到多民族和谐共处的状态。可以肯定的是，种族紧张的局面早在冲突发生之前就已经存在。犹太人和乌克兰人不再是一个多民族帝国的组成部分，而是在一个信仰天主教的波兰人建立的国家中不受信任的被边缘化的少数民族。为了赢得东加利西亚，波兰立即与羽翼未丰的西乌克兰共和国进行了一场恶战。1919 年 7 月的最后胜利和 1923 年国际联盟对其主权的承认巩固了波兰对该地区的控制，该地区被明确更名为“东部小波兰”（Małopolska Wschodnia）。对此，乌克兰激进分子从未接受。比起波兰政府承诺的自治和同化政策，他们更相信暴力，而且极端程度比 1914 年以前任何时候都更为严重。恐怖主义就此产生。20 世纪 20 年代初，在普热梅希尔附近，有人试图炸毁火车，并袭击驻扎在旧城遗址的波兰士兵。极端分子的行动不仅是为了反对波兰的统治，更是为了挑起波兰人和乌克兰人之间的矛盾，甚至是仇恨。任何与波兰人合作的乌克兰人都会被暗杀。在普热梅希尔，最悲惨的受害者是受人尊敬的教育家、乌克兰女子师范学院院长索夫龙·马特维亚斯（Sofron Matwijas），她于 1924 年 9 月 1 日被谋杀。[84]

从表面上看，在 1918 年 11 月两天的大屠杀之后，普热梅希尔的犹太人已经很配合了。他们继续派代表参加市议会，在 1928 年的市政选举中，鼓吹种族间和谐的“民族联合党”（Blok Trzech Narodowości）赢走了所有席位。然而，这种明显的宽容只不过掩盖了潜在的反犹主义。在 1914—1915 年围城期间，对犹太人进行食品投机的指控，引得民愤高涨。1920 年与苏联的战争，导致种族歧视升级。在整个内战期间，艰难的经济状况也加剧了其他族裔对犹太人的嫉妒，尽管犹太人中的许多人都很穷，但他们仍然主宰着普热梅希尔的商业。经过 20 世纪 20 年代初的民主和 30 年代下半期的压迫，公众对犹太商业的抵制在这个城市屡屡得到广泛支持。1937 年圣诞节，为期一周的竞选活动在“没有犹太人的普热梅希尔”这一充满威胁性的口号中进行。[85]

1939 年 9 月 1 日第二次世界大战的爆发，以及随后德军的入侵和占领，注定会让任何一个普热梅希尔的中年公民感到恐惧。敌人逼近时的恐慌，难民成群结队逃亡的景象，以及德国人一到，就立即出现的由多种语言写就的关于限制自由、严格管理和胁迫服从的告示，与 25 年前所出现的情况并无不同。[86] 两个在 1939 年 9 月瓜分波兰的政体，打着革命的旗号，共同主导了那段历史。他们划定的边界大致沿着基督教世界边界，或沿乌克兰和白俄罗斯之间模糊的断裂线延伸。在南部，沿着桑河，普热梅希尔被一分为二。德国人占据了扎萨尼，给它取了一个不和谐的名字“德国的普热梅希尔”（Deutsch Przemysl）。而旧城、犹太区和现在的东郊利沃夫斯基在 1941 年前都归苏联统治。[87]

那条边境线强有力地象征着这座城市和中东欧的苦难，在两个帝国之间仅有的两个主要中转站之一的普热梅希尔（另一个位于布雷斯特市），犹如由丑陋的混凝土碉堡、炮兵阵地和缠结的铁丝网汇成的疤痕。这象征着几个世纪以来文化交流、民族融合和流动的终结。取而代之的是永久的恐怖和压迫。在边界后，新的血腥计划开始了，以重塑占领区的民众。纳粹并不是第一次在普热梅希尔和周边地区实施残酷的意识形态变革了，这一点如今显而易见。对 25 年前曾面对沙俄军队的俄国化计划的居民来说，一切都似曾相识。对学校和宗教的干涉、人为的民族对立、暴力、腐败和掠夺都是这些占领政权的共同特征。然而，尽管沙俄军队由于缺乏中央政府的指导而只能取得有限成就，纳粹政权却想方设法进行全面的改造，追求不受限制的、扩张的意识形态为目标。大规模屠杀政策终将导致中东欧约 1400 万人的死亡。[88]

苏联于 1939 年 9 月 28 日控制了桑河以南的普热梅希尔。他们的占领是建立在大俄罗斯主义和反犹主义的意识形态之上的，一直持续到1941年6月。1939年11月1日，苏联做了尼古拉二世从未敢做的事情，正式吞并了“东部小波兰”，以及更北部的其他前波兰领土。不同于沙俄，对苏维埃政权来说，民众支持的表象总是很重要的。为了给吞并披上合法的外衣，10月22日举行了一次全民公投，范围是当时的“西乌克兰”。据称，选民投票率达到92.83%。在被吞并的土地上，行政和经济体制进行了重整。在农村，地主土地被没收，建立了集体农庄。在城镇，银行、工业以及政党和慈善组织的财产被国家征用。甚至小工匠也被命令“自愿”加入集体。民众的公寓都被没收了。[89]

苏联占领的主要特征是带有强制性，这是实现社会阶级根本转变的必要手段。[90]与之前的沙俄政权一样，流放是一种最常使用的控制手段，尤其在曾经的加利西亚东部地区，应用得更广泛。有25万人被迫迁移到苏联东部荒芜地区。1939年10月至11月，流放工作很快开始，之后出现了4次大高潮，分别在1940年2月、4月和6月以及1941年6月。大多数人是用拥挤的牛车运走的。一些流放者只被带到苏联的乌克兰东部或白俄罗斯，许多人最终到了哈萨克斯坦，就像25年前要塞守军的遭遇一样。知识分子、国家官员、军官和警察、神职人员、企业主、小商人、农民、居民和难民以及他们的家人——所有不认可苏联占领现实的人都被带走。内务部（NKVD）从普热梅希尔及其周边地区流放了1万人，又逮捕了2000人，其中500—1000人被秘密警察杀害。[91]

普热梅希尔北部与波兰西部其他地区被一起并入希特勒的种族帝国。希特勒于1941年6月22日对苏联发动“巴巴罗萨计划”，整个城市将落入纳粹的控制之下。然后，普热梅希尔成了前线。经过一个星期的猛烈轰炸和来来回回的拉锯战，五分之二的房屋被摧毁，旧犹太区也被夷为平地，德国人占领了桑河以南的地区。[92]纳粹占领区的指导原则，正如一位国防军将领的无情之言："德国人是主人，波兰人是奴隶。"[93]该地区前期主要是作为苏联产品出口的通道，以及作为外籍德国人的主要中转站——曾是苏联国民的德国人经此"返回"希特勒的"大德国"。波兰人受到关注仅仅是因为他们是奴隶的来源。纳粹杀害了5万多名受过教育的波兰精英。对其他人来说，残酷的镇压、剥削和饥饿是日常生活的基本特征。在普热梅希尔和周边地区，26 431名波兰人和乌克兰人作为劳动力被运到德国。大约5000人（犹太人除外）在纳粹占领期间被杀害或失踪。[94]

纳粹意识形态的核心是反犹主义。这是一种比沙俄军队更为强硬的反犹种族主义，也更容易采用极端的暴力手段。然而，在加利西亚东部地区，德国人——而不是苏联人——在这方面更像是1915年沙俄占领最突出的继承者。事实上，在一开始，纳粹和25年前的俄国人一样，虽然有更强大的力量，但还是选择驱逐而不是消灭犹太人。在扎萨尼，他们做得尤其成功。在1939—1941年，只有66名犹太人留在郊区，而在战前，郊区的居民已经超过2500人。[95]1915年至1939年，占领当局没有更换，也没有证据表明是早期的俄国军事行动激发了纳粹极端政策；相反，这种相似性最好的解释是，帝国主义将多民族的东加利西亚视为试验和改造之地，极端反犹主义、民族主义和军事管制的共识，早在第一次世界大战早期就已经存在。[96]

直到1941年下半年，纳粹对犹太人的政策才转变为种族灭绝。[97]1941年7月，普热梅希尔的犹太人被迫离开他们的家园，2.2万名不幸的人被迫挤进了在火车站后面的加尔巴尔泽（Garbarze）区。一个"犹太委员会"奉命按照占领者的要求管理这个地区。这里的生活是残酷的，满是艰苦的劳动、贫穷、疾病和饥饿。1942 年春，盖世太保在普热梅希尔历史悠久的南部犹太墓地杀害了许多犹太人。一年后，1942 年 7 月 16 日，这里变成了一个封闭的贫民区，不到两周后，占领者宣布“重新安置犹太人从事劳动”，这是灭绝犹太人的委婉说法。在 1942 年 7 月至 8 月和 11 月的两次清理行动中，普热梅希尔的大部分犹太人被带到东北 100 公里处的贝兹克（Bełżec）死亡集中营，该地一年来用毒气杀害了 434 508 名波兰犹太人。[98] 1943 年 9 月，普热梅希尔最后一批犹太人——仅仅 5000 人——男人、女人还有儿童，几乎全部被送到奥斯威辛集中营。最后 1580 名未被送进集中营的犹太人，都在贫民区被枪杀。1942 年 6 月，自 1939 年以来在扎萨尼纳粹占领区居住的 66 名犹太人，被驱赶到纳粹执行死刑的地点。在要塞外围建造的第一个堡垒中，这群犹太人被杀了，这只是要塞历史与 20 世纪中叶对中东欧的破坏交织在一起的缩影。[99]

即使走过如今的普热梅希尔，仿佛还能看到 1914 年，杀戮开始之前的世界。这座城市 18 世纪建造的钟楼仍然矗立着，俯瞰着整个城市和东方。人们可以漫步在密茨凯维奇街，经过奥匈帝国的军事建筑，或者漫步在老城区，参观历史悠久的教堂。但犹太区和老犹太教堂都已不见踪影。沙皇尼古拉二世也从未被允许在那里举行东正教弥撒的希腊礼天主教大教堂，失去了东面的圆顶，成为罗马天主教教堂。这里的人口构成也发生了很大变化。第二次世界大战结束时，这个城市只剩下 28 144 人，大约是 1939 年的一半；只有 415 名犹太人幸存下来。不久后乌克兰人也不见踪影。苏联重新划分了波兰领土，波兰共产主义者上台执政，对乌克兰民兵组织在周边有争议地区对波兰人实施的可怕暴行心有余悸，决心在民族问题上“净化”波兰，遂将乌克兰人驱逐出境。普热梅希尔的种族清洗于 1947 年完成。在苏联占领区上流离失所的大约 1.5 万名波兰人被带到普热梅希尔，以取代被屠杀和驱逐的原有居民，建立一个纯粹的波兰城市。[100]

城外旧要塞的遗迹提醒着人们，这场战争让中东欧陷入了恐怖的循环。1914 年，这里爆发了 20 世纪第一次席卷欧洲大陆的大战。原有的秩序不再，人性的丑恶从封印中释放。这些废墟有力地证明了文明多么脆弱，而生活在其中的人们从来没有想到文明会如此突然、如此可怕地结束。瓦砾也许是对随后发生的一切恰当的纪念吧。

附录一

1914 年奥匈帝国军队的组织架构

奥匈帝国军队，或者说“帝国皇家”军队，是这个多民族帝国复杂性的最明显的代表。奥匈帝国于 1867 年改革为“二元政体”，分为奥地利和匈牙利两部分，各自有自己的议会和政府，但拥有同一位君主（奥地利称为皇帝，匈牙利称为国王）、外交部长、战争部长和共同的贸易政策。一年后，皇帝接受了妥协方案，奥匈帝国军队仍在皇帝的专属控制之下，但进行了彻底的重组，以适应新的政治格局。它被分成三个部分。其中规模最大也最为重要的是帝国国防军（皇室与王室联合军队），其中包括总参谋部（一个由受过专门训练的军官组成的精英机构，负责作战计划、动员和指挥），接收来自帝国各地所有兵源的四分之三。1914 年，它共有 110 个步兵团、30 个轻步兵营、42 个骑兵团和火炮部队。另外两支规模小得多的部队，最初打算作为预备役部队，分别是奥地利地方防卫军（1914 年为 37 个步兵团和 6 个骑兵团）和匈牙利王家防卫军（32 个步兵团和 10 个骑兵团，只从自己那一部分王国征兵）。[1]

1866 年，这支部队在克尼格雷茨战役（Battle of Königgrätz）中被普鲁士人击溃。1868 年，为了提高战斗力，军队进行了改革，仿效普鲁士采用普遍兵役制——在接下来的 10 年里，欧洲大陆的所有军队都将采用这一制度。[2] 有一批专业军官和士官进行指挥和训练。普通士兵是从臣民中挑选出来的。奥匈帝国的每一个男性臣民，最初从 17 岁到 30 岁，以及在 1886 年进一步改革后，从 19 岁到 42 岁，都要服兵役。在和平时期，人们会在 21 岁生日那年被征召入伍。他们会在国防军服役 3 年，或者在奥地利地方防卫军以及匈牙利王家防卫军服役 2 年——按照过去的标准，这是很短的一段时间。仅有来自中产阶级及以上阶层的见习军官且能达到中学教育的标准，可以仅服役 1 年。完成服役后，这些人会离开军队，但需要在后备役留守 10 年。之后，他们会被转移到三线预备役——国民军。[3]

在 1868 年至 1914 年间，奥匈帝国军事组织有了进一步的发展。最引人注目的是匈牙利王家防卫军和奥地利地方防卫军的兴起。在一开始，这些部队只被当作预备役部队。然而，匈牙利议会渴望建立自己的王国军队，于是逐步建立了匈牙利王家防卫军。接着奥地利议会也效仿他们的做法。直到 1892 年，这两支部队都被视为正规军，1912 年，这两支部队才首次获准拥有自己的火炮部队。[4] 而第二个重大变化是在 1882 年实行的属地化管理。过去的做法是把部队调离他们的家乡。在新制度下，帝国被划分为 16 个军管区。军管区司令部管理各区的训练和补给，当地征募的部队驻扎在当地。改革的目的是为了加快动员的速度，同时也使各部队在更大的区域内有自己的征兵区，与特定的城镇和地方保持着密切的联系。[5]

1914 年战争前夕，奥匈帝国军队共有 1.8 万名职业军官和约 43 万名士官。部队向来尽量避免种族的多样性，因为种族多样性被视为部队的一个主要弱点。当然，在这样的大帝国中，民族主义的敏感性和语言的差异带来了严峻的挑战。不到一半（142 个团）的部队是单语的；162 个团使用两种语言（实际上，部队中一部分人会说两种语言，由于在属地化管理之后，这些士兵来自于在日常生活中会操两种语言的混居地区)，24 个团通用 3 种语言。[6] 然而，奥匈帝国军队的主要问题并不是民族的多样性，而是既没有足够的装备，也没有足够的士兵。征兵在形式上已尽可能遍及所有的成年男性，但实际上，部队没有足够的资金每年招募超过符合服役条件的年轻男子四分之一数量的兵源。这一比例远低于法国（83%）、德国（略高于 50%），甚至与拥有巨大人口基数的俄国相比也要低（约 30%）。[7]

因此，为了在战争初期和预期的决定性时期最大限度地发挥力量，1914 年的奥匈帝国军队采取了令人反感的扭曲做法：为了增加部队中训练有素的兵源，自 1883 年以来，每年额外补充 1 万名士兵——也就是指定的预备役军人——做为期 8 周的基本军事训练。为了在 1914 年 8 月达到 168. 7 万名官兵的动员兵力，军队立即征召了每一位训练有素的预备役人员。那些在和平时期服役多年的士兵大大削弱了部队的战斗力。在德国军队中，常备团的兵力保持在四分之三。相比之下，奥匈帝国部队的“现役”兵力（即当时正在进行和平时期征兵的士兵）很少，这一点不可避免地对其部队的战斗力产生负面影响。“现役”士兵在国防军或奥地利地方防卫军中仅占 25%，而在动员后，他们在匈牙利王家防卫军中的比例仅占 18%。[8]

三线部队也被加入到奥匈帝国军队的作战序列中以增加兵力。被纳入序列的是国民军步兵部队。1886 年的《国民军法》将服役年龄扩大到 30 岁以上，作为民兵部队，在最初的概念中，他们仅用于通信线路的保卫工作和地区防卫。[9] 在 1914 年，整个帝国从最早的 70 个预备役民兵团中募集了一批士兵，年龄在 37 岁至 42 岁。每个国民军步兵团都由三四个营组成。一支奥地利国民军营级部队有 986 名士兵。匈牙利国民军营级部队（马扎尔语为 Népfelkelő）规模更大，每个营有 1107 人。从战争开始，奥匈帝国军队就把国民军当作作战部队。尽管如此，他们的装备水平，以及他们的体能和训练，都远远低于国防军、奥地利地方防卫军和匈牙利王家防卫军。一般编制为 8 至 12 个营的旅只配备 10 门野战炮，还不到一线作战旅的一半。他们没有交通工具，没有多少医疗设备，没有活动的野战厨房，没有通信设备，也没有机枪。[10]

为了增加兵力，行军营也应运而生，多亏了哈谢克笔下笨拙的“好兵帅克”，这些部队才被后人铭记。这些营队都是预备役部队。这些部队中，没有受过训练的人的比例更高。然而，他们并没有被当作正规部队的替补兵力，而是被直接编入了更高一级编制，即刻投入战斗。这并不是权宜之计，而是一项早在战争前就计划好的措施。最多的时候，行军旅只配备 6 门轻型野战炮，和国民军一样，他们也没有机枪。组队仓促，训练更仓促，在缺乏火力支援又没有老兵指导的情况下，这些编队在实战中一般很快就会被歼灭。在普热梅希尔要塞中，匈牙利王家防卫军第 3、第 4、第 6 行军团（均隶属于第 23 步兵师），第 16 行军团和奥地利地方防卫军第 35 行军营共同组成了守军的一小部分。[11]

奥匈帝国军队的组织和许多编制都与众不同。尽管如此，在基本结构和术语上，它也与其他短期服役的欧陆军队有许多共同之处。与奥匈帝国的盟国和对手一样，国防军、奥地利地方防卫军和匈牙利王家防卫军的基本作战单位是师级部队，建制兵力约为 1. 8 万人。旅级部队是国民军的最高编制，拥有约 8000 名士兵。每个军有 2 到 3 个师。师以下有 2 个旅。1 个标准旅（不包括国民军和行军旅）有 2 个团。一个团由 3 到 4 个营组成。虽然国防军、奥地利地方防卫军和匈牙利王家防卫军之间存在微小的差异，但 1 个全员营大约都有 1100 名士兵。奥匈帝国军队在 1914 年动员后的全部兵力包括 48 个步兵师、11 个骑兵师和 36 个国民军旅或行军旅，以及 2600 门各种口径的火炮。[12]

附录二
1914 年俄国军队的组织架构

俄国军队一直只效忠于沙皇。1906 年的《俄罗斯帝国基本法》（该宪法仓促出台以平息一年前爆发的革命）任命沙皇为“所有军队和舰队的最高统帅”，沙皇可以一手掌握“所有军事事务”的方向。[1]这一切在今天听起来早已过时，但在 1914 年，德意志帝国和奥匈帝国的军队也在各自皇帝的控制之下。不管怎么说，沙俄的军队都是古代和现代的更极端的混合。每 10 个将军中就有 9 个来自贵族——传统的佩剑贵族。在 45 582 名职业军官中，这一比例较低，约为 51%，但这仍然使其成为迄今为止欧洲军队领导层中最贵族化的一批军官。[2]俄军总参谋部虽然不如更著名的德军总参谋部，但也是一群精英组成的，是沙俄帝国最专业的机构。沙皇的官员们仍然保持着传统的封建忠诚，不过也开始越来越关注俄国民族主义。[3]

军队在 19 世纪 70 年代取得了巨大的发展，当时战争部长米柳廷（Miliutin）将军进行了改革。对军官团来说，教育有了很大的改善。军队逐步引进了各种课程，不仅包括战略、战术和工程，而且还包括语言、自然科学和人文学科。令人担忧的是，将人口按种族分类，并赋予每个人不同特征的军事统计学和地理学，首先是一般参谋人员的重点学习课程，从 1903 年起，也作为军事院校学员的必修科目。[4]米柳廷对人口统计和种族划分的兴趣不仅仅限于学术方面，他改革的核心是1874年的普遍义务兵役法，该法效仿其他欧洲国家，将普鲁士式的普遍短期服役征兵模式引入沙俄帝国。之前，服役可以说是掠夺民众20年的生命。新的兵役法最初规定服现役6年，随后又规定服预备役9年。到了第一次世界大战的时候，这一年龄调整为服现役3年，男子从21岁开始，然后是15年的预备役，最后5年（至43岁）则为民兵。[5]

1874年的普遍义务兵役法高调宣布“保卫皇帝和国家的安全是每一个俄罗斯帝国臣民的神圣职责”，但将一个为现代民族国家设计的军事体系强加给沙俄帝国是一个巨大的挑战。[6]沙皇俄国人口多达1.67亿，人口庞大且民族构成高度多样化。俄罗斯裔只占44%，即使帝国政权坚持把讲乌克兰语和白俄罗斯语的人也算在内，才勉强将“俄罗斯人”的官方总数提高到了听起来更令人放心的66%。沙皇的臣民受教育程度并不高。在19世纪90年代中期征募的新兵中，70%以上是文盲，而奥匈帝国和德国分别为22%和0.2%。[7]1905年的革命使城镇和贫困的乡村之间产生了极大的隔阂。帝国被划分为12个军区司令部和一个单独的（顿河哥萨克）军区，并细分为208个征兵区，但从未实行属地化管理；与奥匈帝国和德国的部队不同，俄国的部队很少安稳地驻扎在自己的家乡。部分原因是由于俄国的铁路基础设施不足，因此有必要在边境就近部署部队，但同时也要确保，如果面临内乱，士兵不会站在反叛民众一边。[8]

沙俄的军队在指挥官眼中是俄国武装力量的体现。尽管士兵甚至军官民族背景的多样性几乎不亚于它的对手奥匈帝国，但俄军不允许在内部通用多种语言；这支军队唯一的官方语言必须是俄语。军方清楚地知道，即使是军队中的“俄罗斯”士兵也常常缺乏祖国的概念，特别是在 1905 年革命之后。他们开始努力向民众灌输俄国的民族主义观点，部分原因是沙俄部队往往不像奥匈帝国军队在故乡扎根；即使是在俄罗斯民族聚集区征召的部队，也经常将来自多个招募区的人员混编在一起。军队对少数民族普遍表示不信任。一些特定的群体，特别是中亚穆斯林游牧民族，被认为是破坏军队的不稳定因素，不能被征召入伍。对许多被征召入伍的少数民族群体来说，军队则采取混编制，避免其达到任何一个团四分之一以上。对应征入伍的波兰裔新兵来说，他们最受军方怀疑，因此任何军事单位都不得接收超过五分之一的波兰裔士兵。[9]

哥萨克是一个特例。这群“勇士”被认为是所有沙皇臣民中最忠诚的群体。他们起源于 1500 年左右黑海北部大草原，由从莫斯科、波兰和立陶宛等地区被迫出逃的农奴组成。他们族群的名称起源于突厥语中的“自由人”。17 世纪末和 18 世纪，沙皇将哥萨克的领地纳入版图，在认识到哥萨克的骁勇善战之后，以种种手段控制了哥萨克。众所周知，哥萨克人为回报沙皇赐予的领地和特权而为沙皇服务，其中最著名的就是轻骑兵。从 19 世纪 70 年代始，哥萨克部队开始逐步正规化，其间经历了三个四年的“转折”。第一次“转折”是战时现役——士兵们必须带上自己的马和装备。第二次和第三次“转折”则逐步演变成沙俄正规部队。到了 32 岁，这些人就被调到预备役部队，随后会被调到民兵部队。到 1914 年，哥萨克中队的训练、制服和武器与俄国正规骑兵相似，但他们保留了自己的放荡不羁、好斗成性的做派，并以高超的骑术以及不守纪律、残暴和暴力反犹主义而闻名。[10]

到了 1914 年，俄军成为了世界上规模最大的部队。多亏了帝国庞大的人口和米柳廷的征兵制度，俄军的常备兵力达到了

140 万，超过了德国和奥匈帝国和平时期兵力的总和。俄国国防军一经动员，由 7 万名现役和预备役军官指挥的兵力可以达到 340 万人。1914 年夏天，俄军在东线部署了 98 个步兵师和 37. 5 个骑兵师。[11]这些部队是沙皇俄国的骄傲。在 1909 年至 1913 年，帝国全部预算的三分之一都花在了准备工作上。因此在装备方面，俄军可以说非常先进。尽管俄军在重型榴弹炮的研发上落后于对手（这一疏忽将使俄军付出惨痛的代价），但俄军拥有 7088 门火炮，大部分都是现代化、高机动性、高射速的火炮。经历过 1904—1905 年的对日战争，10 年后军队也有着敌军所缺乏的战斗经验。但是，在指挥方面的缺陷以及在最根本的体制和精神上的凝聚力不足，使俄军在 1914 年蒙受了严重的损失。第一次世界大战期间，俄军在执行各级协调行动方面产生了严重的问题，极大影响了军队的作战能力。[12]

与其他军队一样，俄国军队也存在常备和战时两种编制。和平时期的沙俄军队有 37 个军，其中大部分军级部队由 2 个步兵师（每个师下辖 2 个旅）、1 个骑兵师（4500 人的兵力）、2 个重型榴弹炮连（每个连 6 门榴弹炮）和工兵师组成。除了 3 个精锐卫队、4 个榴弹炮师和 11 个西伯利亚步兵师外，还有 52 个“现役”（平时常备）步兵师和 18 个独立的步枪旅。现役步兵师（其中 2 个师，即第 12 师和第 19 师，以及现役第 3 步枪旅，于 1914 年 10 月进攻普热梅希尔）的编制规模略强于奥匈帝国步兵师，每个师有 16 个营，共 2 万人。其主要优势在于火力、训练和体能。每个现役步兵师有 60 门火炮，多于奥匈帝国师的 48 门，32 挺机枪，多于奥匈帝国师的 28 挺。每个师有 4 个团，各有 79 名军官和 4036 名士兵，且常备一半兵力，因此在战场上，尽管专业士官较少，但俄军的年轻士兵比例高于奥匈帝国。[13]

与努力填补一线部队的奥匈帝国相比，俄军还动员了 35 个预备役师，这其中包括 1914 年初秋执行普热梅希尔周围封锁任务的主要部队。这些师的规模与现役师基本相当，但装备较差，仅配备 48 门野战炮，但这仍然使其大大优于奥匈帝国国民军。其中约三分之二是预备役，其余为现役。俄国最低等级的部队是民兵旅。这些士兵的能力与奥匈帝国国民军的士兵相当。他们均是年纪较长的人，或是只接受了短短 6 周战时训练的预备役。这些民兵有着和奥匈帝国国民军部队一样不受欢迎的名声。在 1914 年 11 月至 1915 年 3 月的第二次围攻中，这些部队被派去封锁要塞。[14]

注释

序

［1］I.S.Bloch, *Is War Now Impossible? Being an Abridgment of 'The War of the Future in Its Technical, Economic and Political Relations'*, ed. W.T. Stead (London, 1899), esp.p.lxiii. 更为全面的内容，参阅 H.Afflerbach and D.Stevenson (eds.), *An Improbable War: The Outbreak of World War I and European Political Culture before 1914* (New York and Oxford, 2007)。

［2］关于人口，参阅 W.Kramarz, *Ludność Przemyśla w latach 1521-1921* (Przemyśl, 1930), p.109。

［3］F. Molnár, *Galicja 1914-1915. Zapiski korespondenta wojennego*, trans. A.Engelmayer (Warsaw, 2012), p.148.

［4］Lieutenant-Colonel Karl von Kageneck，1915 年 4 月 6 日和 5 月 31 日的报告，引自 H.H. Herwig, *The First World War: Germany and Austria-Hungary 1914-1918* (London, New York, Sydney and Auckland, 1997), p.140。

［5］参阅 O.Bartov and E.D. Weitz (eds.), *Shatterzone of Empires: Coexistence and Violence in the German, Habsburg, Russian and Ottoman Borderlands* (Bloomington and Indianapolis, IN, 2013)。另见 M.Levene, *The Crisis of Genocide*, vol. 1: *Devastation: The European Rimlands, 1912-1938*, 以及 vol. 2: *Annihilation: The European Rimlands, 1939-1953* (Oxford and New York, 2013)。

［6］参阅 T.Snyder 的杰出研究，*Bloodlands: Europe between Hitler and Stalin* (New York, 2010)。关于 1917—1923 年暴力的出色研究，J.Böhler, W.Borodziej and J. von Puttkamer (eds.), *Legacies of Violence:*

Eastern Europe's First World War (Munich, 2014)，以及 R.Gerwarth, *The Vanquished: Why the First World War Failed to End, 1917-1923* (London, 2016)。

［7］A. Kunysz, 'Pradzieje Przemyśla'，in F.Persowski, A.Kunysz and J.Olszak (eds.), *Tysiąc lat Przemyśla. Zarys historyczny*, vol. 1 (Rzeszów, 1976), pp.51-58. "Lyakhs" 在波兰语中被译为 "拉奇"（Lachy），有时被译为 "波兰人"，后者暗示了这些人与现代波兰民族之间的一种带有误导性的亲近感。对他们更为准确的描述是西斯拉夫部落。

［8］参阅 L.Hauser 开创性的著作：*Monografia miasta Przemyśla* (Przemyśl, 1883, 1991), pp.93-105 and 124-141。

［9］F. Persowski, 'Przemyśl od X wieku do roku 1340', 以及 K.Arłamowski, 'Stosunki społeczno-gospodarcze w Przemyślu staropolskim od końca wieku XIV do roku 1772'，包括在 F.Persowski, A.Kunysz and J.Olszak (eds.), *Tysiąc lat Przemyśla. Zarys historyczny*, vol. 1 (Rzeszów, 1976), pp.130-136, 176, 192 and 207。另见 Hauser, *Monografia*, pp.182-184 and 225-227；以及 M.Orłowicz, *Illustrierter Führer durch Przemyśl und Umgebung* (Lemberg, 1917), p.18。

［10］关于早期犹太社区，参阅 C.Dunagan, 'The Lost World of Przemyśl: Interethnic Dynamics in a Galician Center, 1868 to 1921'，unpublished Ph.D. thesis, Brandeis University (2009), pp.22-37。

［11］这些以及随后有关普热梅希尔早期防御工事计划的段落参阅 F.Forstner, *Przemyśl. Österreich-Ungarns bedeutendste Festung*, 2nd edn (Vienna, 1987, 1997), pp.41-51 and 95-103。关于第一批建于 1854—1855 年克里米亚战争期间的现代防御工事的最佳讨论参阅 T.Idzikowski, *Twierdza Przemyśl. Powstanie-Rozwój-Technologie* (Krosno, 2014), Ch. 2。关于加利西亚的面积与地理情况，参阅 A. von Guttry, *Galizien. Land und Leute* (Munich and Leipzig, 1916), p.28。

［12］J.E.Fahey, 'Bulwark of Empire: Imperial and Local Government in Przemyśl, Galicia (1867-1939)'，unpublished Ph.D. thesis, Purdue

University (2017), pp.33-34, 38-39, 44-57.

［13］Forstner, *Przemyśl*, pp.105-107.

［14］关于19世纪70年代奥匈帝国和俄国之间的关系，参阅C.A. Macartney, *The Habsburg Empire 1790-1918* (London, 1968), pp.588-594。

［15］Idzikowski, *Twierdza Przemyśl*, Chs. 4-9提供了关于要塞和各个堡垒的最详细和最新近的说明。

［16］Fahey, 'Bulwark of Empire', pp.78-80.

［17］Forstner, *Przemyśl*, pp.105 and 153.

［18］M. Baczkowski, *Pod czarno-żółtymi sztandarami. Galicja i jej mieszkańcy wobec austro-węgierskich struktur militarnych 1868-1914* (Cracow, 2003), pp.272-273 and 449-450. 当时的货币与现代货币之间的转换使用了K.Baedeker, *Austria-Hungary: Handbook for Travellers* (Leipzig, 1911) 中的兑换表（1英镑相当于23克朗）转换为当代英镑数额，然后通过英格兰银行通胀计算器（https://www.bankofengland.co.uk/monetary-policy/inflation/inflation-calculator, 访问时间2019年1月22日）将这一总数转换为现代英镑等值。换算的美元数额则基于英格兰银行2019年1月21日的英镑兑美元汇率。

［19］关于截至1914年炮兵发展的优秀概述，参阅B.Gudmundsson, 'Introduction', in S.Marble (ed.), *King of Battle: Artillery in World War I* (Leiden and Boston, MA, 2015), pp.1-34。

［20］Forstner, *Przemyśl*, pp.117-118.

［21］关于康拉德筑垒优先事宜，参阅G. Kronenbitter, '*Krieg im Frieden*'. *Die Führung der k.u.k. Armee und die Großmachtpolitik Österreich-Ungarns 1906-1914* (Munich, 2003), pp.186-189。尤其是关于普热梅希尔的情况，参阅Forstner, *Przemyśl*, pp.120-122。

［22］Kramarz, *Ludność Przemyśla*, pp.54-55 and 108. 在这个时候，以忏悔统计数据作为种族的标志，比语言数据更可靠，这主要是因为意第绪语（该市大多数犹太人的语言）不是奥地利人口普查表上的选项。大多数犹太人选择了波兰语，这是普热梅希尔（和加利西亚）政治上占

主导地位的民族的语言，此举扩大了该城的“波兰人”比例。根据 1910 年的语言数据，该市共有 39 155 名（85.2%）“波兰人”、5229 名“罗塞尼亚人”（乌克兰人）和 1490 名“德国人”，但该数据具有误导性。参阅 ibid., p.110。

［23］I. von Michaelsburg, *Im belagerten Przemysl. Tagebuchblätter aus großer Zeit* (Leipzig, 1915), pp.18-19, 67.（1914 年 9 月 19 日和 11 月 14 日的条目）库尼格尔 - 爱伦堡的描述反映了一些当代反犹太主义的比喻，但对于当时的外邦人来说，她对犹太人异常开放、好奇和同情。

［24］关于这座城市的关键建筑，参阅 Orłowicz, *Illustrierter Führer*, pp.5-6，以及 Anon., *Kalendarz pamiątkowy z czasów oblężenia Przemyśla w r. 1914 na Rok Pański 1915* (Przemyśl, 1914) 的目录。关于军事建筑数据，来自 Fahey,‘Bulwark of Empire’, p.78。

［25］关于奥地利的改革，尤其是 1862 年 3 月 5 日的帝国自治市法，参阅 J.Deak, *Forging a Multinational State: State Making in Imperial Austria from the Enlightenment to the First World War* (Stanford, CA, 2015), pp.151-160。关于波兰民主党的政治的讨论，参阅 H.Binder, *Galizien in Wien. Parteien, Wahlen, Fraktionen und Abgeordnete im Übergang zur Massenpolitik* (Vienna, 2005), pp.63-73。

［26］F. Persowski, ‘Przemyśl pod rządami austriackimi 1772-1918’, in F.Persowski, A.Kunysz and J.Olszak (eds.), *Tysiąc lat Przemyśla. Zarys historyczny*, vol. 2 (Warsaw and Cracow, 1974), pp.102-104; Orłowicz, *Illustrierter Führer*, p.23.

［27］Z. Felczyński, ‘Rozwój kulturalny Przemyśla 1772-1918’, 见 F. Persowski, A. Kunysz and J. Olszak (eds.), *Tysiąc lat Przemyśla. Zarys historyczny*, vol. 2 (*Warsaw and Carcow (1979)*, pp.189-198。

［28］关于罗塞尼亚人的身份的讨论，参阅 K.Bachmann, *Ein Herd der Feindschaft gegen Rußland. Galizien als Krisenherd in den Beziehungen der Donaumonarchie mit Rußland (1907-1914)* (Vienna and Munich, 2001), pp.18-28, 138-159 and 196-212，以及 I.L. Rudnytsky,‘The Ukrainians in Galicia under Austrian Rule', in A.S. Markovits and F.E. Sysyn (eds.), *Nationbuilding and the Politics of Nationalism: Essays on Austrian Galicia* (Cambridge, MA, 1982), pp.23-67。民族认同的缺失可能反映在普热梅希尔 1910 年的人口普查中，3000—4000 名希腊礼天主教居民宣称他们的日常语言是波兰语。这种对乌克兰身份的拒绝可能是出于漠不关心，也可能是考虑到认同波兰人的身份可以获得的经济和职业优势。参阅 Kramarz, *Ludność Przemyśla*, pp.108 and 110。

[29] Michaelsburg, *Im belagerten Przemysl*, p.77（1914 年 11 月 16 日的条目）。

[30] 在 1910—1918 年注册的 20 家制造业企业中，10 家为犹太人所有，2 家为犹太人和基督徒共同所有，8 家为基督徒所有。21 家贸易和服务公司中只有 4 家为基督徒所有。Persowski, 'Przemyśl pod rządami austriackimi', pp.110-112.

[31] 关于来自杜纳根的犹太普热梅希尔市民的详细信息，参阅 'Lost World', pp.62-64, 117-137, 164-177 and 221-235。

[32] Baedeker, *Austria-Hungary*, p.378; Orłowicz, *Illustrierter Führer*, pp.5 and 62-63. 按照加利西亚的标准，普热梅希尔的基础设施并不落后于时代。其电气化发生于 1896—1907 年，虽然是部分的，但相对较早。克拉科夫是一个更大、更重要的城市，1901 年才建成一座现代化的自来水厂，1905 年才建成一座发电厂。参阅（关于普热梅希尔）M.Dalecki, 'Rozbudowa urządzeń komunalnych Przemyśla w latach 1867-1914', *Rocznik Historyczno-Archiwalny* 6 (1989), pp.50-55 和（关于克拉科夫）J.M. Małecki, 'W dobie autonomii Galicyjskiej (1866-1918)', in J.Bieniarzówna and J.M. Małecki (eds.), *Dzieje Krakowa*, vol. 3: *Kraków w latach 1796-1918* (Cracow, 1979), pp.349 and 351。

[33] Orłowicz, *Illustrierter Führer*, p.51; Michaelsburg, *Im belagerten Przemysl*, p.65（1914 年 11 月 14 日条目）。

[34] Kunysz, 'Pradzieje Przemyśla', p.16.

[35] A. Nierhaus, 'Austria as a "Baroque Nation": Institutional and

Media Constructions', *Journal of Art Historiography* 15 (2016). Accessed at: https://arthistoriography.files.wordpress.com/2016/11/nierhaus.pdf on 9 January 2019.

[36] Fahey, 'Bulwark of Empire',p.94; Orłowicz, *Illustrierter Führer*, pp.5-6 and 48; Michaelsburg, *Im belagerten Przemysl*, pp.67-68.

[37] Macartney, *Habsburg Empire*, pp.562-563. 关于最近对该制度如何在人民中为国家赢得合法性的分析，参阅 P.M. Judson, *The Habsburg Empire: A New History* (Cambridge, MA, and London, 2016), esp.Ch. 7。

[38] 关于暗杀的细节，参阅 L.Wolff, *The Idea of Galicia: History and Fantasy in Habsburg Political Culture* (Stanford, CA, 2010), pp.331-336。

[39] Fahey, 'Bulwark of Empire', pp.161-167.

[40] Felczyński, 'Rozwój kulturalny Przemyśla', pp.218-219, 232 and 234.

[41] 战争前夕，希腊礼天主教和罗马天主教教徒之间使用双语和通婚的情况在加利西亚相当普遍。1910 年，该省有 22 114 名罗马天主教徒、26 744 名希腊礼天主教徒和 5090 名混合天主教徒举行婚礼。参阅 K.k. Statistisches Zentralkommission, *Österreichische Statistik. Bewegung der Bevölkerung der im Reichsrate vertretenen Königreiche und Länder im Jahre 1910* (Vienna, 1912), p.9。

[42] J.E.Fahey, 'Undermining a Bulwark of the Monarchy: Civil-Military Relations in Fortress Przemyśl (1871-1914)', *Austrian History Yearbook* 48 (2017), pp.155-156.

[43] Bachmann, *Herd der Feindschaft*, pp.227-233; Forstner, *Przemyśl*, pp.123-127.

[44] G.E.Rothenberg, *The Army of Francis Joseph* (West Lafayette, IN, 1976, 1998), pp.166-167.

[45] G.L.Mosse, *Fallen Soldiers: Reshaping the Memory of the World Wars* (New York and Oxford, 1990), esp.Ch. 4; and R.Wohl, *The Generation*

of 1914 (Cambridge, MA, 1979).

[46] E.M.Remarque, *All Quiet on the Western Front*, trans. B.Murdoch (London, 1996), p.14.

[47] W.Winkler, *Die Totenverluste der öst.-ung. Monarchie nach Nationalitäten. Die Altersgliederung der Toten. Ausblicke in die Zukunft* (Vienna, 1919), pp.48-54. 相比之下，25 岁以下的男性占奥匈帝国军队死亡人数的 52%。受影响最大的年龄群体（占所有死亡人数的 7.15%）出生于 1895 年，他们在战争爆发时年仅 19 岁。

[48] J. Vit, *Wspomnienia z mojego pobytu w Przemyślu podczas rosyjskiego oblężenia 1914-1915*, trans. L.Hofbauer and J.Husar (Przemyśl, 1995), p.31.

[49] 参阅 S.Stępień's introduction in ibid., pp.21-25。

[50] J. J. Stock, *Notatnik z Twierdzy Przemyśl 1914-1915*, ed. J.Bator (Przemyśl, 2014), pp.13-17.

[51] S. Gayczak, *Pamiętnik Oberleutnanta Stanisława Marcelego Gayczaka*, ed. J.Gayczak (Przemyśl, n.d.), pp.5-6.

[52] 参阅编者前言，I.Künigl-Ehrenburg, *W oblężonym Przemyślu. Kartki dziennika z czasów Wielkiej Wojny (1914-1915)*, ed. S.Stępień and trans. E.Pietraszek and A.Siciak (Przemyśl, 2010), pp.26-33。

[53] F. Dzugan, 'Chamäleons im Blätterwald. Die Wurzeln der ÖVPParteijournalistInnen in Austrofaschismus, Nationalsozialismus, Demokratie und Widerstand.' Eine kollektivbiografische Analyse an den Beispielen "Wiener Tageszeitung" und "Linzer Volksblatt" 1945 bzw. 1947 bis 1955', unpublished Ph.D. thesis, University of Vienna (2011), p.130.

第一章 溃不成军

[1] 这一描述是基于一众目击者的叙述，尤其是 V.Nerad, *Przemysl. Erinnerungen des Genieoffiziers Viktor Nerad* (Salzburg, 2015), pp.18-19; Kusmanek, 'Die beiden Belagerungen von Przemyśl durch die Russen' ,

p.10, KA Vienna: NL Kusmanek B/1137/14; and Michaelsburg, *Im belagerten Przemysl*, p.10（1914 年 11 月 15 日的条目）。第一批撤退的部队于 9 月 12 日抵达普热梅希尔，大部分部队于 1914 年 9 月 13 日和 14 日抵达。参阅 F.Stuckheil, 'Die Festung Przemyśl in der Ausrüstungszeit', *Militärwissenschaftliche und technische Mitteilungen* 55 (1924), pp.216-217。

[2] 'Ohydna zbrodnia', *Echo Przemyskie. Rok XIX, Nr 53* (1 July 1914), 1.

[3] T. Pudłocki, 'Działalność inteligencji Przemyśla na tle życia mieszkańców miasta między sierpniem a listopadem 1914 r.', in J.Polaczek (ed.), *Twierdza Przemyśl w Galicji. Materiały z konferencji naukowej. Przemyśl, 25-27 kwietnia 2002* (Przemyśl, 2003), pp.109-110.

[4] W. Zakrzewska, *Oblężenie Przemyśla rok 1914-1915. Z przeżytych dni* (Lwów, 1916), p.50.

[5] Pudłocki, 'Działalność inteligencji', pp.110 and 112. 一些关于卫生、邮政和电报措施的庄严宣言保留在 AP Przemyśl: 129 (Akta Miasta Przemyśla): 1594: fos. 26-3-33 and 38。

[6] Stock, *Notatnik*, p.26（1914 年 8 月 27 日的条目）。

[7] Zakrzewska, *Oblężenie*, p.50.

[8] A. Krasicki, *Dziennik z kampanii rosyjskiej 1914-1916* (Warsaw, 1988), p.29.

[9] Michaelsburg, *Im belagerten Przemysl*, p.6.

[10] 'Z kraju', Nowa Reforma. Wydanie Popołudniowe. Rok XXXIII, Nr 378 (1 September 1914), 2; Krasicki, Dziennik, p.39 （1914 年 8 月 27 日的条目）。

[11] H. z Seifertów Jabłońska, *Dziennik z oblężonego Przemyśla 1914-1915*, ed. H.Imbs (Przemyśl, 1994), pp.38-41（1914 年 8 月 24 日、28 日，以及 9 月 4 日、6 日的条目）。

[12] Krasicki, *Dziennik*, p.43（1914 年 8 月 30 日的条目）。

[13] Ibid., pp.43-44（1914 年 8 月 30 日的条目），以及 46（1914

年 9 月 1 日的条目）；Stock, *Notatnik*, pp.27-28（1914 年 9 月 5 日的条目）。更笼统地说，是在俄国占领前夕的利沃夫，C.Mick, *Kriegserfahrungen in einer multiethnischen Stadt: Lemberg 1914-1947* (Wiesbaden, 2010), pp. 77-80。

［14］见 Sweryna z Kozłowskich Kapecka（教师）的回忆录，转载于 M.Dalecki,'Wspomnienia przemyskich nauczycielek z okresu I wojny światowej', *Przemyskie Zapiski Historyczne* 18 (2010-2011), p.156。

［15］C.i.k. Komendant twierdzy, poster entitled'Obwieszenie', n.d. AP Przemyśl: 397（海报和传单）: 483 以及（关于这份波兰语报纸的德语版本）484。

［16］C.k. Starostwo, poster entitled'Obwieszenie', 11 September 1914. AP Przemyśl: 397 (Afisze, plakaty i druki ulotne): 19. 关于这些警告（第一次警告早在 8 月 2 日就已发出），参阅同份文档的 1914 年 8 月 14 日的'Nakaz'(397): 482。另参阅 , W.Mentzel, 'Kriegsflüchtlinge in Cisleithanien im Ersten Weltkrieg', unpublished Ph.D. thesis, *University of Vienna* (1997), pp.75-78。

［17］Forstner, *Przemyśl*, p.160. 这一数字未必真实，因为在第二次围困中，在 11 月进一步撤离后，普热梅希尔仍有 30 000 人。

［18］Michaelsburg, *Im belagerten Przemysl*, p.10（1914 年 9 月 15 日的条目）and Jabłońska, *Dziennik*, p.43（1914 年 9 月 14 日的条目）。

［19］Jabłońska, *Dziennik*, p.42（1914 年 9 月 12 日的条目）。

［20］参阅 L.Sondhaus, *Franz Conrad von Hötzendorf: Architect of the Apocalypse* (Boston, MA, 2000)。关于康拉德与吉娜的关系以及奥地利离婚和再婚所面临的巨大法律挑战的深刻讨论，参阅 U.Harmat,'Divorce and Remarriage inAustria-Hungary: The Second Marriage of Franz Conrad von Hötzendorf', *Austrian History Yearbook* 32 (January 2001), pp. 69-103。

［21］康拉德在 1914 年秋天的灾难中就已经开始重复这些论点了。参阅 J.Redlich, *Schicksalsjahre Österreichs 1908-1919. Das politische*

Tagebuch Josef Redlichs, ed. F.Fellner, 2 vols. (Graz and Cologne, 1953-4), vol. 1, p.271（1914 年 9 月 9 日的条目）。

［22］G. Kronenbitter, ‘Krieg im Frieden’. *Die Führung der k.u.k. Armee und die Großmachtpolitik Österreich-Ungarns 1906-1914* (Munich, 2003), pp.145-178. 关于 1914 年的动员人数，参阅 A. Watson, *Ring of Steel: Germany and Austria-Hungary at War, 1914-1918* (London, 2014), pp.117 and 141。

［23］Kronenbitter, ‘Krieg im Frieden’, pp.317-324 and 361-367.

［24］Ibid., pp.330-331, 334-356 and 389-428; H.Strachan, *The First World War: To Arms*, vol. 1 (Oxford, 2001), p.69.

［25］C. Clark, *The Sleepwalkers: How Europe Went to War in 1914* (New York, 2013), p.392.

［26］N. Stone, ‘Die Mobilmachung der österreichisch-ungarischen Armee 1914’, *Militärgeschichtliche Mitteilungen* 16(2) (1974), pp.67-95.

［27］P.Tscherkassow, ‘Der Sturm auf Przemysl am 7.X.1914’. Stab der Roten Armee. Abteilung für die Auswertung u. Erforschung der Kriegserfahrungen (Moscow, 1927), pp.10 and 30, KA Vienna: Übersetzung Nordost Nr 14.

［28］L. von Fabini, ‘Die Feuertaufe des Eisernen Korps. Der erste Tag der Schlacht von Złoczów am 26. August 1914’, *Militärwissenschaftliche Mitteilungen* 61 (1930), pp.787-789.

［29］Stone, ‘Mobilmachung’, pp.94-95.

［30］引自 G.Wawro, *A Mad Catastrophe: The Outbreak of World War I and the Collapse of the Habsburg Empire* (New York, 2014), p.231。

［31］M. Rauchensteiner, *The First World War and the End of the Habsburg Monarchy* (Vienna, Cologne and Weimar, 2014), p.153.

［32］F. Conrad von Hötzendorf, *Aus meiner Dienstzeit 1906-1918. 24. Juni 1914 bis 30. September 1914. Die politischen und militärischen Vorgänge vom Fürstenmord in Sarajevo bis zum Abschluß der ersten und bis zum Beginn der zweiten Offensive gegen Serbien und Rußland*, vol. 4 (Vienna, 1923), p.415.

［33］N. Stone, *The Eastern Front 1914-1917* (London, 1975, 1998), p.80, and Rauchensteiner, *First World War*, pp.180-183.

［34］Rauchensteiner, *First World War*, p.180.

［35］Auffenberg, quoted in Wawro, *Mad Catastrophe*, p.180.

［36］Both battles are recounted in detail in ibid., pp.169-215.

［37］参阅 B.W. Menning, *Bayonets before Bullets:The Imperial Russian Army, 1861-1914* (Bloomington and Indianapolis, IN, 1992), p.249。

［38］K.u.k. 3. Armeeoberkommando, Op.Nr 76.‘Eindrücke über die russ. Truppen (mitgeteilt vom Kmdtn der deutschen Ostarmee)’, c.17 August 1914, KA Vienna: NFA 30 ITD (August 1914): 1721.

［39］K.u.k. 3. Armeeoberkommando, Op.Nr 71.‘Direktiven für Kommandanten’, 15 August 1914, KA Vienna: NFA 30 ITD (August 1914): 1721.

［40］Bundesministerium für Heereswesen und Kriegsarchiv, *Österreich-Ungarns letzter Krieg: Vom Kriegsausbruch bis zum Ausgang der Schlacht bei Limanowa-Łapanów*, vol. 1, pp.172 and 207-208; and J.R. Schindler, *Fall of the Double Eagle: The Battle for Galicia and the Demise of Austria-Hungary* (Lincoln, NE, 2015), p.191.

［41］J.E.Romer, Pamiętniki (Warsaw, 2011), pp.37-39.

［42］Menning, *Bayonets*, pp.256-262 and 264-265. 以及，D.R. Stone, *The Russian Army in the Great War: The Eastern Front, 1914-1917* (Lawrence, KS, 2015), pp.37-39。

［43］Romer, Pamietinki, pp. 40-41。

［44］P.Broucek (ed.), *Ein General im Zwielicht. Die Erinnerungen Edmund Glaises von Horstenau*, vol. 1 (Vienna, Cologne and Graz, 1980), p.298.

［45］参阅 Sondhaus, *Conrad von Hötzendorf*, Ch. 3。

［46］Watson, *Ring of Steel*, pp.117-120; W.Wagner, ‘Die k.(u.)k. Armee-Gliederung und Aufgabenstellung 1866 bis 1914’, in A.Wandruszka and P.Urbanitsch (eds.), *Die Habsburgermonarchie 1848-1918*, vol. 5:*Die Bewaffnete Macht*: (Vienna, 1987), pp.627-628.

［47］‘Gefechtsbericht über das Gefecht bei Busk und Kozłów an 26. und 27. August 1914. K.u.k. 30 I.T.D. Kmdo. Op.Nr 23’, KA Vienna: NFA 30 ITD (1914): 31. Cf. III Corps' experience outside Złoczów in Schindler, Fall, pp.192-194.

［48］参阅 the shortcomings listed in the AOK's Op.Nr 2610, ‘Erfahrungen aus den bisherigen Kämpfen’, 28 September 1914, esp.Points 2, 10 and 12, KA Vienna: NFA 43. Sch.D. (1914): 2180。关于官员英雄行为的例子和批判，参阅 Broucek (ed.), *General im Zwielicht*, p.298。

［49］Schindler, *Fall*, pp.192-193.

［50］1914 年 8 月 30 日 —9 月 2 日 的 条 目，见 KA Vienna: NFA Tagebuch Ausrüstung Festung Lemberg 1914. 以 及，order of 3. Armeekommando, 31 August 1914 at 5 p.m. reproduced in Conrad, *Dienstzeit*, vol. 4, p.598。

［51］E. Ludendorff, *My War Memories, 1914-1918*, vol. 1 (London, 1919), p.75.

［52］Bundesministerium, *Österreich-Ungarns letzter Krieg*, vol. 1, pp.249-253, and Conrad, *Dienstzeit*, vol. 4, pp.608-609.

［53］Conrad, *Dienstzeit*, vol. 4, pp.666-668. 更多细节来自 Broucek (ed.), *General im Zwielicht*, p.302。

［54］Anon. [C. Komadina], *Dziennik oficera Landsturmu*, trans. M. Wichrowski (Przemyśl, 2004), pp.48-49.

［55］此处及以下引自于 Emerich von Laky, ‘Die Erste Belagerung von Przemysl. Aus dem Tagebuch eines Offiziers. Aus dem Weltkriege’, trans. into German by C.Komadina, HL Budapest: II.169 M.kir. 23 HG: 4 Doboz。

［56］Schindler, *Fall*, pp.219-220 and 224-225.

［57］关于第 4 军的建立，参阅 Conrad, *Dienstzeit*, vol. 4, p.903。关于伤亡人数，参阅 M. von Auffenberg-Komarów, *Aus Österreichs Höhe und Niedergang: Eine Lebensschilderung* (Munich, 1921), p.332. Wawro, *Mad Catastrophe*, pp.232-236，对康拉德计划中的缺陷进行了很好的分析。

［58］P.Broucek (ed.), *Theodor Ritter von Zeynek: Ein Offizier im Generalstabskorps erinnert sich* (Vienna, Cologne and Weimar, 2009), p.187.

［59］Schindler, *Fall*, pp.225-231. 关于第 3 军的任务，参阅 Conrad's Op.Nr 1605 of 5 September 1914, reproduced in Conrad, *Dienstzeit*, vol. 4, p.643。

［60］Wawro, *Mad Catastrophe*, p.239; Bundesministerium, *Österreich-Ungarns letzter Krieg*, vol. 1, pp.311, 313-314 and 319.

［61］对行军营的正当批评，参阅 A.Krauß, *Die Ursachen unserer Niederlage. Erinnerungen und Urteile aus dem Weltkrieg*, 3rd edn (Munich, 1923), pp.92-94。

［62］以下引自于 B.Zombory-Moldován, *The Burning of the World: A Memoir of 1914*, trans. P.Zombory-Moldovan (New York, 2014), Ch. 6 and pp.147-148。

［63］卡萨即今科希策，是现代斯洛伐克的第二大城市。

［64］Redlich, *Schicksalsjahre Österreichs*, vol. 1, p.271（1914 年 9 月 9 日的条目）。

［65］Bundesministerium, *Österreich-Ungarns letzter Krieg*, vol. 1, p.314.

［66］Ibid., pp.294-298.

［67］Redlich, *Schicksalsjahre Österreichs*, vol. 1, p.271 （1914 年 9 月 9 日的条目）。关于运行情况 , Bundesministerium, *Österreich-Ungarns letzter Krieg*, vol. 1, pp.279 and 299-300。

［68］Bundesministerium, *Österreich-Ungarns letzter Krieg*, vol. 1, pp.284-289, 303 and 305-306. 关于康拉德去往前线的内容，参阅 Wawro,

Mad Catastrophe, p.244。

［69］Schindler, *Fall*, pp.251-252; Stone, *Eastern Front*, p.90; Bundesministerium, *Österreich-Ungarns letzter Krieg*, vol. 1, pp.305-310.

［70］Bundesministerium, *Österreich-Ungarns letzter Krieg*, vol. 1, p.319. 俄国人损失了大约 25 万人，其中 4 万人是俘虏。他们的人员损失更容易由已经训练好的增援部队进行补充，他们只交出了 100 门火炮，而奥匈帝国军队缴获了 300 门火炮。参阅 Stone, *Eastern Front*, p.91。

［71］R. Fleischer, 'Rückzug nach Przemysl im Herbst 1914. (Erinnerungen eines Truppenoffiziers)', *Militärwissenschaftliche und technische Mitteilungen* 55 (1924), pp.19-20.

［72］Ibid., p.24.

［73］Bachmann, *Herd der Feindschaft*, pp.219-233.

［74］Redlich, *Schicksalsjahre Österreichs*, vol. 1, p.265（1914 年 9 月 2 日的条目）。关于更多的细节，参阅 Watson, *Ring of Steel*, pp.145-146 and 151-155。

［75］相应的内容请参阅 A.V. Wendland, *Die Russophilen in Galizien. Ukrainische Konservative zwischen Österreich und Rußland 1848-1915* (Vienna, 2001), p.546，以及 A.Holzer, *Das Lächeln der Henker. Der unbekannte Krieg gegen die Zivilbevölkerung 1914-1918* (Darmstadt, 2008), pp.74-75。

［76］这些例子引自于 Laky, 'Erste Belagerung', HL Budapest: II.169 M.kir. 23 HG: 4 Doboz; and R.Völker, *Przemysl. Sieg und Untergang der Festung am San* (Vienna, 1927), p.54。

［77］参阅 K.u.k. 3. Armeekommando to k.u.k. Festungskommando Przemysl, 13 September 1914, KA Vienna: NFA Przemysl 1321: fo. 624。此外，在同一文件中，说明了当要塞被散兵游勇淹没时的混乱，III. Vert. Bezirk, Res. Nr 129 to k.u.k. Festungskommando in Przemyśl, 16 September 1914。

［78］Nerad, *Przemysl*, p.18.

［79］Conrad, *Dienstzeit*, vol. 4, pp.752, 754 and 777-779.

［80］参阅 Bundesministerium für Heereswesen und Kriegsarchiv, *Österreich-Ungarns letzter Krieg: Vom Ausklang der Schlacht bei Limanowa-Łapanów bis zur Einnahme von Brest-Litowsk*, vol. 2 (Vienna, 1931), pp. 10-11。

［81］Bundesministerium, *Österreich-Ungarns letzter Krieg*, vol. 1, pp.337-338.

［82］Wawro, *Mad Catastrophe*, p.239. 关于小儿子之死对康拉德的长期影响，参阅 Sondhaus, *Conrad von Hötzendorf*, p.156。

［83］Conrad, *Dienstzeit*, vol. 4, p.780.

第二章　“英雄豪杰”

［1］Vit, *Wspomnienia*, p.33.

［2］参阅 K.k. 17 Landsturm Rgt, diary, KA Vienna: NFA Przemysl 1322: fo. 207 (reverse); Vit, *Wspomnienia*, p.35; and Anon., *Dziennik oficera Landsturmu*, p.39。

［3］J.S.Lucas, *Austro-Hungarian Infantry 1914-1918* (London, 1973), p.19. 关于统一战时国民军的问题，参阅 K.u.k. 3. Verteidigungsbezirkskommando, ‘Auszug aus dem Berichte über die Aktion im III. Verteidigungsbezirke während der Einschließung’, KA Vienna: NFA Przemysl 1322: fo. 36。然而，困难并不是普遍存在的。国民军第 18 步兵团第 2 营的副官认为，他的营全部穿着派克灰色制服，看起来很机灵，可以担当“警卫”，而且对他们崭新的靴子和内衣很满意。Krasicki, *Dziennik*, p.28（1914 年 8 月 9 日的条目）。

［4］以下关于国民军第 18 步兵团第 3 营的描述来自 Vit, *Wspomnienia*, pp.32-35 的精彩细节。

［5］Ibid., p.32.

［6］M. Schmitz, ‘*Als ob die Welt aus den Fugen ginge*’. *Kriegserfahrungen österreichisch-ungarischer Offiziere 1914-18* (Paderborn, 2016), esp.pp.51-55. 虽然这些论点显然是自私自利的，但也并非一无是

处。为了解释社会精英阶层军官团在其他情况下如何通过家长式—顺从式的交换极其有效地发挥作用，参阅 G. D.Sheffield, *Leadership in the Trenches: Officer-Man Relations, Morale and Discipline in the British Army in the Era of the First World War* (Basingstoke, 2000); and A.Watson, ‘Junior Officership in the German Army during the Great War, 1914-1918’, *War in History* 14(4) (November 2007), pp.429-453。与英国盟友和德国敌人相比，法国军官团奉行更加平等和开放的征兵政策，在冲突中的表现明显不如这两个国家。

［7］维特提到，营里一半是波兰人，另一半是乌克兰人。参阅他的著作 *Wspomnienia*, pp.79-80。该团第 2 营的副官指出，他的大多数士兵都是当地农民，“犹太人相对较少”。Krasicki, *Dziennik*, p.26（1914 年 8 月 4 日的条目）。

［8］T.Scheer, ‘K.u.k. Regimentssprachen: Institutionalisierung der Sprachenvielfalt in der Habsburgermonarchie in den Jahren 1867/8-1914’, in K.- H. Ehlers, M.Nekula, M.Niedhammer and H.Scheuringer (eds.), *Sprache, Gesellschaft und Nation in Ostmitteleuropa. Institutionalisierung und Alltagspraxis* (Göttingen, 2014), pp.75-92. 唯一的例外是意第绪语，它不是奥匈帝国官方认可的语言。

［9］E.Suchorzebska, ‘Zur Geschichte der polnischen Militärsprache in der Habsburgermonarchie’, unpublished Diplomarbeit, University of Vienna (2009), pp.24-26, 90-91 and 96.

［10］B.Wolfgang, *Przemysl 1914-1915*, (Vienna, 1935) p.98. 兹沃丘夫，即今天的乌克兰泽洛齐夫，位于利沃夫以东 60 千米处。关于作为翻译的犹太人，著者同上，*Batjuschka. Ein Kriegsgefangenenschicksal* (Vienna and Leipzig, 1941), p.15。

［11］关于普罗哈斯卡，参阅 Dzugan, ‘Chamäleons’, p.130。

［12］‘Eine Heldensage. Przemysl 1915’, pp.4-5, MNZP Przemyśl: Archiwum Molnara。这个传奇故事，写得很幽默，让人想起哈谢克著名的《好兵帅克》，该作品原文的数字化版本详见：http://www.

pbc.rzeszow.pl/dlibra/docmetadata?id=11060&from=&dirids=1&ver_id=&lp=1&QI=。

［13］‘Hermann Kusmanek von Burgneustädten’, *Österreichisches Biographisches Lexikon* (1968), p.372, accessed on 2 May 2018 at: http://www.biographien.ac.at/oebl?frames=yes.

［14］Stuckheil, ‘Ausrüstungszeit’, pp.202-204 and 211-212. 以及，Kusmanek, ‘Die beiden Belagerungen’, p.4, KA Vienna: NL Kusmanek B/1137/14。人们对普热梅希尔的军事劳工知之甚少，但一份幸存的要塞工兵部队第 4 分遣队的花名册提供了一些见解。这份名单上的 221 名男性大多来自布达佩斯。令人惊讶的是，有 76 人（34%）曾在和平时期服役，平均年龄为 31 岁。参阅‘Névjegyzék’ for I/1 népf. erőd. munk. csoport IV. osztag parancsnokság in HL Budapest: II.169 M.kir. 23 HG: 3 Doboz。

［15］H. Schwalb, ‘Die Verteidigung von Przemyśl 1914/15’, Sonderabdruck aus den *Mitteilungen über Gegenstände des Artillerie- und Geniewesens* 49(9) (1918), pp.2-3; Forstner, *Przemyśl*, pp.146-550; Bundesministerium, *Österreich-Ungarns letzter Krieg*, vol. 1, p.379; K.u.k. Geniedirektion in Przemysl, ‘Folgerungen’, KA Vienna: NFA Przemysl 1322: fo. 38.

［16］‘Wykaz ulic i placów miasta Przemyśla’, Anon, *Kalendarz Pamiątkowy*, 普热梅希尔 1907 年的城市建设计划参阅：http://www.lvivcenter.org/en/umd/map/?ci_mapid=121, 2018 年 5 月 29 日访问。

［17］‘Instruktion für den Kommandanten des Verteidigungsbezirkes’, KA Vienna: NFA Przemysl 1321: fos. 580-586.

［18］K. Mörz. de Paula, *Der österreichisch-ungarische Befestigungsbau 1820-1914* (Vienna, 1997), pp.57-73 and 82-112; Idzikowski, *Twierdza Przemyśl*, chs. 5-8.

［19］以下的 1 号堡垒之旅是基于 Idzikowski, *Twierdza Przemyśl*, pp.93-102, 217 and 278-279, 著者同上, *Fort I ‘Salis-Soglio’* (Przemyśl,

2004)，以及作者于 2015 年 8 月 6 日进行的堡垒之旅。

［20］Laky, ‘Erste Belagerung’, HL Budapest: II.169 M.kir. 23 HG: 4 Doboz. 1 号堡垒以一名士兵的名字命名，这并非寻常做法。大多数其他堡垒都以邻近的村庄名命名。

［21］Wolfgang, *Przemysl*, p.57.

［22］C. Hämmerle, ‘ “...dort wurden wir dressiert und sekiert und geschlagen...” Vom Drill, dem Disziplinarstrafrecht und Soldatenmisshandlungen im Heer (1868 bis 1914)’, in L.Cole, C.Hämmerle and M.Scheutz (eds.), *Glanz-Gewalt-Gehorsam. Militär und Gesellschaft in der Habsburgermonarchie (1800 bis 1918)* (Essen, 2011), pp.37-39 and 51.

［23］Tscherkassow, ‘Sturm’, p.44.

［24］Kusmanek, ‘Die beiden Belagerungen’, pp.5-7, KA Vienna: NL Kusmanek B/1137/14; H. Heiden, *Bollwerk am San. Schicksal der Festung Przemysl* (Oldenburg i.O. and Berlin, 1940), pp.40-41.

［25］Tscherkassow, ‘Sturm’, p.9.

［26］Schwalb, ‘Verteidigung’, p.2; Tscherkassow, ‘Sturm’, p.14; K.u.k. 3. Verteidigungsbezirkskommando, ‘Auszug aus dem Berichte über die Aktion im III. Verteidigungsbezirke während der Einschließung’, KA Vienna: NFA Przemysl 1322: fo. 31.

［27］K.u.k. Geniedirektion in Przemysl, ‘Arbeitsrapport’, 9 September 1914 and K.u.k. Festungskommando in Przemyśl, 21 September 1914, KA Vienna: NFA Przemysl 1321: fos. 515 and 850. Hermanowice 村出现在两份名单中。

［28］参阅 J.Lenar, *Pamiętnik z walk o Twierdzę Przemyśl* (Przemyśl, 2005), pp.12-13。

［29］Wolfgang, *Przemysl*, pp.26-31.

［30］Mentzel, ‘Kriegsflüchtlinge’, pp.5, 258 and 291-296; Watson, *Ring of Steel*, pp.201-202.

［31］K.u.k. 3. Verteidigungsbezirkskommando, ‘Auszug aus

dem Berichte über die Aktion im III. Verteidigungsbezirke während der Einschließung', KA Vienna: NFA Przemysl 1322: fo. 36 (reverse).

[32] C. Führ, *Das k.u.k. Armeeoberkommando und die Innenpolitik in Österreich 1914-1917* (Graz, Vienna and Cologne, 1968), pp.17-23. 以及，'Nachtrag zum Festungskommandobefehl Nr 190', 16 August 1914, KA Vienna: NFA Przemysl 1321: fos. 387-388。

[33] J.Z.Pająk, *Od autonomii do niepodległości. Kształtowanie siępostaw politycznych i narodowych społeczeństwa Galicji w warunkach Wielkiej Wojny 1914-1918* (Kielce, 2012), p.84.

[34] A. Szczupak, *Greckokatolicka diecezja przemyska w latach I wojny światowej* (Cracow, 2015), pp.44-45 and 50-55.

[35] M. Zubrycki, 'Dziennik', in A.A. Zięba and A. Świątek (eds.), *Monarchia, wojna, człowiek. Codzienne i niecodzienne życie mieszkańców Galicji w czasie pierwszej wojny światowej* (Cracow, 2014), pp.67-68.

[36] Szczupak, *Greckokatolicka diecezja przemyska*, p.49; 'Belagsziffer der Internierungs- und Unterbringungsorte am 18. September 1914', KA Vienna: MKSM (1914): 69-11/1.

[37] 'Referatsbogen in der Strafsache des Julian Połoszynowicz wegen Verbrechen des Störung des offent. Ruhe', mid-August 1914, and the same for Katarzyna Ilków, AGAD Warsaw: 417-281: fos. 10-12 and 28-30. 库斯马内克例行签署法庭案件文件。

[38] 'Referatsbogen in der Strafsache des [sic] Agnes Szczęsna wegen des Verbrechens der Majestätsbeleidigung', end of August 1914, AGAD Warsaw: 417-297: fos. 17-19.

[39] Jabłońska, *Dziennik*, p.38（1914 年 8 月 18 日的条目）。

[40] Szczupak, *Greckokatolicka diecezja przemyska*, p.70.

[41] K.u.k. Festungskommando, 'Op.Nr 35/3: Entfernung der ruthenischen Bevölkerung', 4 September 1914, HL Budapest: II.169 M.kir. 23 HG: 3 Doboz, fo. 31, 原文下划线强调。Cf. Mentzel, 'Kriegsflüchtlinge',

pp.75-76，提供了有关要塞司令部对乌克兰人的全部疏散计划的进一步证据。

［42］K.u.k. Festungskommando, ‘Inhalt: Abschub ruthenischer Lst-pflichtiger Arbeiter’，1914年9月13日，以及9月13日至14日往返于克拉科夫油田运输线的以下电报，其中提到“亲俄的国民军强制劳工”，KA Vienna: NFA Przemysl 1321: fo. 573 and reverse, and 641。

［43］J.E.Gumz, *The Resurrection and Collapse of Empire in Habsburg Serbia, 1914-1918* (Cambridge, 2009), pp.31-33 and 53.

［44］Festungskommandobetehl Res. Nr. No. 2231, 9 September 1914, KA Vienna: NFA Przemysl 1321: fo. 845 (reverse). 原文中下划线强调。

［45］Festungskommandobefehl Nr 227, 22 September 1914, KA Vienna: NFA Przemysl 1322: fo. 399.

［46］Befehle u. Abfertigungen des V.B. VII, 26 September 1914, KA Vienna: NFA Przemysl 1322: fo. 298. 关于政策转变更为全面的内容，参阅B.Geőcze, *A przemysli tragédia* (Budapest, 1922), pp.70-71.

［47］Laky,‘Erste Belagerung’, HL Budapest: II.169 M.kir. 23 HG: 4 Doboz.

［48］Oberst Martinek, Defence District Command VII, Order No. 166, 2 October 1914, KA Vienna: NFA Przemysl 1322: fo. 311.

［49］以下说明所依据的文件是：(i) 普热梅希尔警方报告的副本：C.k. Komisaryat Policyi w Przemyślu do c.k. Prokuratoryi Państwa w Przemyślu, 16 September 1914 in AVA Vienna: Min.d.Innern, Präs.: 22/ Galiz. (1918): 2119; (ii) Interpellation des Abgeordneten Dr. Zahajkiewicz und Genossen in 5. Sitzung, 13. Juni 1917, *Stenographische Protokolle über die Sitzungen des Hauses der Abgeordneten des österreichischen Reichsrates im Jahre 1917. XXII. Session, vol. 1: 1. (Eröffnungs-) bis 21. Sitzung. (S. 1 bis 1155)* (Vienna, 1917), pp.520-521，请访问：http://alex.onb.ac.at/cgi-content/alex?aid=spa&datum=0022&page=6167&size=45 on 10 June 2018; (iii) the Thalerhof Almanac-Талергофскій альманахъ.

Пропамятная книгаавстрійскихъ жестокостей, изуверстствъ и насилій надъ карпато-русскимънародомъвовремя Всемірной войны 1914-1917гг. (Lviv,1924), pp. 102-110——包含有用的新闻报道，其中介绍了罗塞尼亚和波兰目击者的叙述，其中最著名的证词来自 Roman Dmohowski。

[50] Interpellation des Abgeordneten Dr.Zahajkiewicz und Genossen, 13 June 1917, in *Stenographische Protokolle... 1917*, vol. 1 p.520.

[51] 乌克兰消息人士指责匈牙利军队制造了这场屠杀。1917 年乌克兰中央议会的申诉中特别提到了“匈牙利王家防卫军兵团”，普遍认为第一个接近囚犯的士兵是匈牙利籍的。然而，两个最直接的当代来源，即 9 月 16 日的警方报告和海伦娜·雅布隆斯卡的日记，都没有提到匈牙利人。尽管警方报告称其他部队的人也在场，但这两个消息源都认定主要肇事者是骑兵队。那里没有匈牙利骑兵队。警察将匈牙利轻骑兵制服与骑兵中队制服混淆是可能的，但可能性不大。一个更可能的解释是，当时有一些匈牙利王家防卫军在场，其中一人首先接近了囚犯，但大多数作恶者都是奥地利骑兵队。匈牙利王家防卫军先前在加利西亚的暴行可能促使评论家认为他们也对这次屠杀负有主要责任。

[52] *Prikarpatskaya Rus* 1539 (1915)，转载于 the Thalerhof Almanac (Талергофскій альманахъ), p.103。

[53] Jabłońska, *Dziennik*, p.43 ［1914 年 9 月 14 日（原文如此）的条目］做此描述。

[54] 关于要塞守军力量的全面讨论，参阅 Forstner, *Przemyśl*, pp.152-153。

[55] Conrad, *Dienstzeit*, vol. 4, pp.729 and 780.

[56] 现有的伤亡统计数据如下：国民军第 93 步兵旅的编制人数不到 12 000 人，但损失了 122 名军官和 4400 名士兵。国民军第 21 步兵团（属于国民军第 108 步兵旅）的士兵数量从 2934 名减少到 1930 名。国民军第 10 步兵团（属于匈牙利国民军第 97 步兵旅）的士兵数量从 3357 名减少到 2200 名左右。其损失包括 26 名军官。参阅 Stuckheil, ‘Ausrüstungszeit’, p.220; Anon., *Dziennik oficera Landsturmu*, pp.49 and 53（1914 年 9 月

1 日、10 日 的 条 目 ）。 以 及，Kusmanek，‘Die beiden Belagerungen’, p.12, KA Vienna: NL Kusmanek B/1137/14。关于国民军的优势，参阅 R.Hecht，‘Fragen zur Heeresergänzung der gesamten bewaffneten Macht ÖsterreichUngarns während des Ersten Weltkrieges’, unpublished Ph.D. thesis, University of Vienna (1969), p.43; and Völker, *Przemysl*, p.25。

［57］这些论点引自于 K.k. 108 Landsturm-InfanterieBrigade, Brigadekommandobefehl Nr 4, 19 September 1914, NFA Przemysl 1322: fos. 287-8 (reverse)。

［58］韦尔谢济现在是塞尔维亚的弗尔沙茨。卢戈斯是今天的卢戈日，位于罗马尼亚西部。关于克洛索 - 瑟赖尼（Krassó-Szörény）和泰迈什（Temes）周边地区人口的语言分布，参阅 Magyar Kir. Központi Statisztikai Hivatal, *A magyar szent korona országainak 1910. évi népszámlálása. Első rész: A népesség főbb adatai községek és népesebb pusztāk, telepek szerint* (Budapest, 1912), p.23*, accessed at: http://kt.lib.pte.hu/cgi-bin/kt.cgi?konyvtar/kt06042201/0_0_3_pg_23.html on 22 June 2018。

［59］Conrad, *Dienstzeit*, vol. 4, pp.620 and 648. 以及 , Bundesministerium, *Österreich-Ungarns letzter Krieg*, vol. 1, p.253.

［60］Kusmanek，‘Die beiden Belagerungen’, pp.12-13, KA Vienna: NL Kusmanek B/1137/14.

［61］1914 年 9 月 16 日给第 4—8 防御区指挥官的秘密命令；Armee Oberkommando：1914 年 9 月中旬，一封讨论国民军第 19 步兵团的电报，KA Vienna: NFA Przemysl 1321: fos. 727 and 772。

［62］普热梅希尔要塞司令部至第 3 集团军和 44 ITD（1914 年 9 月 18 日），以及随附文件，KA Vienna: NFA Przemysl 1321: fos. 771-3。以及关于构成，参阅 R.Nowak，‘Die Klammer des Reiches. Das Verhalten der elf Nationalitäten Österreich-Ungarns in der k.u.k. Wehrmacht 1914 bis 1918', p.331, KA Vienna: NL Nowak B/726/1。

［63］关于命令，参阅 K.k. 108 Landsturm-Infanterie-Brigade, Brigadekommandobefehl Nr 4, 19 September 1914, NFA Przemysl 1322: fo.

287 (reverse)。原文下划线强调。关于蒂罗尔（尤其是意大利语区）和和平时期的军队，参阅 L.Cole 出色的著作 *Military Culture and Popular Patriotism in Late Imperial Austria* (Oxford, 2014), esp.pp.68-75, 92-94, 130, 169-216 and 314-322。

［64］O. Stolz, *Das Tiroler Landsturmregiment Nr. II im Kriege 1914-15 in Galizien* (Innsbruck, 1938), pp.144-149 and 156-165.

［65］Stock, *Notatnik*, p.51（1914 年 10 月 6 日的条目）。

［66］Ibid., p.58（1914 年 10 月 13 日的条目）。关于勋章，参阅 ‘Eine Heldensage. Przemysl 1915’, p.22, MNZP Przemyśl: Archiwum Molnara: Introductory DVD。更全面的内容，参阅 P.Szlanta ‘ “Najgorsze bestie to sąHonwedy” . Ewolucja stosunku polskich mieszkańców Galicji do monarchii habsburskiej podczas I wojny światowej’, in U.Jakubowska (ed.), *Galicyjskie spotkania 2011* (n.p., 2011), pp.161-179。

［67］这种民族主义言论在匈牙利军官关于普热梅希尔的回忆录中几乎无处不在。关于具有相同特点的当代报告文学，参阅 Molnár, *Galicja*, p.138。

［68］M. von Kozma, *Mackensens ungarische Husaren. Tagebuch eines Frontoffiziers 1914-1918*, trans. M. von Schüching (Berlin and Vienna, 1933), pp.18-19.

［69］‘Proklamation der ungarischen Regierung’, *Pester Lloyd. 61. Jahrgang, Nr 177. Morgenblatt* (28 July 1914), p.1. 更全面的内容，参阅 J.Galántai, *Hungary in the First World War* (Budapest, 1989), pp.56-71。

［70］Geőcze, *A przemysli tragédia*, pp.41–42。

［71］Stuckheil, ‘Ausrüstungszeit’, pp.224-225; Tscherkassow, ‘Sturm’, p.27, KA Vienna: Übersetzung Nordost Nr 14.

［72］Festungskommandobefehle Nr 230, 233 and 235 (25, 28 and 30 September 1914), KA Vienna: NFA Przemysl 1321: fos. 39, 413 and 420. 原文下划线强调。以及，A.Pethö (ed.), *Belagerung und Gefangenschaft. Von Przemyśl bis Russisch-Turkestan. Das Kriegstagebuch des Dr.Richard Ritter von Stenitzer 1914-1917* (Graz, 2010), pp.34 and 40-45. 施坦尼采在普热梅希尔要塞第4医院工作，截至10月11日，整个要塞报告了70例霍乱病例。斑疹伤寒的问题更为严重，每天报告20例新增病例（1914年10月11日的日记条目）。

［73］奥匈军队在战争第一年的霍乱死亡率，引自 S.Kirchenberger, ‘Beiträge zur Sanitätsstatistik der österreichisch-ungarischen Armee im Kriege 1914-1918’, in C.Pirquet (ed.), *Volksgesundheit im Kriege* (2 vols., Viennaand New Haven, CT, 1926), vol. 1, p.68. 有关疾病症状的信息引自 H.Elias, ‘Cholera Asiatica’, in ibid. vol. 2, p.48; and J.B. Harris et al., ‘Cholera’, *The Lancet* 379 (2012), pp.2466-2476, accessed at: https://www.thelancet.com/pdfs/journals/lancet/PIIS0140-6736(12)60436- X.pdf on 27 June 2018。

［74］Stuckheil, ‘Ausrüstungszeit’, pp.214-215 and 226, and idem, ‘Die zweite Einschließung der Festung Przemyśl’, *Militärwissenschaftliche und technische Mitteilungen* 57 (1926), pp.167-168. 根据 Stuckheil (‘Zweite Einschließung’, 1926, p.171, fn 6) 提供的口粮定量标准推断，在战争的头几个月里，要塞给奥匈帝国国防军的170万公斤面粉将为13.1万强壮的驻军军士提供43天的粮食。

［75］Major Artur Poeffel, ‘Chronologische Zusammenstellung meiner Kriegsdiensttätigkeit in Przemysl vom 4-8.1914 bis 22-3.1915’, KA Vienna: NL Kusmanek B/1137/12: fos. 42-4. 关于损失，参阅 Forstner, *Przemyśl*, pp.153-154。

［76］Kusmanek, ‘Die beiden Belagerungen’, pp.5-6, KA Vienna: NL Kusmanek B/1137/14; Forstner, *Przemyśl*, pp.155-157; ‘Beilage zum Festungskommandobefehl Nr 226’ (21 September 1914), KA Vienna: NFA Przemysl 1321: fo. 397.

［77］Kusmanek, ‘Die beiden Belagerungen’, pp.14-15, KA Vienna: NL Kusmanck B/1137/14; K.u.k. Geniedirektion in Przemysl, ‘Verlauf der Kämpfe’, NFA Przemysl 1322: fo. 40. 以及，T.Idzikowski, ‘Fortyfikacje polowe Twierdzy Przemyśl-Problematyka ochrony reliktów pola bitwy 1914-1915', in W.Brzoskwinia (ed.), *Fortyfikacja austriacka-Twierdza Przemyśl. Materiały z konferencji naukowej Towarzystwa Przyjaciół Fortyfikacji Przemyśl, 30 IX-3 X 1999 roku* (Warsaw and Cracow, 1999), pp.101-109。

［78］Stuckheil, 'Ausrüstungszeit', pp.226-227.

［79］Kusmanek, 'Die beiden Belagerungen', pp.17-18 and 20, KA Vienna: NL Kusmanek B/1137/14.

［80］Kusmanek, 'Kurze Orientierung über die Führung des Verteidigungskampfes', *c.* end of September 1914, KA Vienna: NFA Przemysl 1322: fos. 497-8.

［81］K.u.k. Festungskommando in Przemyśl, 'Verhalten der Werkkommandanten', 1 October 1914, HL Budapest: TGY 18. István Bielek.

［82］Laky, 'Erste Belagerung', HL Budapest: II.169 M.kir. 23 HG: 4 Doboz.

［83］Vit, *Wspomnienia*, p.42.

［84］Wolfgang, *Przemysl*, pp.46-47.

［85］该地是如今波兰和乌克兰边境上的一个主要过境点。

［86］K.k. 17 Landsturm Rgt, diary, entry for 25 September 1914, KA Vienna: NFA Przemysl 1322: fos. 210 (reverse)-14.

［87］参阅 Vit, *Wspomnienia*, p.43; and Wolfgang, *Przemysl*, pp.48-49。类似的匈牙利的叙述见 Laky, 'Erste Belagerung', HL Budapest: II.169 M.kir. 23 HG: 4 Doboz。

［88］下文基于 Heiden, *Bollwerk*, pp.105-109, and the Fortress's chief of staff Lieutenant-Colonel Ottokar Hubert's account of 23 February 1926 in KA Vienna: NL Kusmanek B/1137/11。关于俄国特使抵达的日期，消息来源存在矛盾。Bundesministerium, *Österreich-Ungarns letzter Krieg*, vol. 1, p.381, 指出日期为 10 月 4 日，而 Schwalb, 'Verteidigung', p.3，则记载他于前一天到达。然而库斯马内克（'Die beiden Belagerungen', p.18, KA Vienna: NL Kusmanek B/1137/14）记得的日期是 10 月 2 日，他的记忆

得到了休伯特（Hubert）和要塞司令部情报官员同时撰写的日记的证实，Felix Hölzer (entry for 2 October), in KA Vienna: NL Hölzer B/486。

［89］关于迪米特里耶夫，参阅 R.C. Hall, ‘Dimitriev, Radko (1859-1918)’, in R.C. Hall (ed.), *War in the Balkans: An Encyclopedic History from the Fall of the Ottoman Empire to the Breakup of Yugoslavia* (Santa Barbara, CA, Denver, CO, and Oxford, 2014), p.92。引文来自 B.Pares, *Day by Day with the Russian Army 1914-15* (London, 1915), p.86。

第三章　暴风速攻

［1］Heiden, *Bollwerk*, pp.104-105. 关于奥匈帝国国防军的职位，参阅 Bundesministerium, *Österreich-Ungarns letzter Krieg*, vol. 1, Beilage 14:‘Lage am 30. September abds.’。

［2］Kusmanek, ‘Die beiden Belagerungen’, p.21, KA Vienna: NL Kusmanek B/1137/14. 库斯马内克声称，俄军的预备轰炸开始于 10 月 3 日，但他记错了。此时俄军的重炮和步兵都没有就位。要塞情报官费利克斯·霍尔策中尉在 10 月 3 日的日记中简要地指出“没有值得一提的事件”，其他同时代的日记也报告了这一天和第二天的平静。参阅 KA Vienna: NL Hölzer B/486。

［3］T.C.Dowling (ed.), *Russia at War: From the Mongol Conquest to Afghanistan, Chechnya, and Beyond*, vol. 1: *A-M* (Santa Barbara, CA, Denver, CO, and Oxford, 2015), p.152. 以及，C.Johnston, ‘Brusiloff, Hero of the Hour in Russia, Described Intimately by One Who Knows Him Well’, *New York Times* (18 June 1916), accessed at: https://timesmachine.nytimes.com/timesmachine/1916/06/18/99440704.pdf on 13 April 2018。

［4］亚努什克维奇，1914 年 9 月 15（28）日命令，引自 P.Robinson, *Grand Duke Nikolai Nikolaevich: Supreme Commander of the Russian Army* (DeKalb, IL, 2014), p.172。

［5］Tscherkassow, ‘Sturm’, p.29. 以及 A.A. Brussilov, *A Soldier's Note-Book 1914-1918* (London, 1930), pp.76 and 79。英国驻俄国武官阿尔弗雷

德·诺克斯（Alfred Knox）强调了加利西亚主要铁路对北方第 4 和第 9 集团军的重要性。参阅 A. Knox, *With the Russian Army, 1914-1917: Being Chiefly Extracts from the Diary of a Military Attaché*, 2 vols. (London, 1921), vol. 1, p.168。

［6］Tscherkassow, 'Sturm', pp.28, 34 and 75. 关于俄国最高统帅部，参阅 Robinson, *Grand Duke*, p.171。

［7］H.H.Herwig, *The Marne, 1914: The Opening of World War I and the Battle that Changed the World* (New York, 2009), pp.116-117 and 129-130.

［8］Kusmanek, 'Die beiden Belagerungen', p.4, KA Vienna: NL Kusmanek B/1137/14. 以及 A. Pavlov, 'Russian Artillery', in S. Marble (ed.), *King of Battle: Artillery in World War I* (Leiden and Boston, MA, 2015), pp.255-280.

［9］Tscherkassow, 'Sturm', pp.36-37, 41-43 and 76; cf. Brusilov, *Soldier's Note-Book*, pp.76 and 79-80.

［10］Tscherkassow, 'Sturm', pp.8, 11-13 and 43-54.

［11］T.Idzikowski, 'Grupa Siedliska', in J.Polaczek (ed.), *Twierdza Przemyśl w Galicji. Materiały z konferencji naukowej. Przemyśl, 25-27 kwietnia 2002* (Przemyśl, 2003), pp.83-107.

［12］Tscherkassow, 'Sturm', pp.34-36, 47, 75 and 164-165.

［13］Ibid., pp.34, 54-57 and 154-155.

［14］Ibid., pp.30-32 and 152-154. 关于囚犯 10 月袭击前向俄国人提供的供述，记录的例子和翻译参阅 KA Vienna: NL Kusmanek B/1137/15。

［15］以下描述基于国民军第 18 步兵团第 3 营的两名军官的讲述，*Przemysl*, pp.54-58, and Vit, *Wspomnienia*, p.46。

［16］Wolfgang, *Przemysl*, p.55.

［17］直到 10 月 8 日战役的结束，1 号堡垒共遭受了 122 次打击。参阅 Idzikowski, *Fort I*, p.46。

［18］Kusmanek, 'Kurze Orientierung', KA Vienna: NFA Przemysl

1322: fo. 497.

［19］Tscherkassow, 'Sturm', pp.57-70 and 79.

［20］J. Lévai, *Éhség, árulás, Przemyśl* (Budapest, 1933), Ch. 8, 翻译并转载于 T.Pomykacz, 'Jenő Lévai: Bój o fort I/1 "Łysiczka"', *Nasz Przemyśl* 3 (March 2014), p.10。

［21］K.u.k. Geniedirektion in Przemysl, 'Charakteristik des Russischen [sic] Angriffes', and VI Vert. Bez. Art. Kmdo to k.u.k. VI Vert. Bez. Kmdo, 'Bericht über stattgefundene Kämpfe', 2 November 1914, both in KA Vienna: NFA Przemysl 1322: fos. 42-3 and 50. 关于记载于俄国 1912 年野战规则（Field Regulations）中的训练操典，参阅 Menning, *Bayonets*, pp.257-258。关于第 19 师的伤亡情况，参阅 Tscherkassow, 'Sturm', pp.62 and 140-141。

［22］Kusmanek, 'Die beiden Belagerungen', p.22, KA Vienna: NL Kusmanek B/1137/14; Tscherkassow, 'Sturm', p.59. 以及 Bundesministerium, *Österreich-Ungarns letzter Krieg*, vol. 2, 1, Beilage, Skizze 21。

［23］K.u.k. Verteidigungsbezirkskommando VII, Order No. 206, 6 October 1914, KA Vienna: NFA Przemysl 1322: fo. 322.

［24］K.u.k. Geniedirektion in Przemysl, 'Wirkung des feindlichen Artilleriefeuers', KA Vienna: NFA Przemysl 1321: reverse of fo. 25. Tscherkassow, 'Sturm', pp.94, 122-124 and 149-150.

［25］Nerad, *Przemysl*, p.27; Laky, 'Erste Belagerung', HL Budapest: II.169 M.kir. 23 HG: 4 Doboz.

［26］F. Hölzer, 1914 年 10 月 6 日的日记条目，KA Vienna: NL Hölzer B/486。

［27］Stock, *Notatnik*, p.49（1914 年 10 月 5 日的条目）。

［28］Vit, *Wspomnienia*, p.46. 关于当晚的氛围描述见 Wolfgang, *Przemysl*, pp.58-59; 以及 Laky, 'Erste Belagerung', HL Budapest: II.169 M.kir. 23 HG: 4 Doboz。

［29］Tscherkassow, 'Sturm', p.69.

［30］Ibid., pp.67-68 and 84.

［31］T. Idzikowski, *Fort XV 'Borek'* (Przemyśl, 2004), pp.33-46.

［32］Tscherkassow, 'Sturm', pp.9, 45-47, 63, 79-81 and 149. 关于防守部队的指令，见 Kusmanek, 'Kurze Orientierung', KA Vienna: NFA Przemysl 1322: fo. 498. 1914 年，托马斯·伊兹科夫斯基（Tomasz Idzikowski）拍摄了一部短篇电影，鸟瞰了 14 号堡垒及其周边地区的地形：http://www.pogranicze.turystyka.pl/fort-xiv-hurko-.html, accessed 6 April 2018。

［33］参阅 Tscherkassow,'Sturm', pp.122 and 147。这里的前提是弹药支出总额反映了第 69 炮兵旅的弹药支出总额，对此该旅有详细的统计数据。Tscherkassow 的支出数字与要塞守军的估计略有出入，要塞守军认为仅向（东南）第 6 防区发射的炮弹就有 45 000 发。参阅 Art. Kmdo, VI Vert.Bez. to k.u.k. VI Vert. Bez. Kmdo, 2 November 1914, KA Vienna: NFA Przemysl 1322: fo. 52。

［34］Tscherkassow, 'Sturm', pp.79-80 and 83.

［35］例如，在 1918 年 3 月的春季攻势开始时，德国军队在短短 5 个小时内向英国战线发射了 100 多万发炮弹。参阅 Watson, *Ring of Steel*, pp.293-300, 310-326 and 519。

［36］Lenar, *Pamiętnik*, p.14. 关于俄国炮手的规律，参阅 K.u.k. Geniedirektion in Przemysl,'Wirkung des feindlichen Artilleriefeuers', KA Vienna: NFA Przemysl 1321: fo. 26，其中指出，俄军大炮从黎明一直发射到上午 11 点，然后从中午一直发射到黄昏。黄昏时停止射击，以避免炮口闪光，因为在黑暗中可以清楚地看到炮口的闪光，从而暴露出火炮的位置。

［37］Cf. A.Watson, *Enduring the Great War: Combat, Morale and Collapse in the German and British Armies, 1914-1918* (Cambridge and New York, 2008), pp.22-34.

［38］Wolfgang, *Przemysl*, pp.59-60 and 62.

［39］Anon., *Dziennik oficera Landsturmu*, p.65［1914 年 10 月

7（6）日的条目］。这本日记的年代有些混乱，但文中内容与冯·洛基回忆录的交叉引用表明，10月7日和8日的条目分别指的是10月6日和7日。下面的叙述是从这本日记和 Laky, 'Erste Belagerung', HL Budapest: II.169 M.kir. 23 HG: 4 Doboz 中得来的。

［40］MNZP 普热梅希尔地图草图中的位置：Archiwum Molnara: DVD 9: T. nr 1 MP.HIST 388, fo. 2a。

［41］Anon., *Dziennik oficera Landsturmu*, p.65［1914年10月7（6）日的条目］。

［42］Laky, 'Erste Belagerung', HL Budapest: II.169 M.kir. 23 HG: 4Doboz.

［43］G. Stiefler, 'Über Psychosen und Neurosen im Kriege (I.)', *Jahrbücher für Psychiatrie und Neurologie* 37 (1917), pp.405-407. 关于引发精神疾病的战前和战时讨论，参阅 H.- G. Hofer, *Nervenschwäche und Krieg. Modernitätskritik und Krisenbewältigung in der österreichischen Psychiatrie (1880-1920)* (Vienna, Cologne and Weimar, 2004), esp.pp.231-236, 242-252 and 383。

［44］Kusmanek, 'Die beiden Belagerungen', p.22, KA Vienna: NL Kusmanek B/1137/14; Tscherkassow, 'Sturm', p.76.

［45］Tscherkassow, 'Sturm', p.86.

［46］K.u.k. Geniedirektion in Przemysl, 'Wirkung des feindlichen Artilleriefeuers', KA Vienna: NFA Przemysl 1321: fo. 25. 只有12个堡垒能够承受超过150mm口径的炮弹。

［47］Festungskommandobefehl Nr 242, Pkt. 6, 7 October 1914, KA Vienna: NFA Przemysl 1322: fo. 445 (reverse). 引文来自 Jabłońska, *Dziennik*, pp.60-61。

［48］Tscherkassow, 'Sturm', pp.90 and 157-158. 这一章中的所有时间都被转换为奥匈帝国军队使用的时间，该时间比俄封锁军使用的圣彼得堡时间晚一个小时。

［49］Ibid., p.158.

［50］B.G. Offz., k.u.k. IV Verteidigungsbezirkskommando, 2 November 1914, and K.u.k. Geniedirektion in Przemysl, 'Verlauf der Kämpfe', KA Vienna: NFA Przemysl 1322: fo. 48 (reverse)-49 (reverse) and fo. 40 (reverse) respectively; Tscherkassow, 'Sturm', pp.108-110 and 125.

［51］T. Idzikowski, 'Uniwersalny fort pancerny Twierdzy Przemyśl-Fort IV "Optyń" w świetle ostatnich badań terenowych i archiwalnych', in W.Brzoskwinia (ed.), *Fortyfikacja austriacka-Twierdza Przemyśl. Materiały z konferencji naukowej Towarzystwa Przyjaciół Fortyfikacji Przemyśl, 30 IX-3 X 1999 roku* (Warsaw and Cracow, 1999), pp.79-90; Nerad, *Przemysl*, pp. 58-59.

［52］Tscherkassow, 'Sturm', pp.87-88 and 103-108; Schwalb, 'Verteidigung', p.8.

［53］Tscherkassow, 'Sturm', p.55; and Gayczak, *Pamiętnik*, p.12（10 月 7 日的日记条目）; Jabłońska, *Dziennik*, pp.59-60; Stiefler, 'Über Psychosen und Neurosen (I.)', p.375.

［54］Tscherkassow, 'Sturm', pp.92-95, 101-103 and 138-139. 关于这两次进攻的防守部队的视角，见 Völker, *Przemysl*, pp.87-101。

［55］Idzikowski, 'Grupa Siedliska', pp.83-107.

［56］Tscherkassow, 'Sturm', p.91.

［57］POW Nibefer Padalka, interrogation, 6 October 1914, HL Budapest: II.169 M.kir. 23 HG: 3 Doboz, fo. 188.

［58］一个很好的例子是 Laky, 'Erste Belagerung', HL Budapest: II.169 M.kir. 23 HG: 4 Doboz。

［59］对第 73、76 和 274 步兵团的审讯，参阅 HL Budapest: II.169. M.kir. 23 HG: 3 Doboz: fos. 154-69 and 177-88。

［60］例如，第 76 步兵团的一名营长带领他的部下进入 1–3 号副堡垒的缓冲地带的鼓舞人心的行动，参阅 Tscherkassow, 'Sturm', p.98。以及，下文中对 1–1 号副堡垒袭击的描述。

［61］J.A.Sanborn, *Drafting the Russian Nation: Military Conscription,*

Total War, and Mass Politics 1905-1925 (DeKalb, IL, 2002), pp.25-29, 96-119 and 142-145.

［62］J. Bushnell, 'Peasants in Uniform: The Tsarist Army as a Peasant Society', *Journal of Social History* 13(4) (Summer 1980), pp.565-576.

［63］E. Freunthaler, diary, entry for 1 October 1914, KA Vienna: NL Freunthaler B/497; Vit, *Wspomnienia*, pp.50-51. Cf. Hölzer, diary, entry for 7 October 1914, KA Vienna: NL Hölzer B/486.

［64］什夫尔柳加的照片，参阅 G.Graf Vetter von der Lilie, 'Die erste Belagerung von Przemyśl', in A.Veltzé (ed.), Die Geschichte des großen Weltkrieges mit besonderer Berücksichtigung Österreich-Ungarns (3 vols., Vienna, 1917-20), vol. 1, p.446, at: http://digi.landesbibliothek.at/viewer/image/AC04533540/493/LOG_0454/, accessed 15 February 2018。什夫尔柳加的战前军事生涯，参阅 *Schematismus für das k.u.k. Heer und für did k.u.k. Kriegsmarine für 1914. Amtliche Ausgabe* (Vienna, 1914), pp.888 and 914。他于 1914 年 2 月在此成为少尉（Leutnant），在蒂米什瓦拉（Temesvár）区的要塞第 5 炮兵团服役。

［65］以什夫尔柳加为英雄的 1–1 号副堡垒的故事在很早就已经传播开来了，参阅 Roda Roda, 'Der Sturm auf Przemysl. Geschildert nach den Erzählungen der Mitkämpfer', *Neue Freie Presse* 18016 (Morgenblatt), 20 October 1914, pp.1-2。有影响力的作品占据了叙事主流并在史学中得以巩固，特别是 Bundesministerium, *Österreich-Ungarns letzter Krieg*, vol. 1, p.382; and Heiden, *Bollwerk*, pp.120-130。

［66］奥地利的记载，以及后来的德语史学，大多认为堡垒指挥官是炮兵军官奥托·阿尔特曼，而匈牙利的记载中使用名字则是别莱克。我的描述首次使用了别莱克的回忆录，该回忆录可以追溯到 1922 年 3 月 25 日，存放在 HL Budapest: TGY 18. István Bielek。别莱克说，他是指挥官，1914 年 10 月 1 日向他发出的题为"Verhalten der Werkkommandanten"的命令证实了他的说法，该命令附在他的回忆录中。托马什·波米卡茨（Tomasz Pomykacz）首先强调了奥地利和匈牙利的记载间存在的差

异。更多的细节，参阅 'Kontrowersje wokół dowódcy obrony Fortu I/1 "Łysiczka"', *Rocznik Przemyski* 51(3) (2015), pp.135-148。

［67］别莱克的照片，参阅 J.Lévai, *Éhség, árulás, Przemyśl* (Budapest, 1933), p.46。

［68］关于蒙卡奇（现在乌克兰的穆卡切沃），参阅 B.Varga, *The Monumental Nation: Magyar Nationalism and Symbolic Politics in Fin-de-siècle Hungary* (Oxford, 2016), Ch. 5 and p.242。

［69］要塞炮兵第 1 团的四分之一到五分之一的士兵是和平时期服役的非常年轻的应征者，其他许多人是 20 多岁的预备役军人。参阅 Bundesministerium, *Österreich-Ungarns letzter Krieg*, vol. 1, p.25, and Hecht, 'Heeresergänzung', pp.32-38。

［70］Idzikowski, 'Grupa Siedliska', pp.84-92.

［71］参阅 R.Rieser, 'Przemysl. Der Kampf um das Werk I/1 der Gruppe Siedliska am 7. Oktober 1914', *Oesterreichische Wehrzeitung* 29 (17 July 1925), pp.3-4。里泽（Rieser）是炮兵部队的一名预备役下士。这强有力地表明 1–1 号副堡垒中的炮兵和步兵之间缺乏联系，这名士官不仅错误地将阿尔特曼称为堡垒指挥官，而且无法说出与他并肩作战的步兵部队的番号（他声称步兵来自国民军第 10 步兵团）。

［72］Bielek, memoir, pp.7-8, HL Budapest: TGY 18. István Bielek. Pomykacz, 'Kontrowersje', p.140, provides the unit.

［73］参阅 Rieser, 'Przemysl', p.3; Laky, 'Erste Belagerung', HL Budapest: II.169 M.kir. 23 HG: 4 Doboz; Bielek, memoir, p.10, HL Budapest: TGY 18. István Bielek。

［74］这些细节来自 Rieser, 'Przemysl', p.3。

［75］Bielek, memoir, p.8, and statements of Zugsführer Péter Gorzó and Imre Bernáth, HL Budapest: TGY 18. István Bielek. 以及 , Laky, 'Erste Belagerung', HL Budapest: II.169 M.kir. 23 HG: 4 Doboz。关于袭击开始的时间，资料来源存在分歧。别莱克和士官的声明（1915 年 8 月在别莱克在场的情况下被记录下来）记载于别莱克的回忆录，他们坚持认为，他

们从凌晨 2 点就知道俄国人在接近，但这些说法很可能是出于不想显得疏忽职守的动机，与俄国方面的资料来源存在矛盾，俄国的资料来源称，第 73 步兵团在凌晨 4 点 35 分抵达 1–1 号副堡垒的缓冲地带时未被发现（圣彼得堡时间——奥匈帝国军队的时间为凌晨 3 点 30 分左右）。参阅 Tscherkassow,‘Sturm’, p.96。从这个角度来看，更可信的是奥匈帝国的官方历史声明（Bundesministerium，*Österreich-Ungarns Letzter Krieg*, vol. 1, p.382），一份要塞工程局的报告指责堡垒的哨兵在值班时睡觉，并说这是在凌晨 3 点后不久开始的。参阅 K.u.k. Geniedirektion in Przemysl,‘Verlauf der Kämpfe’, KA Vienna: NFA Przemysl 1322: fo. 40 (reverse)。

［76］Lévai, *Éhség*, Ch. 8, translated in Pomykacz, 'Jenő Lévai', *Nasz Przemyśl* 3 (March 2014), pp.10-11. 以及 , Zugsführer Imre Bernáth's statement in HL Budapest: TGY 18. István Bielek。莱瓦伊的叙述是耸人听闻的，而且严重偏向匈牙利军队，但也进行了很好的研究。他很可能使用了别莱克的回忆录和该名士官的陈述，也可能使用了洛基的回忆录作为他自己叙述的原始材料。

［77］Tscherkassow 使用了俄国的资料，在这一点上是明确的。参阅‘Sturm’, p.96。虽然匈牙利方面的资料来源指责是 1–1 号副堡垒的炮兵军官中的危机导致堡垒火炮没有开火，但还有另一种解释。1–1 号副堡垒的炮塔是完全可以穿越的，但它们位于要塞的左侧，俄国进攻者则在一个小山谷的保护下向其右肩推进。因此，炮手可能无法看到目标或向目标开火。感谢 Idzikowski 于 2018 年 8 月 18 日发送的个人邮件。

［78］Bielek, memoir, p.12, HL Budapest: TGY 18. István Bielek.

［79］Lévai, *Éhség*, Ch. 8, translated in Pomykacz, 'Jenő Lévai', *Nasz Przemyśl* 3 (March 2014), p.11.

［80］Statements of Zugsführer Péter Gorzó and Imre Bernáth, HL Budapest: TGY 18. István Bielek.

［81］Schwalb, 'Verteidigung', p.7. 得到 Bielek, memoir, pp.13-14, HL Budapest: TGY 18. István Bielek 的确认。

[82] Bielek, memoir, p.16, and statement of Gefreiter Aladár Végh (1922), HL Budapest: TGY 18. István Bielek. Cf. Pomykacz, 'Jenő Lévai', *Nasz Przemyśl* 4 (April 2014), p.15.

[83] 数字来自 Roda Roda, 'Sturm', p.2。

[84] Bielek, memoir, pp.13-14, HL Budapest: TGY 18. István Bielek. 伤亡人数来自 Lévai, *Éhség*, ch. 9, translated and reproduced in Pomykacz, 'Jenő Lévai', *Nasz Przemyśl* 4 (April 2014), p.14。对到达堡垒顶端的俄军数量的估计存在不同。莱瓦伊认为在 450—500 人 (ibid., p.15) ，而 Tscherkassow ('Sturm', p.96) 说是 150 人。根据堡垒周围的战俘数、死者数和伤者数，我估计是 250 人。

[85] Tscherkassow, 'Sturm', pp.130-131.

[86] Bielek, memoir, p.15, HL Budapest: TGY 18. István Bielek.

[87] 别莱克和里泽都同意，电话连接早已中断，这使得出现在一些二手资料中的故事变得毫无意义，即什夫尔柳加打电话要求增援或打击堡垒顶部的奥地利火力。参阅 Roda Roda, 'Sturm', p.2, and 'Die Belagerung vor Przemysl', *Fremden-Blatt. 68. Jahrgang, Nr 290 (Morgen-Blatt)*, 20 October 1914, p.1。

[88] Pomykacz, 'Jenő Lévai', *Nasz Przemyśl* 4 (April 2014), pp. 14-15.

[89] 'Franz Suchy, der Held bei den Kämpfen bei Przemysl', *Die Neue Zeitung. 7. Jahrgang, Nr 290* (21 October 1914), p.5.

[90] Statement of Gefreiter György Buskó, HL Budapest: TGY 18. István Bielek.

[91] 此处和以下段落记载于 Pomykacz, 'Jenő Lévai', *Nasz Przemyśl* 4 (April 2014), p.15, and 5 (May 2014), p.9。关于 1–1 号副堡垒地区的俄军指挥官，参阅 Tscherkassow, 'Sturm', p.96。

[92] 匈牙利和奥地利的消息来源充分证实了这些军官的自杀。参阅 Lévai in ibid.; Laky, 'Erste Belagerung', HL Budapest: II.169 M.kir. 23 HG: 4 Doboz; and also Roda Roda, 'Sturm', p.2。

［93］关于在 1–1 号副堡垒关押的俄国战俘人数的总体记录存在普遍共识，但关于俄军死亡人数的记录则有较多分歧。参阅 K.u.k. Geniedirektion in Przemysl, ‘Verlauf der Kämpfe’, KA Vienna: NFA Przemysl 1321: fo. 40 (reverse)。

［94］‘Der erste Orden der Eisernen Krone für einen Subalternoffizier’, *Reichspost. 21. Jahrgang, Nr 259. Morgenblatt* (6 November 1914), p.6; Pomykacz, ‘Kontrowersje’, p.143. 另可参阅 Pomykacz, ‘Jenő Lévai’, *Nasz Przemyśl* 5 (May 2014), p.10。莱瓦伊声称，对什夫尔柳加行为的调查是在要塞副指挥官阿帕德·陶马希将军的授意下进行的，但为了军队的声誉，调查结果被压下去了。

［95］尤其这份有影响力的报道，参阅 Roda Roda, ‘Sturm’, pp.1-2。什夫尔柳加对这场战斗的描述同样值得关注，见 ‘Die Belagerung vor Przemysl’, *Fremden-Blatt. 68. Jahrgang, Nr 290 (Morgen-Blatt)* (20 October 1914), pp.1-2。

［96］阿尔特曼的信仰不曾在任何主流报道中提及。然而，他出现在一份授勋的犹太士兵和军官名单上，出版于 *Jüdisches Archiv. Mitteilungen des Komitees ‘Jüdisches Kriegsarchiv’. Lieferung 2-3* (August 1915), p.40。

［97］别莱克和阿尔特曼并不是一无所获。两人都获得了较低级的勋章（Signum laudis）。别莱克的角色在匈牙利被铭记，但在其他任何地方都没有。匈牙利两次世界大战之间的独裁者海军上将霍尔蒂（Horthy）后来为了补偿在战争中对别莱克的忽视，授予他军官级金质英勇勋章（Tiszti Arany Vitézségi érem）。Pomykacz, ‘Jenő Lévai’, *Nasz Przemyśl* 5 (May 2014), p.11.

［98］Tscherkassow, ‘Sturm’, p.147.

［99］Anon., *Dziennik oficera Landsturmu*, p.66 (entry for 8 [7] October 1914); K.u.k. Geniedirektion in Przemysl, ‘Verlauf der Kämpfe’, KA Vienna: NFA Przemysl 1322: fo. 40 (reverse). Forstner, *Przemyśl*, p.176 表明 1–2 号副堡垒被放弃了，但这显然是对现代文献的误读。

［100］Vit, *Wspomnienia*, pp.47-49.

［101］此插曲的另一版本出现在 Wolfgang, *Przemysl*, pp.68-69; Pomykacz, ‘Jenő Lévai’, *Nasz Przemyś*l 5 (May 2014), p.11; and Vit, *Wspomnienia*, p.54。

［102］Tscherkassow, ‘Sturm’, pp.111-116; Anon., *Dziennik oficera Landsturmu*, p.66 (entry for 9 October 1914).

［103］Heiden, *Bollwerk*, pp.134-135.

［104］Bundesministerium, *Österreich-Ungarns letzter Krieg*, vol.1,pp.357-358.

［105］Gayczak, *Pamiętnik*, p.14 (entry for 14 October 1914). Cf. Bundesministerium, *Österreich-Ungarns letzter Krieg*, vol. 1, p.449.

［106］Die Helden von Przemysl’, *Neue Freie Presse* 18016 (Abendblatt), 20 October 1914, p.1.

［107］Tscherkassow, ‘Sturm’, pp.75, 114, 117-118 and 144. 有关向公众报告的夸大的俄国伤亡情况，参阅，例如，Roda Roda, ‘Die Belagerung von Przemyśl’, *Neue Freie Presse* 18015 (Nachmittagblatt), 19 October 1914, p.3; ‘Die Verluste der Russen vor Przemysl’, *Die Neue Zeitung. 7. Jahrgang, Nr 290* (21 October 1914), p.1。

［108］关于整个第一次围攻的官方数据，参阅 Hauptmann i. R. Ferencz Stuckheil 的一份手写草稿的第 46 页，‘Die zweite Einschliessung der Festung Przemysl. II. Zeiten des Niedergangs’, 19 December 1925, in HL Budapest: II.169 M.kir. 23 HG: 4 Doboz。匈牙利人——匈牙利王家防卫军第 23 步兵师和匈牙利国民军第 97 步兵旅——保卫了第 6 防区的关键点，这里是进攻的重点，这些匈牙利人遭受了最严重的损失。隶属于匈牙利国民军第 97 步兵旅的国民军第 10 步兵团就有 60 人阵亡，140 人受伤。相比之下，该区的炮兵伤亡很少（36 人死亡，54 人受伤）。保卫第二前线的部队也是如此。因此，在整个第一次围城期间，第 7（南部）防区只有 20 人死亡，75 人受伤，8 人失踪。有关的其他统计信息，参见 Laky, ‘Erste Belagerung’, HL Budapest: II.169 M.kir. 23 HG: 4 Doboz;

K.u.k。Verteidigungsbezirkskommando VII to k.u.k. Festungskommando, 1 November 1914, and Art. Kmdo, VI Vert. Bez. to k.u.k. VI Vert. Bez. Kmdo, 2 November 1914, KA Vienna: NFA Przemysl 1322: fos. 45 and 52。

［109］Anon., *Dziennik oficera Landsturmu*, p.70 (entry for 12 October 1914).

［110］Ibid., p.67 (entry for 9 October 1914). 以及 Vit, *Wspomnienia*, pp.52-53; and Hölzer, diary, entry for 9 October 1914, KA Vienna: NL Hölzer B/486。

第四章 阻碍重重

［1］‘Tartarenwirtschaft in Galizien’, in AN Cracow: Naczelny Komitet Narodowy: 279 (Mikrofilm: 100,477), p.34.

［2］Pethö (ed.), *Belagerung und Gefangenschaft*, p.49 (diary entry for 21 October 1914).

［3］Robinson, *Grand Duke*, pp.3-5 and 15.

［4］题为‘Polacy!’（1914 年 8 月 14 日）和‘Do ludów AustroWęgier’的海报（日期为 1914 年 8 月，但实际发布于 1914 年 9 月 16 日），见 *Odezwy i rozporządzenia z czasów okupacyi rosyjskiej Lwowa 1914-1915* (Lwów, 1916), pp.18-19。关于其广泛传播，参阅 Brussilov, *Soldier's Note-Book*, p.107。

［5］A. Kappeler, *The Russian Empire: A Multiethnic History* (Harlow, 2001), pp.247-282.

［6］关于俄国目标的讨论，参阅 W.A. Renzi, ‘Who Composed “Sazonov's Thirteen Points”? A Re- Examination of Russia's War Aims of 1914’, *American Historical Review* 88(2) (April 1983), esp.pp.348-350。

［7］‘Generał gubernator rosyjski dla Galicyi’, *Ziemia Przemyska* 40 (22 October 1914), p.2.

［8］1907 年《陆战法规和惯例公约》（海牙第四公约）第 43 条规定，占领者有义务“除非万不得已，应尊重所在国现行的法律”，见 http://

avalon.law.yale.edu/20th_century/hague04.asp, accessed on 29 July 2018。

[9] 关于人口数据，参阅 Bachmann, *Herd der Feindschaft*, p.30。战争开始时，俄军向军官分发了一本小册子，其中载有关于加利西亚种族关系的漫画。参阅 Kriegszensuramte des Generalquartiermeisters beim Stabe des Oberkommandanten des Südwestarmeen, *Das Galizien der Gegenwart* (July 1914), Nachrichtenabteilung des Operierenden Oberkommandos 译, KA Vienna: MKSM 69-8/9 1914: fos. 28-37。

[10] 'Ciekawe wieści ze Lwowa', Ziemia Przemyska 41 (25 October 1914), p.2. 以及参阅这篇文章的后续部分（最初刊登在 *Głos Narodu*）分别发表在 1914 年 10 月 27 日、29 日、30 日和 11 月 3 日、5 日、7 日。

[11] Bachmann, *Herd der Feindschaft*, p.129.

[12] 可以将其与 1939 年纳粹和苏联进行有启发性的比较。参阅 Snyder, *Bloodlands*, pp.126, 128, 133-141, 146-147 and 153-154。

[13] M. von Hagen, *War in a European Borderland: Occupations and Occupation Plans in Galicia and Ukraine, 1914-1918* (Seattle, WA, 2007), pp.37-40 and 52.

[14] K.k. Statthalter für Galizien, 'Planmäßige Bedrückung und Verfolgung der Ukrainer und ihrer Anstalten; Verfolgung der griechischkatholischen Kirche und ihrer Seelsorger', 5 October 1915, in K.u.k. Ministerium des Äussern, *Sammlung von Nachweisen für die Verletzungen des Völkerrechtes durch die mit Österreich-Ungarn Kriegführenden Staaten. III. Nachtrag. Abgeschlossen mit 30. Juni 1916* (Vienna, 1916), pp.34-41.

[15] 'Bericht des Legationsrates Baron Andrian über seine Informationsreise nach Ostgalizien' (26 July 1915), pp.24-25. AVA Vienna: Min.d.Innern, Präs.: 22/Galiz. (1914-15): 2116: Doc. 19644.

[16] Von Hagen, *War*, pp.26-27; Mick, *Kriegserfahrungen*, pp.95-96; 'Das Schulwesen in Galizien', *Prikarpatskaja Rus* 1402, translated in KA Vienna: NFA Przemysl 1323: fo. 30 and reverse.

[17] T.R.Weeks, 'Between Rome and Tsargrad: The Uniate Church in

Imperial Russia', in R.P.Geraci and M.Khodarkovsky (eds.), *Of Religion and Empire: Missions, Conversion, and Tolerance in Tsarist Russia* (Ithaca, NY, and London, 2001), pp.70-91.

［18］Rudnytsky, 'Ukrainians', pp.25-30, 39 and 46-7.

［19］Wendland, *Russophilen*, p.558; Mick, *Kriegserfahrungen*, pp.116-118.

［20］Evlogii, quoted in von Hagen, *War*, pp.37-38.

［21］Mick, *Kriegserfahrungen*, pp.121-122.

［22］参阅 von Hagen, *War*, pp.7-8 and 34-35。

［23］Mick, *Kriegserfahrungen*, pp.122-127. 以及 K.k. Statthalter für Galizien, 'Planmäßige Bedrückung und Verfolgung der Ukrainer', in K.u.k. Ministerium des Äussern, *Sammlung von Nachweisen... III. Nachtrag*, p.40, and 'Bericht des Legationsrates Baron Andrian' (26 July 1915), p.22, in AVA Vienna: Min.d.Innern, Präs.: 22/Galiz. (1914-15): 2116: Doc. 19644。加利西亚的希腊礼天主教教区数量来自 T.Olejniczak, 'Die kirchliche Verhältnisse in Galizien', in S.Bergmann (ed.), *Galizien. Seine kulturelle und wirtschaftliche Entwicklung* (Vienna, 1912), p.149。

［24］Robinson, *Grand Duke*, pp.209-210.

［25］Mick, *Kriegserfahrungen*, pp.87-89 and 98.

［26］Letter to Kazimierz Baran from Nienadowa, January 1915, KA Vienna: NFA Przemysl 1323: fos. 316 (reverse) and 317.

［27］S. Ansky, *The Enemy at His Pleasure: A Journey through the Jewish Pale of Settlement during World War I*, ed. and trans. J.Neugroschel (New York, 2002), pp.68-70; 'Bericht über Brody', by Dr B.Hausner in CAHJP Jerusalem: HM2-9177: fo. 23.

［28］W.W.Hagen, *Anti-Jewish Violence in Poland, 1914-1920* (Cambridge, 2018), p.78; R. H. McNeal, *Tsar and Cossack, 1855-1914* (Basingstoke and London, 1987), pp.74-83.

［29］俄军对平民，尤其是犹太人施暴的无数例子，转载于 K.u.k.

Ministerium des Äussern, Sammlung von Nachweisen für die Verletzungen des Völkerrechtes durch die mit Österreich-Ungarn Kriegführenden Staaten. Abgeschlossen mit 31. Jänner 1915 (Vienna, 1915) 三个补充卷（“Nachtrag”）。这些文件确实需要谨慎对待，因为选择这些材料是为了影响国际舆论，而且通常没有办法核实具体事件。然而，这些报告的内容与 Ansky 的 *Enemy* 和 Hausner 在耶路撒冷犹太民族历史中央档案馆的报告相似，毫无疑问，它们是有价值和有启发性的资料来源。

[30] O.C.Tăslăuanu, *With the Austrian Army in Galicia* (London, n.d.), pp.65 and 85. Cf. Ansky, *Enemy*, p.8. 关于难民人数，参阅 B.Hoffmann-Holter, *'Abreisendmachung'. Jüdische Kriegsflüchtlinge in Wien 1914 bis 1923* (Cologne and Weimar, 1995), p.29。

[31] Julian Walczak 关于 1914 年 12 月（1915 年 1 月 8 日）在被占领领土上的观察报告，p.23, KA Vienna: NFA Przemysl 1323: fo. 245。大屠杀的消息也传到了要塞守军处，参阅 Gayczak, *Pamiętnik*, p.73（1915 年 3 月 8 日的条目）。

[32] Mick, *Kriegserfahrungen*, pp.105-106.

[33] A.S.Lindemann, *Esau's Tears: Modern Anti-Semitism and the Rise of the Jews* (Cambridge, 1997), pp.279-305. 关于“种族”观念在俄罗斯帝国的兴起，参阅 E.M. Avrutin, ‘Racial Categories and the Politics of (Jewish) Difference in Late Imperial Russia’, *Kritika: Explorations in Russian and Eurasian History* 8(1) (Winter 2007), pp.13-40；以及 R.Weinberg, ‘Look! Up There in the Sky: It's a Vulture, It's a Bat. . . It's a Jew: Reflections on Antisemitism in Late Imperial Russia, 1906-1914’, in E.M. Avrutin and H.Murav (eds.), *Jews in the East European Borderlands: Essays in Honor of John D.Klier* (Boston, MA, 2012), pp.167-186。

[34] S. Lambroza, ‘The Pogroms of 1903-1906’, in J.D. Klier and S.Lambroza (eds.), *Pogroms: Anti-Jewish Violence in Modern Russian History* (Cambridge, 1992), esp.pp.219-39.

[35] Avrutin, ‘Racial Categories’, pp.24, 28-29 and 31; P.Holquist, ‘To

Count, to Extract, and to Exterminate. Population Statistics and Population Politics in Late Imperial and Soviet Russia', in R.G. Suny and T.Martin (eds.), *A State of Nations: Empire and Nation-Making in the Age of Lenin and Stalin* (Oxford and New York, 2001), esp.pp.124-125. 圣彼得堡军事医学院（St. Petersburg Military Medical Academy）是尤为重要的体质人类学研究中心。

［36］参阅 P.Holquist, 'The Role of Personality in the First (1914-1915) Russian Occupation of Galicia and Bukovina', in J.Dekel-Chen, D.Gaunt, N. M. Meir and I. Bartal (eds.), *Anti-Jewish Violence: Rethinking the Pogrom in East European History* (Bloomington and Indianapolis, IN, 2010), p.59。

［37］A.V.Prusin, *Nationalizing a Borderland: War, Ethnicity, and Anti-Jewish Violence in East Galicia, 1914-1920* (Tuscaloosa, AL, 2005), pp.38-39.

［38］Ibid., pp.39-45. 沙皇炮兵部队的一名犹太中士告诉一名躲在俄军后方的奥匈帝国士兵，征用命令反映了占领区的种族等级制度："这些人必须付钱给罗塞尼亚人，可以付钱给波兰人，（但）应该从犹太人那里拿钱。"参阅 Fähnrich i. d. Res. DrHermann Löw, testimony to k.u.k. Kriegsministerium, 20 June 1915 reproduced in K.u.k. Ministerium des Äussern, *Sammlung von Nachweisen für die Verletzungen des Völkerrechtes durch die mit Österreich-Ungarn Kriegführenden Staaten. II. Nachtrag. Abgeschlossen mit 30. November 1915* (Vienna, 1916), p.122。

［39］Von Hagen, *War*, pp.27-28.

［40］Ansky 提到一个儿子被哥萨克人强迫绞死自己父亲的案例，参阅 *Enemy*, p.91。其他的例子来自 Hausner's report for Horodenka in CAHJP Jerusalem: HM2-9177: fos. 3-4。

［41］Ansky, *Enemy*, p.91. 以及，'Bericht des Legationsrates Baron Andrian'(26 July 1915), p.17, in AVA Vienna: Min.d.Innern, Präs.: 22/Galiz. (1914-15): 2116: Doc. 19644。

［42］Mick, *Kriegserfahrungen*, p.109.

［43］参阅 2. Armee-Etappenkommando (Doc. 102, Beilage 2) 的报告以及 Dr Ludwig B.'s testimony of 9 January 1915 (Doc. 109) in K.u.k. Ministerium des Äussern, *Sammlung von Nachweisen... Abgeschlossen mit 31. Jänner 1915*, pp.146-147 and 153-154。普热梅希尔报道了俄国对雅罗斯瓦夫的占领。参阅 'Moskale w Jarosławiu', *Ziemia Przemyska* 46 (3 November 1914), p.1。

[44] E. Lohr, *Nationalizing the Russian Empire: The Campaign against Enemy Aliens during World War I* (Cambridge, MA, and London, 2003), pp.122-137.

[45] Holquist, 'The Role of Personality', p.65. 关于俄国人对被关押和处决的罗塞尼亚人数量的估计，参阅 Wendland, *Russophilen*, p.546。

[46] Holquist, 'The Role of Personality', p.65.

[47] 'Bericht aus Mościska', by Dr B.Hausner and k.k. Landesgendarmeriekommando Nr 5 to c.k. Starostwa w Mościska[ch], 10 May 2016. CAHJP Jerusalem: HM2-9177: fos. 9 and 51-2. 在这个时候，犹太人可能是被刻意从普热梅希尔周围赶走的。Prusin (*Nationalizing*, p.51) 指出，1915 年 2 月底，有 4000 名犹太人被驱逐出邻近的多布罗米尔。

[48] Holquist, 'The Role of Personality', pp.66-67.

[49] Dimitriev's Order No. 289 to the 278 Kromski Infantry Regiment (8/21 April 1915) (Doc. 39), translated and reproduced in K.u.k. Ministerium des Äussern, *Sammlung von Nachweisen. . . II. Nachtrag*, pp.82-83.

[50] Holquist, 'The Role of Personality', p.67; and Prusin, *Nationalizing*, p.62. 关于将犹太人赶入奥匈帝国防线的一次失败尝试，参阅 'Bericht über Tyśmienica' by Dr B.Hausner in CAHJP Jerusalem: HM2-9177: fos. 56-7。

[51] F. Conrad von Hötzendorf, Aus meiner Dienstzeit 1906-1918. Oktober-November-Dezember 1914. Die Kriegsereignisse und die politischen Vorgänge in dieser Zeit (5 vols., Vienna, 1925), vol. 5, pp.87-88 and 92.

[52] Reichsarchiv, *Der Weltkrieg 1914-1918 bis* vol. 5: *Der Herbst-Feldzug 1914: Im Westen bis zum Stellungskrieg. Im Osten bis zum Rückzug* (Berlin, 1929), pp.411-416 and 420. 关于东普鲁士战役，参阅 Reichsarchiv, *Der Weltkrieg 1914 bis 1918* vol. 2: *Die Befreiung Ostpreußens* (Berlin, 1925)。

关于康拉德的嫉妒，参阅 Rauchensteiner, *First World War*, pp.246-247。

［53］Bundesministerium, *Österreich-Ungarns letzter Krieg*, vol. 1, pp.370-377.

［54］Robinson, *Grand Duke*, pp.176-182; Reichsarchiv, *Weltkrieg*, vol. 5, p.550.

［55］Bundesministerium, *Österreich-Ungarns letzter Krieg*, vol. 1, pp.413 and 425-430. 另参阅‘Beilagen’随附的 Skizze 24 。奥匈帝国的 36.5 个师在桑河河口和旧桑博尔镇之间与俄国的 25.5 个师对峙。地图（Skizze 24）展示了旧桑博尔东南部的还有奥匈帝国的 4 个师和俄国的 1 个旅。

［56］Ibid., pp.440-450 and 471-483.

［57］Forstner, *Przemyśl*, pp.184-185 and 197-198; Stuckheil, ‘Zweite Einschließung’ (1926), pp.168-169. Stuckheil 指出，要塞 26 天的燕麦配给粮被拿走了，其中三分之二本可以用来为要塞守军制作面包。

［58］Forstner, *Przemyśl*, pp.200-201; Stuckheil, ‘Zweite Einschließung’, pp.170-171; G. A. Tunstall, *Written in Blood: The Battles for Fortress Przemyśl in WWI* (Bloomington, IN, 2016), p.105.

［59］Forstner, *Przemyśl*, pp.189 and 197.

［60］Bundesministerium, *Österreich-Ungarns letzter Krieg*, vol. 1, p.448.

［61］Ibid., vol. 1, pp.435 and 448-449. 以及 , Gayczak, *Pamiętnik*, p.17（1914 年 10 月 27 日的条目）。

［62］关于该师的整体损失，参阅 Kusmanek, ‘Die beiden Belagerungen’, p.27, KA Vienna: NL Kusmanek B/1137/14。匈牙利王家防卫军第 2 步兵团第 3 营和匈牙利王家防卫军第 8 步兵团第 3 营的详细伤亡报告参阅 MNZP Przemyśl: Archiwum Molnara: DVD 4: T. nr 4 MP.HIST 391, fos. 55 (reverse) and 60。在两个营中，霍乱造成了近五分之一的人员损失。

［63］Wawro, *Mad Catastrophe*, pp.280-281; Stone, *Eastern Front*, p.99.

［64］Bundesministerium, *Österreich-Ungarns letzter Krieg*, vol. 1, pp.430-435.

［65］Ibid., pp.450-470.

［66］Ibid., pp.489-501; Op.Nr 3834, 转载于 Conrad, *Dienstzeit*, vol. 5, pp.362-363。

［67］Rauchensteiner, *First World War*, pp.253-255.

［68］Kusmanek, 'Die beiden Belagerungen', p.30, KA Vienna: NL Kusmanek B/1137/14. 关于铁路桥，参阅 Heiden, *Bollwerk*, p.153。

［69］参阅 Stuckheil's draft manuscript, 'Zweite Einschliessung II', 19 December 1925, in HL Budapest: II.169 M.kir. 23 HG: 4 Doboz, fo. 108。

［70］F. Stuckheil, 'Die strategische Rolle Przemyśls auf dem östlichen Kriegsschauplatze', *Militärwissenschaftliche und technische Mitteilungen* 54 (1923), pp.76-78.

［71］因此，例如有影响力的《新自由通讯》（*Neue Freie Presse*）从 1914 年 10 月 8 日至 30 日每天都发表关于普热梅希尔在围困下的胜利抵抗及其周围战斗的报道，只有一个例外（10 月 25 日）。

［72］Forstner, *Przemyśl*, p.205.

［73］Op. Nr 3854, 转载于 Conrad, *Dienstzeit*, vol. 5, pp.363-364。

第五章　孤助无援

［1］Gayczak, *Pamiętnik*, p.21（1914 年 9 月 4 日的日记条目）。

［2］'W obecnej chwili', *Ziemia Przemyska* 47 (5 November 1914), p.1. 撤退海报中的一份样例，由 the c.k. Starostwo 发布，见 AP Przemyśl: 397 (Afisze, plakaty i druki ulotne): 20。

［3］F. Stuckheil, 'Die zweite Einschließung der Festung Przemyśl', *Militärwissenschaftliche und technische Mitteilungen* 55 (1924), pp.302-303.

［4］Stuckheil's draft manuscript, 'Zweite Einschliessung II', 19 December 1925, p.27, in HL Budapest: II.169 M.kir. 23 HG: 4 Doboz; Kusmanek, 'Die beiden Belagerungen', p.48, KA Vienna: NL Kusmanek

B/1137/14。关于冻伤病例，参阅一位不知名的匈牙利官员的日记（1914年9月25日的条目），见 I.Lagzi (ed.), *Węgrzy w Twierdzy Przemyskiej w latach 1914-1915* (Warsaw and Przemyśl, 1985), p.124。

［5］参阅 Festungskommandobefehl Nr 236 (1 October 1914), Pkt. 5 in KA Vienna: NFA Przemysl 1322: fo. 422; ‘Fabryka bielizny w... Sali sądowej’, *Ziemia Przemyska* 38 (18 October 1914), pp.3-4。关于这项工作的结束，参阅 Maciej Dalecki and Andrzej Kazimierza Mielnik (eds.), ‘Dziennik Józefy Prochazka z okresu oblężenia i okupacji rosyjskiej Przemyśla w 1915 roku jako źródlo historyczne’, *Archiwum Pańtwowe w Przemyślu. Rockznick Historyczno-Archiwalny* 17 (2003), pp.274-276（1915年1月31日及2月18日的条目）。

［6］Stuckheil's draft manuscript, ‘Zweite Einschliessung II’, 19 December 1925, pp.28-30, in HL Budapest: II.169 M.kir. 23 HG: 4 Doboz.7.

［7］Schwalb, ‘Verteidigung’, pp.13-14. 关于火柴，参阅 Roda Roda, ‘Die zweite Einschließung von Przemysl’, *Neue Freie Presse* 18158 (Morgenblatt), 12 March 1915, p.4。

［8］‘Obwieszczenie!’ issued by Komisarz rządowy Lanikiewicz, 2 November 1914. AP Przemyśl: 397 (Afisze, plakaty i druki ulotne): 47. 关于食品在和平时期的价格，参阅 Michaelsburg, *Im belagerten Przemysl*, p.81。

［9］‘Z miasta’, *Ziemia Przemyska* 53 (15 November 1914), pp.3-4.

［10］‘Dla najbiedniejszych’, *Ziemia Przemyska* 53 (15 November 1914), p.1.

［11］‘Kuchnia dla ubogich’, *Ziemia Przemyska* 73 (29 December 1914), pp.3-4; ‘Erhebungen über Verpflegsvorräte bei der Übergabe von Przemyśl’, 14 September 1915, testimony of Dr Sigismund Szłapacki, KA Vienna: NL Kusmanek B/1137/13.

［12］‘Tania kuchnia’, *Ziemia Przemyska* 8 (17 January 1915), pp.3-4.

［13］‘W obecnych stosunkach’, *Ziemia Przemyska* 9 (19 January 1915), p.1.

［14］这一描述来自于‘Nad miastem rosyjskie latawce’和‘Migawki. Straszna przygoda z... bombą’, *Ziemia Przemyska* 63 (3 December 1914), pp.2-4; and Jabłońska, *Dziennik*, pp.95-97（1914 年 12 月 1 日的条目）。

［15］C. Geinitz, ‘The First Air War against Noncombatants: Strategic Bombing of German Cities in World War I’, in R.Chickering and S.Förster (eds.), *Great War, Total War: Combat and Mobilization on the Western Front, 1914-1918* (Cambridge, 2000), pp.207-226.

［16］‘Nad miastem rosyjskie latawce’, *Ziemia Przemyska* 63 (3 December 1914), p.3. 围城期间投下的炸弹数量引自 Schwalb, ‘Verteidigung’, p.11。

［17］ Jabłońska, *Dziennik*, pp.95-96（1914 年 12 月 1 日的条目）。Michaelsburg, *Im belagerten Przemysl*, p.90（1914 年 12 月 4 日的条目）与之内容一致。斯坦尼斯瓦夫·蒂罗中尉在袭击发生后的数小时内视察了爆炸现场，被告知一名男孩被炸弹碎片严重炸伤, KA Vienna: NFA Przemysl 1321: fos. 205-6。

［18］‘Ogłoszenie!’, signed Komisarz rządowy Dr Błażowski, 6 December 1914, AP Przemyśl: 397 (Afisze, plakaty i druki ulotne): 49.

［19］Stuckheil’s draft manuscript, ‘Zweite Einschliessung II’, 19 December 1925, in HL Budapest: II.169 M.kir. 23 HG: 4 Doboz; H.Schwalb, ‘Improvisationen zur Bekämpfung von Luftfahrzeugen in der Festung Przemyśl 1914/15’, *Mitteilungen über Gegenstände des Artillerie- und Geniewesens* 49(10) (1918), pp.1539 and 1544-1545.

［20］Jabłońska, *Dziennik*, pp.95-96（1914 年 12 月 1 日的条目）。Cf. Stock, *Notatnik*, p.92（1914 年 12 月 2 日的条目）。

［21］Orłowicz, *Illustrierter Führer*, p.94.

［22］关于 1915 年 1 月 18 日和 20 日袭击的详细报告，参阅 K.u.k. Militär-Polizeiwachabteilung in Lemberg derzeit in Przemyśl, KA Vienna: NFA Przemysl 1323: fos. 481-6 and 514-17。有关一位母亲和她的六个孩子死亡的谣言的例子，参阅斯坦尼斯瓦夫·蒂罗 1914 年 12 月 19 日的记

录，见 KA Vienna: NFA Przemysl 1321: fo. 232 (reverse)。

［23］Pethö (ed.), *Belagerung und Gefangenschaft*, p.56（1914 年 12 月 2—3 日的日记条目）。

［24］Michaelsburg, *Im belagerten Przemysl*, p.121（1915 年 2 月 15 日的条目）。

［25］Stanisława Baranowicz and Maria Golińska, in Dalecki, 'Wspomnienia przemyskich nauczycielek', pp.153-155.

［26］R. Biedermann, 'Kriegstagebuch', vol. 2, c. 1946, p.234, KA Vienna: NL Biedermann B/608.

［27］Gayczak, *Pamiętnik*, p.29（1914 年 11 月 24 日的条目）。Cf. Stock, *Notatnik*, p.88（1914 年 11 月 24 日的条目）。

［28］Gayczak, *Pamiętnik*, p.32（1914 年 12 月 4 日的条目）。关于和谈的谣言，参阅 ibid., p.46（1915 年 1 月 4 日的条目）；Stock, *Notatnik*, p.110（1915 年 1 月 4 日的条目）; and Jabłońska, *Dziennik*, p.115（1915 年 1 月 12 日的条目）。

［29］关于负面谣言，参阅 Stuckheil, 'Zweite Einschließung' (1924), p.303; and Jabłońska, *Dziennik*, p.99（1914 年 12 月 3—4 日的条目）。

［30］Gayczak, *Pamiętnik*, pp.35-36（1914 年 12 月 14 日的条目）。另参阅 esp.pp.29-31（1914 年 11 月 25—28 日、12 月 1—2 日的条目）。关于其他士兵的痛苦，参阅 Lenar, *Pamiętnik*, p.17。

［31］例如，参阅 Michaelsburg, *Im belagerten Przemysl*, pp.67-68 and 87（1914 年 11 月 14 日和 30 日的条目）。

［32］A kino gra...', *Ziemia Przemyska* 50 (10 November 1914), p.4. 关于剧院，参阅 'Z teatru', *Ziemia Przemyska* 5 (10 January 1915), p.3。

［33］'Kronika', *Ziemia Przemyska* 10 (21 January 1915), p.4. 以及 Michaelsburg, *Im belagerten Przemysl*, pp.114-115（1915 年 1 月 29 日的条目）。在这些活动中演奏的其中一位著名音乐家是匈牙利著名作曲家贝拉·瓦尔科尼（Béla Varkonyi），他在战后移居美国。

［34］Michaelsburg, *Im belagerten Przemysl*, p.82（1914 年 11 月 24

日的条目）。以及 *Ziemia Przemyska* 50 (10 November 1914), p.4, and 54 (17 November 1914), p.4。

［35］关于舞会，参阅 T.Pudłocki, ‘“Lolu, gdzie mój frak?” Prowincjonalne bale Galicji wschodniej w latach 1867-1914 jako przykład synkretyzmu estetyki życia codziennego’, in A. Seweryn and M.Kulesza-Gierat (eds.), *Powinowactwa sztuk w kulturze oświecenia i romantyzmu* (Lublin, 2012), esp.pp.94 and 96-97。更普遍的内容，参阅 Fahey, ‘Bulwark’, pp.84, 96-97 and 138-140。

［36］参阅‘Die Poterne. Unabhängiges Heldenblatt’和 MNZP Przemyśl 中主要的匈牙利语嘲讽广告和故事：Archiwum Molnara。广告使用了许多文字游戏和笑话，其中一些使用了两种语言。例如，匈牙利语中的“Göre 叔叔”，也可能是指德语单词“Göre”，意思是厚脸皮的小女孩。参阅 http://www.pbc.rzeszow.pl/dlibra/docmetadata?id=11063&from=&dirids=1&ver_id=&lp=4&QI=08DEF6A08A5A690265DD27653520EC30-3。

［37］斯坦尼斯瓦夫·蒂罗，信，无日期，KA Vienna: NFA Przemysl 1321: fo. 200。

［38］‘To i owo...’, *Ziemia Przemyska* 54 (17 November 1914), p.3.

［39］Biedermann, ‘Kriegstagebuch’, vol. 2, p.236, KA Vienna: NL Biedermann B/608. Cf. Laky, ‘Erste Belagerung’, HL Budapest: II.169 M.kir. 23 HG: 4 Doboz. 关于食品价格，参阅 Ch. 6。

［40］Biedermann, ‘Kriegstagebuch’, vol. 2, pp.237-238, KA Vienna: NL Biedermann B/608.

［41］Stock, *Notatnik*, p.112（1915 年 1 月 11 日的条目）。

［42］Laky, ‘Erste Belagerung’, HL Budapest: II.169 M.kir. 23 HG: 4 Doboz.

［43］Gayczak, *Pamiętnik*, p.51（1915 年 1 月 13 日的条目）。原文下划线强调。

［44］S. Tyro, notes, 2 December 1914, KA Vienna: NFA Przemysl 1321: fo. 206.

［45］她的情人 Georg Fenyö 上尉在 2 月初被捕，因为维尔克被抓到出售食物，并用从上尉那里得到的一些军用干面包来养猪。参阅 1915 年 2 月 2 日的日记条目，见 Lagzi (ed.)， *Węgrzy*, p.144。

［46］参阅 the veteran E.Schwarz in his story ‘Helden’, in *Frauen in Przemysl. Sittenbilder aus der belagerten Festung 1914/15* (Darmstadt and Leipzig, 1936), esp.p.137。关于维尔克和哈斯，参阅 ‘Erhebungen über Verpflegsvorräte bei der Übergabe von Przemyśl’, 14 September 1915, KA Vienna: NL Kusmanek B/1137/13: fos. 124-38。

［47］J. Tomann, 1915 年 1 月 13 日的日记条目，KA Vienna: NFA Przemysl 1322: fasz. 1345. Tomann 在 1915 年 2 月 17 日的条目中记录，军医最终被禁止与护士发展关系，防止损害军队医疗组织的声誉。

［48］1914 年 11 月 12 日、16 日、21 日和 1915 年 2 月 6 日、7 日的日记条目，见 Lagzi (ed.), *Węgrzy*, pp.117, 120, 122 and 146。

［49］参阅 ibid., p.146，1915 年 2 月 7 日的日记条目：“晚上我又尽情狂欢，因为卡尔曼（Kálmán，这位军官的副手）、埃洛和海洛来了。”这可能不是埃洛和海洛的第一次到访。几个月前的凌晨（11 月 21 日），卡尔曼把两个女孩带回了临时营地——这显然是一次既紧张又疲惫的经历，因为警官提到他第二天一直睡到了下午。

［50］Schwarz, *Frauen in Przemysl*, p.120.

［51］海伦娜在守军中恶名昭著，她甚至作为一本虚构的要塞色情书籍的作者出现在战壕报纸上，*Recollections from Married Lives: Fascinating disclosures from Prof. Hella.* MNZP Przemyśl: Archiwum Molnara。

［52］遗憾的是，这项调查现在已经丢失了，但调查内容以及一些有关女性的细节，参阅 K.u.k. Feldgericht in Przemyśl to Haupt K.Stelle des k.u.k. Brückenkopfkommandos in Przemyśl, 26 August 1915 (K.Nr 36/15) and the reply of 12 September 1915 (K.Nr 594), KA Vienna: NL Kusmanek B/1137/13: fos. 136 and 130。

［53］这一描述引自 Schwarz’s story ‘Der Fesselballon’ in his

Frauen in Przemysl, pp.117-130。

[54] 此段以及以下段落是基于 Oberleutnant Walfried Hahn von Hahnenbeck's ‘Bericht über die stabile Radiostation Przemyśl’ in KA Vienna: NL Kusmanek B/1137/15。

[55] Forstner, *Przemyśl*, pp.210-211.

[56] Michaelsburg, *Im belagerten Przemysl*, p.111（1915 年 1 月 26 日的条目）。关于这些过分热情的诗歌的例子，参阅 ‘Ein Landsturmlied "Kusmanek Hurrah!" ’ 以及 ‘Przemyśl’, in *Kriegsnachrichten* 112 and 116 (9 and 13 February 1915)。完整的纸张保存在 KA Vienna: NL Kusmanek B/1137/8。

[57]《营地报》在此文献中也有充分的讨论：Geőcze, *A przemysli tragédia*, pp.41 and 86-88。

[58] Michaelsburg, *Im belagerten Przemysl*, p.111（1915 年 1 月 26 日的条目）。

[59] Wolfgang, *Przemysl*, pp.101-102，最为明确地表达了这种心态，但同样的思维过程也可以在以下文献中找到，例如，Stock's *Notatnik* and Jabłońska's *Dziennik*。

[60] 参阅 *Ziemia Przemyska* 33, 34, 36 (6, 8, 11 October 1914) and 12 and 14 (26 and 31 January 1915)。在两次世界大战期间，它以狂热的反犹太主义而闻名（1936 年的一半时间里，它都只能在波兹南（Poznań）出版，因为在普热梅希尔、利沃夫或克拉科夫的印刷商都无法印刷），但在 1914—1915 年的围城问题中，并没有任何仇视犹太人的迹象。

[61] ‘Kiedy skończy się wojna?’, *Ziemia Przemyska* 53 (15 November 1914), p.3. 12 月 11 日，在战争结束的前一天，该报再次讨论了这一问题，发表了一篇文章，探讨了以往冲突的持续时间。参阅 ‘Jak długo może trwać obecna wojna?’, *Ziemia Przemyska* 68 (11 December 1914), pp.1-2。关于这一主题的另一篇更为深入的文章因为审查而叫停了。参阅 ibid. 8 (17 January 1915), p.4。这份报纸对战争结束的神秘计

算显然颇具吸引力，因为它从讲波兰语的人群传播到了守军的其他人中。一个（未注明出处的）德语版本见 Völker, *Przemysl*, pp.142-143，这一日期也出现在战壕报纸的诗中‘Der Opti und die Pessimisten’by Bruno Prochaska:‘On 12/XII is the war at an end / as can be proven mathematically.’ MNZP Przemyśl: Archiwum Molnara。

［62］F. Czernin von Chudenitz, *Das Postwesen in der ÖE. Festung Przemyśl während der beiden Belagerungen 1914/1915*, (Vienna: The Author, 1985) pp.17-18.

［63］参阅‘Beilage zum Festungskommando-Befehl Nr 9’, 4 January 1915, KA Vienna: NFA Przemysl 1323: fo. 109。

［64］Stock, *Notatnik*, pp.101-102 (1914 年 12 月 19 日的条目)。以及，Nikolaus Wagner von Florheim, ‘Als Flieger in Przemysl’, p.14, KA Vienna: Luftfahrtarchiv: Ms. 72。

［65］P.Gray and O.Thetford, *German Aircraft of the First World War* (London, 1962), pp.17-19, 253 and 278-279.

［66］‘Beilage zum Festungskommando-Befehl Nr 9’, 4 January 1915, KA Vienna: NFA Przemysl 1323: fo. 109.

［67］Czernin von Chudenitz, *Postwesen*, pp.23-26 and 28; K.Wielgus, ‘Lotniska Twierdzy Przemyśl’, in W.Brzoskwinia (ed.), *Fortyfikacja austriacka -Twierdza Przemyśl. Materiały z konferencji naukowej Towarzystwa Przyjaciół Fortyfikacji Przemyśl, 30 IX-3 X 1999 roku* (Warsaw and Cracow, 1999), p.124.

［68］‘Beilage zum Festungskommando-Befehl Nr 14’, 9 January 1915, KA Vienna: NFA Przemysl 1323: fo. 261; Forstner, *Przemyśl*, p.223.

［69］Czernin von Chudenitz, *Postwesen*, pp.39-42.

［70］Pethö (ed.), *Belagerung und Gefangenschaft*, p.65（1915 年 1 月 12 日的条目）。

［71］Stuckheil,‘Zweite Einschließung’(1924), pp.292-302.

［72］Stock, *Notatnik*, p.97（1914 年 12 月 8 日的条目）。

［73］利马诺瓦战役及其后果的细节，参阅 Bundesministerium,

Österreich-Ungarns letzter Krieg, vol. 1, pp.774-812; and ibid., vol. 2, pp.33-43。关于要塞的视角和 12 月 9 日至 10 日的行动，参阅 Stuckheil, ‘Zweite Einschließung’ (1924), pp.413-415。

［74］Stuckheil,‘Zweite Einschließung’ (1924), pp.395-410. 关于炮火，参阅 Jabłońska, *Dziennik*, p.103（1914 年 12 月 10 日的条目）。

［75］参阅 the *Kriegsnachrichten* issue of 11 December 1914 in KA Vienna: NL Kusmanek B/1137/8。关于反应，参阅 Stock, *Notatnik*, pp.98-99（1914 年 12 月 14 日的条目）。

［76］Stuckheil,‘Zweite Einschließung’(1924), pp.416-417.

［77］Kusmanek,‘Die beiden Belagerungen’, pp.36-37, KA Vienna: NL Kusmanek B/1137/14.

［78］F. Stuckheil,‘Zweite Einschließung der Festung Przemyśl’, *Militärwissenschaftliche und technische Mitteilungen* 56 (1925), pp.1-3.

［79］Geőcze, *A przemysli tragédia*, p.100.

［80］以下对 428 号山激烈攻势的描述，参阅 Stuckheil, ‘Zweite Einschließung’(1925), pp.4-8, and Heiden, *Bollwerk*, pp.172-176。还可以参阅 Molnár’s battle report of 21 December 1914 in MNZP Przemyśl: Archiwum Molnara: DVD 11: T. nr 13 MP.HIST400, fos. 13-14。

［81］Heiden, *Bollwerk*, p.174.

［82］关于战俘的人数，参阅 the telegram from the Fortress Command to AOK, 16 December 1914, KA Vienna: NL Kusmanek B/1137/14。Stuckheil 称有 42—80 名战俘被带走。

［83］这次进攻及其后果的详细叙述见 Stuckheil,‘Zweite Einschließung’(1925), pp.120-133。

［84］K.u.k. Festungskommando in Przemyśl, Op.Nr 129/8 to Noyaukommando in Przemyśl, 12 December 1914, KA Vienna: NFA Przemysl 1321: fo. 86.

［85］参阅 the battalion commander Major Berdenich’s report in D.Nónay, *A volt m.kir.szegedi 5.honvéd gyalogezred a világháborúban* (Budapest, 1931) at: http://www.bibl.u-szeged.hu/bibl/mil/ww1/nonay/fejezet18.html, accessed on 20 September 2018。

[86] 关于人员伤亡和战俘，参阅 Stuckheil, ‘Zweite Einschließung’ (1925), p.116。在这次行动中，匈牙利王家防卫军第 7 步兵团共损失 1 名军官和 23 名士兵，3 名军官和 141 名士兵受伤。

[87] Prochaska, ‘Der Opti und die Pessimisten’, MNZP Przemyśl: Archiwum Molnara.

[88] Stuckheil, ‘Zweite Einschließung’ (1925), pp.18-19 and 226-227.

[89] 关于 11 月份人员伤亡的信息几乎没有，不过伤亡数字似乎并不大。相比之下，12 月的损失是惨重的，包括 12 月 9 日至 10 日出动的 700—800 人；在 12 月 15 日至 18 日的突围尝试中，损失了 1000 多人；12 月 15 日至 20 日，另有 2000 人的损失发生在其他战线（主要是北部），在对北部纳古拉齐 - 巴蒂兹阵地的反击中，约有 2000 人受伤或死亡（此处可能与前一数字有一些重叠）；12 月 27 日至 28 日的行动损失了 724 人。参阅 Stuckheil, ‘Zweite Einschließung’ (1924), p.410, and (1925), pp.116, 222, 224, 355。这位匿名的匈牙利日记作者指出，在圣诞节之前，匈牙利王家防卫军第 8 步兵团遭受了 60% 的损失。参阅 Lagzi (ed.), *Węgrzy*, p.137 (entry for 21 December 1914)。

[90] Gayczak, *Pamiętnik*, pp.40-41（1914 年 12 月 24 日的条目）。

[91] 信是用波兰语写的，使用的单词是 opłatek（复数形式为 opłatki）。opłatek 是一种薄饼，类似于天主教弥撒中使用的圣体薄饼。波兰的传统是，在平安夜家庭聚餐之前，家庭成员一起打破 opłatek，在分享薄饼时互相祝福。这是一个亲密的时刻。沙皇军队（其中有许多波兰人）通过这种做法，向守军发出和平与友爱的信号，是一种极有煽动力的方式。

[92] 最初仅在于 KA Vienna: NFA Przemysl 1323: fos. 46-7。

[93] 参阅 Wolfgang, *Przemysl*, p.117; and Stolz, *Tiroler Landsturmregiment Nr II*, p.200。

第六章　饥肠辘辘

［1］Pethö (ed.), *Belagerung und Gefangenschaft*, p.66（施坦尼采 1915 年 1 月 16 日的日记条目）。

［2］Stuckheil, ‘Zweite Einschließung’ (1926), pp.287-290; Forstner, *Przemyśl*, pp.216 and 219. 关于嘲弄的嘶鸣声，参阅 ‘Przemysls Kapitulation’, p.4, KA Vienna: NL Páger B/737。

［3］Stuckheil, ‘Zweite Einschließung’ (1926), p.288.

［4］‘Beilage zum Fskmdobefehl Nr 282’, 7 November 1914, KA Vienna: NFA Przemysl 1321: fo. 100; Völker, *Fall*, pp.183-186. Stuckheil, ‘Zweite Einschließung’ (1926), p.286 指出 1914 年 12 月 1 日配给量已经修改了，但来自 Vit, *Wspomnienia*, pp.88-90 的证据显示，1 月份之前的削减幅度很小。

［5］Kusmanek, ‘Die beiden Belagerungen’, p.42; Poeffel, ‘Chronologische Zusammenstellung’, pp.10-12, KA Vienna: NL Kusmanek B/1137/14 and B/1137/12: fos. 51-3. 以及 ‘Beilage zum FestungskommandoBefehl Nr 28’, 22 January 1915, in KA Vienna: NFA Przemysl 1323: fo. 572。

［6］Lenar, *Pamiętnik*, p.16. 以及 ,Vit, *Wspomnienia*, pp.76-77 指出每个营只保留了 10 匹马。

［7］Schwarz, *Frauen in Przemysl.*, p.142; Jabłońska, *Dziennik*, p.118（1915 年 1 月 28 日的条目）。

［8］Völker, *Fall*, p.181; Jabłońska, *Dziennik*, p.117（1915 年 1 月 23 日的条目）。

［9］Jabłońska, *Dziennik*, p.122（1915 年 2 月 13 日的条目）。

［10］Kramarz, *Ludność Przemyśla*, p.115.

［11］Dalecki and Mielnik (eds.), ‘Dziennik Józefy Prochazka’, p.275（1915 年 1 月 31 日的条目）。关于战前犹太人在普热梅希尔的经济地位，参阅前言。

［12］Stock, *Notatnik*, p.57（1914 年 10 月 10 日的条目）。

［13］Jabłońska, *Dziennik*, pp.112 and 127（1915 年 1 月 3 日和 3 月 9 日的条目）。

［14］S. Szopa, ‘Wspomnienia z dziecinnych lat’ (Przemyśl, July 1976), p.16. 更多的细节来自 Jabłońska, *Dziennik*, p.126（1915 年 3 月 6 日的条目）。

［15］Account of Stefania Zaborniak, in Dalecki, ‘Wspomnienia Przemyskich nauczycielek’, p.160.

［16］Menu, 6 January 1915, HL Budapest: II.169 M.kir. 23 HG: 2 Doboz.

［17］一位不知名匈牙利官员 1915 年 2 月 14 日的日记条目，见 Lagzi (ed.), *Węgrzy*, p.147。

［18］参阅 testimony of Stefanie Haas (quoting her fiancé), 27 August 1915, in KA Vienna: NL Kusmanek B/1137/13: fo. 126 (reverse). Cf. 匈牙利官员 1915 年 1 月 1 日的日记条目，见 Lagzi (ed.), *Węgrzy*, p.139。

［19］Verteidigungsbezirk No. VIII, Order, Res. No. 591, 5 March 1915, MNZP Przemyśl: Archiwum Molnara: DVD 8: T. nr 11 MP.HIST 398, fo. 62.

［20］Freunthaler, 1915 年 3 月 19 日的日记条目，KA Vienna: NL Freunthaler B/497。类似的加利西亚的某步兵团的腐败情况，参阅 Lenar, *Pamiętnik*, p.16。

［21］关于这些例子，参阅 Szopa,‘Wspomnienia’, p.16, 以及 Freunthaler, 1915 年 3 月 20 日的日记条目，KA Vienna: NL Freunthaler B/497。更全面的内容，参阅 Stuckheil,‘Zweite Einschließung’(1926), p.294。

［22］Lenar, *Pamiętnik*, p.17. 以及 Wolfgang, *Przemysl*, p.122。关于偷窃，参阅 Stationskmdobefehl No. 1, Żurawica, 27 January 1915, and K.u.k. IV Vert.Bez.Kmdo, 5 February 1915, in MNZP Przemyśl: Archiwum Molnara: DVD 12: T. nr 7 MP.HIST 394, fos. 17a-b and 39a-b。关于乞讨，参阅 Jabłońska, *Dziennik*, p.117（1915 年 1 月 23 日的条目）；以及 Stock, *Notatnik*, p.142（1915 年 3 月 4 日的条目）。

［23］Stuckheil,‘Strategische Rolle’, pp.138 and 140-141.

［24］位于现在的乌克兰，就在波兰东南角的边界外。

［25］G.A.Tunstall, *Blood on the Snow: The Carpathian Winter War of 1915* (Lawrence, KS, 2010), pp.6-8 and 23; Bundesministerium, *Österreich-Ungarns letzter Krieg*, vol. 1, pp.348, 373-377 and 574-588.

［26］Bundesministerium, *Österreich-Ungarns letzter Krieg*, vol. 2, pp.58-72 and 103-144.

［27］Rauchensteiner, *First World War*, pp.357-370.

［28］Bundesministerium, *Österreich-Ungarns letzter Krieg*, vol. 2, p.123; Stone, *Eastern Front*, p.111.

［29］引自 Sondhaus, *Conrad von Hötzendorf*, p.165。

［30］Tunstall, *Blood on the Snow*, Ch. 2, esp.pp.66 and 82. 引文来自奥地利地方防卫军第 43 师的炮兵上校 Georg Veith。

［31］在这些伤亡中，有 23.8 万人死亡、失踪或被俘。完整的数目参阅 Bundesministerium, *Österreich-Ungarns letzter Krieg*, vol. 2, p.270。关于这些战役更为全面的情况，参阅 Rauchensteiner, *First World War*, pp.303-306; Tunstall, *Blood on the Snow*, Chs. 2 and 3。

［32］Stuckheil,‘Zweite Einschließung’(1926), pp.291-293.

［33］Ibid., p.358. Cf. A.Marshall, 'Russian Military Intelligence, 1905-1917: The Untold Story behind Tsarist Russia in the First World War', *War in History* 11(4) (November 2004), pp.393-408.

［34］Forstner, *Przemyśl*, pp.210-211.

［35］K.u.k. Festungskommando, Telephondepesche, 19 January 1915, KA Vienna: NFA Przemysl 1323: fo. 492.

［36］参阅 k.u. 23 Honvéd Inf. Brigade, 'Verrat des Ausfalls am 27-28/12/1914', 1 January 1915, KA Vienna: NFA Przemysl 1323: fo. 76。

［37］K.u.k. Festungskommando, Nr 284,‘Referatbogen’, 29 January 1915, KA Vienna: NFA Przemysl 1323: fo. 271.

［38］Vit, *Wspomnienia*, p.59; Stuckheil,‘Zweite Einschließung’

(1926), pp.295-296; exchange between k.u.k. Festungskommando and k.u.k. Verteidigungsbezirkskommando VII, 19 and 22 January 1915, KA Vienna: NFA Przemysl 1323: fos. 502 and 504. 以及 , fo. 602。

[39] Geőcze, *A przemysli tragédia*, pp.101 and 146，以及匈牙利官员 1914 年 11 月 17 日、27 日的日记条目，见 Lagzi (ed.), *Węgrzy*, pp.120 and 126。

[40] 1915 年 1 月 25 日（俄国旧历 1 月 12 日）的记录内容，参阅 KA Vienna: NFA Przemysl 1323: fo. 615。

[41] 参阅 K.u.k Festungskommando, Op.Nr 179/6 'Völkerrechtswidrige Handlungen-Parlamentär', 26 January 1915, KA Vienna: NFA Przemysl 1323: fo. 637-9, 以及 fos. 581, 625 and 641 中的其他相关文件(最后一份清单列出了部队库存中的非法弹药）。文件中提到的 "Ü- 弹药" 很可能指的是 M8 目标练习弹。参阅 K.k. Landwehrinfanterieregiment Nr 35 to Festungskommando, 23 January 1915, KA Vienna: NFA Przemysl 1323: fo. 561。1915 年 1 月 28 日的战俘总数，参阅 K.u.k. Etappenstationskommando in Przemyśl, KA Vienna: NFA Przemysl 1323: fo. 735。

[42] Wolfgang, *Przemysl*, p.108.

[43] Tomann, diary, entry for 11 February 1915, KA Vienna: NFA Przemysl 1322: Fasz. 1345.

[44] K.u.k. Festungskommando, Telephondepesche, 7 January 1915, KA Vienna: NFA Przemysl 1323: fo. 173 (reverse); 'Bericht', by Kusmanek, 14 November 1914, KA Vienna: NFA Przemysl 1321; Gayczak, *Pamiętnik*, p.47 (1915 年 1 月 4 日的条目); Jabłońska, *Dziennik*, p.113 (1915 年 1 月 7 日的条目）。

[45] K.u.k. Festungskommando, Op.Nr 157/3 'Akustische und optische Abfertigungszeichen', 4 January 1915; Op.Nr 166/4 'Akustische und optische Abfertigungszeichen, Abänderung', 13 January 1915, KA Vienna: NFA Przemysl 1323: fos. 83-4 and 347 (and reverse).

[46] 这些例子来自于 orders of 13 (Op.Nr 166/4), 15 (Op.Nr 167/4) and 27 January and 7 February (Op.Nr 186) in KA Vienna: NFA Przemysl 1323: fos. 347 (and reverse) and 379 and MNZP Przemyśl: Archiwum Molnara: DVD 12: T. nr 7 MP.HIST 394, fos. 14a and 47。

[47] K.u.k. III. Verteidigungsbezirkskommando 'Akustische und optische Abfertigungszeichen, Erfahrungen', 18 January 1915, KA Vienna: NFA Przemysl 1323. 如果犯了错误就开枪的命令，参阅 K.u.k. Festungskommando, Op.Nr 157/3 'Akustische und optische Abfertigungszeichen', 4 January 1915, in the same box, fos. 83-4。

[48] Wolfgang, *Przemysl*, p.109.

[49] F. Reder von Schellmann, diary, entry for 5 January 1915, KA Vienna: NL Reder von Schellmann 763(B,C). Cf. Gayczak, *Pamiętnik*, p.56（1915 年 1 月 18 日、19 日的条目）。

[50] Wolfgang, *Przemysl*, p.124. 每日上午 7 时、下午 2 时和晚上 9 时的气温，记录在 Festungskommandobefehle, 保存在 KA Vienna: NFA Przemysl 1323。

[51] Kusmanek, 'Die beiden Belagerungen', p.49, KA Vienna: NL Kusmanek B/1137/14; 匈牙利军官的日记，1915 年 2 月 19 日，见 Lagzi (ed.), *Węgrzy*, pp.150-151。

[52] Letter to Kazimierz Baran from Nienadowa, January 1915, KA Vienna: NFA Przemysl 1323, fos. 316 (reverse) and 317. 关于陶马希的打赌，参阅匈牙利军官的日记，1915 年 2 月 26 日，见 Lagzi (ed.), *Węgrzy*, p.152。

[53] 这可能是史学上具有里程碑意义的时刻：一百多年来，一名普通的讲乌克兰语的士兵的名字第一次出现在关于第一次世界大战的书中。这很了不起，因为在 1914—1918 年，大约有 250 万名讲乌克兰语的人在俄国军队服役，大约 50 万人在奥匈帝国军队服役（两者加起来超过了现代爱尔兰的全部男性人口）。我提出这一点是为了强调东欧人的战时历史仍然被埋没，尤其是与大量关于英国和其他西方国家军队士兵的文献相比。以下关于瓦西尔·奥科利塔逃跑的描述基于 reports from

2 Feldkompanie, K.k.Landsturminfanterieregiment Nr 35, 6 January 1915，包括一封来自指挥连队的少尉的信和一份关于该职位的简介，以及在逃跑当晚对值班哨兵的采访，KA Vienna: NFA Przemysl 1323: fos. 202-8。

［54］Kommandant der 5. Feldkompanie, Landsturminfanterieregiment Nr 35 to V Vert.-Bezirks-Kommando, 15 January 1915. 关于逃兵，参阅 Festungskommando, Op.Nr 159/5, 6 January 1915。1914 年 11 月 10 日至 12 月 3 日期间，该营有 7 名士兵逃跑。相应的内容，参阅 KA Vienna: NFA Przemysl 1323: fos. 415 and 135-6。

［55］整个 1 月份，夜间气温降至零度或零度以下。然而，1 月 5 日的气温则在 0.5℃ —2℃，晚上升至 4℃。参阅 Festungskommandobefehl Nr 11, 6 January 1915, KA Vienna: NFA Przemysl 1323: fo. 172。

［56］Feldkompanie, Landsturminfanterieregiment Nr 35，'Protokoll'，15 January 1915, KA Vienna: NFA Przemysl 1323, fos. 410-11; Vit, *Wspomnienia*, p.79; IV. V.B. Kmdo，'Bezirkskommandobefehl'，15 February 1915, MNZP Przemyśl: Archiwum Molnara: DVD 12: T. nr 7 MP.HIST 394, fo. 61a. Cf. Stolz, *Tiroler Landsturmregiment Nr. II*, pp.200-201.

［57］匈牙利官员 1915 年 1 月 31 日的日记条目，见 Lagzi (ed.),*Węgrzy*, p.143; 1. Kompagnie, k.u. 16/II Honvéd Marschbaon to V Verteidigungsbezirkskommando, 14 January 1915, KA Vienna: NFA Przemysl 1323, fo. 417。

［58］下文是基于这些传单的德文译本，见 MNZP Przemyśl: Archiwum Molnara: DVD 6-T. nr 23 MP.HIST 410。

［59］更多关于尼古拉对波兰人的号召，参阅第四章。关于塞尔维亚人和罗马尼亚人，不应低估其与俄罗斯人共同信奉的东正教信仰的重要性。要塞的奥匈帝国军队中有塞尔维亚士兵，因为这个原因他们拒绝向敌人开枪。参阅 A.Szczupak, 'W pamiętnych dniach Przemyśla. Wojenne zapiski bp.Konstantyna Czechowicza, ks. Mirona Podolińskiego i ks. Aleksandra Zubryckiego z lat 1914-1915', *Rocznik Przemyski* 51(3) (2015), p.183。

［60］有些人相信这些故事。参阅 Gayczak, *Pamiętnik*, p.72 （1915

年 3 月 8 日的条目）。

［61］Vert.Bez. VIII, orders of 3 and 16 February 1915. MNZP Przemyśl: Archiwum Molnara: DVD 7: T. nr 11 MP.HIST 398, fos. 13 and 29; Wolfgang, *Przemysl*, p.149.

［62］Festungskommandobefehle Nr 7 and 11 (2 and 6 January 1915), KA Vienna: NFA Przemysl 1323: fos. 66 and 117.

［63］匈牙利军官的日记，1915 年 2 月 2 日的条目，见 Lagzi (ed.), *Węgrzy*, p.144。关于人肉盾牌，参阅 ibid., p.152(1915 年 2 月 27 日的条目); and Vert.Bez. VIII, order of 16 February 1915, MNZP Przemyśl: Archiwum Molnara: DVD 7:-T. nr 11 MP.HIST 398, fo. 29。

［64］1915 年 1 月 7 日和 8 日库斯马内克与主教之间的通信，见 KA Vienna: NFA Przemysl 1323: fos. 133 and 137。关于切霍维奇及其战前对俄国东正教斗争的全面讨论，参阅 Szczupak, *Greckokatolicka diecezja Przemyska*, pp.16-40。

［65］Szczupak, *Greckokatolicka diecezja przemyska*, p.55.

［66］'Programm für die Predigten Sein Exzellenz des griechisch-kath. Bischofs', KA Vienna: NFA Przemysl 1323: fos. 413-14; Aleksander Zubrycki 神父对切霍维奇主教的补充，引自 Szczupak, *Greckokatolicka diecezja przemyska*, p.97。

［67］A. Watson, 'Morale', in J.Winter (ed.), *The Cambridge History of the First World War*, vol. 2: *The State* (Cambridge, 2014), p.179. 相比之下，1914—1918 年，英国军队处决了 346 名本国士兵，法国军队处决了约 600 名，而德国军队只处决了 48 名。俄国军队数据暂缺。

［68］Stock, *Notatnik*, p.132（1915 年 2 月 16 日的条目）。

［69］Gayczak, *Pamiętnik*, pp.26-27（1914 年 11 月 18 日的条目）。关于这一处决的另一种说法见蒂罗中尉，KA Vienna: NFA Przemysl 1321: fos. 203-4。蒂罗说，梅代茨基是属于第 15 步兵团的罗塞尼亚人。他在 11 月 5 日至 6 日逃离部队，当时他所在的部队已前往匈牙利。

［70］Festungskommando, 'Massnahmen gegen Desertion' Op.Nr

188/10, 6 February 1915, MNZP Przemyśl: Archiwum Molnara: DVD 7: T. nr 11 MP.HIST 398, fo. 18.

［71］Res.-Festungskommando-Befehl Nr 11, 5 March 1915, MNZP Przemyśl: Archiwum Molnara: DVD 7: T. nr 11 MP HIST 398, fo. 17; Tomann, 1915 年 3 月 10 日和 19 日的日记条目 , KA Vienna: NFA Przemysl 1322: fasz. 1345。

［72］Vit, *Wspomnienia*, pp.62-63.

［73］Stuckheil, 'Zweite Einschließung' (1926), pp.290 and 294-295; Major Artur Poeffel, 'Chronologische Zusammenstellung', KA Vienna: NL Kusmanek B/1137/12: fos. 13-14.

［74］参阅 Stuckheil's draft manuscript, 'Zweite Einschliessung II', 19 December 1925, in HL Budapest: II.169 M.kir. 23 HG: 4 Doboz。

［75］Stiefler, 'Über Psychosen und Neurosen (I.)', p.376. 关于开始大量涌入的病人，参阅 Pethö (ed.), *Belagerung und Gefangenschaft*, p.71（1915 年 2 月 8 日、12 日、13 日、15 日的条目）。

［76］Tomann, 1915 年 3 月 8 日的日记条目 , KA Vienna: NFA Przemysl 1322: fasz. 1345。

［77］Geőcze, *A przemysli tragédia*, p.176（3 月 15 日：2447 名伤员，10 614 名病员，8919 名“虚弱”病员，以及根据前后几天的记录，另外还有 3000 名“精疲力竭”的病员）。关于略微不同的数字，参看 Forstner, *Przemyśl*, pp.220-221。

［78］G. Stiefler, ‘Über Psychosen und Neurosen im Kriege (III.)’, *Jahrbücher für Psychiatrie und Neurologie* 38 (1917), pp.399 and 409-410.

［79］例如，匈牙利王家防卫军第 8 步兵团的额定兵力为 3334 人，但在 3 月中旬，每日报告的兵员短缺累计达 1000 名。参阅 ‘Betegjelentés [sick reports], 6-16 March 1915, MNZP Przemyśl: Archiwum Molnara: DVD 1: T. nr 14 MP.HIST 401, fos. 1-3, 5-6, 8-9 and 13-15。

［80］F. Reder von Schellmann, 'Memoiren eines Kriegsgefangenen nach der Übergabe von Przemyśl', p.12（1915 年 3 月 5 日的条目），KA

Vienna: NL Reder von Schellmann 763(B,C)。

[81] Stuckheil's draft manuscript, 'Zweite Einschliessung II', 19 December 1925, pp.94-100, in HL Budapest: II.169 M.kir. 23 HG: 4 Doboz.

[82] 参阅 *Wiadomości wojenne. Nr 143* of 11 March 1915，转载于 Archiwum Państwowe w Przemyślu, *Wojenna skrzynka pocztowa* (Przemyśl, 2014), p.52。

[83] 关于对狗、猫和老鼠的食用，参阅 Vit, *Wspomnienia*, p.79，以及（更低的价格）Tomann，1915 年 3 月 12 日的日记条目，KA Vienna: NFA Przemysl 1322: fasz. 1345。关于军队焚烧木质战壕材料的抱怨，参阅 Verteidigungsbezirkskommando VIII, Res. Nos. 466 and 471, 3 and 4 February 1915, MNZP Przemyśl: Archiwum Molnara: DVD 7: T. nr 11 MP.HIST 398, fos. 14 and 16。

[84] 匈牙利军官的日记，1915 年 3 月 6 日的条目，见 Lagzi (ed.), *Węgrzy*, p.157. 以及 , Wolfgang, *Przemysl*, p.150。

第七章　最后一战

[1] K.u.k. Festungskommando, Op.Nr 227/1 'Meine Soldaten!' , 18 March 1915, KA Vienna: NL Kusmanek B/1137/13: fo. 118. 另可参阅 Wolfgang, *Przemysl*, pp.156 and 161-164。

[2] Forstner, *Przemyśl*, p.224.

[3] Kusmanek, 'Die beiden Belagerungen' , p.50, KA Vienna: NL Kusmanek B/1137/14; Stuckheil' s draft manuscript, 'Zweite Einschliessung II' , 19 December 1925, p.64, in HL Budapest: II.169 M.kir. 23 HG: 4 Doboz.

[4] F. Hölzer, 1915 年 3 月 14 日的日记条目，KA Vienna: NL Hölzer B/486。

[5] 参阅 k.u.k. Festungskommando to AOK, Op.Nr 230/15, 发送于 1915 年 3 月 18 日晚 11 时 30 分 , KA Vienna: NL Kusmanek B/1137/13: fo. 117; Stuckheil's draft manuscript, 'Zweite Einschliessung II' , 1925 年 12 月 19 日 , pp.56-57, in HL Budapest: II.169 M.kir. 23 HG: 4 Doboz。

［6］参阅 k.u.k. Festungskommando to AOK, Op.Nr 228/3, 发送于1915年3月16日下午1时40分, KA Vienna: NL Kusmanek B/1137/13: fos. 113-14。

［7］关于对库斯马内克的完整辩护，参阅他的‘Die beiden Belagerungen’, pp.50-51, KA Vienna: NL Kusmanek B/1137/14。

［8］Stuckheil 的手写草稿详细记述了这次会议，‘Die zweite Einschliessung der Festung Przemysl. III. Das Ende’, 11 February 1926, pp.11-14, in HL Budapest: II.169 M.kir. 23 HG: 4 Doboz。

［9］Ibid., pp.10-11 and 13-14.

［10］关于攻击部队部署的命令，转载于 bid., pp.89-94。另可参阅 k.u.k. Festungskommando to AOK, Op.Nr 231/29, 19 Mar. 1915, KA Vienna: NL Kusmanek B/1137/13: fo. 106。

［11］K.u.k. Festungskommando, Op.Nr 230/11:‘Direktiven für die Durchführung des Durchbruches. Höhere Kmdos, Rgts-, Baons-, Komp.-Kmdten.’, 18 March 1915, KA Vienna: NL Kusmanek B/1137/4.

［12］Ibid.

［13］施托克描写了进攻前夕要塞守军的紧张情绪，参阅其 *Notatnik*, pp.150-151（1915年3月16日、17日的条目）。以及参看 Wolfgang, *Przemysl*, p.156。

［14］Stolz, *Tiroler Landsturmregiment Nr. II*, p.207.

［15］K.u.k. Festungskommando, Op.Nr 227/1 ‘Meine Soldaten!’, 18 March 1915, KA Vienna: NL Kusmanek B/1137/13: fo. 118. 原文下划线强调。关于命令未能下达大多数部队的情况，参阅 Geőcze, *A przemysli tragédia*, p.189。

［16］这一部分借鉴了 Vit, *Wspomnienia*, pp.78-85; Wolfgang, *Przemysl*, pp.154-179; and Stuckheil's draft manuscript, ‘Das Ende’, 11 February 1926, pp.19-32, in HL Budapest: II.169 M.kir. 23 HG: 4 Doboz。

［17］Vit, *Wspomnienia*, p.81.

［18］高逃兵率在整个进攻部队中很常见。参阅 Nerad, *Przemysl*,

p.45。道路上的混乱主要是匈牙利王家防卫军第 2 炮兵团的过错，他们在夜间迷失了方向。根据命令，3 月 18 日晚 8 时以后，利沃夫路上只允许向东部前线方向行驶的车辆通行。这个炮兵团认识到了自己的错误，试图在国民军第 93 步兵旅（国民军第 18 步兵团所属的编队）的人流中重新上路。参阅 Stuckheil's draft manuscript,‘Das Ende’, 11 February 1926, pp.20-21, in HL Budapest: II.169 M.kir. 23 HG: 4 D0b0z。

［19］以下内容摘自 Stuckheil's draft manuscript,‘Das Ende’, ibid., pp.32-46，其中包含了匈牙利王家防卫军第 2 步兵团第 2 营的指挥官 Eugen von Marschalkó 上尉的一篇叙述的译文。

［20］Ibid., pp.22 and 92.

［21］Festungskommando to AOK, telegram Op.Nr 231/32, 19 March 1915, KA Vienna: NL Kusmanek B/1137/13: fo. 108. 接近沙皇军队的英国消息来源对俄国人预知突袭行动提供了不同的解释。陆军武官尼尔森（J.F.Neilson）上尉和俄国历史教授伯纳德·帕雷斯（Bernard Pares）都被任命为战场上俄军的英国官方观察员。他们都报告说，俄国人是通过一名被击落的要塞飞行员传递的信息得知此事的。帕雷斯声称，在缴获的航空邮件中发现了一名参谋写给他妻子的信，其中提到了这次袭击，以及库斯马内克 3 月 18 日给这些人的命令的副本。然而，由于东部行动的计划开始得太晚（从 3 月 16 日开始），而且非常秘密，加上在此日期之后没有航空邮件航班，帕雷斯的这种说法并不正确。最有可能的是，俄国人希望向他们的英国盟友隐瞒他们在密码破译方面的实力，用这种说辞作为掩护。Stuckheil 提供了分析和进一步的证据，证实了库斯马内克的怀疑，即俄国拦截的他与奥匈帝国国防军最高统帅部的无线电通信是泄密源。参阅 Neilson's dispatch on Przemyśl. TNA London: WO106/1122; Pares, *Day by Day*, pp.157-160; and Stuckheil's draft manuscript, ‘Das Ende’, 11 February 1926, pp.14-16 and 44-45, in HL Budapest: II.169 M.kir 23 HG: 4 Doboz。

［22］Vit, *Wspomnienia*, p.81. 关于伤亡数字，参阅 Stuckheil's draft manuscript,‘Das Ende’, 11 February 1926, p.48, and Geőcze, *A przemysli tragédia*, p.195。根据 Stuckheil 的说法，俄国人声称在这次行动中俘虏了 107 名军官、3954 名士兵和 16 挺机枪。尼尔森的报告（TNA London：WO 106/1122）证实了这一点，指出有 4000 名士兵被俘，并造成了“极其严重的损失”。

［23］Dalecki and Mielnik (eds.), ‘Dziennik Józefy Prochazka’, p.278（1915 年 3 月 19 日的条目）。

［24］Jabłońska, *Dziennik*, pp.133-137(1915 年 3 月 19—21 日的条目); Pethö (ed.), *Belagerung und Gefangenschaft*, p.76（施坦尼采 1915 年 3 月 19 日的日记条目）; Gayczak, *Pamiętnik*, p.80（1915 年 3 月 20 日的条目）。

［25］Pavlov, ‘Russian Artillery’, p.265; Jabłońska, *Dziennik*, pp.133-134（1915 年 3 月 19 日的条目）； Stiefler, ‘Über Psychosen und Neurosen (I.)’, p.376。炮弹的数量引自 F.Hölzer, 1915 年 3 月 19 日的日记条目 , KA Vienna: NL Hölzer B/486。

［26］K.u.k. Festungskommando to AOK, Op.Nr 233/5, 21 March 1915, KA Vienna: NL Kusmanek B/1137/13: fo. 109.

［27］Wolfgang, *Przemysl*, pp.177-179; Vit, *Wspomnienia*, p.85.

［28］Stuckheil's draft manuscript, ‘Das Ende’, 11 February 1926, p.61, in HL Budapest: II.169 M.kir 23 HG: 4 Doboz.

［29］Geőcze, *A przemysli tragédia*, p.204.

［30］本次会议的备忘录发表在 Stuckheill, ‘Zweite Einschließung’ (1926), pp.406-407。

［31］Schwalb, ‘Verteidigung’, p.16.

［32］关于文件，参阅 ‘Res-Festungskommando-Befehl Nr 15’, 17 March 1915, MNZP Przemyśl: Archiwum Molnara: DVD 8: T. nr 11 MP.HIST 398, fo. 83。关于资金，参阅 Stuckheil, ‘Zweite Einschließung’ (1926), pp.408-409。

［33］Ibid., pp.530-532. 关于与施瓦尔布会面的细节，参阅 Nerad, *Przemysl*, p.46; and Stock, *Notatnik*, pp.155-156（1915 年 3 月 21 日的条目）。

［34］Jabłońska, *Dziennik*, p.140（1915 年 3 月 22 日的条目）。

［35］虽然各种资料来源对3月22日凌晨发生的事件的大致顺序有普遍一致的看法，但给出的时间有很大差异。

［36］W. Grzędzielski, ‘22. Marca 1915. Przeżycia i wrażenia’，最初分9个部分发表在 *Echo Przemyskie* 24-31 and 33（1916年3月23、26和30日，以及4月2、6、9、13、16和23日）上，并以删节的形式再版于 *Nasz Przemyśl* 4 (April 2014), pp.16-20, here at p.18; Jabłońska, *Dziennik*, p.139（1915年3月22日的条目）。

［37］Michaelsburg, *Im belagerten Przemysl*, p.143（1915年3月22日的条目）。其他资料来源（包括雅布隆斯卡和约瑟法·普罗哈斯卡，他们在一起避难，但时间上相差一个小时）记录的时间是凌晨3时或4时。

［38］Grzędzielski, ‘22. Marca 1915’, *Nasz Przemyśl* (April 2014), p.18; Jabłońska, *Dziennik*, p.139（1915年3月22日的条目）。

［39］Jabłońska, *Dziennik*, p.139（1915年3月22日的条目）。

［40］Gayczak, *Pamiętnik*, p.82（1915年3月22日的条目）。

［41］Dalecki and Mielnik (eds.), ‘Dziennik Józefy Prochazka’, p.280（1915年3月22日的条目）。

［42］R. Stanger, ‘Der letzte Flug aus Przemysl’, 转载于 A. Hemberger, *Der europäische Krieg und der Weltkrieg. Historische Darstellung der Kriegsereignisse von 1914/15*, vol. 2 (Vienna and Leipzig, 1915), pp.201-203。

［43］Jabłońska, *Dziennik*, pp.139-140 and 144（1915年3月22日、23日的条目）；以及 Michaelsburg, *Im belagerten Przemysl*, pp.145-146（1915年3月22日的条目）。

［44］Grzędzielski, ‘22. Marca 1915. Przeżycia i wrażenia V.’, *Echo Przemyskie. Rok XXI. Nr 28* (6 April 1916), p.1.

［45］关于这些桥梁的详细描述，见 Michaelsburg, *Im belagerten Przemysl*, pp.146-147（1915年3月22日的条目）。

［46］最为全面的描述，参阅 Jabłońska, *Dziennik*, pp.141-142（1915年3月22日的条目）。

［47］关于投降时前线气氛的生动描绘，参阅 Wolfgang, *Batjuschka*,

pp.7-15。以及 Vit, *Wspomnienia*, p.86; and Lenar, *Pamiętnik*, pp.20-21。

[48] 以下内容是基于 Stuckheil, 'Zweite Einschließung' (1926), pp.682-688。

[49] Ibid., p.680 (转载了 4 号堡垒指挥官 Gottfried Hohn 中尉的描述) and Reder von Schellmann, 'Memoiren eines Kriegsgefangenen', pp.13-14.（1915 年 3 月 22 日 的 条 目）， KA Vienna: NL Reder von Schellmann 763(B,C)。关于其他地方的气氛，参阅 Wolfgang, *Batjuschka*, pp.16-18, Vit, *Wspomnienia*, p.87; and Gayczak, *Pamiętnik*, p.82（1915 年 3 月 22 日的条目）。

[50]Nerad, *Przemysl*, pp.48-49. Cf. 以及 Stock, *Notatnik*, p.159 (1915 年 3 月 23 日的条目) 。格热杰勒斯基陈述了第一批俄军在他所说的 "1915 年 3 月 22 日" 是从哪个方向抵达的 , *Nasz Przemyśl* (April 2014), p.19。

[51] 关于平民的庆祝情况，参阅 Stuckheil, 'Zweite Einschließung' (1926), p.680。格热杰勒斯基否认了这一点，声称 "普热梅希尔的全体人民，没有任何国籍和信仰的分别，行为完全无可指责" [Grzędzielski, '22. Marca 1915', *Nasz Przemyśl* (April 2014), p.20] 。事实上，平民的反应可能确实是按种族有所区分的。犹太人最有理由害怕俄国的占领。(例如，参阅 Jabłońska, *Dziennik*, p.133，1915 年 3 月 18 日的条目，其中描写了犹太人取下商店招牌以让自己的种族身份不那么显眼) 。在受到奥匈帝国当局的残酷迫害后，一些罗塞尼亚人有充分的理由欢迎俄国人。波兰的反应很复杂。波兰人雅布隆斯卡当然仍为要塞守军的韧性感到骄傲，尽管她害怕并鄙视匈牙利王家防卫军的抢劫者。(参阅她的 *Dziennik*, p.145, 1915 年 3 月 25 日的条目) 。

[52] Stuckheil, 'Zweite Einschließung' (1926), p.681.

终章　深入黑暗

[1] 节选自盖佐 · 焦尼《只此一夜》的第 1、4 和 5 小节，翻译并转载于 T.Cross (ed.), *The Lost Voices of World War I: An International Anthology of Writers, Poets and Playwrights* (London, 1988, 1998), pp.349-350。焦尼曾

在普热梅希尔服役，1917 年 6 月在俄国囚禁中死于精神失常。他是匈牙利最著名的战争诗人，他的《只此一夜》是关于普热梅希尔战役的，在匈牙利文学经典中占有一席之地，相当于英国威尔弗雷德·欧文（Wilfred Owen）的《为国捐躯》（*Dulce et Decorum Est*）。

［2］Robinson, *Grand Duke*, pp.224-225.

［3］*Novoe Vremya*, quoted in A.J. May, *The Passing of the Hapsburg Monarchy 1914-1918*, vol. 1 (Philadelphia, PA, 1966), p.99. 关于在前线和被占领的加利西亚的公告，参阅 Brussilov, *Soldier's Note-Book*, p.123，以及，例如被占领的加利西亚城镇塔尔努夫的军事指挥官发布的海报，参阅 AN Cracow: Naczelny Komitet Narodowy: 282 (Mikrofilm: 100,480)。

［4］奥匈帝国国防军总司令弗里德里希大公的命令和副总参谋长冯·霍费尔将军（General von Höfer）的声明公布于 *Pester Lloyd. 62. Jahrgang, Nr 82. Morgenblatt* (23 March 1915), p.1。后一条消息已发表在 *Neues Wiener Tagblatt. 49. Jahrgang, Nr 81* (22 March 1915) 的一份晚间增刊上。

［5］*Neue Freie Presse* 18169 Morgenblatt (23 March 1915), pp.1-6. 另可参阅 'Die Kämpfe bei Przemysl und in Galizien', in 18167 Morgenblatt (21 March 1915), pp.8-9。

［6］Ansky, *Enemy*, p.64; Mick, *Kriegserfahrungen*, p.128.

［7］参阅 K.Bąkowski, 1915 年 3 月 22 日和 23 日的日记条目，Biblioteka Jagiellońska w Krakowie: rps 7283。更广泛的内容，参阅 Małecki，'W dobie autonomii Galicyjskiej'，pp.388-390。

［8］奥地利一个调查渎职的委员会在第一次世界大战结束后立即对库斯马内克进行了调查，但证明他是清白的。然而，正如本书前几章所显示的那样，怀疑依然存在，理由很充分。即使是前守军军官们也认为他浪费了早期为要塞收集食物的机会。参阅 Stolz, *Tiroler Landsturmregiment Nr. II*, pp.178-179 and 189-191。关于战后的调查，参阅 Forstner, *Przemyśl*, pp.290-291。

［9］Redlich, *Schicksalsjahre Österreichs*, vol. 2, pp.26-28（1915 年 3

月 24 日、26 日、28 日的日记条目）；*Pester Lloyd. 62. Jahrgang, Nr 88. Morgenblatt* (29 March 1915), p.1.

［10］参阅 Watson, *Ring of Steel*, pp.241-255, 以及，关于奥匈帝国军方的新闻局，参阅 C.Tepperberg, ‘War Press Office (Austria-Hungary)’, U.Daniel, P.Gatrell, O.Janz, H.Jones, J.Keene, A.Kramer and B.Nasson (eds.), *1914-1918-online. International Encyclopedia of the First World War*, accessed at https://encyclopedia.1914-1918-online.net/article/war_press_office_austria-hungary on 30 January 2019.

［11］Hecht, ‘Heeresergänzung’, pp.199-210.

［12］Rauchensteiner, *First World War*, pp.370-381; M.Thompson, *The White War: Life and Death on the Italian Front 1915-1919* (London, 2008), pp.22-33, 62 and 64.

［13］Redlich, *Schicksalsjahre Österreichs*, vol. 2, p.27（1915 年 3 月 26 日的日记条目）。

［14］R. Nachtigal, *Rußland und seine österreichisch-ungarischen Kriegsgefangenen (1914-1918)* (Remshalden, 2003), p.34. 第 7（南部）防区的军官于 3 月 22 日离开，其中包括国民军第 108（德裔奥地利人）步兵旅的所有军官。他们向南行军到尼藏科维斯，从那里乘火车先到多布罗米尔，然后通过利沃夫进入俄罗斯帝国。参阅 Stolz, *Tiroler Landsturmregiment Nr. II*, p.209。

［15］Nachtigal, *Rußland*, pp.33-34. 关于军官情绪的例子，参阅 Wolfgang, *Batjuschka*, pp.7-25; and Gayczak, *Pamiętnik*, pp.83-84（特别是 1915 年 3 月 24 日的条目）。

［16］Stock, *Notatnik*, p.161（1915 年 3 月 25 日的条目）。

［17］Nachtigal, *Rußland*, pp.36 and 143.

［18］Stuckheil,‘Zweite Einschließung’(1926), p.688.

［19］Nachtigal, *Rußland*, pp.36-37; Gayczak, *Pamiętnik*, pp.91-93（1915 年 4 月 19 日和 4 月 8 日的条目）。没收后，盖察克只剩下 1000 克朗。

［20］营地报纸 *S'Vogerl*，引自 A.Rachamimov, *POWs and the Great*

War: Captivity on the Eastern Front (Oxford and New York, 2002), p.99。以及，G.Wurzer, *Die Kriegsgefangenen der Mittelmächte in Russland im Ersten Weltkrieg* (Göttingen, 2005), pp.151-160。

［21］Gayczak, *Pamiętnik*, pp.89-91（1915 年 4 月 15 日、19 日的条目）。

［22］R. Nachtigal, 'Zur Anzahl der Kriegsgefangenen im Ersten Weltkrieg', *Militärgeschichtliche Zeitschrift* 67(2) (2008), p.368. 相比之下，第一次世界大战期间被德国关押的战俘死亡率为 5%—6%，奥匈帝国为 7.5%—10%，法国的战俘死亡率为 5.8%，英国约为 4%。在第二次世界大战期间，57.5% 的苏联战俘死于德国战俘营，原因是一种蓄意的饥饿政策。参阅 ibid., pp.356-357, 361, 372, 374; Snyder, *Bloodlands*, pp.175-182。

［23］S. Washburn, *On the Russian Front in World War I: Memoirs of an American War Correspondent* (New York, 1982), pp.91-93.

［24］下文基于 Lenar, *Pamiętnik*, pp.22-35。

［25］Ibid., p.23. 关于呕吐，参阅 Forstner, *Przemyśl*, p.259。关于允许加利西亚人回家的谎言，参阅 Tomann，1915 年 3 月 25 日的日记条目，KA Vienna: NFA Przemysl 1322: fasz. 1345; Stock, *Notatnik*, p.160（1915 年 3 月 23 日的条目）; and Wolfgang, *Batjuschka*, p.18。

［26］Lenar, *Pamiętnik*, p.27.

［27］Ibid., p.26.

［28］Ibid., p.35.

［29］Franz Hentsche，引自 Wurzer, *Kriegsgefangenen*, p.62。

［30］E. Brändström, *Unter Kriegsgefangenen in Rußland und Sibirien 1914-1920* (Berlin, 1922), pp.17-18.

［31］Stock, *Notatnik*, p.161（1915 年 3 月 25 日的条目）。施坦尼采还指出，在他的医院里，加利西亚人（有趣的是，包括犹太人）与其他人员是分开的，并没有立即撤离。参阅 Pethö (ed.), *Belagerung und Gefangenschaft*, p.109（1915 年 3 月 29 日的条目）。

［32］R. Nachtigal,‘Privilegiensystem und Zwangsrekrutierung. Russische Nationalitätenpolitik gegenüber Kriegsgefangenen aus ÖsterreichUngarn’, in J.Oltmer (ed.), *Kriegsgefangene im Europa des Ersten Weltkriegs* (Paderborn, Munich, Vienna and Zurich, 2006), pp.172-176.

［33］Nachtigal, *Rußland*, p.332.

［34］Wurzer, *Kriegsgefangenen*, pp.63-74.

［35］Brändström, *Unter Kriegsgefangenen*, pp.48-50. 瑞典援助工作者 Brändström 因其为改善在俄国的德国和奥匈帝国战俘的生存状况所做的不懈努力而被称为“西伯利亚天使”，据她记录，在关押在土耳其斯坦的 20 万名战俘中，有 4.5 万人死亡。

［36］Nachtigal, ‘Privilegiensystem’, pp.176-179.

［37］伊尔库茨克军区指令（Irkutsk Military District），引用自 Brändström, *Unter Kriegsgefangenen*, p.55。更为全面的信息，参阅 Wurzer, *Kriegsgefangenen*, pp.345-368 and 381-385。

［38］Wurzer, *Kriegsgefangenen*, pp.368-381. 1916 年 10 月，在铁路上工作的战俘中，53% 是匈牙利人，35% 是德国人，7.4% 是斯拉夫人，3.6% 是罗马尼亚人。

［39］L. Ehrenstein, *Der Fall der Festung Przemysl*, ed. E. Portisch (Bratislava, 1937), pp.65-71. 额外的细节来自于 Brändström, *Unter Kriegsgefangenen*, p.62; and Wurzer, *Kriegsgefangenen*, p.375。

［40］Wurzer, *Kriegsgefangenen*, pp.507-519; and Brändström, *Unter Kriegsgefangenen*, p.62.

［41］E.A.Welles, *Der verblasste Krieg. Vom Feld der Ehre in die Dunkelheit. Geschichte einer Familie in der Zeit des Ersten Weltkriegs* (Mödling, 2014), p.71.

［42］Orłowicz, *Illustrierter Führer*, p.98.

［43］参阅 ibid., p.100; von Hagen, *War*, p.25；普热梅希尔离任的波兰裔市长 Dr Włodzimierz Błażowski 向市议会官员们所做的演讲，AP Przemyśl: 129 (Akta Miasta Przemyśla): 1382。

［44］Pethö (ed.), *Belagerung und Gefangenschaft*, p.108（Artamonov的命令的复印件，11/24 March 1915）。

［45］马尔托斯（Martos）中将是第2集团军的一名军团指挥官，阿尔塔莫诺夫也在第2集团军中担任军团指挥官，他于1914年8月22日向奈登堡发射了300发炮弹，作为居民向其部队射击的惩罚，不过这是他错误的想法。参阅A.Watson, ' "Unheard-of Brutality": Russian Atrocities against Civilians in East Prussia, 1914-15', *Journal of Modern History* 86(4) (December 2014), pp.806-807。

［46］Gayczak, *Pamiętnik*, p.83（1915年3月24日的条目）； Pethö (ed.), *Belagerung und Gefangenschaft*, p.107（1915年3月26日的条目）；Michaelsburg, *Im belagerten Przemysl*, pp.152-153（1915年3月24日、25日的条目）。

［47］A.R., 'Jak wyglądała Wielkanoc 1915 w Przemyślu? ', *Echo Przemyskie. Rok XXI. Nr 33* (23 April 1916), p.2; Orłowicz, *Illustrierter Führer*, p.98.

［48］Jabłońska, *Dziennik*, pp.162-163（1915年4月18日的条目）；以及Dalecki and Mielnik (eds.), 'Dziennik Józefy Prochazka', p.281（1915年4月9日、12日的日记条目）。

［49］Jabłońska, *Dziennik*, p.151（1915年4月1日的条目）。

［50］参阅发送给维也纳警察局标题为"Polnische Politik!"的匿名谴责，这份文件于1917年夏天转交给奥地利内政部，以及普热梅希尔警察局K.k. Bezirkshauptmannschaft的回复，'Verhalten der Polen in Galizien gegenüber der jüdischen Bevölkerung'，1915年9月27日，AVA Vienna: Min.d.Innern, Präs., 22/Galiz. (1914-15): 2116: Doc. 15635, and 22/Galiz. (1916-17): 2117: Doc. 26250。地方当局否认维日博夫基对犹太人有偏见，但他被认定犯有通敌罪，并被判处22个月监禁。

［51］Szopa, 'Wspomnienia', p.20. Cf. Jabłońska, *Dziennik*, pp.162-163（1915年4月18日的条目）。

［52］Szczupak, *Greckokatolicka diecezja przemyska*, pp.130-132.

［53］Dalecki and Mielnik (eds.), 'Dziennik Józefy Prochazka', pp.282-283（1915 年 4 月 23 日的条目）。有关沙皇访问准备工作的文件保存在 TsDIAL Lviv: 645/1/16。

［54］细节摘自 Jabłońska, *Dziennik*, pp.165-166（1915 年 4 月 23 日的条目）；Michaelsburg, *Im belagerten Przemysl*, p.168（1915 年 4 月 30 日的条目）；由校长 Grzegorz Piotrowski 撰写的学校纪事，其中一个片段转载于 M.Dalecki and A.K. Mielnik (eds.), 'Oblężenia i okupacja Przemyśla przez Rosjan w latach 1914-1915 według kroniki Szkoły Ludowej Czteroklasowej Męskiej imienia św. Jana Kantego', *Archiwum Państwowe w Przemyślu*。*Rocznik Historyczno-Archiwalny* 23 (2011-12), p.186。1915 年 6 月 24 日（7 月 7 日）普热梅希尔省省长致加利西亚军事总督的备忘录草案中提到了格卢什基耶维奇的讲话，见 TsDIAL Lviv: 645/1/148, fo. 29。尼古拉大公对暗杀企图的恐惧，参阅 Robinson, *Grand Duke*, p.229。最后，关于沙皇访问的新闻短片可以在这里看到：https://www.youtube.com/watch?v=QzLZQNdJxY0, accessed on 3 March 2019。

［55］引用自 P.Szlanta, 'Der Erste Weltkrieg von 1914 bis 1915 als identitätsstiftender Faktor für die moderne polnische Nation', in G.P.Groß (ed.), *Die vergessene Front. Der Osten 1914/15. Ereignis, Wirkung, Nachwirkung* (Paderborn, Munich, Vienna and Zurich, 2006), p.160。

［56］Dalecki and Mielnik (eds.), 'Oblężenia i okupacja Przemyśla', pp.185-186, and idem (eds.), 'Dziennik Józefy Prochazka', p.284（1915 年 5 月 2 日、4 日的条目）。

［57］'Bericht des Legationsrates Baron Andrian' (26 July 1915), p.23, AVA Vienna: Min.d.Innern, Präs., 22/Galiz. (1914-15): 2116: Doc. 19644.

［58］Szczupak, *Greckokatolicka diecezja przemyska*, p.133.

［59］Jabłońska, *Dziennik*, pp.167-168（1915 年 5 月 1 日的条目）。关于逮捕波兰精英，参阅 Dalecki and Mielnik (eds.), 'Dziennik Józefy Prochazka', p.282（1915 年 4 月 21 日的条目）。

［60］AP Przemyśl: 397 (Afisze, plakaty i druki ulotne): 501. 海报未注明日期，但在当天流通的发行物上提到俄国命令犹太人在这一天离开，参阅 Dalecki and Mielnik (eds.),‘Dziennik Józefy Prochazka’, p.283（1915年4月28日的条目）。这是它出现在现代资料中的最早日期。

［61］Ibid., p.284（1915年5月8日的条目）。

［62］K.k. Bezirkshauptmannschaft in Przemyśl to k.k. galizische Statthalterei, 10 June 1915, reproduced in K.u.k. Ministerium des Äussern, *Sammlung von Nachweisen... II. Nachtrag*, p.89. 对于被驱逐的犹太人，Ansky（*Enemy*, pp.123-124）给出的数字是2万人，其中有1.3万人到达了利沃夫，其他人则去了多布罗米尔、莫希齐斯卡和桑博尔。关于利沃夫的危机，参阅 S. Bromberg-Bytkowski, 'Die Juden Lembergs unter der Russenherrschaft', *Jüdisches Archiv. Mitteilungen des Komitees 'Jüdisches Kriegsarchiv'. Lieferung 8-9* (January 1917), p.37。

［63］ 在 TsDIAL Lviv: Collection 645,‘Office of the Governor, Przemyśl’搜查后，没有发现任何有关驱逐该市和该地区犹太人的文件。纸质文件一定是被移除或销毁了。

［64］K.k. Bezirkshauptmannschaft in Przemyśl to k.k. galizische Statthalterei, 10 June 1915, reproduced in K.u.k. Ministerium des Äussern, *Sammlung von Nachweisen. . . II. Nachtrag*, p.9.

［65］K.k. Bezirkshauptmannschaft in Przemyśl, Polizeiabteilung, 'Verhalten der Polen in Galizien gegenüber der jüdischen Bevölkerung', 27 September 1915, AVA Vienna: Min.d.Innern, Präs., 22/Galiz. (1916-17): 2117: Doc. 26250; Jabłońska, *Dziennik*, pp.190 and 213（1915年5月21日和6月22日的条目）。

［66］Y. Altbauer, 'Przemysl during the Time of the Siege during the First World War (1914-1915)', translated by J.Landau and in A.Menczer (ed.), *Sefer Przemyśl*, at https://www.jewishgen.org/Yizkor/przemysl/prz172.html, accessed on 2 February 2016.

［67］Jabłońska, *Dziennik*, pp.168-169（1915年5月1日的条目）。

［68］Stone, *Eastern Front*, pp.128-140. 最新近的研究见 R.L. DiNardo, *Breakthrough: The Gorlice-Tarnow Campaign, 1915* (Santa Barbara, CA, Denver, CO, and Oxford, 2010), esp.Chs. 3, 4 and 5。

［69］Jabłońska, *Dziennik*, pp.172（1915 年 5 月 5 日的条目）and 181（5 月 14 日的条目）。

［70］Ibid., pp.179, 183-185, 188 and 195（1915 年 5 月 12、16、17、19、21 和 24 日的条目）。以及 , Dalecki and Mielnik (eds.), 'Dziennik Józefy Prochazka', pp.286-287（1915 年 5 月 17 日和 19 日的条目）。

［71］Jabłońska, *Dziennik*, p.185（1915 年 5 月 19 日的条目）提到了对消防队的逮捕。市政警察一直工作到 4 月 21 日，当天（沙皇来访前 48 小时）所有人都被传唤到警察总部并被逮捕。三天后，一些人被释放。其余的人被带到利沃夫并被监禁。参阅 K.k. Bezirkshauptmannschaft in Przemyśl to k.k. galizische Statthalterei, 10 June 1915, reproduced in K.u.k. Ministerium des Äussern, *Sammlung von Nachweisen... II. Nachtrag*, p.89。

［72］普热梅希尔市长 1915 年 6 月 24 日（7 月 7 日）致加利西亚军事总督的备忘录草案，关于格卢什基耶维奇逃亡和普热梅希尔资金的清单和其他信件，参阅 TsDIAL Lviv: 645/1/148, esp.fos. 1, 21-2 and 32。

［73］Jabłońska, *Dziennik*, p.195（1915 年 5 月 24 日的条目）。扣押达到应征年龄的男人和男孩，参阅 Dalecki and Mielnik (eds.), 'Dziennik Józefy Prochazka', p.286（1915 年 5 月 18 日的条目）。

［74］1915 年 4 月 30 日（5 月 13 日），普热梅希尔地区负责人给普热梅希尔市长的电报，TsDIAL Lviv: 645/1/148, fo. 1。

［75］Jabłońska, *Dziennik*, p.184（1915 年 5 月 18 日的条目）。更为全面的情况，参阅 pp.181-188（1915 年 5 月 14—21 日的条目）。

［76］Forstner, *Przemyśl*, p.269; Robinson, *Grand Duke*, pp.236-239.

［77］Bundesministerium, *Österreich-Ungarns letzter Krieg*, vol. 2, pp.393 and 433-434. 以及，Forstner, *Przemyśl*, pp.270-271。

［78］Dalecki and Mielnik (eds.), 'Dziennik Józefy Prochazka', p.289（1915 年 6 月 2 日的条目）。

［79］DiNardo, *Breakthrough*, pp.73-82.

［80］J. Różański, 'Przemyśl w latach drugiej wojny światowej', in F.Persowski, A.Kunysz and J.Olszak (eds.), *Tysiąc lat Przemyśla. Zarys historyczny*, vol. 2 (Warsaw and Cracow, 1974), pp.356-363. 皇家饭店曾是普热梅希尔的地标，1939 年 9 月 8 日在一次空袭中被燃烧弹炸毁。参阅 https://frp.com.pl/hotel-royalna- przeciwko-dworca-glownego-pkp,a- 47.html, accessed on 5 September 2018。

［81］A.B.Rossino, 'Nazi Anti-Jewish Policy during the Polish Campaign: The Case of the Einsatzgruppe von Woyrsch', *German Studies Review* 24(1) (February 2001), pp.41-44.

［82］Z. Konieczny, *Walki polsko-ukraińskie w Przemyślu i okolicy listopad grudzień 1918* (Przemyśl, 1993), 特别是（关于伤亡人员）p.67。关于更全面的背景，参阅 Watson, *Ring of Steel*, Chs. 11 and 12。

［83］W. Wierzbieniec, 'Żydzi w Przemyślu w okresie I wojny światowej', in H.Węgrzynek (ed.), *Żydzi i Polacy w okresie walk o niepodległość1914-1920. Materiały z sesji towarzyszącej wystawie 'Żyd, Polak, legionista 1914-1920 ' w Muzeum Historii Żydów Polskich POLIN* (Warsaw, 2015), pp.77-78 and 85-86. 关于此时波兰的大屠杀浪潮，参阅 Hagen, *Anti-Jewish Violence*, esp.Chs. 3, 4 and 7-9。

［84］A.J.Motyl, 'Ukrainian Nationalist Political Violence in Inter-War Poland, 1921-1939', *East European Quarterly* 19(1) (Spring 1985), pp.45-55; L.Kulińska, *Działalność terrorystyczna i sabotażowa nacjonalistycznych organizacji ukraińskich w Polsce w latach 1922-1939* (Cracow, 2009), pp.80, 169-171 and 190-192.

［85］参阅 W.Wierzbieniec, *Społeczność żydowska Przemyśla w latach 1918-1939* (Rzeszów, 1996), pp.163-169 and 272-283。W.W. Hagen, 'Before the "Final Solution": Toward a Comparative Analysis of Political Anti-Semitism in Interwar Germany and Poland', *Journal of Modern History* 68(2) (June 1996), pp.351-381，对波兰的反犹太主义，尤其是其现代化问题进

行了深刻的分析。

［86］Różański, ‘Przemyśl w latach drugiej wojny światowej’, pp.362-363. 对入侵和恐慌的生动描述，参阅 M.Schattner, ‘From Outbreak of WW II until the Liberation’, translated by J.Cohen and in A.Menczer (ed.), Sefer Przemyśl, at https://www.jewishgen.org/Yizkor/przemysl/prz371.html, accessed on 23 February 2019。

［87］R. Moorhouse, The Devils' Alliance: Hitler's Pact with Stalin, 1939-1941 (London, 2014), esp.pp.36-39 and 46. 1939 年 9 月 17 日，苏联向波兰驻莫斯科大使做出说明，称“波兰国家已不复存在”之后，他们不能“让在波兰领土上居住的乌克兰兄弟和白俄罗斯兄弟听天由命”。

［88］数据引用自 Snyder, *Bloodlands*, pp.410-411。1915 年，俄国政府在限制其军队的反犹太暴力升级为种族灭绝方面的作用，参阅 P.Holquist, ‘Les violences de l'armée russe à l'encontre des Juifs en 1915: causes et limites’, in J.Horne (ed.), Vers la guerre totale: le tournant de 1914-1915 (Paris, 2010), pp.191-219。

［89］J.T.Gross, *Revolution from Abroad: The Soviet Conquest of Poland's Western Ukraine and Western Belorussia*, expanded edn (Princeton, NJ, and Oxford, 2002), esp.pp.65-66, 106-108, and, for Przemyśl specifically, E.Grin-Piszczek, ‘Polityka Sowietów wobec mieszkańców Przemyśla na tle sytuacji terenów okupowanych przez ZSRR w latach 1939-1941’, *Archiwum Państwowe w Przemyślu. Rocznik Historyczno-Archiwalny* 18 (2004), pp.75, 83-92 and 100-103.

［90］Gross, *Revolution*, pp.228-229.

［91］文献中给出的来自被占领波兰的被驱逐者人数差异很大，从 31.5 万人（Snyder）到 150 万人（Davies）不等。这些差异既是由于消息来源的多样，也是由于“被驱逐者”定义的细微差别。格林 – 皮什切克（Grin-Piszczek）根据波兰历史学家丹尼尔·博奇科夫斯基（Daniel Boćkowski）的研究，详细分析之后认为被驱逐者的数目在 75 万至 78 万人之间。参阅 ibid., Ch. 6; Grin-Piszczek, ‘Polityka Sowietów’, pp.96

and 98-100; Snyder, *Bloodlands*, p.151; and N.Davies, *God's Playground: A History of Poland*, vol. 2: *1795 to the Present* (Oxford and New York, 2005), pp.331-334。

［92］T. Zając, 'Fall Barbarossa 22 czerwca 1941 roku-Walki na terenie 08. Przemyskiego Rejonu Umocnionego', *Rocznik Przemyski* 51 (2015), pp.136-146.

［93］Snyder, *Bloodlands*, p.121.

［94］M. Mazower, *Hitler's Empire: Nazi Rule in Occupied Europe* (London, 2009), Ch. 4; Snyder, *Bloodlands*, pp.126, 146-148. 尤其是关于普热梅希尔，参阅 Różański, 'Przemyśl w latach drugiej wojny światowej', pp.406-416。

［95］关于扎萨尼的战前犹太人口，参阅 Wierzbieniec, *Społeczność żydowska Przemyśla*, p.18 (figure for 1921)。

［96］种族主义和帝国主义在东方的重要性以及第一次世界大战中激进的军事心态已得到承认，但它们往往主要表现为德国的特征。事实上，在 1914—1915 年的沙皇军队中，所有的这些都要极端得多。参阅，尤其是 V.G. Liulevicius, *War Land on the Eastern Front: Culture, National Identity, and German Occupation in World War I* (Cambridge and New York, 2000); and I.V. Hull, *Absolute Destruction: Military Culture and the Practices of War in Imperial Germany* (Ithaca, NY, and London, 2005)。

［97］关于这方面的文献很多，但关于政策转变的绝佳描述，参阅 Snyder, *Bloodlands*, esp.Ch. 6。

［98］关于 Bełżec，参阅 ibid., pp.258-261。

［99］Dunagan, 'Lost World', pp.393-401. 另可参阅 H.J. Hartman and J.Krochmal (eds.), *Pamiętam każdy dzień... Losy Żydów przemyskich podczas II Wojny Światowej* (Przemyśl, 2001)。

［100］Z. Konieczny, 'Przemyśl w latach 1944-1948', in F.Persowski, A.Kunysz and J.Olszak (eds.), *Tysiąc lat Przemyśla. Zarys historyczny*, vol. 2 (Warsaw and Cracow, 1974), pp.455-456 and 487-488. K.Stadnik, 'Ukrainian-

Polish Population Transfers, 1944-46: Moving in Opposite Directions', in P.Gatrell and N. Baron (eds.), *Warlands: Population Resettlement and State Reconstruction in the Soviet-East European Borderlands, 1945-50* (Basingstoke, 2009), pp.165-187; 以及 O.Subtelny, 'Expulsion, Resettlement, Civil Strife: The Fate of Poland's Ukrainians, 1944-1947', in P.Ther and A.Siljak (eds.), *Redrawing Nations: Ethnic Cleansing in East-Central Europe, 1944-1948* (Lanham, MD, 2001), pp.155-172。

附录一 1914 年奥匈帝国军队的组织架构

［1］Rothenberg, *Army*, pp.74-78, 109 and 165; Rauchensteiner, *First World War*, pp.52-53. 关于总参谋长，参阅 S.W. Lackey, *The Rebirth of the Habsburg Army: Friedrich Beck and the Rise of the General Staff* (Westport, CT, and London, 1995), esp.pp.88-97。

［2］C. Hämmerle, 'Die k. (u.) k. Armee als "Schule des Volkes"? Zur Geschichte der Allgemeinen Wehrpflicht in der multinationalen Habsburgermonarchie (1866-1914/18)', in C.Jansen (ed.), *Der Bürger als Soldat. Die Militarisierung europäischer Gesellschaften im langen 19. Jahrhundert: ein internationaler Vergleich* (Essen, 2004), pp.175-186.

［3］Baczkowski, *Pod czarno-żółtymi sztandarami*, pp.21-24, 全面地介绍了兵役制度。关于军官，参阅 I.Deák, *Beyond Nationalism: A Social and Political History of the Habsburg Officer Corps, 1848-1918* (New York and Oxford, 1990), p.85。

［4］Rothenberg, *Army*, pp.109-110.

［5］Ibid., pp.110-111; Hecht, 'Heeresergänzung', pp.8-17.

［6］Deák, *Beyond Nationalism*, pp.99 and 194.

［7］Rauchensteiner, *First World War*, p.52; Watson, *Ring of Steel*, p.111; Sanborn, *Drafting the Russian Nation*, p.21.

［8］Watson, *Ring of Steel*, pp.73 and 118-119; Hecht, 'Heeresergänzung', p.34.

［9］Lackey, *Rebirth*, pp.131-135.

［10］Hecht, ‘Heeresergänzung’, pp.16-17 and 41-47. 关于装备，参阅 Stuckheil, ‘Ausrüstungszeit’, pp.208-209；以及 Reichsarchiv, *Weltkrieg*, vol. 2, ‘Anlage 2’。在普热梅希尔服役的国民军第 108 步兵旅的特点是只有 6 个营（后来是 5 个营）。国民军第 93 步兵旅有 8 个营（在 1 个团被派遣后），第 111 步兵旅有 11 个营，匈牙利国民军第 97 步兵旅有 12 个营。

［11］Hecht, ‘Heeresergänzung’, pp.38-40. 以及，Stuckheil, ‘Ausrüstungszeit’, garrison order of battle chart.

［12］Hecht, ‘Heeresergänzung’, p.37; Reichsarchiv, *Weltkrieg*, vol. 2, ‘Anlage 2’; Bundesministerium, *Österreich-Ungarns letzter Krieg*, vol. 1, pp.62-79; Rauchensteiner, *First World War*, p.53.

附录二　1914 年俄国军队的组织架构

［1］D.R.Jones, ‘Imperial Russia's Forces at War’, in A.R. Millett and W.Murray (eds.), *Military Effectiveness: The First World War*, vol. 1 (Cambridge, 1988), p.253.

［2］A.K.Wildman, *The End of the Russian Imperial Army*, vol. 1: *The Old Army and the Soldiers' Revolt (March-April 1917)* (Princeton, NJ, and Guildford, 1980), p.22. 相比之下，在 1900 年左右的奥匈帝国军队中，三分之二的将军是贵族出身，贵族约占整个职业军官队伍的四分之一。参阅 Deák, *Beyond Nationalism*, pp.160-161。

［3］W.C.Fuller, Jr, *Civil-Military Conflict in Imperial Russia 1881-1914* (Princeton, NJ, 1985), pp.9-10; G.Vitarbo, ‘Nationality Policy and the Russian Imperial Officer Corps, 1905-1914’, *Slavic Review* 66(4) (Winter 2007), pp.682-701.

［4］Fuller, *Civil-Military Conflict*, pp.8-9; Holquist, ‘To Count, to Extract, and to Exterminate’, pp.113-115.

［5］Wildman, *End*, vol. 1, pp.13-17 and 25-26.

[6] N.N.Golovine, *The Russian Army in the World War* (New Haven, CT, 1931), p.2. 关于这一挑战和俄军的野心更为全面的描述，参阅 Sanborn, *Drafting the Russian Nation*。

[7] Kappeler, *Russian Empire*, p.285; Rothenberg, *Army*, p.108.

[8] Stone, *Russian Army*, p.36; General Staff [British War Office], *Handbook of the Russian Army: Sixth Edition 1914* (London and Nashville, TN, 1996), pp.11 and 19.

[9] M. von Hagen, 'The Limits of Reform: The Multiethnic Imperial Army Confronts Nationalism, 1874-1917', in D.Schimmelpenninck van der Oye and B.W. Menning (eds.), *Reforming the Tsar's Army: Military Innovation in Imperial Russia from Peter the Great to the Revolution* (Washington, DC, and Cambridge, 2004), pp.40-43; Stone, *Russian Army*, pp.35-36; War Office, General Staff [Great Britain], *Handbook of the Russian Army*, pp.11-13.

[10] McNeal, *Tsar and Cossack*, pp.1-23, 37-41 and 58-62.

[11] Stone, *Russian Army*, p.55.

[12] 关于资金，参阅 Jones, 'Imperial Russia's Forces', pp. 258-259。关于炮兵部队，参阅 Pavlov, 'Russian Artillery', p.257；关于俄国军队薄弱的“联系”，参阅 Menning, *Bayonets*, esp.pp.270-271。

[13] Reichsarchiv, *Weltkrieg*, vol. 2, 'Anlage 2'; War Office, General Staff [Great Britain], *Handbook of the Russian Army*, pp.21, 31-33, 205-207, 264 and 267; Jones, 'Imperial Russia's Forces', p.281.

[14] War Office, General Staff [Great Britain], *Handbook of the Russian Army*, pp.49-50; Stone, *Eastern Front*, p.55; Knox, *With the Russian Army*, vol. 1, pp.xx-xxi and 268-269.

普热梅希尔公共市场的食物及其他物资价格资料来源

I. von Michaelsburg, *Im belagerten Przemysl. Tagebuchblätter aus großer Zeit* (Leipzig, 1915), pp. 81, 104 and 120-121; B. Geőcze, *A przemysli tragédia* (Budapest, 1922), pp. 111-112; H. z Seifertów Jabłońska, *Dziennik z oblężonego Przemyśla 1914-1915,* ed. H. Imbs (Przemyśl, 1994), pp. 94, 115 and 125-126; M. Dalecki and A. K. Mielnik (eds.), 'Dziennik Józefy Prochazka z okresu oblężenia i okupacji rosyjskiej Przemyśla w 1915 roku jako źródło historyczne', *Archiwum Państwowe w Przemyślu. Rocznik Historyczno-Archiwalny* 17 (2003), p. 276; A. Pethö (ed.), *Belagerung und Gefangenschaft. Von Przemyśl bis Russisch-Turkestan. Das Kriegstagebuch des Dr. Richard Ritter von Stenitzer 1914-1917* (Graz, 2010), pp. 68 and 74; S. Gayczak, *Pamiętnik Oberleutnanta Stanisława Marcelego Gayczaka,* ed. J. Gayczak (Przemyśl, n.d.), p. 73; J. Vit, *Wspomnienia z mojego pobytu w Przemyślu podczas rosyjskiego oblężenia 1914-1915*, trans. L. Hofbauer and J. Husar (Przemyśl, 1995), p. 77; J. J. Stock, *Notatnik z Twierdzy Przemyśl 1914-1915*, ed. J. Bator (Przemyśl, 2014), pp. 122, 133, 135, 137 and 144.

参考文献

档案资料

中央历史档案馆（波兰·华沙）

Austriackie sądy wojskowe okręgu X Korpusu w Przemyślu（奥地利军事法庭对于第十军团的反思）（417）:238，281，283，290，296，297，300，370.

国家档案馆（波兰·普热梅希尔）

129（Akta Miasta Przemyśla）–1382，1392，1594，1595.

397（Afisze，plakaty i druki ulotne）–19，20，47，49，482，483，484，501.

国家档案馆（波兰·克拉科夫）

Naczelny Komitet Narodowy:279 （Mikrofilm:100，477），282（Mikrofilm:100，480） and 296 （Mikrofilm:100，494）.

贾吉隆图书馆（波兰·克拉科夫）

Klemens Bąkowski–rps 7283.

历史档案馆（匈牙利·布达佩斯）

AKVI 9510，25931，29769，32935– 人事档案 :Oberstleutnant Elek Molnár。

II.169 M.kir.23 Honvéd Gyaloghadosztály（HG），2，3 and 4 Doboz. Tanulmánygyűjtemény （TGY） 18. István Bielek.

国家博物馆（奥地利·普热梅希尔）

Archiwum Podpułkownika Eleka Molnara–DVD 介绍，1–12。

一般行政档案馆（奥地利·维也纳）

Ministerium des Innern，Präsidiale （1914–15）:22/Galiz. Karton 2116. Ministerium des Innern，Präsidiale （1916–17）:22/Galiz. Karton 2117. Ministerium des Innern，Präsidiale （1918）:22/Galiz. Karton 2118.

战争档案馆（维也纳）

Luftfahrtarchiv （LA）:Ms. 72:Nikolaus Wagner v. Florheim，'Als Flieger in Przemysl'（n.d.）.

LA:Ms. 77:Roman Grutschnig，'Unser letzter Tag und Flug aus Przemysl'（1916）.

ilitärkanzlei Seiner Majestät des Kaisers （MKSM）:69–8/9（1914）; 69–11/1（1914）; 28–3/2（1915）.

Neue Feldakten （NFA）:30 ITD:Karton 1721，1722.

NFA:43. Sch.D:Karton 2180.

NFA:Festung Lemberg.

NFA:Festungskommando Przemysl:Karton 1321，1322，1323.

NFA:Gefechtsberichte 1914–1916 der 30 ITD:Karton 31.

Nachlaß （NL）:B/486 Oberleutnant Felix Hölzer.

NL:B/497 Eduard Freunthaler.

NL:B/608 Oberleutnant Rudolf Biedermann.

NL:B/726/1 Robert Nowak.

NL:B/737 Major Ludwig Páger.

NL:763（B，C） Major Ferdinand Ritter Reder von Schellmann.

NL:B/1017 Leutnant Reinhold Kollmayr.

NL:B/1137/4, 8, 11–15 Generaloberst Hermann Kusmanek von Burgneustädten.

Übers. NO 10.:G. Karolkow, Strategische Studie über den Weltkrieg 1914–1918. Periode vom 14. Sept. bis 28. Nov. 1914. Höherer Mil. Redaktionsdienst，trans. Mjr. Th. Pibl（Moscow 1923）.

Übers. NO 14.:P. Tscherkassow，*Der Sturm auf Przemysl* am 7.X. 1914. Stab der Roten Armee. Abteilung für die Auswertung u. Erforschung der Kriegserfahrungen. Ausgabe der Militär. Druckerei der Aktenabteilung des Volkskomm. für Heer und Flotte u. des Militär. Revol. Rates，trans. Mjr Th. Pibl（Moscow 1927）.

犹太人历史中央档案馆（以色列·耶路撒冷）

HM2–9177：伯纳德·豪斯纳博士对于俄罗斯人占领下犹太人社区的报告。

主权历史档案馆（乌克兰·利沃夫）

146/8/68：波兰王国和加利西亚犹太人状况资料，1915。

645/1/3：普热梅希尔古伯伦总督和加利西亚总督的命令。

645/1/7：关于加利西亚城镇以外的犹太人情况的材料。

645/1/16：筹备沙皇访问普热梅希尔。

645/1/148：关于向基辅移交普热梅希尔国库的材料。

国家档案馆（英国·伦敦）

WO 106/1122 and 1123：英军驻俄军随员尼尔森上尉在普热梅希尔战败后发来的邮件和照片（1915 年 5 月）。

私人收藏

Stanisław Szopa，“Wspomnienia z dziecinnych lat”（Przemyśl，July 1976）.

报纸

Echo Przemyskie. Fremden-Blatt.

Kriegsnachrichten

Neue Freie Presse.

Die Neue Zeitung.

Neues Wiener Tagblatt.

New York times

Nowa Reforma.

Oesterreichische Wehrzeitung.

Pester Lloyd.

Reichspost.

Ziemia Przemyska.

已出版的第一手资料

Anon. [C. Komadina] Dziennik oficera Landszturmu, trans. Marcin Wichrowski (Przemyśl: Tomasz Idzikowski Fort VIII, 'Łętownia', 2004).

Anon., Kalendarz pamiątkowy z czasów oblężenia Przemyśla w r. 1914 na Rok Pański 1915 (Przemyśl: Jan Łazor, 1914).

Anon., Odezwy i rozporządzenia z czas ó w okupacyi rosyjskiej Lwowa 1914–1915 (Lwów: Skład główny w Księgarni p. f. H. Altenberg, G. Seyfarth, E. Wende i Spółka, 1916).

Ansky, S., The Enemy at His Pleasure: A Journey through the Jewish Pale of Settlement during World War I, ed. and trans. Joachim Neugroschel (New York: Metropolitan Books, 2002).

Archiwun Pańsťwcwe von Auffenberg–Komar ó w, Moritz, Aus Österreichs Höhe und Niedergang: Eine Lebensschilderung (Munich: Drei Masken Verlag, 1921).

Baedeker, Karl, Austria–Hungary: Handbook for Travellers (Leipzig: Karl Baedeker, 1911).

Bergmann, Siegfried (ed.), Galizien. Seine kulturelle und wirtschaftliche Entwicklung (Vienna: Reise und Sport, 1912).

Bloch, Ivan [Jan] S., Is War Now Impossible? Being an Abridgment of 'The War of the Future in Its Technical, Economic and Political Relations', ed. W. T. Stead (London: Grant Richards, 1899).

Brändström, Elsa, Unter Kriegsgefangenen in Rußland und Sibirien 1914–1920 (Berlin: Deutsche Verlagsgesellschaft für Politik und Geschichte, 1922).

Bromberg-Bytkowski, S., 'Die Juden Lembergs unter der Russenherrschaft', Jüdisches Archiv. Mitteilungen des Komitees 'Jüdisches Kriegsarchiv'. Lieferung 8–9 (January 1917), pp. 1–38.

Broucek, Peter (ed.), Ein General im Zwielicht. Die Erinnerungen Edmund Glaises von Horstenau, vol 1: K.u.k. Generalstabsoffizier und Historiker (Vienna, Cologne and Graz: Böhlau, 1980).

—Theodor Ritter von Zeynek: Ein Offizier im Generalstabskorps erinnert sich (Vienna, Cologne and Weimar: Böhlau, 2009).

Brussilov, A. A., A Soldier's Note-Book 1914–1918 (London: Macmillan & Co., 1930).

Conrad von Hötzendorf, Franz, Aus meiner Dienstzeit 1906–1918, vol. 4: 24. Juni 1914 bis 30. September 1914. Die politischen und militärischen Vorgänge vom Fürstenmord in Sarajevo bis zum Abschluß der ersten und bis zum Beginn der zweiten Offensive gegen Serbien und Rußland (Vienna: Rikola, 1923).

—Aus meiner Dienstzeit 1906–1918, vol. 5: Oktober-November-Dezember 1914. Die Kriegsereignisse und die politischen Vorgänge in dieser Zeit (Vienna: Rikola, 1925).

Cross, Tim (ed.), The Lost Voices of World War I: An International Anthology of Writers, Poets and Playwrights (London: Bloomsbury, 1988, 1998).

Dalecki, Maciej, 'Wspomnienia przemyskich nauczycielek z okresu I wojny światowej', Przemyskie Zapiski Historyczne 18 (2010 - 11), pp. 143–69.

Dalecki, Maciej and Mielnik, Andrzej Kazimierz (eds.), 'Dziennik Józefy Prochazka z okresu oblężenia i okupacji rosyjskiej Przemyśla w 1915 roku jako źródło historyczne', Archiwum Państwowe w Przemyślu. Rocznik Historyczno–Archiwalny 17 (2003), pp. 269–90.

—(eds.) 'Oblężenia i okupacja Przemyśla przez Rosjan w latach 1914–1915 według kroniki Szkoły Ludowej Czteroklasowej Męskiej imienia św. Jana Kantego', Archiwum Państwowe w Przemyślu. Rocznik Historyczno–Archiwalny 23 (2011–12), pp. 179–90.

Ehrenstein, Leopold, Der Fall der Festung Przemysl, ed. Emil Portisch (Bratislava: Eigenverlag des Autors, 1937).

von Fabini, Ludwig, 'Die Feuertaufe des Eisernen Korps. Der erste Tag der Schlacht von Złoczów am 26. August 1914', Militärwissenschaftliche Mitteilungen 61 (1930), pp. 785–843.

Fleischer, Rudolf, 'Rückzug nach Przemyśl im Herbst 1914. (Erinnerungen eines Truppenoffiziers)', Militärwissenschaftliche und technische Mitteilungen 55 (1924), pp. 18–26 and 120–29.

Gayczak, Stanisław, Pamiętnik Oberleutnanta Stanisława Marcelego Gayczaka, ed. Jan Gayczak (Przemyśl: Urząd Miejski w Przemyślu, n.d.).

Geőcze, Bertalan, A przemysli tragédia (Budapest: Pesti Könyvnyomda Részvénytársaság, 1922).

von Guttry, Aleksander, Galizien. Land und Leute (Munich and Leipzig: Georg Müller, 1916).

Hašek, Jaroslav, The Good Soldier Švejk and His Fortunes in the World War, trans. Cecil Parrott (London: Penguin, 1973, 2000).

Hemberger, Andreas, Der europäische Krieg und der Weltkrieg. Historische Darstellung der Kriegsereignisse von 1914/15, 5 vols. (Vienna and Leipzig: A. Hartleben, 1915).

Hirschfeld, Magnus and Gaspar, Andreas (eds.), Sittengeschichte des ersten Weltkrieges (Hanau am Main: Karl Schustek, n.d.).

Horne, Charles F. (ed.), Source Records of the Great War: A Comprehensive and Readable Source Record of the World's Great War, Emphasizing the More Important Events, and Presenting These as Complete Narratives in the Actual Words of the Chief Officials and Most Eminent Leaders, vol. 3 (no place: National Alumni, 1923).

Knox, Alfred, With the Russian Army, 1914–1917:

Being Chiefly Extracts from the Diary of a Military Attach é , 2 vols. (London: Hutchinson, 1921).

Kovács, Elisabeth, Arato, P á l, Pichorner, Franz and Wewalka, Lotte (eds.), Untergang oder Rettung der Donaumonarchie?, vol. 2: Politische Dokumente zu Kaiser und König Karl I. (IV.) aus internationalen Archiven (Vienna, Cologne and Weimar: Böhlau, 2004).

von Kozma, Mikl ó s, Mackensens ungarische Husaren. Tagebuch eines Frontoffiziers 1914–1918, trans. Mirza von Schüching (Berlin and Vienna: Verlag für Kulturpolitik, 1933).

Krasicki, August, Dziennik z kampanii rosyjskiej 1914–1916 (Warsaw: Instytut Wydawniczy Pax, 1988).

Krauß, Alfred, Die Ursachen unserer Niederlage. Erinnerungen und Urteile aus dem Weltkrieg, 3rd edn (Munich: J. F. Lehmanns Verlag, 1923).

K.u.k. Kriegsministerium, Schematismus für das k.u.k. Heer und für die k.u.k. Kriegsmarine für 1914. Amtliche Ausgabe (Vienna: K.k. Hof–und Staatsdruckerei, 1914).

K.u.k. Ministerium des Äussern, Sammlung von Nachweisen für die Verletzungen des Völkerrechtes durch die mit Österreich–Ungarn Kriegführenden Staaten. Abgeschlossen mit 31. Jänner 1915 (Vienna: K.k. Hof–und Staatsdruckerei, 1915).

—Sammlung von Nachweisen für die Verletzungen des Völkerrechtes durch die mit Österreich–Ungarn Krieg führenden Staaten. I. Nachtrag. Abgeschlossen mit 30. April 1915 (Vienna: K.k. Hof–und Staatsdruckerei, 1915).

—Sammlung von Nachweisen für die Verletzungen des Völkerrechtes durch die mit Österreich-Ungarn Kriegführenden Staaten. II. Nachtrag. Abgeschlossen mit 30. November 1915 (Vienna: K.k. Hof-und Staatsdruckerei, 1916).

—Sammlung von Nachweisen für die Verletzungen des Völkerrechtes durch die mit Österreich-Ungarn Kriegführenden Staaten. III. Nachtrag. Abgeschlossen mit 30. Juni 1916 (Vienna: K.k. Hof-und Staatsdruckerei, 1916).

Künigl-Ehrenburg, Ilka, W oblężonym Przemyślu. Kartki dziennika z czasów Wielkiej Wojny (1914-1915), ed. Stanisław Stępień and trans.

Edward Pietraszek and Anna Siciak (Przemyśl: Południowo-Wschodni Instytut Naukowy, 2010).

Lagzi, István (ed.), Węgrzy w Twierdzy Przemyskiej w latach 1914-1915 (Warsaw and Przemyśl: Węgierski Instytut Kultury and Muzeum Narodowe Ziemi Przemyskiej w Przemyślu, 1985).

Lenar, Jan, Pamiętnik z walk o Twierdzę Przemyśl (Przemyśl: Tomasz Idzikowski Fort VIII, 'Łętownia', 2005).

Lévai, Jenő, Éhség, árulás, Przemyśl (Budapest: A 'Magyar Hétfő' Kiadása, 1933).

Ludendorff, Erich, My War Memories, 1914-1918, 2 vols. (London, 1919).

Magyar Kir. Központi Statisztikai Hivatal, A magyar szent korona orsz á gainak 1910. évi népszámlálása. Első rész. A népesség főbb adatai községek és népesebb pusztàk, telepek szerint (Budapest: Az athenaeum irodalmi és nyomdai r.- társulat nyomása, 1912).

Menczer, Arie (ed.), Sefer Przemyśl (Tel Aviv: Irgun Yotzei, 1964). Available in English translation at: https: www.jewishgen.org/yizkor/przemysl.html.

von Michaelsburg, I., Im belagerten Przemysl. Tagebuchblätter aus großer Zeit (Leipzig: C. F. Amelangs Verlag, 1915).

Molnár, Ferenc, Galicja 1914-1915.

Zapiski korespondent a wojennego, trans. Ákos Engelmayer (Warsaw: Most, 2012).

Nerad, Viktor, Przemysl. Erinnerungen des Genieoffiziers Viktor Nerad (Salzburg: Österreichischer Milizverlag, 2015).

Nónay, Dezső, A volt m. kir. szegedi 5. honvéd gyalogezred a világháborúban (Budapest: Szerzői magánkiadás, 1931).

Orłowicz, Mieczysław, Illustrierter Führer durch Przemyśl und Umgebung.

Mit besonderer Berücksichtigung der Schlachtfelder und Kriegsgräber 1914–15 (Lemberg: Verlag des Verbandes der Polnischen Vereine in Przemyśl, 1917).

Pares, Bernard, Day by Day with the Russian Army 1914–15 (London: Constable and Company, 1915).

Pethö, Albert (ed.), Belagerung und Gefangenschaft. Von Przemyśl bis Russisch–Turkestan.

Das Kriegstagebuch des Dr. Richard Ritter von Stenitzer 1914–1917 (Graz: Ares, 2010).

Pirquet, Clemens (ed.), Volksgesundheit im Kriege, 2 vols. (Vienna and New Haven, CT: Hölder–Pichler–Tempsky and Yale University Press, 1926).

Pomykacz, Tomacz, 'Jenő Lévai: Bój o fort I/1 "Łysiczka" ', Nasz Przemyśl 3 (March 2014), pp. 9–11; 4 (April 2014), pp. 14–15; 5 (May 2014), pp. 9–11.

Redlich, Josef, Schicksalsjahre Österreichs 1908–1919.

Das politische Tagebuch Josef Redlichs, ed. Fritz Fellner, 2 vols. (Graz and Cologne: Hermann Böhlau, 1953–4).

Remarque, Erich Maria, All Quiet on the Western Front, trans. Brian Murdoch (London: Vintage Books, 1996).

Romer, Jan Edward, Pamiętniki (Warsaw: Muzeum Historii Polski and Bellona, n.d.).

Sands, Bedwin (ed.), The Russians in Galicia (New York: Ukrainian National Council, 1916).

Schwalb, Hans, 'Die Verteidigung von Przemyśl 1914/15', Sonderabdruck aus den Mitteilungen über Gegenstände des Artillerie–und Geniewesens 49(9) (1918), pp. 1–20.

—'Improvisationen zur Bekämpfung von Luftfahrzeugen in der Festung Przemyśl 1914/15', Mitteilungen über Gegenstände des Artillerie–und Geniewesens, 49(10) (1918), pp. 1, 539–45.

Schwarz, Engelbrecht, Frauen in Przemysl. Sittenbilder aus der belagerten Festung 1914/15 (Darmstadt and Leipzig: Ernst Hofmann, 1936).

z Seifertów Jabłońska, Helena, Dziennik z oblężonego Przemyśla 1914–1915, ed. Hanna Imbs (Przemyśl: Południowo–Wschodni Instytut Naukowy, 1994).

Stenographische Protokolle über die Sitzungen des Hauses der Abgeordneten des österreichischen Reichsrates im Jahre 1917. XXII. Session, vol. 1: 1.

(Eröffnungs–) bis 21. Sitzung. (S. 1 bis 1155) (Vienna: k.k. Hof–und Staatsdruckerei, 1917).

Stepun, Fedor, Wie war es möglich. Briefe eines russischen Offiziers (Munich: Carl Hanser, 1929).

Stiefler, Georg, 'Über Psychosen und Neurosen im Kriege (I.)', Jahrbücher für Psychiatrie und Neurologie 37 (1917), pp. 374–488.

—'Über Psychosen und Neurosen im Kriege (II.)', Jahrbücher für Psychiatrie und Neurologie 38 (1917), pp. 159–83.

—'Über Psychosen und Neurosen im Kriege (III.)', Jahrbücher für Psychiatrie und Neurologie 38 (1917), pp. 381–430.

—'Über Psychosen und Neurosen im Kriege (IV.)', Jahrbücher für Psychiatrie und Neurologie 39 (1919), pp. 131–80.

—'Über Psychosen und Neurosen im Kriege (V.)', Jahrbücher für Psychiatrie und Neurologie 39 (1919), pp. 448–527.

—'Erfahrungen und Vorschläge über die militärärztliche Verwendung und

Stellung des psychiatrisch geschulten Neurologen im Kriege, im besonderen bei der Armee im Felde', Zeitschrift für die gesamte Neurologie und Psychiatrie 59(1) (December 1920), pp. 287–93.

Stock, Jan Jakub, Notatnik z Twierdzy Przemyśl 1914–1915, ed. Janusz Bator (Przemyśl: ZUP MONTEL–BR, 2014).

Stolz, Otto, Das Tiroler Landsturmregiment Nr. II im Kriege 1914–15 in Galizien (Innsbruck: Tiroler Landesmuseums Ferdinandeum, 1938).

Stuckheil, Franz, 'Die strategische Rolle Przemyśls auf dem östlichen Kriegsschauplatze', Militärwissenschaftliche und technische Mitteilungen 54 (1923), pp. 60–78 and 131–46.

—'Die Festung Przemyśl in der Ausrüstungszeit', Militärwissenschaftliche und technische Mitteilungen 55 (1924), pp. 201–30.

—'Die zweite Einschließung der Festung Przemyśl', Militärwissenschaftliche und technische Mitteilungen 55 (1924), pp. 289–309 and 395–417; 56 (1925), pp. 1–21, 110–33, 222–36 and 346–67; 57 (1926), pp. 162–73, 286–96, 405–10, 530–35 and 680–88.

Tăslăuanu, Octavian C., With the Austrian Army in Galicia (London: Skeffington & Son, n.d.).

Veltzé, Alois (ed.), Die Geschichte des großen Weltkrieges mit besonderer Berücksichtigung Österreich–Ungarns (3 vols., Vienna: Verlag für Vaterländische Literatur, 1917 – 20).

Vit, Jan, Wspomnienia z mojego pobytu w Przemyślu podczas rosyjskiego oblężenia 1914–1915, trans. L. Hofbauer and J. Husar (Przemyśl: Południowo–Wschodni Instytut Naukowy, 1995).

Völker, Rudolf, Przemysl. Sieg und Untergang der Festung am San (Vienna: Tyrolia, 1927).

War Office, General Staff [Great Britain], Handbook of the Russian Army, 1914 (London: Imperial War Museum and The Battery Press, 1996).

Washburn, Stanley, On the Russian Front in World War I: Memoirs of an

American War Correspondent (New York: Robert Speller and Sons, 1982).

Winkler, Wilhelm, Die Totenverluste der öst.-ung.

Monarchie nach Nationalitäten.

Die Altersgliederung der Toten. Ausblicke in die Zukunft (Vienna: L. W. Seidl & Sohn, 1919).

Welles, Eva Anna, Der verblasste Krieg. Vom Feld der Ehre in die Dunkelheit.

Geschichte einer Familie in der Zeit des Ersten Weltkriegs (Mödling: CCU, 2014).

Wolfgang, Bruno, Przemysl 1914–1915 (Vienna: Kommanditgesellschaft Payer & Co., 1935).

—Batjuschka. Ein Kriegsgefangenenschicksal (Vienna and Leipzig: Wiener Verlagsgesellschaft, 1941).

Zakrzewska, Wanda, Oblężenie Przemyśla rok 1914–1915.

Z przeżytych dni (Lwów: Nakładem Autorki, 1916).

Zombory-Moldován, Béla, The Burning of the World. A Memoir of 1914, trans. Peter Zombory-Moldovan (New York: New York Review Books, 2014).

Zubrycki, Mychajło, 'Dziennik', in Andrzej A. Zięba and Adam Świątek (eds.), Monarchia, wojna, człowiek. Codzienne i niecodzienne życie mieszkańców Galicji w czasie pierwszej wojny światowej (Cracow: Polska Akademia Umiejętności and Księgarnia Akademicka, 2014), pp. 65–76.

Талергофскiй альманахъ. Пропамятная книга австрiйскихъ жестокостей, изуверстствъ и насилiй надъ карпато-русскимъ народомъ во время Всемiрной войны 1914–1917 гг. (Lviv: Изданiе «Талергофскаго Комитета», 1924).

已出版的第二手资料

Afflerbach, Holger and Stevenson, David (eds.), An Improbable War: The Outbreak of World War I and European Political Culture before 1914 (New York and Oxford: Berghahn, 2007).

Avrutin, Eugene M., 'Racial Categories and the Politics of (Jewish) Difference in Late Imperial Russia', Kritika: Explorations in Russian and Eurasian History 8(1) (Winter 2007), pp. 13–40.

Bachmann, Klaus, Ein Herd der Feindschaft gegen Rußland. Galizien als Krisenherd in den Beziehungen der Donaumonarchie mit Rußland (1907–1914) (Vienna and Munich: Verlag für Geschichte und Politik and R. Oldenbourg, 2001).

Baczkowski, Michał, Pod czarno–żółtymi sztandarami. Galicja i jej mieszkańcy wobec austro–węgierskich struktur militarnych 1868–1914 (Cracow: Towarzystwo Wydawnicze 'Historia Iagellonica', 2003).

Bartov, Omer and Weitz, Eric D. (eds.), Shatterzone of Empires: Coexistence and Violence in the German, Habsburg, Russian and Ottoman Borderlands (Bloomington and Indianapolis, IN: Indiana University Press, 2013).

Bator, Juliusz, Wojna Galicyjska. Działania armii austro–węgierskiej na froncie północnym (galicyjskim) w latach 1914–1915 (Cracow: Libron, 2005).

Binder, Harald, Galizien in Wien. Parteien, Wahlen, Fraktionen und Abgeordnete im Übergang zur Massenpolitik (Vienna: Verlag der Österreichischen Akademie der Wissenschaften, 2005).

Bobusia, Bogusław and Gosztyła, Marek et al., Plany Twierdzy Przemyśl. The Stronghold of Przemyśl –Plans, 3 vols. (Przemyśl: Archiwum Państwowe w Przemyślu, Przemyskie Towarzystwo Archiwistyczne 'Archiwariusz' w Przemyślu and Stowarzyszenie Opieki nad Twierdzą Przemyśl i Dziedzictwem Kulturowym Ziemi Przemyskiej, 2004, 2006 and 2010).

Böhler, Jochen, Borodziej, Włodzimierz and von Puttkamer, Joachim (eds.), Legacies of Violence: Eastern Europe's First World War (Munich: Oldenbourg, 2014).

Bundesministerium für Heereswesen und Kriegsarchiv, Österreich–

Ungarns letzter Krieg, vol. 1: Vom Kriegsausbruch bis zum Ausgang der Schlacht bei Limanowa–Łapanów (Vienna: Verlag der Militärwissenschaftlichen Mitteilungen, 1931).

—Österreich–Ungarns letzter Krieg, vol. 2: Vom Ausklang der Schlacht bei Limanowa–Łapanów bis zur Einnahme von Brest–Litowsk (Vienna: Verlag der Militärwissenschaftlichen Mitteilungen, 1931).

Bushnell, John, 'Peasants in Uniform: The Tsarist Army as a Peasant Society', Journal of Social History 13(4) (Summer 1980), pp. 565–76.

—'The Tsarist Officer Corps, 1881–1914: Customs, Duties, Inefficiency', American Historical Review 86(4) (October 1981), pp. 753–80.

Clark, Christopher, The Sleepwalkers: How Europe Went to War in 1914 (New York: Basic Books, 2013).

Cohen, Gary B., 'Nationalist Politics and the Dynamics of State and Civil Society in the Habsburg Monarchy, 1867–1914', Central European History 40(2) (June 2007), pp. 241–78.

Cole, Laurence, Military Culture and Popular Patriotism in Late Imperial Austria (Oxford: Oxford University Press, 2014).

Cornwall, Mark, 'Morale and Patriotism in the Austro–Hungarian Army, 1914–1918', in John Horne (ed.), State, Society and Mobilization in Europe during the First World War (Cambridge, New York and Oakleigh: Cambridge University Press, 1997), pp. 173–91.

Czernin von Chudenitz, Franz, Das Postwesen in der ÖU. Festung Przemyśl während der beiden Belagerungen 1914/1915 (Vienna: The Author, 1985).

Dalecki, Maciej, 'Rozbudowa urządzeń komunalnych Przemyśla w latach 1867–1914', Rocznik Historyczno–Archiwalny 6 (1989), pp. 49–62.

Davies, Norman, God's Playground: A History of Poland, vol. 2: 1795 to the Present (Oxford and New York: Oxford University Press, 2005).

Deák, István, Beyond Nationalism: A Social and Political History of the Habsburg Officer Corps, 1848–1918 (New York and Oxford: Oxford University

Press, 1990).

Deak, John, Forging a Multinational State: State Making in Imperial Austria from the Enlightenment to the First World War (Stanford, CA: Stanford University Press, 2015).

DiNardo, Richard L., Breakthrough: The Gorlice–Tarnow Campaign, 1915 (Santa Barbara, CA, Denver, CO, and Oxford: Praeger, 2010).

Dowling, Timothy C. (ed.), Russia at War: From the Mongol Conquest to Afghanistan, Chechnya, and Beyond, vol. 1: A–M (Santa Barbara, CA, Denver, CO, and Oxford: ABC–CLIO, 2015).

Duffy, Christopher, Fire and Stone: The Science of Fortress Warfare 1660–1860 (Newton Abbot, London and Vancouver: David and Charles, 1975).

Fahey, John E., 'Przemyśl, Galicia: A Garrison Town before, during, between and after War (1873–1953)', Revista Universitaria de Historia Militar 5(9) (2016), pp. 212–29.

—'Undermining a Bulwark of the Monarchy: Civil– Military Relations in Fortress Przemyśl (1871–1914)', Austrian History Yearbook 48 (2017), pp. 145–58.

Forstner, Franz, Przemyśl: Österreich–Ungarns bedeutendste Festung, 2nd edn (Vienna: ÖBV Pädagogischer Verlag, 1987, 1997).

Führ, Christoph, Das k.u.k. Armeeoberkommando und die Innenpolitik in Österreich 1914–1917 (Graz, Vienna and Cologne: Hermann Böhlaus Nachf., 1968).

Fuller, William C., Jr, Civil–Military Conflict in Imperial Russia 1881–1914 (Princeton, NJ: Princeton University Press, 1985).

Galάntai, József, Hungary in the First World War (Budapest: Akadémiai Kiadó, 1989).

Gatrell, Peter, A Whole Empire Walking: Refugees in Russia during World War I (Bloomington and Indianapolis, IN: Indiana University Press, 1999).

Geinitz, Christian, 'The First Air War against Noncombatants: Strategic

Bombing of German Cities in World War I', in Roger Chickering and Stig Förster (eds.), Great War, Total War: Combat and Mobilization on the Western Front, 1914–1918 (Cambridge: Cambridge University Press and The German Historical Institute, 2000), pp. 207–26.

Gerwarth, Robert, The Vanquished: Why the First World War Failed to End, 1917–1923 (London: Penguin, 2016).

Golczewski, Frank, Polnische-jüdische Beziehungen 1881–1922. Eine Studie zur Geschichte des Antisemitismus in Osteuropa (Wiesbaden: Franz Steiner, 1981).

Golovine, Nicholas N., The Russian Army in the World War (New Haven, CT: Yale University Press, 1931).

Gray, Peter and Thetford, Owen, German Aircraft of the First World War (London: Putnam, 1962).

Grin–Piszczek, Ewa, 'Polityka Sowietów wobec mieszkańców Przemyśla na tle sytuacji terenów okupowanych przez ZSRR w latach 1939–1941', Archiwum Państwowe w Przemyślu. Rocznik Historyczno–Archiwalny 18 (2004), pp. 76–119.

Gross, Jan T., Revolution from Abroad: The Soviet Conquest of Poland's Western Ukraine and Western Belorussia, expanded edn (Princeton, NJ, and Oxford: Princeton University Press, 2002).

Gudmundsson, Bruce, 'Introduction', in Sanders Marble (ed.), King of Battle: Artillery in World War I (Leiden and Boston, MA: Brill, 2015), pp. 1–34.

Gumz, Jonathan E., The Resurrection and Collapse of Empire in Habsburg Serbia, 1914–1918 (Cambridge and New York: Cambridge University Press, 2009).

von Hagen, Mark, 'The Limits of Reform: The Multiethnic Imperial Army Confronts Nationalism, 1874–1917', in David Schimmelpenninck van der Oye and Bruce W. Menning (eds.), Reforming the Tsar's Army: Military Innovation in Imperial Russia from Peter the Great to the Revolution (Washington, DC, and

Cambridge: Woodrow Wilson Center Press and Cambridge University Press, 2004), pp. 34–55.

—War in a European Borderland: Occupations and Occupation Plans in Galicia and Ukraine, 1914–1918 (Seattle, WA: REECAS, University of Washington, 2007).

Hagen, William W., 'Before the "Final Solution": Toward a Comparative Analysis of Political Anti–Semitism in Interwar Germany and Poland', Journal of Modern History 68(2) (June 1996), pp. 351–81.

—Anti–Jewish Violence in Poland, 1914–1920 (Cambridge and New York: Cambridge University Press, 2018).

Hall, Richard C. (ed.), War in the Balkans: An Encyclopedic History from the Fall of the Ottoman Empire to the Breakup of Yugoslavia (Santa Barbara, CA, Denver, CO, and Oxford: ABC–Clio, 2014).

Hämmerle, Christa, 'Die k. (u.) k. Armee als "Schule des Volkes"? Zur Geschichte der Allgemeinen Wehrpflicht in der multinationalen Habsburgermonarchie (1866–1914/18)', in Christian Jansen (ed.), Der Bürger als Soldat. Die Militarisierung europäischer Gesellschaften im langen 19. Jahrhundert: ein internationaler Vergleich (Essen: Klartext, 2004), pp. 175–213.

—' ". . . dort wurden wir dressiert und sekiert und geschlagen . . ." Vom Drill, dem Disziplinarstrafrecht und Soldatenmisshandlungen im Heer (1868 bis 1914)', in Laurence Cole, Christa Hämmerle and Martin Scheutz (eds.), Glanz–Gewalt–Gehorsam. Militär und Gesellschaft in der Habsburgermonarchie (1800 bis 1918) (Essen: Klartext, 2011), pp. 31–54.

Hann, Chris, 'Postsocialist Nationalism: Rediscovering the Past in Southeast Poland', Slavic Review 57(4) (Winter 1998), pp. 840–63.

Harmat, Ulrike, 'Divorce and Remarriage in Austria–Hungary: The Second Marriage of Franz Conrad von Hötzendorf', Austrian History Yearbook 32 (January 2001), pp. 69–103.

Harris, Jason B., LaRocque, Regina C., Qadri, Firdausi, Ryan, Edward T.

and Calderwood, Stephen B., 'Cholera', Lancet 379 (2012), pp. 2,466–76.

Hartman, John J. and Krochmal, Jacek (eds.), Pamiętam każdy dzień . . . Losy Żydów przemyskich podczas II Wojny Światowej (Przemyśl: Towarzystwo Przyjaciół Nauk w Przemyślu, 2001).

Hauser, Leopold, Monografia miasta Przemyśla (Przemyśl: Południowo-Wschodni Instytut Naukowy w Przemyślu, 1883, 1991).

Heiden, Hermann, Bollwerk am San. Schicksal der Festung Przemysl (Oldenburg i.O. and Berlin: Gerhard Stalling, 1940).

Herwig, Holger H., The First World War: Germany and Austria-Hungary 1914–1918 (London, New York, Sydney and Auckland: Arnold, 1997).

—The Marne, 1914: The Opening of World War I and the Battle that Changed the World (New York: Random House, 2009).

Hofer, Hans-Georg, Nervenschwäche und Krieg. Modernitätskritik und Krisenbewältigung in der österreichischen Psychiatrie (1880–1920) (Vienna, Cologne and Weimar: Böhlau, 2004).

Hoffmann-Holter, Beatrix, 'Abreisendmachung'. Jüdische Kriegsflüchtlinge in Wien 1914 bis 1923 (Cologne and Weimar: Böhlau, 1995).

Holquist, Peter, 'To Count, to Extract, and to Exterminate: Population Statistics and Population Politics in Late Imperial and Soviet Russia', in Ronald Grigor Suny and Terry Martin (eds.), A State of Nations: Empire and Nation-Making in the Age of Lenin and Stalin (Oxford and New York: Oxford University Press, 2001), pp. 111–44.

—'Les violences de l'armée russe à l'encontre des Juifs en 1915: causes et limites', in John Horne (ed.), Vers la guerre totale: le tournant de 1914–1915 (Paris: Tallandier, 2010), pp. 191–219.

—'The Role of Personality in the First (1914–1915) Russian Occupation of Galicia and Bukovina', in Jonathan Dekel-Chen, David Gaunt, Natan M. Meir and Israel Bartal (eds.), Anti-Jewish Violence: Rethinking the Pogrom in East European History (Bloomington and Indianapolis, IN: Indiana University Press,

2010), pp. 52–73.

Holzer, Anton, Das Lächeln der Henker. Der unbekannte Krieg gegen die Zivilbevölkerung 1914–1918 (Darmstadt: Primus, 2008).

Hull, Isabel V., Absolute Destruction: Military Culture and the Practices of War in Imperial Germany (Ithaca, NY, and London: Cornell University Press, 2005).

Idzikowski, Tomasz, 'Uniwersalny fort pancerny Twierdzy Przemyśl–Fort IV "Optyń" w świetle ostatnich badań terenowych i archiwalnych', in Waldemar Brzoskwinia (ed.), Fortyfikacja austriacka – Twierdza Przemyśl. Materiały z konferencji naukowej Towarzystwa Przyjacioł fortyfikacji Przemyśl, 30 IX–3 X 1999 roku (Warsaw and Cracow: Towarzystwo Przyjaciół Fortyfikacji, 1999), pp. 79–90.

—'Fortyfikacje polowe Twierdzy Przemyśl – Problematyka ochrony reliktów pola bitwy 1914–1915', in Waldemar Brzoskwinia (ed.), Fortyfikacja austriacka – Twierdza Przemyśl. Materiały z konferencji naukowej Towarzystwa Przyjaciół Fortyfikacji Przemyśl, 30 IX–3 X 1999 roku (Warsaw and Cracow: Towarzystwo Przyjaciół Fortyfikacji, 1999), pp. 101–9.

—'Grupa Siedliska', in Janusz Polaczek (ed.), Twierdza Przemyśl w Galicji. Materiały z konferencji naukowej, Przemyśl, 25–27 kwietnia 2002 (Przemyśl: Regionalny Ośrodek Kultury, Edukacji i Nauki w Przemyślu i Studenckie Koło Naukowe Historyk ó w Uniwersytetu Jagiello ń skiego, 2003), pp. 83–107.

—Fort I 'Salis-Soglio' (Przemyśl: Tomasz Idzikowski Fort VIII 'Łętownia', 2004).

—Fort XV 'Borek' (Przemyśl: Tomasz Idzikowski Fort VIII 'Łętownia', 2004).

—Twierdza Przemyśl. Powstanie–Rozwój – Technologie (Krosno: Arete, 2014).

Jasiak, Marek, 'Overcoming Ukrainian Resistance: The Deportation of Ukrainians within Poland in 1947', in Philipp Ther and Ana Siljak (eds.),

Redrawing Nations: Ethnic Cleansing in East-Central Europe, 1944–1948 (Lanham, MD: Rowman & Littlefield, 2001), pp. 173–94.

Jeřábek, Rudolf, 'The Eastern Front', in Mark Cornwall (ed.), The Last Years of Austria-Hungary:

A Multi-National Experiment in Early Twentieth-Century Europe, revised and expanded edn (Exeter: University of Exeter Press, 2002), pp. 149–65.

Jones, David R., 'Imperial Russia's Forces at War', in Allan R. Millett and Williamson Murray (eds.), Military Effectiveness, vol.1: The First World War (Cambridge: Cambridge University Press, 1988), pp. 249–328.

Judson, Pieter M., The Habsburg Empire: A New History (Cambridge, MA, and London: Belknap Press, 2016).

Kappeler, Andreas, The Russian Empire: A Multiethnic History (Harlow: Longman, 2001).

Kargol, Tomasz, Odbudowa Galicji ze zniszczeń wojennych w latach 1914–1918 (Cracow: Historia Iagellonica, 2012).

Konieczny, Zdzisław, Walki polsko-ukraińskie w Przemyślu i okolicy listopad grudzień 1918 (Przemyśl: Spółdzielnia Inwalidów 'Praca', 1993).

Kramarz, Walerjan, Ludność Przemyśla w latach 1521–1921 (Przemyśl: Jan Łazor, 1930). Wydano z zasiłku Ministerstwa Wyznań Religijnych i Oświecenia Publicznego.

Kronenbitter, Günther, 'Krieg im Frieden'. Die Führung der k.u.k. Armee und die Großmachtpolitik Österreich-Ungarns 1906–1914 (Munich: R. Oldenbourg, 2003).

Kulińska, Lucyna, Działalność terrorystyczna i sabotażowa nacjonalistycznych organizacji ukraińskich w Polsce w latach 1922–1939 (Cracow: Księgarnia Akademicka, 2009).

Lackey, Scott W., The Rebirth of the Habsburg Army: Friedrich Beck and the Rise of the General Staff (Westport, CT, and London: Greenwood Press, 1995).

Lambroza, Shlomo, 'The Pogroms of 1903–1906', in John D. Klier and Shlomo Lambroza (eds.), Pogroms: Anti-Jewish Violence in Modern Russian History (Cambridge: Cambridge University Press, 1992), pp. 195–247.

Levene, Mark, The Crisis of Genocide, vol. 1: Devastation: The European Rimlands, 1912–1938, and vol. 2: Annihilation: The European Rimlands, 1939–1953 (Oxford and New York: Oxford University Press, 2013).

Lieven, Dominic, Towards the Flame: Empire, War and the End of Tsarist Russia (London: Allen Lane, 2015).

Lindemann, Albert S., Esau's Tears: Modern Anti-Semitism and the Rise of the Jews (Cambridge: Cambridge University Press, 1997).

Liulevicius, Vėjas Gabriel, War Land on the Eastern Front: Culture, National Identity, and German Occupation in World War I (Cambridge and New York: Cambridge University Press, 2000).

Lohr, Eric, Nationalizing the Russian Empire: The Campaign against Enemy Aliens during World War I (Cambridge, MA, and London: Harvard University Press, 2003).

—'1915 and the War Pogrom Paradigm in the Russian Empire', in Jonathan Dekel-Chen, David Gaunt, Natan M. Meir and Israel Bartal (eds.), Anti-Jewish Violence: Rethinking the Pogrom in East European History (Bloomington and Indianapolis, IN: Indiana University Press, 2010), pp. 41–51.

Lucas, James, Austro-Hungarian Infantry 1914–1918 (London: Almark, 1973).

—Fighting Troops of the Austro-Hungarian Army 1868–1914 (New York and Tunbridge Wells: Hippocrene Books and Spellmount, 1987).

Macartney, C. A., The Habsburg Empire 1790–1918 (London: Weidenfeld and Nicolson, 1968).

McMeekin, Sean, The Russian Origins of the First World War (Cambridge, MA, and London: Belknap Press, 2011).

McNeal, Robert H., Tsar and Cossack, 1855–1914 (Basingstoke and

London: Macmillan in association with St Antony's College, Oxford, 1987).

Małecki, Jan M., 'W dobie autonomii Galicyjskiej (1866–1918)', in Janina Bieniarzówna and Jan M. Małecki (eds.), Dzieje Krakowa, vol. 3: Kraków w latach 1796–1918 (Cracow: Wydawnictwo Literackie, 1979), pp. 225–394.

Marshall, Alex, 'Russian Military Intelligence, 1905–1917: The Untold Story behind Tsarist Russia in the First World War', War in History 11(4) (November 2004), pp. 393–423.

May, Arthur J., The Passing of the Hapsburg Monarchy 1914–1918, 2 vols. (Philadelphia, PA: University of Pennsylvania Press, 1966).

Mazower, Mark, Hitler's Empire: Nazi Rule in Occupied Europe (London: Penguin, 2009).

Menning, Bruce W., Bayonets before Bullets: The Imperial Russian Army, 1861–1914 (Bloomington, IN: Indiana University Press, 1992).

Mick, Christoph, Kriegserfahrungen in einer multiethnischen Stadt: Lemberg 1914–1947 (Wiesbaden: Harrassowitz, 2010).

Moorhouse, Roger, The Devils' Alliance: Hitler's Pact with Stalin, 1939–1941 (London: Bodley Head, 2014).

Mörz de Paula, Kurt, Der österreichisch-ungarische Befestigungsbau 1820–1914 (Vienna: Heide Stöhr, 1997).

Mosse, George L., Fallen Soldiers: Reshaping the Memory of the World Wars (New York and Oxford: Oxford University Press, 1990).

Motyl, Alexander J., 'Ukrainian Nationalist Political Violence in Inter-War Poland, 1921–1939', East European Quarterly 19(1) (Spring 1985), pp. 45–55.

Nachtigal, Reinhard, Rußland und seine österreichisch-ungarischen Kriegsgefangenen (1914–1918) (Remshalden: Bernhard Albert Greiner, 2003).

—'Privilegiensystem und Zwangsrekrutierung. Russische Nationalitätenpolitik gegenüber Kriegsgefangenen aus Österreich-Ungarn', in Jochen Oltmer (ed.), Kriegsgefangene im Europa des Ersten Weltkriegs (Paderborn, Munich, Vienna and Zurich: Ferdinand Schöningh, 2006), pp. 167–93.

—'Zur Anzahl der Kriegsgefangenen im Ersten Weltkrieg', Militärgeschichtliche Zeitschrift 67(2) (2008), pp. 345–84.

Nierhaus, Andreas, 'Austria as a "Baroque Nation": Institutional and Media Constructions', Journal of Art Historiography 15 (2016), pp. 1–22.

O'Rourke, Shane, 'The Don Cossacks during the 1905 Revolution: The Revolt of Ust–Medveditskaia Stanitsa', Russian Review 57(4) (October 1998), pp. 583–98.

Pająk, Jerzy Z., Od autonomii do niepodległości. Kształtowanie się postaw politycznych i narodowych społeczeństwa Galicji w warunkach Wielkiej Wojny 1914–1918 (Kielce: Wydawnictwo Uniwersytetu Jana Kochanowskiego, 2012).

Pavlov, Andrey, 'Russian Artillery', in Sanders Marble (ed.), King of Battle:

Artillery in World War I (Leiden and Boston, MA: Brill, 2015), pp. 255–80.

Persowski, Franciszek, Kunysz, Antoni and Olszak, Julian (eds.), Tysiąc lat Przemyśla. Zarys historyczny, 2 vols. (Rzesz ó w: Krajowa Agencja Wydawnicza, 1974 and Warsaw and Cracow: Wydawnictwo Naukowe, 1976).

Pomykacz, Tomasz, 'Kontrowersje wokół dowódcy obrony Fortu I/1 "Łysiczka" ', Rocznik Przemyski 51(3) (2015), pp. 135–48.

Prusin, Alexander V., Nationalizing a Borderland: War, Ethnicity, and Anti–Jewish Violence in East Galicia, 1914–1920 (Tuscaloosa, AL: University of Alabama Press, 2005).

Pudłocki, Tomasz, 'Działalność inteligencji Przemyśla na tle życia mieszkańców miasta między sierpniem a listopadem 1914 r.', in Janusz Polaczek (ed.), Twierdza Przemyśl w Galicji. Materiały z konferencji naukowej, Przemyśl, 25–27 kwietnia 2002 (Przemyśl: Regionalny Ośrodek Kultury, Edukacji i Nauki w Przemyślu i Studenckie Koło Naukowe Historyków Uniwersytetu Jagiellońskiego, 2003), pp. 109–28.

—' "Lolu, gdzie mój frak?" Prowincjonalne bale Galicji wschodniej w latach 1867–1914 jako przykład synkretyzmu estetyki życia codziennego', in Agata Seweryn and Monika Kulesza–Gierat (eds.), Powinowactwa sztuk w kulturze oświecenia i romantyzmu (Lublin: KUL, 2012), pp. 79–102.

Rachamimov, Alon [Iris], POWs and the Great War: Captivity on the Eastern Front (Oxford and New York: Berg, 2002).

Rauchensteiner, Manfried, The First World War and the End of the Habsburg Monarchy (Vienna, Cologne and Weimar: Böhlau, 2014).

Reichsarchiv, Der Weltkrieg 1914 bis 1918, vol. 2: Die Befreiung Ostpreußens (Berlin: E. S. Mittler & Sohn, 1925).

—Der Weltkrieg 1914 bis 1918, vol. 5: Der Herbst–Feldzug 1914: Im Westen bis zum Stellungskrieg. Im Osten bis zum Rückzug (Berlin: E. S. Mittler & Sohn, 1929).

Renzi, William A., 'Who Composed "Sazonov's Thirteen Points"? A Re–Examination of Russia's War Aims of 1914', American Historical Review 88(2) (April 1983), pp. 347–57.

Robinson, Paul, Grand Duke Nikolai Nikolaevich: Supreme Commander of the Russian Army (DeKalb, IL: Northern Illinois University Press, 2014).

Rossino, Alexander B., 'Nazi Anti–Jewish Policy during the Polish Campaign: The Case of the Einsatzgruppe von Woyrsch', German Studies Review 24(1) (February 2001), pp. 35–53.

Rothenberg, Gunther E., The Army of Francis Joseph (West Lafayette, IN: Purdue University Press, 1976, 1998).

Rozenblit, Marsha L., Reconstructing a National Identity: The Jews of Habsburg Austria during World War I (Oxford and New York: Oxford University Press, 2001).

Rudnytsky, Ivan L., 'The Ukrainians in Galicia under Austrian Rule', in Andrei S. Markovits and Frank E. Sysyn (eds.), Nationbuilding and the Politics of Nationalism: Essays on Austrian Galicia (Cambridge, MA: Harvard Ukrainian Research Institute, 1982), pp. 23–67.

Sanborn, Joshua A., Drafting the Russian Nation: Military Conscription,

Total War, and Mass Politics 1905–1925 (DeKalb, IL: Northern Illinois University Press, 2002).

Scheer, Tamara, 'K.u.k. Regimentssprachen: Institutionalisierung der Sprachenvielfalt in der Habsburgermonarchie in den Jahren 1867/ 8–1914', in Klaas–Hinrich Ehlers, Marek Nekula, Martina Niedhammer and Hermann Scheuringer (eds.), Sprache, Gesellschaft und Nation in Ostmitteleuropa: Institutionalisierung und Alltagspraxis (Göttingen: Vandenhoeck & Ruprecht, 2014), pp. 75–92.

Schindler, John R., Fall of the Double Eagle: The Battle for Galicia and the Demise of Austria–Hungary (Lincoln, NE: Potomac Books, 2015).

Schmitz, Martin, 'Als ob die Welt aus den Fugen ginge'. Kriegserfahrungen österreichisch–ungarischer Offiziere 1914–18 (Paderborn: Ferdinand Schöningh, 2016).

Sheffield, G. D., Leadership in the Trenches: Officer–Man Relations, Morale and Discipline in the British Army in the Era of the First World War (Basingstoke: Macmillan, 2000).

Sierakowska, Katarzyna, Śmierć–Wygnanie–Głód w dokumentach osobistych.

Ziemie polskie w latach Wielkiej Wojny 1914–1918 (Warsaw: Instytut Historii PAN, 2015).

Smith, Mark M., The Smell of Battle, the Taste of Siege: A Sensory History of the Civil War (Oxford and New York: Oxford University Press, 2015).

Snyder, Timothy, The Reconstruction of Nations: Poland, Ukraine, Lithuania, Belarus, 1569–1999 (New Haven, CT, and London: Yale University Press, 2003).

—Bloodlands: Europe between Hitler and Stalin (New York: Basic Books, 2010).

Sondhaus, Lawrence, Franz Conrad von Hötzendorf: Architect of the Apocalypse (Boston, MA: Humanities Press, 2000).

Stadnik, Kateryna, 'Ukrainian–Polish Population Transfers, 1944–46: Moving in Opposite Directions', in Peter Gatrell and Nick Baron (eds.), Warlands: Population Resettlement and State Reconstruction in the Soviet–East European Borderlands, 1945–50 (Basingstoke: Palgrave Macmillan, 2009), pp. 165–87.

Steinberg, John W., All the Tsar's Men: Russia's General Staff and the Fate of the Empire, 1898–1914 (Washington, DC, and Baltimore, MD: Woodrow Wilson Center Press and the Johns Hopkins University Press, 2010).

Stockdale, Melissa Kirschke, Mobilizing the Russian Nation: Patriotism and Citizenship in the First World War (Cambridge: Cambridge University Press, 2016).

Stone, David R., The Russian Army in the Great War: The Eastern Front, 1914–1917 (Lawrence, KS: University Press of Kansas, 2015).

Stone, Norman, 'Army and Society in the Habsburg Monarchy, 1900–1914',Past and Present 33 (April 1966), pp. 95–111.

—'Die Mobilmachung der österreichisch–ungarischen Armee 1914', Militärgeschichtliche Mitteilungen 16(2) (1974), pp. 67–95.

—The Eastern Front 1914–1917 (London and New York: Penguin, 1975, 1998).

Strachan, Hew, The First World War, vol. 1: To Arms (Oxford: Oxford University Press, 2001).

Subtelny, Orest, 'Expulsion, Resettlement, Civil Strife: The Fate of Poland's Ukrainians, 1944–1947', in Philipp Ther and Ana Siljak (eds.), Redrawing Nations: Ethnic Cleansing in East–Central Europe, 1944–1948 (Lanham, MD: Rowman & Littlefield, 2001), pp. 155–72.

Szczupak, Adam, 'Represje austro–węgierskie wobec duchowieństwa greckokatolickiego Łemkowszczyzny w latach I wojny światowej', in Tomasz Pudłocki and Arkadiusz S. Więch (eds.), Prowincja Galicyjska wokół I wojny światowej. Konteksty–Porównania–Przykłady (Przemyśl: Wydawnictwo Naukowe

Towarzystwa Przyjaciół Nauk w Przemyślu, 2014), pp. 69–79.

—'W pamiętnych dniach Przemyśla. Wojenne zapiski bp. Konstantyna Czechowicza, ks. Mirona Podolińskiego i ks. Aleksandra Zubryckiego z lat 1914–1915', Rocznik Przemyski 51(3) (2015), pp. 177–94.

—Greckokatolicka diecezja przemyska w latach I wojny światowej (Cracow: Towarzystwo Wydawnicze 'Historia Iagellonica', 2015).

Szlanta, Piotr, 'Der Erste Weltkrieg von 1914 bis 1915 als identitätsstiftender Faktor für die moderne polnische Nation', in Gerhard P. Groß (ed.), Die vergessene Front. Der Osten 1914/15. Ereignis, Wirkung, Nachwirkung (Paderborn, Munich, Vienna and Zurich: Ferdinand Schöningh, 2006), pp. 153–64.

—' "Najgorsze bestie to są Honwedy." Ewolucja stosunku polskich mieszkańców Galicji do monarchii habsburskiej podczas I wojny światowej', in Urszula Jakubowska (ed.), Galicyjskie spotkania 2011 (n.p.: Instytut Badań Literackich PAN, 2011), pp. 161–79.

—'The Lemkos' Great War: Wartime Experiences of the Lemko People, 1914–1918', Acta Poloniae Historica 113 (2016), pp. 7–36.

Thompson, Mark, The White War: Life and Death on the Italian Front 1915–1919 (London: Faber and Faber, 2008).

Tunstall, Graydon A., Blood on the Snow: The Carpathian Winter War of 1915 (Lawrence, KS: University of Kansas Press, 2010).

—Written in Blood: The Battles for Fortress Przemyśl in WWI (Bloomington, IN: Indiana University Press, 2016).

Varga, Bálint, The Monumental Nation: Magyar Nationalism and Symbolic Politics in Fin–de–siècle Hungary (Oxford: Berghahn, 2016).

Vitarbo, Gregory, 'Nationality Policy and the Russian Imperial Officer Corps, 1905–1914', Slavic Review 66(4) (Winter 2007), pp. 682–701.

Wagner, Walter, 'Die k.(u.)k. Armee–Gliederung und Aufgabenstellung 1866 bis 1914', in Adam Wandruszka and Peter Urbanitsch (eds.), Die

Habsburgermonarchie 1848–1918, vol. 5: Die Bewaffnete Macht (Vienna: Verlag der Österreichischen Akademie der Wissenschaften, 1987), pp. 142–633.

Watson, Alexander, 'Junior Officership in the German Army during the Great War, 1914–1918', War in History 14(4) (November 2007), pp. 429–53.

—Enduring the Great War: Combat, Morale and Collapse in the German and British Armies, 1914–1918 (Cambridge and New York: Cambridge University Press, 2008).

—Ring of Steel: Germany and Austria–Hungary at War, 1914–1918 (London: Allen Lane, 2014).

—'Morale', in Jay Winter (ed.), The Cambridge History of the First World War: The State, vol. 2 (Cambridge: Cambridge University Press, 2014), pp. 174–95.

—' "Unheard–of Brutality": Russian Atrocities against Civilians in East Prussia, 1914–15', Journal of Modern History 86(4) (December 2014), pp. 780–825.

—'The Greek Catholic Church and the Problem of Ruthenian Desertion in Przemyśl, January 1915: Documents from the Kriegsarchiv, Vienna', Rocznik Przemyski 54 (2018), pp. 287–301.

Wawro, Geoffrey, A Mad Catastrophe: The Outbreak of World War I and the Collapse of the Habsburg Empire (New York: Basic Books, 2014).

Weeks, Theodore R., 'Between Rome and Tsargrad: The Uniate Church in Imperial Russia', in Robert P. Geraci and Michael Khodarkovsky (eds.), Of Religion and Empire: Missions, Conversion, and Tolerance in Tsarist Russia (Ithaca, NY, and London: Cornell University Press, 2001), pp. 70–91.

Weinberg, Robert, 'Look! Up There in the Sky: It's a Vulture, It's a Bat . . .

It's a Jew: Reflections on Antisemitism in Late Imperial Russia, 1906–1914', in Eugene M. Avrutin and Harriet Murav (eds.), Jews in the East European Borderlands: Essays in Honor of John D. Klier (Boston, MA:

Academic Studies Press, 2012), pp. 167–86.

Wendland, Anna Veronika, Die Russophilen in Galizien. Ukrainische Konservative zwischen Österreich und Rußland 1848–1915 (Vienna: Verlag der Österreichischen Akademie der Wissenschaften, 2001).

Wielgus, Krzysztof, 'Lotniska Twierdzy Przemyśl', in Waldemar Brzoskwinia (ed.), Fortyfikacja austriacka – Twierdza Przemyśl. Materiały z konferencji naukowej Towarzystwa Przyjaciół Fortyfikacji Przemyśl, 30 IX–3 X 1999 roku (Warsaw and Cracow: Towarzystwo Przyjaciół Fortyfikacji, 1999), pp. 111–50.

Wierzbieniec, Wacław, Społeczność żydowska Przemyśla w latach 1918–1939 (Rzeszów: Wydawnictwo Wyższej Szkoły Pedagogicznej w Rzeszowie, 1996).

—'Żydzi w Przemyślu w okresie I wojny światowej', in Hanna Węgrzynek (ed.), Żydzi i Polacy w okresie walk o niepodległość 1914–1920.

Materiały z sesji towarzyszącej wystawie 'Żyd, Polak, legionista 1914–1920' w Muzeum Historii Żydów Polskich POLIN (Warsaw: Muzeum Historii Żydów Polskich POLIN, 2015), pp. 77–88.

Wildman, Allan K., The End of the Russian Imperial Army, vol. 1: The Old Army and the Soldiers' Revolt (March– April 1917) (Princeton, NJ, and Guildford: Princeton University Press, 1980).

Wingfield, Nancy M., The World of Prostitution in Late Imperial Austria (Oxford: Oxford University Press, 2017).

Wolff, Larry, The Idea of Galicia: History and Fantasy in Habsburg Political Culture (Stanford, CA: Stanford University Press, 2010).

Wurzer, Georg, Die Kriegsgefangenen der Mittelmächte in Russland im Ersten Weltkrieg (Göttingen: V&R unipress, 2005).

Zając, Tomasz, 'Fall Barbarossa 22 czerwca 1941 roku – Walki na terenie 08. Przemyskiego Rejonu Umocnionego', Rocznik Przemyski 51 (2015), pp. 127–58.

Zsuppán, F. Tibor, 'The Hungarian Political Scene', in Mark Cornwall (ed.), The Last Years of Austria-Hungary: A Multi-National Experiment in Early Twentieth-Century Europe, revised and expanded edn (Exeter: University of Exeter Press, 2002), pp. 97–118.

未发表论文

Dunagan, Curt, " The Lost World of Przemyśl:Interethnic Dynamics in a Galician Center, 1868 to 1921", unpublished Ph. D. thesis, Brandeis University (2009).

Dzugan, Franziska, "Chamäleons im Blätterwald. Die Wurzeln der ÖVP-ParteijournalistInnen in Austrofaschismus, Nationalsozialismus, Demokratie und Widerstand. Eine kollektivbiografische Analyse an den Beispielen 'Wiener Tageszeitung' und 'Linzer Volksblatt' 1945 bzw. 1947 bis 1955 ", unpublished Ph. D. thesis, University of Vienna (2011).

Fahey, John E. , "Bulwark of Empire:Imperial and Local Government in Przemyśl, Galicia (1867–1939)", unpublished Ph. D. thesis, Purdue University (2017).

Hecht, Rudolf, "Fragen zur Heeresergänzung der gesamten bewaffneten Macht Österreich-Ungarns während des Ersten Weltkrieges", unpublished Ph. D. thesis, University of Vienna (1969).

Jeřábek, Rudolf, "Die Brussilowoffensive 1916. Ein Wendepunkt der Koalitionskriegführung der Mittelmächte", 2 vols. , unpublished Ph. D. thesis, University of Vienna (1982).

Mentzel, Walter, "Kriegsflüchtlinge in Cisleithanien im Ersten Weltkrieg", unpublished Ph. D. thesis, University of Vienna (1997).

Suchorzebska, Ewelina, "Zur Geschichte der polnischen Militärsprache in der Habsburgermonarchie", unpublished Diplomarbeit, University of Vienna (2009).

索 引

致 谢

尽管在创作本书的过程中，所参考的材料内容大多都十分负面，但是写书的过程还是无比愉悦的。首先我要感谢我的编辑，企鹅出版社的西蒙·温德尔（Simon Winder）和基础图书出版社（Basic Books）的拉拉·海默特（Lara Heimert）。感谢他们对我所持观点的理解——尽管书中许多地名都十分冗长，对许多人来说都无法理解我为何要坚持这样，但地名，在一个好故事中，是至关重要的一部分。我非常感谢他们不辞辛苦地审阅我的手稿，感谢他们提出的所有建议和改进意见，同时也感谢他们在整个项目中展现出的巨大热情。这本书在这样的帮助下，得到了升华。

我对许多人的感激之情都溢于言表，至少对那些和普热梅希尔城有着密切联系的人，心中都充满了感激。在编写本书的过程中，我与专注于普热梅希尔城学术研究的期刊——《工业年鉴》（*Rocznik Przemyski*）的主编托马斯·普洛基（Tomasz Pudłocki）博士结下了深厚的友谊。我很感激他慷慨地与我分享他在出版文学作品以及提供建议方面的人脉关系。我也非常感谢托马斯·伊兹科夫斯基（Tomasz Idzikowski）先生，为奥匈帝国要塞的建设和技术组织撰写了权威性的著作。在他的众多著作中，以及我们长时间的通信交流中，我深感自己从他渊博的知识中受益良多。在本书中所出现的那些有关普热梅希尔城中堡垒的生动图片都十分准确地还原了史实，这些全都是他精心创作出来的。为此我要特别感谢他同意我在本书中刊登这些图片。

普热梅希尔国家博物馆（The Muzeum Narodowe Ziemi Przemyskiej）也在我的研究过程中提供了极大的帮助。我希望能特别感谢其前历史科室主任格热戈日·佐帕博士（Dr Grzegorz Szopa），感谢他允准我查阅关于匈牙利王家防卫军第8步兵团团长埃莱克·莫尔纳中校的宝贵文件。1915年3月，普热梅希尔围城战役接近尾声，莫尔纳违抗烧毁所有文件的命令，把当时所有的军事笔记、军令文件、日记和一些独一无二的哈布斯堡战壕报纸藏在了他的钢坯地板下，这里面还包括一些笑话和卡通书籍。在1966年，这些文件终于被人们发现。我也要感谢索帕博士无比的善意，感谢他与我分享他祖父留下有关普热梅希尔大围城的回忆录。此外，我也非常感谢历史科室现任主任卢茨扬·法茨博士（Dr Lucjan Fac）慷慨地从博物馆的收藏中找寻出这些照片并寄给我。在得到博物馆允许的情况下，其中一些图片也出现在了这本书中。最后，我要感谢卡罗尔·基奇曼（Karol Kicman），他作为波兰旅游观光协会（Polskie Towarzystwo Turystyczno-Krajoznawcze）普热梅希尔分部的导游，和他的岳父一起，带我在普热梅希尔堡垒的废墟周围进行了一次奇妙的旅行。此次旅程，我受益匪浅，也被当地的文化历史所感染。

在学术界工作的“特权”之一就是能有幸加入一个由知识渊博却又乐于伸出援手的人组成的国际社会。我欠了许多的人情。尤其要感谢的是西点军校的约翰·E. 费伊博士（Dr John E.Fahey），他慷慨地与我分享了他关于1867—1939年加利西亚省普热梅希尔城的帝国和地方政府的优秀博士论文。我从中受益匪浅，同时也十分期待能够看到论文终稿的出版。对维也纳的安东·霍尔策博士（Dr Anton Holzer），我也心存感激。感谢他协助我找到了最先出现在他的著作《刽子手的微笑》（普利莫斯出版社，2008年版）（*Das Lächeln der Henker*，Primus，2008）中的神父受绞刑的照片。维多利亚大学（University of Victoria）的谢尔西·埃克勒奇克（Serhy Ekeltchik）教授也解囊相助，他投入了大量的时间和资源，帮助我找到了普热梅希尔城在俄国占领期间的照片。我还收到了牛津大学、桑赫斯特皇家军事学院、都柏林大学、利沃夫的中东欧城市历史中心和耶拿的园丁大学（Imre Kertész Kolleg）研讨会听众的宝贵反馈意见。最后，我要感谢伦敦大学金匠学院的大力支持。能拥有这么优秀和支持我的同事是件十分幸运的事。

如果没有专门的档案管理员和图书管理员的帮助，我们是不可能进行相关历史研究活动的。本书得到了十个档案馆的支持——华沙的中央历史档案馆、普热梅希尔的国家档案馆、普热梅希尔的国家博物馆、克拉科夫的国家档案馆、布达佩斯的历史档案馆、维也纳的战争档案馆与一般行政档案馆、耶路撒冷的犹太人历史中央档案馆、乌克兰的主权历史档案馆、伦敦的国家档案馆，以及华沙的国家图书馆（Biblioteka Narodowa）、克拉科夫的贾吉隆图书馆、伦敦的大英图书馆（British Library）和剑桥大学图书馆（University Library in Cambridge）。我对上述所有机构都十分感激。我也受到了很多来自个人收藏的帮助。应该特别提到的是——布拉格的中央军事档案馆（Vojenský ústřední archiv-Vojenský historický archiv Praha）的约瑟夫·齐克什（Josef žikeš）主任和维埃拉·日热科娃（Viera Žižková）主任，以及普热梅希尔的马列克·克罗尔（Marek Król）。感谢他们允许我使用他们的影像资料。还要特别感谢维也纳的战争档案馆以及普热梅希尔的国家档案馆的工作人员，感谢他们在我进行研究时给予的所有帮助，以及高效快速地提供有关普热梅希尔大围城的影像资料。在此感谢他们对我发表这些资料的授权。

还有许多其他人为这本书的出版做出了贡献，我特别感谢两位杰出的学者在这项研究中给予的特别帮助：陶马什·雷韦斯（Tamás Révész）博士帮助我研究了匈牙利语的资料，尤金·波利亚科夫（Eugene Polyakov）则提供了乌克兰语和俄语的资料。我也非常感谢企鹅出版社和基础图书出版社的团队，特别是负责出版过程的安娜·埃尔韦（Anna Hervé），还有埃伦·达维斯（Ellen Davies）和凯蒂·兰布赖特（Katie Lambright）。我需要感谢戴维·沃森（David Watson）和罗杰·拉布里（Roger Labrie）的精心抄写，感谢尼尔·高尔（Neil Gower）绘制了美丽的普热梅希尔地图和它的堡垒之环，这些地图都出现在了尾稿上。在整个过程中，我的经纪人克莱尔·亚历山大（Clare Alexander）给予我的建议与支持都十分有帮助。

最后，我也衷心地感谢我的家人们。我在和我的岳父阿尔弗雷德（Alfred）去西里西亚森林里散步时得到了这本书的灵感，我很感激他的启发。我每日思念的父亲亨利（Henry），以及我的母亲苏珊（Susan），我的榜样，一直给予我力量、智慧和爱的支持。感谢他们和我们身边的人，特别是对雅娜，对彼得、威西娅、阿尔弗雷德、朱迪、蒂姆、莱斯利、约翰、朱莉娅、肖恩、安德鲁、艾琳、凯莉、林赛、芬利、道恩、玛丽西亚、沃吉泰克、孟、安娜、邓肯、詹姆斯和艾玛，谢谢你们的爱。我的妻子安妮娅（Ania），女儿玛丽亚还有儿子亨利，我对你们的爱无以言表。感谢你们在逆境和顺境中支持我、照顾我，让我笑容常驻。

这本书献给我的好兄弟蒂姆，心怀崇敬，满怀爱意。